Kündigungsfibel

Arbeitshefte Personalwesen

Herausgegeben von
Prof. Dr. Ekkehard Crisand, Fachhochschule Ludwigshafen
Prof. Dr. Peter Bellgardt, Fachhochschule Ludwigshafen
Prof. Werner Bienert, Fachhochschule Ludwigshafen
Wolfgang Reineke, Unternehmensberater, Heidelberg

Band 11

Kündigungsfibel

Rechtliche und taktische Ratschläge
mit Checklisten, Mustern und Gesetzesauszügen

von

Dr. Jobst-Hubertus Bauer

und

Dr. Gerhard Röder

Rechtsanwälte und Fachanwälte für Arbeitsrecht in Stuttgart

2., neubearbeitete und erweiterte Auflage 1991

I. H. Sauer-Verlag GmbH
Heidelberg

1. Auflage 1986 · ISBN 3-7938-7758-2
2. Auflage 1991 · ISBN 3-7938-7014-6

CIP-Titelaufnahme der Deutschen Bibliothek

Bauer, Jobst-Hubertus:
Kündigungsfibel : rechtliche und taktische Ratschläge ; mit Checklisten, Mustern und Gesetzesauszügen / von Jobst-Hubertus Bauer und Gerhard Röder. – 2., neubearb. und erw. Aufl. – Heidelberg : Sauer, 1991
(Arbeitshefte Personalwesen ; Bd. 11)
ISBN 3-7938-7014-6

NE: Röder, Gerhard:; GT

ISBN 3-7938-7014-6

© 1991 I. H. Sauer-Verlag GmbH, Heidelberg
Das Werk einschließlich aller seiner Teile ist urheberrechtlich geschützt. Jede Verwertung außerhalb der engen Grenzen des Urheberrechtsgesetzes ist ohne Zustimmung des Verlages unzulässig und strafbar. Das gilt insbesondere für Vervielfältigungen, Übersetzungen, Mikroverfilmungen und die Einspeicherung und Verarbeitung in elektronischen Systemen.

Satz: Lichtsatz Michael Glaese GmbH, 6944 Hemsbach

Druck und Verarbeitung: Progressdruck GmbH, 6720 Speyer

Umschlagentwurf: Horst König, 6700 Ludwigshafen

∞ Gedruckt auf säurefreiem, alterungsbeständigen Papier nach ANSI-Norm

Printed in Germany

Vorwort zur zweiten Auflage

Die Vielzahl arbeitsgerichtlicher Entscheidungen und die damit verbundene Fortentwicklung des Kündigungsrechts haben es erforderlich gemacht, die „Fibel" zu überarbeiten.

Die zweite, neu bearbeitete und ergänzte Auflage berücksichtigt vor allem die zahlreichen wichtigen Entscheidungen des BAG seit Erscheinen der ersten Auflage (März 1986). Einige Kapitel, insbesondere die Gestaltung und Anfechtung von Aufhebungsverträgen sowie der Weiterbeschäftigungsanspruch wurden neu gefaßt bzw. vertieft. Ein zusätzliches Kapitel beschäftigt sich mit den anderen kündigungsschutzrechtlichen Sonderproblemen des Einigungsvertrages durch den Beitritt der DDR. Schließlich sind in der zweiten Auflage weitere Erfahrungen der Verfasser und Anregungen aus der Praxis ergänzend eingearbeitet, vor allem auch in Form von Beispielen, Mustern und Checklisten.

Sinn und Zweck der „Fibel" ist es nach wie vor nicht, als Kündigungsschutzkommentar zu fungieren. Es sollen vielmehr neben der rechtlichen Behandlung der im Zusammenhang mit Kündigungen stehenden Probleme praktische und taktische Hinweise für die von Kündigungen Betroffenen gegeben werden.

Besonders danken möchten wir Herrn Rechtsanwalt Frank Hahn, der durch seine Tatkraft das Erscheinen dieses Buches mit ermöglichte.

Stuttgart, im September 1990　　　　　　　　　　*Jobst-Hubertus Bauer*
　　　　　　　　　　　　　　　　　　　　　　　　　　　Gerhard Röder

Inhaltsverzeichnis

	Abkürzungs- und Literaturverzeichnis	13
1.	**Allgemeine kündigungsrechtliche Fragen**	17
1.1	Ausspruch der Kündigung	17
	a) Bestimmtheitsgrundsatz	17
	b) Form	18
	c) Zugang	19
	d) Kündigung durch Bevollmächtigte	20
	e) Angabe von Kündigungsgründen	22
	f) Ort und Zeit	22
	g) Beweisprobleme	23
1.2	Kündigungsfristen	23
	a) Angestellte	23
	b) Organmitglieder	25
	c) Arbeiter	25
	d) Tarifliche Regelungen	27
	e) Einzelvertragliche Regelungen	27
	f) Probearbeitsverhältnis	29
	g) Aushilfsarbeitsverhältnis	29
	h) Konkurs	29
2.	**Anhörung des Betriebsrats**	31
2.1	Allgemeines	31
2.2	Form und Inhalt	31
2.3	Rechtsfolgen fehlerhafter Betriebsratsanhörung	34
2.4	Nachschieben von Kündigungsgründen	35
2.5	Beschlußfassung, Reaktionsmöglichkeiten des Betriesbsrats	36
2.6	Leitende Angestellte	39
3.	**Soziale Rechtfertigung der Kündigung**	41
3.1	Allgemeines	41
	a) Anwendungsbereich des KSchG	41
	b) Ultima-ratio-Prinzip und Interessenabwägung	45
	c) Darlegungs- und Beweislast hinsichtlich der sozialen Rechtfertigung der Kündigung	46
3.2	Verhaltensbedingte Kündigung	47
	a) Abmahnung	47
	b) Einzelfälle	49
	aa) Abkehrwille	50
	bb) Alkohol/Drogen	50
	cc) Anzeigen gegen den Arbeitgeber	51
	dd) Außerdienstliches Verhalten	51

	ee) Beleidigungen, Tätlichkeiten	52
	ff) Nebenpflichten	52
	gg) Nebentätigkeiten	52
	hh) Nichterfüllung der Arbeitspflicht	53
	ii) Schlechterfüllung der Arbeitspflicht	54
	jj) Verletzung von Treuepflichten gegenüber dem Arbeitgeber	54
	kk) Täuschung des Arbeitgebers bei der Einstellung	54
	ll) Verdachtskündigung	55
3.3	Personenbedingte Kündigung	56
	a) Allgemeines	56
	b) Kündigung wegen häufiger krankheitsbedingter Fehlzeiten	57
	c) Kündigung wegen langandauernder Erkrankung	60
3.4	Betriebsbedingte Kündigung	62
	a) Allgemeines	62
	b) Wegfall des Arbeitsplatzes durch dringende betriebliche Erfordernisse	62
	c) Mögliche Weiterbeschäftigung?	65
	d) Sozialauswahl	67
	aa) Problem der Vergleichbarkeit	67
	bb) Sozialdaten	69
	cc) Berücksichtigung entgegenstehender betrieblicher Bedürfnisse	71
	dd) Rechtsfolgen fehlerhafter Sozialauswahl	73
	e) Darlegungs- und Beweislast	74
	f) Anhörung des Betriebsrats	75
	g) Wiedereinstellungsanspruch nach betriebsbedingter Kündigung?	76
3.5	Änderungskündigung	76
	a) Allgemeines	76
	b) Soziale Rechtfertigung	78
3.6	Kündigung von leitenden Angestellten, Organmitgliedern und Vertretern von Personengesamtheiten	81
	a) Leitende Angestellte	81
	b) Organmitglieder und Vertreter von Personengesamtheiten	82
4.	**Außerordentliche Kündigung**	84
4.1	Allgemeines	84
4.2	Wichtiger Grund	84
4.3	Zweiwochenfrist	86
4.4	Außerordentliche anstatt ordentlicher Kündigung?	88
4.5	Schadensersatz	88
5.	**Kündigungsschutz in Tendenzbetrieben**	90
5.1	Anhörung des Betriebsrats	90
5.2	Kündigungsschutz	91

5.3	Kündigung von Betriebsratsmitgliedern	93
6.	**Besonderer Kündigungsschutz**	**94**
6.1	Mutterschutz	94
	a) Absolute Kündigungsverbote	94
	b) Ausnahmen	95
6.2	Erziehungsurlaub	96
6.3	Schwerbehindertenschutz	97
	a) Allgemeines	97
	b) Entscheidungsfindung	99
	c) Rechtsmittel	99
6.4	Auszubildende	100
6.5	Betriebsratsmitglieder und andere Amtsträger der Betriebsverfassung	100
	a) Kündigungsschutz nach § 15 KSchG	100
	b) Zustimmung des Betriebsrats bei außerordentlicher Kündigung	103
	c) Anhörung des Betriebsrats bei ordentlicher Kündigung	104
6.6	Wehrpflichtige, Zivildienstleistende	104
6.7	Massenentlassungen	105
	a) Anzeigepflichtige Entlassungen	105
	b) Durchführung der Entlassungen	106
	c) Rechtsfolge bei unterlassener Massenentlassungsanzeige	107
	d) Betriebsänderung	107
6.8	Betriebsveräußerung	107
	a) Allgemeines	107
	b) Kündigung „wegen" Übergangs	107
	c) Kündigung aus „anderen Gründen"	110
7.	**Kündigungsschutzverfahren**	**113**
7.1	Streitgegenstand	113
7.2	Dreiwöchige Klagefrist	114
7.3	Versäumung der Klagefrist und nachträgliche Klagezulassung	117
7.4	Güteverhandlung und Prozeßvergleich	118
	a) Zwingende Güteverhandlung	118
	b) Schriftsätzliche Vorbereitung?	118
	c) Nichterscheinen einer Partei	119
	d) Der Prozeßvergleich als Ziel der Güteverhandlung und Berechnung der Abfindung	120
7.5	Verfahrensablauf nach gescheiterter Güteverhandlung	122
7.6	Auflösung des Arbeitsverhältnisses trotz unwirksamer Kündigung	123
	a) Allgemeines	123
	b) Der Auflösungsantrag des Arbeitnehmers	123
	c) Der Auflösungsantrag des Arbeitgebers	125
	d) Beiderseitiger Auflösungsantrag	126

	e) Rücknahme des Auflösungsantrags	126
	f) Auflösungsantrag bei unbegründeter außerordentlicher Arbeitgeberkündigung	127
	g) Auflösungsantrag bei sittenwidriger und nichtiger Arbeitgeberkündigung	127
	h) Auflösungsantrag und Kündigungsrücknahme	128
	i) Auflösungszeitpunkt	130
	j) Abfindungshöhe	130
7.7	Wahlrecht des Arbeitnehmers nach gewonnenem Kündigungsschutzprozeß	132
	a) Voraussetzungen des Wahlrechts	132
	b) Fortsetzung des alten Arbeitsverhältnisses	133
	c) Beendigung des alten Arbeitsverhältnisses	134
7.8	Zwangsvollstreckung aus einem noch nicht rechtskräftigen arbeitsgerichtlichen Urteil und Verzinsung von Abfindungen	135

8.	**Entgelt-, Urlaubs- und Beschäftigungsansprüche nach Ausspruch der Kündigung**	136
8.1	Entgeltansprüche	136
	a) Begründung des Annahmeverzugs	136
	b) Anrechnung von Zwischenverdienst	138
8.2	Beschäftigungsanspruch während der Kündigungsfrist	138
8.3	Urlaub und Urlaubsabgeltung	139
8.4	Weiterbeschäftigungsanspruch nach § 102 Abs. 5 BetrVG	140
8.5	Allgemeiner Weiterbeschäftigungsanspruch	141
	a) Leitsätze der Entscheidung des Großen Senats vom 27. 2. 1985	141
	b) Offensichtlich unwirksame Kündigung	142
	c) Weiterbeschäftigungsanspruch in sonstigen Fällen	142
	d) Weiterbeschäftigungsanspruch bei befristeten oder auflösend bedingten Arbeitsverhältnissen	143
	e) Weiterbeschäftigungsanspruch bei Ausspruch weiterer Kündigungen	143
	f) Rechtslage bei der Änderungskündigung	144
	g) Leitende Angestellte	144
	h) Abwehr und Vollstreckbarkeit des Weiterbeschäftigungsanspruchs	145
	i) Rechte und Pflichten während der Weiterbeschäftigung	147
	aa) Weiterbeschäftigung vor Erlaß eines Weiterbeschäftigungsurteils	147
	bb) Weiterbeschäftigung nach erstinstanzlicher Entscheidung	148
	j) Exkurs: Weiterbeschäftigung nach § 102 Abs. 5 BetrVG	149
	k) Einstweilige Verfügung	149
	l) Schadensersatz	150

9.	**Einvernehmliche Beendigung von Arbeitsverhältnissen**	151
9.1	Form, Geltung besonderer Verfahrensvorschriften	151
9.2	Zeitpunkt und Art der Beendigung	152
9.3	Verzicht auf Rechte und Ansprüche	153
9.4	Fälligkeit und Vererbbarkeit von Abfindungen	154
9.5	Zeugnis	154
9.6	Belehrungspflichten	155
9.7	Anfechtung	156
10.	**Sonderprobleme bei der Beendigung von Arbeitsverhältnissen**	158
10.1	Nachvertragliches Wettbewerbsverbot	158
	a) Allgemeines	158
	b) Sofortige Beendigung des Wettbewerbsverbotes	158
	c) Verzicht des Arbeitgebers	159
	d) Aufhebung und Änderung des Wettbewerbsverbotes	160
10.2	Betriebliche Altersversorgung	161
	a) Abfindungsverbot	161
	b) Vertragliche Änderung oder Aufhebung von Anwartschaften	163
10.3	Betriebsveräußerung	163
10.4	Sozialrechtliche Folgen	164
	a) Anrechnung von Abfindungen auf das Arbeitslosengeld	164
	b) Anspruchsübergang auf die Bundesanstalt für Arbeit	168
	c) Verhängung von Sperrzeiten	170
	d) Erstattung von Arbeitslosengeld und Rentenversicherungsleistungen durch den Arbeitgeber (§§ 128 AFG, 1395b RVO, 117b AVG; 140b RKnG)	172
	e) Erstattungspflicht bei nachvertraglichen Wettbewerbsverboten (§ 128a AFG)	176
10.5	Steuerliche Behandlung von Abfindungen	176
	a) Steuerfreie Abfindungen	176
	b) Steuerbegünstigte Entschädigungen	178
	c) „Brutto = Netto" – Klausel	179
	d) Lohnsteueranrufungsauskunft	179
10.6	Sozialversicherungspflicht von Abfindungen	179
10.7	Jahressonderzuwendung und gekündigtes Arbeitsverhältnis	180
11.	**Vertretung der Parteien**	181
11.1	„Vertreter" von Arbeitgeberverbänden und Gewerkschaften	181
11.2	Rechtsanwälte	182
11.3	Vertretung durch Betriebsrat bzw. Betriebsratsmitglieder	186
12.	**Sonderprobleme durch den Beitritt der DDR**	188
13.	**Checklisten für Kündigungs(schutz)sachen**	192
13.1	Checkliste für die Prüfung von Kündigungsschutzsachen	192

13.2	Checkliste für außergerichtliche Aufhebungsverträge und Prozeßvergleiche in Kündigungs(schutz)sachen	195
14.	**Muster**	**205**
14.1	Einfacher Aufhebungsvertrag	205
14.2	Aufhebungsvertrag mit Abfindungsregelung und Erledigungsklausel	205
14.3	Klage	205
14.4	Antrag auf Beiordnung eines Anwalts	206
14.5	Antrag auf Bewilligung von Prozeßkostenhilfe	206
14.6	Antrag auf Zulassung der Kündigung nach dem MuSchG	207
14.7	Antrag auf Zustimmung zur Kündigung eines Schwerbehinderten	208
14.8	Anhörung des Betriebsrats nach § 102 BetrVG	208
14.9	Mitteilung an den Betriebsrat nach § 105 BetrVG mit hilfsweiser Anhörung nach § 102 BetrVG	209
14.10	Kündigungsmuster	210
	a) Ordentliche Kündigung	210
	b) Außerordentliche und hilfsweise ordentliche Kündigung	210
	c) Änderungskündigung	210
	d) Ausübung des Direktionsrechts und vorsorgliche Änderungskündigung	211

Anhang: Auszüge aus Gesetzen ... 212

1. §§ 622–626 BGB ... 212
2. AngKSchG ... 213
3. KSchG ... 213
4. § 174 BGB ... 222
5. § 613a BGB ... 222
6. § 9 MuSchG ... 223
7. §§ 18, 21 BErzGG ... 223
8. §§ 15–22 SchwbG ... 224
9. §§ 13–16 BBiG ... 226
10. § 2 ArbPlSchG ... 227
11. § 78 ZDG ... 227
12. §§ 102, 103, 105 BetrVG 1972; § 31 SprAuG ... 228
13. § 22 KO ... 229
14. §§ 117, 119, 119a, 128, 128a AFG ... 229
15. §§ 3 Ziff. 9, 24, 34 EStG ... 233
16. §§ 1, 5 BeschFG 1985 ... 234
17. Art. 6 § 5 RRG 1972, § 41 Abs. 4 RRG 1992 ... 235

Sachregister ... 237

Abkürzungs- und Literaturverzeichnis

a. A.	andere Ansicht
a. a. O.	am angegebenen Ort
Abs.	Absatz
a. F.	alte Fassung
AFG	Arbeitsförderungsgesetz
AFKG	Arbeitsförderungskonsolidierungsgesetz
AG	Aktiengesellschaft
AGB	Arbeitsgesetzbuch der DDR
AiB	Arbeitsrecht im Betrieb, Zeitschrift
AngKSchG	Gesetz über die Fristen für die Kündigung von Angestellten
Anh.	Anhang
Anm.	Anmerkung
AnwBl.	Anwaltsblatt (Zeitschrift)
AO	Abgabenordnung
AP	Arbeitsrechtliche Praxis, Nachschlagewerk des Bundesarbeitsgerichts
ArbG	Arbeitsgericht
ArbGG	Arbeitsgerichtsgesetz
AR-Blattei	Arbeitsrechtsblattei, Forkel-Verlag
ArbPlSchG	Arbeitsplatzschutzgesetz
ARS	Arbeitsrechtssammlung, Entscheidungen des Reichsarbeitsgerichts und der Landesarbeitsgerichte
ARSt	Arbeitsrecht in Stichworten
Auffarth/Müller	Kündigungsschutzgesetz, Kommentar
Aufl.	Auflage
AuR	Arbeit und Recht, Zeitschrift
AVG	Angestelltenversicherungsgesetz
AZO	Arbeitszeitordnung
BA	Bundesanstalt für Arbeit
BAG	Bundesarbeitsgericht
BAG/GS	Großer Senat des BAG
Bauer	Arbeitsrechtliche Aufhebungsverträge, 1982; demnächst 2. Aufl.
Bauer/Röder	Krankheit im Arbeitsverhältnis, 1987
Baumbach/Duden/Hopt	Handelsgesetzbuch, 28. Aufl. 1989
BB	Betriebs-Berater, Zeitschrift
BBiG	Berufsbildungsgesetz
Becker-Schaffner	Die Abwicklung des beendeten Arbeitsverhältnisses, 1983
Berkowsky	Die betriebsbedingte Kündigung, 2. Aufl. 1985
BErzGG	Bundeserziehungsgeldgesetz
BeschFG 1985	Beschäftigungsförderungsgesetz 1985
BetrAVG	Gesetz zur Verbesserung der betrieblichen Altersversorgung

BetrVG	Betriebsverfassungsgesetz
BetrRG 1920	Betriebsrätegesetz 1920
BFH	Bundesfinanzhof
BGB	Bürgerliches Gesetzbuch
BGBl.	Bundesgesetzblatt
BGH	Bundesgerichthof
BGHZ	Entscheidungen des Bundesgerichtshofes in Zivilsachen (Amtliche Sammlung)
Bleistein	Kündigung und Kündigungsschutz im Arbeitsverhältnis, 2. Aufl. 1978
Blomeyer/Otto	Gesetz zur Verbesserung der betrieblichen Altersversorgung, 1984
BlStSozArbR	Blätter für Steuerrecht, Sozial- und Arbeitsrecht, Zeitschrift
BPersVG	Bundespersonalvertretungsgesetz
BRAGO	Bundesrechtsanwaltsgebührenordnung
BRAO	Bundesrechtsanwaltsordnung
BR-Drucks.	Drucksachen des Deutschen Bundesrats
BSG	Bundessozialgericht
BStBl.	Bundessteuerblatt
BT-Drucks.	Drucksachen des Deutschen Bundestages
Bulla/Buchner	Mutterschutzgesetz, Kommentar, 5. Aufl. 1982
BUrlG	Bundesurlaubsgesetz
BVerfG	Bundesverfassungsgericht
BVerfGE	Entscheidungen des Bundesverfassungsgerichts
BVerwG	Bundesverwaltungsgericht
DB	Der Betrieb, Zeitschrift
ders.	derselbe
Dietz/Richardi	Betriebsverfassungsgesetz, Kommentar, 6. Aufl., Bd. 1 1981, Bd. 2 1982
EWiR	Entscheidungen zum Wirtschaftsrecht
EzA	Entscheidungssammlung zum Arbeitsrecht
EzS	Entscheidungssammlung zum Sozialrecht
Faude/Schüren	Vorruhestandsgesetz, 1985
Fitting/Auffarth/ Kaiser/Heither	Betriebsverfassungsgesetz, Kommentar, 16. Aufl. 1990
Fn.	Fußnote
Gagel	Sozialrechtliche Konsequenzen von Vergleichen in Kündigungsschutzprozessen, 2. Aufl. 1987
Galperin/Löwisch	Betriebsverfassungsgesetz, Kommentar, 6. Aufl., Bd. 1 und 2, 1984
Gaul	Das Arbeitsrecht im Betrieb, 8. Aufl. 1986
GewO	Gewerbeordnung
GG	Grundgesetz für die Bundesrepublik Deutschland
GK-BetrVG	Betriebsverfassungsgesetz, Gemeinschaftskommentar, bearbeitet von Fabricius, Kraft, Thiele, Wiese, 4. Aufl. 1987
GKG	Gerichtskostengesetz

Glatzel/Meyer/ Wein	Betriebliche Altersversorgung, 1975
GmbH	Gesellschaft mit beschränkter Haftung
GmbH-Rdsch.	GmbH-Rundschau, Zeitschrift
Gnade/Kehrmann/ Schneider/Blanke	Betriebsverfassungsgesetz, Kommentar, 2. Aufl. 1983
Grunsky	Arbeitsgerichtsgesetz, Kommentar, 6. Aufl. 1990
Hanau/Adomeit	Arbeitsrecht, 9. Aufl. 1988
Hennig/Kühl/ Heuer	Arbeitsförderungsgesetz, Stand 1990
Herschel/Löwisch	Kündigungsschutzgesetz, Kommentar, 6. Aufl. 1984
Hess/Schlochauer/ Glaubitz	Betriebsverfassungsgesetz, Kommentar, 3. Aufl. 1989
Heubeck/Höhne/ Paulsdorff/Rau/ Weinert	Kommentar zum Betriebsrentengesetz, 2. Bd., 2. Aufl. 1982
HFSt.	Hauptfürsorgestelle
HGB	Handelsgesetzbuch
Höfer/Abt	Gesetz zur Verbesserung der betrieblichen Altersversorgung Bd. 1 1982, Bd. 2 1984
Hölters	Handbuch des Unternehmens- und Beteiligungskaufs, 1985
von Hoyningen-Huene	Kündigungsvorschriften im Arbeitsrecht, 1985
Hueck	Kündigungsschutzgesetz, Kommentar, 10. Aufl. 1980
Klebe/Schumann	Das Recht auf Beschäftigung im Kündigungsschutzprozeß, 1981
Knorr/Bichlmeier/ Kremhelmer	Die Kündigung. Ein Handbuch des Kündigungsrechts, 2. Aufl. 1986
KO	Konkursordnung
KR-Bearbeiter	Gemeinschaftskommentar zum Kündigungsrecht, Becker u. a., 3. Aufl. 1989
KSchG	Kündigungsschutzgesetz
LAG	Landesarbeitsgericht
Linck	Die soziale Auswahl bei betriebsbedingter Kündigung, 1990
Löwisch	Taschenkommentar zum BetrVG, 2. Aufl. 1989
LohnFG	Lohnfortzahlungsgesetz
Maus	Kündigungsschutzgesetz, 1973
MDR	Monatsschrift für Deutsches Recht, Zeitschrift
Meisel/Hiersemann	Mutterschutzgesetz, Kommentar, 3. Aufl. 1988
Molitor	Die Kündigung, 2. Aufl. 1951
MTV	Manteltarifvertrag
Müller/Bauer	Der Anwalt vor den Arbeitsgerichten, 3. Aufl. 1991
Münch-Komm.-Bearbeiter	Münchener Kommentar zum BGB
MuSchG	Mutterschutzgesetz
Nikisch	Lehrbuch des Arbeitsrechts, Bd. 1, 3. Aufl. 1963
NJW	Neue Juristische Wochenschrift

n. rkr.	nicht rechtskräftig
NZA	Neue Zeitschrift für Arbeits- und Sozialrecht
OHG	Offene Handelsgesellschaft
Preis	Prinzipien des Kündigungsrechts, 1989
RAG	Reichsarbeitsgericht
RdA	Recht der Arbeit, Zeitschrift
RdErl.	Runderlaß
RKnG	Reichsknappschaftsgesetz
rkr.	rechtskräftig
Rohlfing/Rewolle/Bader	Kommentar zum KSchG, Stand Juli 1984
RRG	Rentenreformgesetz
RVO	Reichsversicherungsordnung
SAE	Sammlung arbeitsrechtlicher Entscheidungen
Schaub	Arbeitsrechtshandbuch, 6. Aufl. 1987
SchwbG	Schwerbehindertengesetz
SGB	Sozialgesetzbuch
SozR	Sozialrecht (Entscheidungssammlung)
Stahlhacke	Kündigung und Kündigungsschutz im Arbeitsverhältnis, 1984
Staudinger/Neumann	Staudingers Kommentar zum BGB, §§ 620–630, 12. Aufl.
Stege/Weinspach	Betriebsverfassungsgesetz, Handbuch, 6. Aufl. 1990
Sudhoff	Rechte und Pflichten des Geschäftsführers einer GmbH, 11. Aufl. 1984
Tillmann	Der Geschäftsführervertrag der GmbH und GmbH & Co., 4. Aufl. 1986
TVG	Tarifvertragsgesetz
u. E.	unseres Erachtens
vgl.	vergleiche
VglO	Vergleichsordnung
VRG	Vorruhestandsgesetz
Wenzel	Kündigung und Kündigungsschutz, 4. Aufl. 1986
Wiedemann/Stumpf	Tarifvertragsgesetz, Kommentar, 5. Aufl. 1977
Wilrodt/Neumann	Schwerbehindertengesetz, Kommentar, 7. Aufl. 1988
ZDG	Zivildienstgesetz
ZfA	Zeitschrift für Arbeitsrecht
ZGR	Zeitschrift für Gesellschaftsrecht
Ziff.	Ziffer
ZIP	Zeitschrift für Wirtschaftsrecht und Insolvenzpraxis
Zmarzlik/Zipperer	MuSchG, 5. Aufl. 1986
ZPO	Zivilprozeßordnung

1. Allgemeine kündigungsrechtliche Fragen

Die praktisch wichtigsten Formen der Beendigung von Arbeitsverhältnissen sind die *Kündigung* und die *einvernehmliche Aufhebung*. Die *Kündigung* ist eine einseitige, empfangsbedürftige Willenserklärung des Kündigenden. Sie soll das bestehende Arbeitsverhältnis nach Ablauf der Kündigungsfrist (ordentliche Kündigung) oder sofort (außerordentliche fristlose Kündigung) beendigen. Die Kündigung durch den *Arbeitgeber* setzt regelmäßig einen Kündigungsgrund (vgl. § 1 KSchG) voraus. Bei einer Kündigung durch den *Arbeitnehmer* ist ein Kündigungsgrund nur bei einer fristlosen Kündigung erforderlich. Bei der *einvernehmlichen Vertragsaufhebung* schließen Arbeitgeber und Arbeitnehmer einen Aufhebungsvertrag, indem sie den Auflösungszeitpunkt und die Bedingungen der Beendigung des bestehenden Arbeitsverhältnisses vertraglich regeln (vgl. hierzu 9). Er wird häufig anstatt oder nach einer Kündigung verwendet.

1.1 Ausspruch der Kündigung

a) Bestimmtheitsgrundsatz

Kündigungen müssen wegen ihrer einschneidenden Bedeutung *deutlich* und *zweifelsfrei* erklärt werden. Zu empfehlen ist die Formulierung: „Hiermit kündigen wir..." Erklärt der Arbeitgeber für den Arbeitnehmer nicht *unmißverständlich*, daß er mit seiner Kündigung eine sofortige Beendigung oder *vorzeitige Beendigung aus wichtigem Grunde* (Auslauffrist) will, so führt dies zugunsten des Gekündigten zu einer ordentlichen Kündigung, da Auslegungsschwierigkeiten zu Lasten des Arbeitgebers gehen. Grundsätzlich unwirksam sind *Kündigungen unter einer Bedingung*, etwa eine Formulierung:

„Betrachten Sie sich als entlassen, wenn Sie morgen Ihren Urlaub eigenmächtig antreten."

Bei Fernbleiben des Arbeitnehmers ist deshalb eine „erneute" Kündigung nötig. Möglich sind aber Bedingungen, deren Eintritt ausschließlich vom Willen der Arbeitnehmer abhängen (sog. Potestativbedingungen).

Eine zulässige Form ist die sog. *Änderungskündigung* (vgl. unten 3.5), für die § 2 KSchG eine besondere Regelung enthält. In allen Fällen, in denen eine vorausgegangene Kündigung möglicherweise aus rechtlichen Gründen, etwa wegen nicht ordnungsgemäßer Anhörung des Betriebsrates (vgl. 2.) unwirksam ist, *muß* der *Arbeitgeber* vorsorglich *hilfsweise* eine weitere Kündigung aussprechen. Gleiches gilt, wenn *weitere* Kündigungsgründe bekannt werden, die für die „vorausgegangene" Kündigung nicht mehr nachgeschoben werden können (2.4). Wird eine solche Kündigung aus Rechtsgründen hilfsweise ausgesprochen, z. B. für den Fall, daß eine vorherige Kündigung unwirksam sein sollte, so verstößt dies nicht gegen den Bestimmtheitsgrundsatz; es handelt sich vielmehr um eine zulässige Vorsichtsmaßnahme (vgl. auch 7.1).

Nach BAG vom 27. 9. 1984 (BB 1985, 1333) ist eine *vorsorgliche Kündigung wegen Betriebsstillegung* bei tatsächlich erfolgter Betriebsveräußerung unwirksam (vgl. auch 6.8).

b) Form

Grundsätzlich sind Kündigungen *formlos* möglich. Durch Tarifvertrag, Arbeitsvertrag oder Betriebsvereinbarung kann aber *Schriftform* vorgesehen werden. Häufig finden sich auch Bestimmungen, wonach eine Kündigung zusätzlich durch eine *bestimmte Versendungsart*, etwa durch Einschreiben oder Einschreiben mit Rückschein, erfolgen muß. Es ist dann immer zu entscheiden, welche *Bedeutung* die jeweilige Schriftformklausel hat:

Ist in Tarifverträgen (soweit Tarifbindung besteht oder individualvertraglich eine Bezugnahme auf den Tarifvertrag erfolgt ist), Individualarbeitsverträgen oder Betriebsvereinbarungen eine *Schriftformklausel* enthalten, so hat diese regelmäßig *konstitutive* Wirkung. Die Einhaltung der Schriftform ist gem. §§ 127, 125 BGB unerläßliche Voraussetzung für die *Wirksamkeit* der Kündigung (vgl. BAG vom 20. 9. 1979, EzA § 125 BGB Nr. 5; KR-*Friedrich*, § 13 KSchG Anm. 274). Dies gilt auch für die fristlose Kündigung (vgl. BAG vom 6. 8. 1981, 2 AZR 351/79 unveröffentlicht). Die Kündigung muß daher vom Aussteller eigenhändig unterschrieben sein. Zur Wahrung der Form genügt eine Telekopie oder telegrafische Übermittlung (§ 127 Satz 2 BGB; ebenso *Stahlhacke*, Fn. 46 zu Anm. 38. *Achtung!* Dies ist umstritten – vgl. BGH, NJW 1957, 1275; LAG Düsseldorf, EzA § 125 BGB Nr. 4; Münch-Komm.-*Findler*, § 126 Anm. 2). Vor Ausspruch einer Kündigung muß der *Arbeitgeber* daher das Vorhandensein einer Schriftformklausel im Arbeitsvertrag, Tarifvertrag oder in einer Betriebsvereinbarung sorgfältig prüfen. Im MTV der Metallindustrie Nordwürttemberg/Nordbaden vom 24. 4. 1987 ist beispielsweise eine Schriftformklausel in § 4 enthalten. Der Arbeitgeber muß danach im Arbeitsvertrag auf das Schriftformerfordernis hinweisen. Ansonsten genügt für die Kündigung des *Arbeitnehmers* eine mündliche Kündigung. Die mündliche Kündigung des Arbeitgebers ist dagegen stets unwirksam. Da die Kündigung bei Nichteinhaltung der Schriftform aus einem anderen als den in § 1 Abs. 2 und 3 KSchG bezeichneten Gründen unwirksam ist, kann bei einem solchen Verstoß auch noch nach Ablauf der Dreiwochenfrist des § 4 KSchG die Kündigungsschutzklage erhoben werden (§ 13 Abs. 3 KSchG).

Der „gut" beratene Arbeitnehmer wird taktisch einen günstigen Zeitpunkt abwarten, zu dem er die fehlende Schriftform rügt, etwa erst nach Beginn des Laufs „neuer" Kündigungsfristen oder nach Ablauf der Zwei-Wochen-Frist bei der außerordentlichen Kündigung (vgl. 4.3).

Die Vereinbarung einer *bestimmten Versendungsart* (Einschreiben, Einschreiben/Rückschein, Wertbrief) hat dagegen regelmäßig *nur* beweissichernde Funktion. Damit *bleibt die Kündigung wirksam*, sofern der Kündigende nachweisen kann, daß die schriftliche Kündigung zugegangen ist.

Eine nichtige Kündigung kann durch eine sog. *Bestätigung* (§ 141 BGB) gültig werden. Diese Bestätigung muß die gesetzlich vorgeschriebene Form haben. Eine formunwirksame mündliche Kündigung kann also etwa durch ein schriftliches Bestätigungsschreiben oder durch eine nochmalige Übergabe des alten Kündigungsschreibens Gültigkeit erlangen (BAG vom 13. 11. 1975, BB 1976, 694 = DB 1976, 969). Eine wirksame Bestätigung bedarf aber eines Bestätigungswillens, d. h. Kenntnis oder Bewußtsein der möglichen Fehlerhaftigkeit der vorausgegangenen Kündigungserklärung.

c) Zugang

Kündigungen werden erst mit ihrem *Zugang* beim Kündigungsempfänger wirksam (§ 130 BGB). Wird einem *anwesenden* Mitarbeiter mündlich oder durch Übergabe des Kündigungsschreibens gekündigt, so ist die Kündigung sofort zugegangen. Dies gilt auch bei einer Kündigung über Telefon (§ 147 BGB). Das Beweisrisiko für den Zugang trägt jedoch der Arbeitgeber (vgl. 1.g).

Wird einem *Abwesenden* durch Brief gekündigt, so kommt es auf die übliche Leerung an (vgl. BAG vom 13. 10. 1976, AP 8 zu § 130 BGB = BB 1977, 298).

Beispiel: Behauptet der Arbeitnehmer bei einer Kündigungsfrist von drei Monaten zum Quartalsende, das am Nachmittag des 31. 3. in den Briefkasten geworfene Kündigungsschreiben erst am Vormittag des 1. 4. vorgefunden zu haben, so wirkt die Kündigung im Zweifel nicht zum 30. 6., sondern zum 30. 9.

Auch *Einschreibebriefe* (ebenso Einschreiben mit Rückschein) gehen erst mit der Aushändigung durch die Post zu; noch nicht dagegen bei Hinterlassung des Benachrichtigungszettels (BAG vom 15. 11. 1962, AP 4 zu § 130 BGB; LAG Düsseldorf, DB 1974, 1584; OLG Celle, NJW 1974, 1386; LAG Berlin, ZIP 1982, 814).

Beispiel: Kündigt der Arbeitgeber bei einer Kündigungsfrist von sechs Wochen zum Quartalsende am 15. 5. per Einschreiben mit Rückschein und öffnet der Arbeitnehmer dem Postboten nicht oder holt er es erst nach dem 19. 5. von der Post ab, so wirkt die Kündigung erst zum 30. 9.

Besondere Probleme ergaben sich bislang für den Arbeitgeber, wenn er einem sich *in Urlaub befindlichen Arbeitnehmer* kündigen will. Dieser ist im Regelfall nicht verpflichtet, dem Arbeitgeber seine Urlaubsanschrift unaufgefordert mitzuteilen (BAG, BB 1981, 1030). Wußte der Arbeitgeber, daß der beurlaubte Arbeitnehmer verreist ist, so sollte nach Auffassung des BAG (a. a. O.) ein an die Heimatanschrift gerichtetes Kündigungsschreiben erst mit der Rückkehr des Arbeitnehmers aus dem Urlaub zugehen. Diese Auffassung hat das BAG nun *ausdrücklich aufgegeben* (BAG vom 16. 3. 1988, BB 1989, 150 = NZA 1988, 875). Ein an die Heimatanschrift des Arbeitnehmers gerichtetes Kündigungsschreiben geht diesem auch dann wirksam zu, wenn der Arbeitgeber Kenntnis von der urlaubsbedingten Ortsabwesenheit hat. Das gleiche gilt, wenn der Arbeitnehmer seine Urlaubsanschrift dem Arbeitgeber mitgeteilt hat. Lediglich bei besonderen Umständen des Einzelfalles kann aus dem Grundsatz von Treu und Glauben (§ 242 BGB) eine abweichende Betrachtungsweise geboten sein. Nach denselben Grundsätzen erfolgt der Zugang eines an die Heimatanschrift des Arbeitnehmers gerichteten Kündigungsschreibens auch dann, wenn dem Arbeitgeber bekannt ist, daß sich der Arbeitnehmer in Untersuchungshaft oder in Auslieferungshaft im Ausland befindet (BAG vom 2. 3. 1989, BB 1989, 1347 = NZA 1989, 635). Ob die gleichen Regeln bei Krankheits- und Kuraufenthalten gelten (vgl. LAG Berlin, ZIP 1982, 614), erscheint zweifelhaft. Wegen des deutlich geringeren Transportrisikos und des geringeren Risikos der Nichtkenntnisnahme durch den Arbeitnehmer wird in diesen Fällen eine Zustellung am tatsächlichen Aufenthaltsort verlangt werden müssen.

Nach § 132 Abs. 1 BGB gilt eine Willenserklärung auch dann als zugegangen, wenn sie durch *Vermittlung eines Gerichtsvollziehers* zugestellt worden ist. Die Zustellung erfolgt nach den Vorschriften der ZPO, also nach den §§ 166 ff. ZPO. Die Zustellung durch den Gerichtsvollzieher geschieht in der Regel durch Übergabe (§ 170 ZPO) (vgl. hierzu KR-*Friedrich*, § 4 KSchG Anm. 116). Mit dem Zugang der Kündigung laufen damit auch die Kündigungsfristen. Hat der Arbeitnehmer aufgrund seiner Urlaubsabwesenheit die 3-Wochen-Frist zur Einreichung einer Kündigungsschutzklage versäumt (7.2), muß er gem. § 5 KSchG einen *Antrag auf nachträgliche Zulassung* der Kündigungsschutzklage nach § 4 KSchG (**Achtung:** Strenge Frist- und Formvorschriften) stellen (vgl. 7.2).

Auch die wirksame Kündigung eines *ausländischen Arbeitnehmers* setzt voraus, daß dieser unmißverständlich versteht, daß sein Arbeitsverhältnis gekündigt ist (sog. Empfangstheorie). Bei einem ausländischen Mitarbeiter, dessen Sprachkenntnisse zweifelhaft sind, ist deshalb Vorsicht geboten. Bei einer mündlichen Kündigung unter Anwesenden sollte daher im Zweifelsfalle ein *Dolmetscher* beigezogen werden. Bei der schriftlichen Kündigung eines der deutschen Sprache nicht mächtigen ausländischen Arbeitnehmers ist die Beifügung einer Übersetzung dringend zu empfehlen. Der Arbeitgeber trägt nämlich das Beweisrisiko dafür, daß der Arbeitnehmer verstanden hat, daß das Arbeitsverhältnis beendet werden sollte. Nicht überzeugend ist die Auffassung, wonach die nur in deutscher Sprache abgefaßte Kündigung erst nach *angemessener Zeit* im Rechtssinne zugehen soll. Angemessen soll die Zeitspanne sein, die nach Treu und Glauben zur Erlangung einer Übersetzung erforderlich ist (so LAG Hamm, NJW 1979, 2488). Weiß ein Arbeitnehmer nicht, welchen Inhalt ein Schreiben hat, besteht für ihn keine Veranlassung, eine Übersetzung einzuholen. Die genannten Grundsätze gelten auch für Analphabeten.

Vereitelt ein Arbeitnehmer den Zugang der Kündigung, indem er etwa die Annahme einer schriftlichen Kündigung verweigert oder vor einer angekündigten Kündigung ohne Angabe seiner neuen Adresse umzieht und seinen Arbeitsplatz nicht mehr aufsucht, gilt die Kündigung mit dem Zustellungsversuch als zugegangen (§ 162 BGB).

d) Kündigung durch Bevollmächtigte

Wird die Kündigung des Arbeitsverhältnisses durch einen *Bevollmächtigten* des Arbeitgebers ohne Vorlage einer Vollmachtsurkunde erklärt, kann der Arbeitnehmer die Kündigung gem. § 174 BGB (vgl. Anh. 4) aus diesem Grund unverzüglich zurückweisen. Vorzulegen ist die Vollmachtsurkunde im Original. Eine Fotokopie oder nur beglaubigte Abschrift ist nicht ausreichend und kann zurückgewiesen werden (BGH vom 4. 2. 1981, AP 5 zu § 174 BGB = BB 1981, 1182). Nicht ausreichend ist auch das Angebot, die Originalurkunde beim Bevollmächtigten einzusehen. Für die Berechnung der Unverzüglichkeit ist von der normalen Postlaufzeit und einer angemessenen Überlegungsfrist für die Einholung rechtskundigen Rats auszugehen. Abzulehnen ist es, dem

Arbeitnehmer in Anlehnung an § 626 Abs. 2 BGB grundsätzlich eine Frist von zwei Wochen einzuräumen (so aber BAG vom 14. 12. 1979, BB 1980, 834 = NJW 1980, 1302 und vom 3. 7. 1980, BB 1982, 1115 = NJW 1981, 1334 für die Anfechtungsfrist nach § 121 BGB). Der Vorlage einer Vollmachtsurkunde bedarf es nicht, wenn der Vertretene (Inhaber, vertretungsberechtigter Gesellschafter, alleinvertretungsberechtigter Geschäftsführer) die Bevollmächtigung mitgeteilt hat. Dies ist formfrei möglich. Bei der Kündigung durch Personalabteilungsleiter (BAG vom 30. 5. 1972, AP 1 zu § 174 BGB) ist deshalb die Beifügung einer Vollmacht regelmäßig nicht erforderlich. Auf Personalsachbearbeiter ist dieser Grundsatz jedoch nicht übertragbar (BAG vom 30. 5. 1978, AP 2 zu § 174 BGB = BB 1979, 166). Bei gesamtvertretungsberechtigten Geschäftsführern einer GmbH ist im Regelfall ebenfalls eine Vollmacht vorzulegen, wenn die Kündigung nur von einem gesamtvertretungsberechtigten Geschäftsführer unterzeichnet wird (BAG vom 18. 12. 1980, AP 4 zu § 174 BGB = BB 1981, 791). Bei einer Kündigung durch einen Prokuristen mit Einzelprokura ist die Beifügung einer Vollmacht nicht erforderlich (arg. § 49 HGB; a. A. aber *Baumbach/Duden/Hopt* § 49 Anm. 1 unter unzutreffender Bezugnahme auf RGZ 133, 233; dort lag eine besondere Fallkonstellation zugrunde). Gleiches muß für einen Generalbevollmächtigten eines Unternehmens gelten. Mit beiden Positionen ist jeweils auch das Kündigungsrecht verbunden (vgl. hierzu BAG vom 29. 6. 1989, BB 1989, 2256 = NZA 1990, 63, unter II 2 f aa). Die Vorschrift des § 174 BGB gilt auch bei Ausspruch einer Kündigung im Bereich des *öffentlichen Dienstes*. Ob ein Sachbearbeiter einer mit Personalangelegenheiten befaßten Abteilung einer Vollmacht bedarf, hängt jeweils von den konkreten Umständen ab (BAG vom 29. 6. 1989, BB 1989, 2256 = NZA 1990, 63). Die Rüge fehlender Vollmachtsvorlage kann auch dann erhoben werden, wenn ein sog. besonderer Vertreter eines *rechtsfähigen Vereins* die Kündigung ausgesprochen hat, ohne gleichzeitig eine Urkunde (z. B. Satzung) über den Umfang seiner Vertretungsvollmacht vorzulegen (LAG Frankfurt vom 23. 1. 1989, BB 1989, 1901 n. rkr).

In der Praxis wird § 174 BGB häufig übersehen: Mit Hilfe dieser Vorschrift kann (könnte) manche Kündigung schon aus formalen Gründen zu Fall gebracht werden, mit teilweise fatalen Folgen für den Arbeitgeber.

Beispiel: Der Arbeitgeber kündigt bei einer vereinbarten Kündigungsfrist von einem Jahr zum Jahresende am 27. 12. 1989 durch einen Gesamtprokuristen, der nicht zugleich Personalleiter ist, das Arbeitsverhältnis mit einem leitenden Angestellten zum 31. 12. 1990. Anwaltlich beraten weist dieser die Kündigung am 2. 1. 1990 zurück, weil eine Vollmacht des zweiten Gesamtprokuristen nicht vorlag. *Folge:* Der Arbeitgeber muß eine erneute Kündigung aussprechen, die erst zum 31. 12. 1991 wirkt.

Wird die gegen § 174 BGB verstoßende Kündigung durch einen Bevollmächtigten zurückgewiesen, so hat auch dieser eine Vollmachtsurkunde (Original) beizufügen.

e) Angabe von Kündigungsgründen

Eine Kündigung ist auch ohne Angabe von Kündigungsgründen wirksam, es sei denn, kollektiv- oder individualvertraglich ist etwas anderes vorgesehen. Dies gilt für die ordentliche wie für die außerordentliche Kündigung. Für die *außerordentliche* Kündigung schreibt § 626 Abs. 2 BGB allerdings vor, daß dem Arbeitnehmer auf Verlangen die Gründe bekanntzugeben sind. Bei Verstoß hiergegen kommt jedoch nur Schadensersatz in Betracht. Ein Teil der Literatur (vgl. *Stahlhacke*, S. 20) bejaht auch bei der ordentlichen Kündigung einen Anspruch auf Bekanntgabe der Kündigungsgründe auf Verlangen des Arbeitnehmers. Dem ist zuzustimmen, weil der Arbeitnehmer nur so die Chancen einer Kündigungsschutzklage prüfen kann; die Mitteilungspflicht entspricht der allgemeinen Fürsorgepflicht des Arbeitgebers. Soweit ein Betriebsrat vorhanden ist, soll der Arbeitnehmer ohnehin zu den Kündigungsgründen durch den Betriebsrat gehört werden (§ 102 Abs. 2 Satz 4 BetrVG) und eine Abschrift der Stellungnahme des Betriebsrats erhalten (§ 102 Abs. 4 BetrVG). Ein Verstoß kann aber auch hier allenfalls zu einem Schadensersatzanspruch führen.

Achtung: Die Kündigung von *Ausbildungsverhältnissen* ist nur bei schriftlicher Angabe der Kündigungsgründe wirksam (§ 15 Abs. 3 BBiG). Auch *Klauseln in Kollektivverträgen oder Individualverträgen* können zwingend die Angabe von Gründen vorschreiben. Eine ohne Angabe von Gründen ausgesprochene Kündigung ist in diesen Fällen unwirksam.

f) Ort und Zeit

Eine Kündigung kann grundsätzlich innerhalb oder außerhalb der Arbeitszeit, an jedem Ort vor oder am Kündigungstermin erfolgen. Einschränkungen gelten, wenn sie zur *Unzeit* (allein durch Zugang am „Heiligen Abend" wird eine Kündigung nicht ungehörig, BAG vom 14. 11. 1984, BB 1985, 1913 = NZA 1986, 97) oder am *unpassenden Ort*, also z. B. um Mitternacht in einer Bar oder auf der Toilette erklärt wird. Die Kündigung ist nicht allein deshalb unwirksam, weil sie während der Krankheit des Arbeitnehmers ausgesprochen wird (vgl. 3.3).

Im Zweifel kann eine Kündigung auch *vor Dienstaufnahme* erfolgen, und zwar unter Einhaltung der vereinbarten Kündigungsfrist (BAG vom 2. 1. 1978, BB 1979, 1038). Eine vertragliche Vereinbarung, die einseitig die arbeitnehmerseitige Kündigung vor Dienstantritt ausschließt, verstößt gegen § 622 Abs. 5 BGB und ist deshalb unwirksam. Die dadurch entstehende Regelungslücke ist nicht durch die gesetzliche Regelung zu schließen, also Annahme der Kündbarkeit des Arbeitsverhältnisses vor Dienstantritt für beide Vertragsparteien. Vielmehr sind für die Lückenausfüllung der hypothetische Parteiwille und die Interessenlage maßgebend. Bei der Besetzung einer Schlüsselposition mit einer Spitzenkraft durch Abschluß eines Arbeitsvertrags mehrere Monate vor dem vereinbarten Dienstbeginn ist anzunehmen, daß die Parteien den beiderseitigen Ausschluß der ordentlichen Kündigung vor Dienstantritt vereinbart hätten, wenn ihnen die Unzulässigkeit des einseitigen Ausschlusses der arbeitnehmerseitigen Kündigung bekannt gewesen wäre (LAG Hamm vom 15. 3. 1989, n. rkr., BB 1989, 1343 = DB 1989, 1191). Eine Kündigung vor Dienstaufnahme stellt nur dann einen Vertragsbruch dar, wenn sich aus dem Anstellungsvertrag oder den sonstigen Umständen ergibt, daß eine solche Kündigung ausgeschlossen sein soll. Wird dennoch vertragswidrig gekündigt, entsteht in vielen Fällen nur ein theoretischer Schadensersatzanspruch, weil es dem Arbeitgeber schwerfällt, einen Schaden nachzuweisen. Inseratskosten können nach Auffassung des BAG nur geltend gemacht werden, wenn sie bei ordnungsgemäßer Kündigung nicht entstanden wären (vgl. BAG vom 26. 3. 1981, AP 7 zu § 276 BGB Vertragsbruch = BB 1981, 1898; sog. alternative Rechtmäßigkeit). Deshalb legen viele Arbeitgeber Wert auf eine *Vertragsstrafenregelung*. Ob dies ratsam ist, muß im Einzelfall entschieden werden. Die Vereinbarung einer Vertragsstrafe für den Fall der Nichtaufnahme der Arbeit wird als konkludente Beschränkung des ordentlichen Kündigungsrechts vor Dienstantritt mit der Maßgabe angesehen, daß die Kündigungsfrist in solchen Fällen ab dem Zeitpunkt der vereinbarten Arbeitsaufnahme beginnen soll (LAG Frankfurt vom 16. 6. 1980, DB 1981, 532).

g) Beweisprobleme

Den Nachweis für den Zugang der Kündigung trägt der Kündigende. Wird eine *mündliche* Kündigung von persönlich haftenden Gesellschaftern oder von vertretungsberechtigten Organmitgliedern ausgesprochen, können Beweisschwierigkeiten eintreten, weil diese Personen in Prozessen als Zeugen nicht in Betracht kommen, sondern Partei sind. Deshalb ist es *dringend zu empfehlen*, bei (zulässigen) mündlichen Kündigungen Mitarbeiter hinzuzuziehen oder sich bei der Aushändigung einer schriftlichen Kündigung den Erhalt auf dem Durchschlag schriftlich bestätigen zu lassen. Der Beweis über den Zugang einer schriftlichen Kündigung ist am sichersten durch einen zuverlässigen Boten, der die Kündigung persönlich aushändigt, zu führen. Mehr als ungeschickt ist es, wenn Personen, die nicht als Zeugen in Betracht kommen, Botenfunktionen übernehmen.

1.2 Kündigungsfristen

a) Angestellte

Für Angestellte sind die gesetzlichen Kündigungsfristen in § 622 Abs. 1 BGB (vgl. Anh. 1) und im AngKSchG (vgl. Anh. 2) geregelt. Die gesetzliche *Regelkündigungsfrist* beträgt sechs Wochen zum Quartalsende (§ 622 Abs. 1 BGB). Beschäftigt der Arbeitgeber mehr als zwei Angestellte ausschließlich der Auszubildenden, so verlängert sich die Kündigungsfrist gem. § 2 AngKSchG nach *einer Beschäftigungszeit* von fünf Jahren auf drei Monate, von acht Jahren auf vier Monate, von zehn Jahren auf fünf Monate und von zwölf Jahren auf sechs Monate *jeweils zum Quartalsende*. (**Achtung:** Diese Kündigungsfristen werden möglicherweise aufgrund der Entscheidung des BVerfG vom 30. 5. 1990 (siehe dazu unter 1.2c) vom Gesetzgeber geändert.)

Die gesetzlichen Kündigungstermine bezwecken auch, *Angebot und Nachfrage auf dem Arbeitsmarkt* möglichst auf einen bestimmten Zeitpunkt zu konzentrieren, um so die Angestellten gegen nachteilige Folgen zu schützen, die sich daraus ergeben können, daß sie nicht sofort bzw. zu einem üblichen Einstellungstermin Gelegenheit zu einem anderen Arbeitsvertrag finden. Nach Auffassung des BAG (vom 18. 4. 1985, BB 1985, 2047) ist eine Kündigung, die der Arbeitgeber mit einer längeren als der gesetzlichen Kündigungsfrist, aber nicht zum Quartalsende ausgesprochen hat, in eine Kündigung zum Ende des nächsten Quartals umzudeuten. Für den Arbeitgeber ist daher Vorsicht geboten.

Beispiel: Der Arbeitgeber kündigt gegenüber einem Angestellten, für dessen Arbeitsverhältnis die gesetzliche Kündigungsfrist von sechs Wochen zum Quartalsende gilt, am 1. 11. zum 15. 2. Der Arbeitnehmer kann sich auf eine Beendigung zum 31. 3. berufen. Unerheblich ist, daß der Arbeitgeber wirksam schon zum 31. 12. hätte kündigen können.

Das BAG (a. a. O.) hatte nicht zu entscheiden, ob eine – wohl abzulehnende – Umdeutung der Kündigung zum nächsten Quartal auch dann vorzunehmen wäre, wenn der Angestellte (ohne Verzicht auf den Kündigungsschutz des KSchG) gebeten hätte, ihm nicht zum 31. 12., sondern erst zum 15. 2. zu kündigen. Selbstverständlich ist aber eine *einvernehmliche Beendigung* des Arbeitsverhältnisses zu einem beliebigen Zeitpunkt (allerdings nicht rückwirkend) möglich (vgl. unten 9.2 und 10.5a und b).

Als Beschäftigungszeiten i.S. des AngKSchG werden nur die Beschäftigungsjahre mitgerechnet, die der Angestellte nach *Vollendung des 25. Lebensjahres* bei demselben Arbeitgeber zugebracht hat. Die für die Kündigungsfristen maßgebliche Beschäftigungszeit muß schon im *Zeitpunkt des Zugangs* der Kündigung erreicht sein (vgl. KR-*Etzel*, §§ 1, 2 AngKSchG Anm. 14). Frühere Beschäftigungen beim gleichen Arbeitgeber ohne rechtlichen Zusammenhang oder Beschäftigungszeiten in einem anderen Konzernunternehmen werden grundsätzlich nicht angerechnet.

Das AngKSchG gilt *nur zugunsten* von Angestellten. Langjährig beschäftigte *Angestellte* können daher mit einer Kündigungsfrist von sechs Wochen zum Quartal *selbst* kündigen, es sei denn, individualvertraglich käme eine längere Kündigungsfrist zum Zuge. In diesem Zusammenhang ist darauf hinzuweisen, daß sich häufig rechtlich unbedenkliche Klauseln in Anstellungsverträgen finden, wonach sich die von einem Angestellten einzuhaltende Kündigungsfrist in dem Umfang verlängert wie für den Arbeitgeber. Dadurch kann der Arbeitgeber den Wechsel eines Angestellten zu einem Konkurrenzunternehmen erschweren oder zumindest verzögern. Auf der anderen Seite führt eine Verlängerung der Kündigungsfrist nicht selten dazu, daß wenig motivierte Arbeitnehmer noch für längere Zeit auf der „pay roll" stehen. Eine sorgfältige Abwägung ist deshalb in jedem Einzelfall nötig.

b) Organmitglieder

Auf die Kündigung von vertretungsberechtigten Organmitgliedern (vor allem GmbH-Geschäftsführer und Vorstandsmitglieder von Aktiengesellschaften) findet § *622 Abs. 1 BGB* dann Anwendung, wenn sie nicht in erheblichem Umfang am Kapital beteiligt sind (vgl. BGH, NJW 1981, 2748; *Bauer*, DB 1979, 2178; *Dernbach*, BB 1982, 1266; *Miller*, ZIP 1981, 578). Dagegen kommt das *KSchG* nicht zum Zuge (vgl. *Bauer*, a. a. O. und unten 8.2). Heftig umstritten ist, ob das *AngKSchG* für nicht beherrschende vertretungsberechtigte Organmitglieder eingreift. Der BGH (BGHZ 12, 1) lehnt eine Anwendung des AngKSchG auf Vorstandsmitglieder von Aktiengesellschaften ab. Im Anschluß an diese Entscheidung wird teilweise die Auffassung vertreten, das AngKSchG finde auch auf Geschäftsführer keine Anwendung (*Tillmann*, GmbH-Rdsch. 1975, 14; *Sudhoff*, S. 11). Diese Meinung übersieht, daß § 1 AngKSchG ausdrücklich auf den Angestelltenbegriff des AVG verweist und daß das 3. Rentenversicherungsänderungsgesetz vom 28. 7. 1969 (BGBl. I, 956) einen neuen Abs. 1a in § 3 AVG eingefügt hat. Danach gelten im Sozialversicherungsrecht aktienrechtliche Vorstandsmitglieder und deren Stellvertreter nicht als Arbeitnehmer. GmbH-Geschäftsführer werden dagegen in § 3 Abs. 1a AVG nicht erwähnt. Sie sind deshalb grundsätzlich Arbeitnehmer i.S. des AVG. Damit ist das AngKSchG zu beachten (vgl. *Bauer*, DB 1979, 2178 m. w. N.). Nach der Rechtsprechung des BSG (vom 25. 5. 1965, BSGE 23, 83; vom 31. 7. 1974, BSGE 38, 53) sind im übrigen GmbH-Geschäftsführer dann sozialversicherungspflichtig, wenn sie persönlich abhängig sind und keinen maßgeblichen Anteil am Stammkapital besitzen. Das BSG verneint deshalb die Arbeitnehmereigenschaft bei einem Gesellschafter-Geschäftsführer, der 50% des Kapitals besitzt, soweit die Gesellschafterbeschlüsse mit einfacher Stimmenmehrheit gefaßt werden (BSG vom 22. 11. 1974, BB 1975, 282). Diese Abgrenzung ist auch im Rahmen des AngKSchG zu beachten. Für *beherrschende* Gesellschafter-Geschäftsführer gilt dagegen die kurze Frist des § 621 BGB.

c) Arbeiter

Für Arbeiter sind die gesetzlichen Kündigungsfristen in § 622 Abs. 2 BGB (vgl. Anh. 1) geregelt. Die *Mindestkündigungsfrist* beträgt für beide Seiten grundsätzlich zwei Wochen. Sie erhöht sich bei der Kündigung des Arbeitgebers (vgl. BAG vom 25. 11. 1971, AP 11 zu § 622 BGB = BB 1972, 537) bei einer Beschäftigungszeit von fünf Jahren auf einen Monat, von zehn Jahren auf zwei Monate, jeweils zum Monatsende und bei einer Beschäftigungsdauer von 20 Jahren auf drei Monate zum Quartalsende. Das *BVerfG* hat durch Entscheidung vom 16. 11. 1982 (BB 1983, 1221 = DB 1983, 450) die Regelung des § 622 Abs. 2 Satz 2 BGB insoweit für verfassungswidrig erklärt, als bei der für die Berechnung der verlängerten Fristen maßgeblichen Beschäftigungsdauer erst Zeiten, die nach Vollendung des 35. Lebensjahres liegen, einberechnet werden sollen. Es hat aber *nicht entschieden*, ob bis zu einer gesetzlichen Neuregelung bei der Berechnung der Kündigungsfristen von Arbeitern in Analogie zu § 2 Abs. 1 AngKSchG schon die Beschäftigungszeiten nach Vollendung des 25. Lebensjahres berücksichtigt werden müssen. Durch Art. 2 des Arbeitsgerichtsgesetz-Änderungsgesetzes vom 26. 6. 1990 (BGBl. I S. 1208) ist nun auch für die Berechnung der Fristen das Lebensalter bei Arbeitern von 35 auf 25 Jahre herabgesetzt worden.

Mit Beschluß vom 30. 5. 1990 (BB, Beil. 27 zu Heft 21/1990) hat das BVerfG entschieden, daß § 622 Abs. 2 BGB mit dem allgemeinen Gleichheitssatz (Art. 3 Abs. 1 GG) unvereinbar ist, soweit die Kündigungsfristen für Arbeiter kürzer sind als diejenigen für Angestellte. Allein die unterschiedliche Art der Tätigkeit von Arbeitern (überwiegend körperlich) und Angestellten (überwiegend geistig) sei kein ausreichender Grund für unterschiedliche Kündigungsfristen. Das BVerfG erklärt § 622 Abs. 2 BGB allerdings nicht für nichtig; wegen der Unvereinbarkeit mit dem GG dürfe § 622 Abs. 2 BGB bis zu einer Neuregelung durch den Gesetzgeber jedoch nicht mehr angewandt werden. Die Gerichte müssen anhängige Verfahren, bei denen die Entscheidung von der verfassungswidrigen Norm abhängt, aussetzen bis eine Neuregelung in Kraft tritt (a. A. ArbG Reutlingen vom 2. 10. 1990, BB 1990, 2264; LAG Niedersachsen vom 22. 8. 1990, BB 1990, 2264). Nach dem Beschluß des BVerfG vom 30. 5. 1990 kann jedoch nicht länger als bis zum 30. 6. 1993 mit einer Neugeregelung gewartet werden. Bereinigt der Gesetzgeber bis zu diesem Zeitpunkt den Verfassungsverstoß nicht, müssen die Gerichte die bei ihnen anhängigen Rechtsstreitigkeiten fortführen und verfassungskonform entscheiden (BVerfG vom 30. 5. 1990, a. a. O.). Das Bundesverfassungsgericht weist jedoch noch ausdrücklich darauf hin, daß es dem Gesetzgeber auch durch das Grundgesetz nicht verwehrt ist, funktions- oder betriebsspezifischen Interessen des Arbeitgebers an größerer personalwirtschaftlicher Beweglichkeit durch verkürzte gesetzliche Kündigungsfristen Rechnung zu tragen. Hervorzuheben ist noch, daß die Entscheidung des Bundesverfassungsgerichts (vgl. C I 5 der Gründe) nicht nur für die unterschiedlichen *Grundfristen* (also § 622 Abs. 1 und Abs. 2 BGB), sondern erst recht für die noch weiter auseinanderklaffenden Kündigungsfristen bei längerer Betriebszugehörigkeit gilt (also AngKSchG). Welche Kündigungsfristen der Gesetzgeber einführen wird, läßt sich nicht vorhersagen.

Ausdrücklich offengelassen hat das BVerfG (vgl. C I 6 der Gründe), ob und inwieweit unterschiedliche Kündigungsfristen *in Tarifverträgen* mit Art. 3 GG vereinbar sind. Es weist immerhin darauf hin, daß der von den tarifvertraglichen Regelungen erfaßte Personenkreis mit den „Großgruppen" der Angestellten und Arbeiter (die von den gesetzlichen Kündigungsregeln erfaßt werden) nicht identisch ist. Es ist daher wohl für die jeweiligen tarifvertraglichen Kündigungsregelungen im Wege eines „Gesamtvergleiches" zu prüfen, ob *außer* der allgemeinen Unterschiedlichkeit zwischen Arbeitern und Angestellten *sachbezogene Unterscheidungskriterien* in der jeweiligen Branche bestehen, die unterschiedliche Kündigungsfristen rechtfertigen (ebenso *Kraushaar*, BB 1990, 1764, 1768; vgl. auch LAG Niedersachsen vom 22. 8. 1990, 3 Sa 10/82). Daran wird es oft fehlen, so daß auch die tarifvertraglichen kürzeren Kündigungsfristen für Arbeiter wegen Verstoßes gegen Artikel 3 GG häufig unwirksam sind. Die Lücke ist dann durch eine ergänzende Vertragsauslegung zu schliessen (zutreffend *Kraushaar*, a. a. O.). Das BVerfG ist auch nicht darauf eingegangen, ob in *Arbeitsverträgen* enthaltene unterschiedliche Kündigungsfristen wegen Verstoßes gegen den Gleichbehandlungsgrundsatz unwirksam sind. Hier gilt für einheitlich im Betrieb verwendete Arbeitsverträge, die jeweils für Arbeiter kürzere Kündigungsfristen als für Angestellte enthalten, das zu den unterschiedlichen tarifvertraglichen Fristen Gesagte entsprechend. Werden die Kündigungsfristen dagegen im Einzelfall ausgehandelt, können die Kündigungsfristen für einzelne Arbeitnehmer selbstverständlich weiterhin unterschiedlich lang sein.

Wegen der Unsicherheit der anwendbaren Kündigungsfristen ist dem vorsichtigen Arbeitgeber dringend zu empfehlen, für Kündigungen von Arbeitern die (jetzigen) längeren Kündigungsfristen der Angestellen einzuplanen und daher Arbeitern entsprechend frühzeitig zu kündigen.

d) Tarifliche Regelungen

Durch tarifliche Regelungen können gem. § 622 Abs. 3 BGB *kürzere Kündigungsfristen* für Kündigungen nach § 622 Abs. 1 BGB zugelassen werden. Die längeren Fristen des AngKSchG können dagegen weder durch Tarifvertrag noch durch Arbeitsvertrag eingeschränkt werden. Bei *nicht tarifgebundenen* Arbeitnehmern können Kündigungsfristen individualvertraglich eingeschränkt werden, wenn der für das Arbeitsverhältnis im Fall einer Tarifbindung einschlägige Tarifvertrag solche Kündigungseinschränkungen enthält (§ 622 Abs. 3 Satz 2 BGB). In *Sonderfällen* ist deshalb bei Angestellten eine noch kürzere Kündigungsfrist als ein Monat (vgl. unten e)) denkbar.

e) Einzelvertragliche Regelungen

Eine *Verlängerung* der gesetzlichen Kündigungsfristen ist *einzelvertraglich* für beide Arbeitsvertragsparteien zulässig; jedoch darf die Kündigungsfrist für den Arbeitnehmer nicht länger sein als für den Arbeitgeber (§ 622 Abs. 5 BGB); ansonsten ist die Vertragsklausel als unzulässige Kündigungserschwerung nichtig (BAG vom 9. 3. 1972, AP 12 zu § 622 BGB = BB 1972, 798; BAG vom 6. 9. 1989, BB 1989, 2403 = NZA 1990, 147). Den übrigen Vertragsinhalt berührt die Nichtigkeit jedoch nicht (BAG vom 6. 9. 1989 a. a. O.; KR-*Hillebrecht*, § 622 Anm. 90). Die entstehende Regelungslücke ist aber nicht grundsätzlich durch die gesetzliche Regelung zu schließen. Vielmehr ist der hypothetische Parteiwille und die Interessenlage maßgebend (vgl. LAG Hamm vom 15. 3. 1989, BB 1989, 1343 = DB 1989, 1191 n.rkr.). Die Besetzung einer Schlüsselposition kann für die Annahme längerer Kündigungsfristen für beide Teile sprechen. Eine unzulässige Kündigungserschwerung liegt auch dann vor, wenn der Arbeitnehmer bei einem auf unbestimmte Zeit abgeschlossenen Arbeitsvertrag für den Fall einer fristgerechten Eigenkündigung eine Entschädigung oder Abfindung an den Arbeitgeber bezahlen soll. Auch hierin liegt ein Verstoß gegen § 622 Abs. 5 BGB (BAG vom 11. 3. 1971, AP 9 zu § 622 BGB = BB 1971, 706; vom 9. 3. 1972, AP 12 zu § 622 BGB = BB 1972, 798; vom 6. 9. 1989, a.a.O.). Dies gilt auch dann, wenn der Arbeitgeber seinerseits ebenfalls eine Abfindung zahlen soll, deren Betrag sogar höher sein kann (BAG vom 6. 9. 1989, a.a.O.). Da eine fristgerechte Kündigung keiner Sanktion unterworfen sein darf, handelt es sich auch nicht um eine zulässige Vertragsstrafe (BAG vom 6. 9. 1989, a.a.O.). Zu beachten ist, daß auch bei einer vertraglichen Verlängerung der regelmäßigen gesetzlichen Kündigungsfrist die üblichen Kündigungstermine gelten, soweit keine *ausdrückliche Regelung* über den *Kündigungstermin* getroffen wird oder sich ein anderer Parteiwille im Wege der Auslegung (Beweislast des Arbeitgebers!) ermitteln läßt (vgl. BAG vom 18. 4. 1985, BB 1985, 2047; vom 25. 11. 1982, AP 10 zu § 9 KSchG 1969). Für die ordentliche Kündigung eines über die vorgesehene Vertragszeit hinaus nach § 625 BGB auf unbestimmte Zeit fortgesetzten Arbeitsverhältnisses gelten die vertraglich vereinbarten und nicht die gesetzlichen Fristen zumindest dann, wenn die vereinbarte Kündigungsregelung aufgrund der Auslegung des ursprünglichen Vertrags auch auf den Fall der Fortsetzung des Arbeitsverhältnisses zu beziehen ist oder die Parteien bei Fortsetzung der Arbeit eine entsprechende – konkludente – Vereinbarung getroffen haben (BAG vom 11. 8. 1988, BB 1989, 1126 = DB 1989, 1474).

Beispiel: Nach dem Anstellungsvertrag mit einem Angestellten beträgt die Kündigungsfrist ein Jahr. Der Arbeitgeber kündigt am 15. 7. zum 15. 7. des Folgejahres. Wenn über den Kündigungstermin keine ausdrückliche Regelung getroffen und kein anderer Parteiwille nachweisbar ist, wirkt die Kündigung erst zum 30. 9. des Folgejahres.

Kündigungsfrist und Kündigungstermin können bei Angestellten nach § 622 Abs. 1 BGB einzelvertraglich auf einen Monat zum Monatsende verkürzt werden (*sog. gesetzliche Mindestkündigungsfrist*).

Ist ein Arbeitsverhältnis für eine *längere Zeit als fünf Jahre* vereinbart, so kann es vom Arbeitnehmer *nach dem Ablauf* von fünf Jahren mit einer Kündigungsfrist von sechs Monaten gekündigt werden (§ 624 BGB). Problematisch ist, ob eine vorzeitige Kündigung in eine Kündigung zum zulässigen Termin nach § 624 BGB umgedeutet werden kann. Dies ist zu bejahen. Vorsicht ist für den Arbeitgeber geboten: Der irrige Glaube, einen „Lebensvertrag" mit dem Arbeitnehmer abschließen zu können, um dann die Bremse nach § 624 BGB zu ziehen, kommt ihn in der Regel teuer zu stehen; § 624 BGB gilt nur für die

Arbeitnehmerbindung; der Arbeitgeber ist an die von ihm vereinbarte längere Laufzeit des Arbeitsverhältnisses gebunden.

f) Probearbeitsverhältnis

Bei Probearbeitsverhältnissen gilt zunächst die vereinbarte Kündigungsfrist. Die *gesetzlichen Mindestkündigungsfristen* sind jedoch zwingend. Bei Arbeitern beträgt deshalb die zulässige Mindestkündigungsfrist zwei Wochen (§ 622 Abs. 2 Satz 1 BGB), bei Angestellten einen Monat zum Monatsschluß (§ 622 Abs. 1 Satz 2 BGB). Auch diese Differenzierung ist verfassungswidrig (BAG vom 30. 5. 1990, a. a. O.). Wird im Probearbeitsvertrag eine Regelung über die Kündigungsfristen nicht aufgenommen, sollen die gesetzlichen Mindestkündigungsfristen zum Zuge kommen (BAG vom 22. 7. 1971, AP 11 zu § 620 BGB Probearbeitsverhältnis = BB 1971, 1282). Um Auslegungsschwierigkeiten zu vermeiden, ist beim Probearbeitsverhältnis mit einem Angestellten dringend zu empfehlen, eine gewollte und zulässige Verkürzung der Regelfrist ausdrücklich zu vereinbaren.

In der Praxis wird häufig übersehen, daß bei *befristeten* Probearbeitsverhältnissen eine ordentliche Kündigung bis zum Fristablauf ausgeschlossen ist, sofern nicht ausdrücklich etwas anderes vereinbart ist (§ 620 Abs. 2 BGB; BAG vom 19. 6. 1980, BB 1980, 1692 = EzA, § 620 BGB, Nr. 47). Das gleiche gilt bei befristeten Arbeitsverhältnissen nach § 1 BeschFG 1985.

g) Aushilfsarbeitsverhältnis

Echte Aushilfsarbeitsverhältnisse können für Arbeiter und Angestellte mit kürzeren als den gesetzlichen Kündigungsfristen einzelvertraglich vereinbart werden, solange sie nicht länger als *drei Monate* dauern (§ 622 Abs. 4 BGB). Umstritten ist, ob nach Ablauf dieser Zeit die gesetzlichen Mindest- oder Regelkündigungsfristen gelten (vgl. einerseits KR-*Wolf*, Grunds. Anm. 370 und andererseits KR-*Hillebrecht*, § 622 BGB Anm. 173f.). Für *befristete* Aushilfsarbeitsverhältnisse gilt das zu den befristeten Probearbeitsverhältnissen Gesagte sinngemäß. Bei einem erhöhten und vorübergehenden Bedarf an Arbeitskräften kann ein zulässiger sachlicher Grund zum Abschluß sämtlicher Arbeitsverhältnisse als Aushilfsarbeitsverhältnisse gegeben sein. Dies kann etwa bei Eröffnung eines Einzelhandelsgeschäftes der Fall sein (vgl. LAG Rheinland-Pfalz, DB 1989, 1193).

h) Konkurs

Die Eröffnung des Konkurses über das Vermögen des Arbeitgebers läßt das Arbeitsverhältnis unberührt. Die Kündigungsschutzbestimmungen (KSchG, SchwbG etc.) sind daher anwendbar. Arbeitnehmer und Konkursverwalter können jedoch das Arbeitsverhältnis außerordentlich unter Einhaltung der *gesetzlichen Fristen* (§§ 622 Abs. 1, Abs. 2 BGB, 2 AngKSchG) kündigen (§ 22 KO; vgl. Anh 13). *Tarifvertragliche Kündigungsfristen* sind wie gesetzliche Kündigungsfristen zu behandeln (BAG vom 7. 6. 1984, BB 1984, 1163 = NZA 1985, 121). § 22 KO will verhindern, daß die Abwicklung des Konkurses durch zu lange einzelvertragliche Kündigungsfristen behindert wird. An die Stelle längerer einzelvertraglicher Fristen treten deshalb die kürzeren gesetzlichen und bei Tarifbindung (aus Gleichbehandlungsgründen sind individualvertraglich vereinbarte tarifliche Kündigungsregelungen gleichzustellen) die tariflichen Kündigungsregeln. Zulässigerweise vereinbarte kürzere Kündigungsfristen gehen vor. Dem Arbeitnehmer steht im Falle einer vorzeitigen Kündigung durch den Konkursverwalter theoretisch ein Schadensersatzanspruch zu, der aber nur den Rang einer einfachen Konkursforderung hat (§§ 26 Satz 2, 61 Abs. 1 Nr. 6 KO). Für *gerichtliche Vergleichsverfahren* ist die Möglichkeit einer vergleichsbedingten Kündigung in §§ 51 Abs. 2, 50 VglO geregelt.

2. Anhörung des Betriebsrats

2.1 Allgemeines

Der Betriebsrat ist vor *jeder* (ordentlichen, außerordentlichen, Änderungs-) *Kündigung* eines Arbeitnehmers mit Ausnahme eines leitenden Angestellten (siehe hierzu unter 2.6) *anzuhören* (§ 102 Abs. 1 Satz 1 BetrVG; vgl. Anh. 12). Es kommt also weder auf die Art der Kündigung noch auf die Arbeitnehmerzahl des Betriebs noch darauf an, ob das KSchG Anwendung findet.

Achtung: Der Betriebsrat ist deshalb auch vor einer Kündigung eines Arbeitsverhältnisses, das noch keine sechs Monate (Wartezeit) bestanden hat, anzuhören (BAG vom 8. 9. 1988, BB 1989, 1345 = DB 1989, 1575). § 102 BetrVG gilt ebenfalls für Kündigungen während der Probezeit, die nicht unbedingt identisch mit der Wartezeit sein muß. Der Arbeitgeber hat dem Betriebsrat auch in diesen Fällen die Umstände mitzuteilen, aus denen er seinen Kündigungsgrund herleitet.

Nötig ist eine Anhörung, *„bevor"* die Kündigung ausgesprochen wird. Ausgesprochen ist eine Kündigung, wenn sie den Machtbereich des Arbeitgebers verlassen hat (BAG vom 13. 11. 1975, AP 7 zu § 102 BetrVG 1972 = BB 1976, 694). Es gibt *keine Eilfälle*, die eine Anhörung des Betriebsrats erst nach der Kündigung rechtfertigen. Dies gilt selbst für fristlose Kündigungen aus wichtigem Grunde.

§ 102 BetrVG findet auch dann Anwendung, wenn der Arbeitgeber dem Arbeitnehmer *vor Dienstantritt* kündigt (LAG Frankfurt vom 31. 5. 1985, DB 1985, 2689).

Zu begrüßen ist, daß das BAG seine unpraktikable Rechtsprechung aufgegeben hat, nach der der Arbeitgeber im Zeitpunkt der Anhörung den Kündigungswillen noch nicht erkennbar abschließend gebildet haben durfte (BAG vom 28. 9. 1978, AP 19 zu § 102 BetrVG = BB 1979, 1094). Dennoch sollte vermieden werden, daß das Kündigungsschreiben ein Datum vor der abgeschlossenen Anhörung des Betriebsrats trägt.

Scheitert eine Kündigung, zu der der Betriebsrat ordnungsgemäß angehört worden ist, an dem fehlenden Zugang und spricht der Arbeitgeber deshalb in engem zeitlichen Zusammenhang aus denselben Gründen eine neue Kündigung aus, bedarf es keiner erneuten Anhörung des Betriebsrats. Dies gilt allerdings nur dann, wenn der Betriebsrat der ersten Kündigung vorbehaltlos zugestimmt hat (BAG, BB 1990, 1701).

2.2 Form und Inhalt

Eine besondere Form ist für die Anhörung des Betriebsrats nicht vorgeschrieben. Aus *Beweisgründen* ist grundsätzlich schriftliche Anhörung zu empfehlen. Die Mitteilung der Kündigungsabsicht hat gegenüber dem *Vorsitzenden des Betriebsrats* oder im Fall seiner Verhinderung gegenüber seinem *Stellvertreter* zu erfolgen (§ 26 Abs. 3 Satz 2 BetrVG). Besteht ein *Personalausschuß*, muß die Mitteilung an dessen Vorsitzenden bzw. bei Verhinderung an seinen Stellvertreter erfolgen (BAG vom 4. 8. 1975, BB 1975, 1435). Die Mitteilung braucht nicht *außerhalb der Arbeitszeit und außerhalb der Betriebsräume* entgegengenommen zu werden. Wird sie aber entgegengenommen, so ist die Anhörung ab diesem Zeitpunkt wirksam eingeleitet (BAG vom 27. 8. 1982, BB 1983, 377). Der Betriebsrat muß sich grundsätzlich nur das Wissen eines zur Entgegennahme von Erklärungen gem. § 26 Abs. 3 Satz 2 BetrVG berechtigten Betriebsratsmitgliedes zurechnen lassen (BAG vom 27. 6. 1985, BB 1986, 321). Ist der Betriebsrat für die Dauer der Äußerungsfrist des § 102 Abs. 2 BetrVG (vgl. unten Ziff. 5) beschlußunfähig, so nimmt der *Restbetriebsrat* in entsprechender Anwendung des § 22 BetrVG die Mitwirkungsrechte nach §§ 102, 103 BetrVG wahr (BAG vom 18. 8. 1982, BB 1983, 251). Erst wenn der Betriebsrat völlig funktionsunfähig ist, kann die Kündigung ohne Beachtung des § 102 BetrVG ausgesprochen werden (BAG vom 15. 11. 1984, BB 1985, 866 = DB 1985, 1028).

Unterrichtung bedeutet, daß die Person des betroffenen Arbeitnehmers, die Kündigungsart und die Gründe für die Kündigung *konkret* angegeben werden müssen (BAG vom 28. 2. 1974, 4. 8. 1975, 13. 7. 1978, 28. 9. 1978, AP 2, 4, 17, 19 zu § 102 BetrVG 1972 = BB 1974, 836, BB 1975, 1435, BB 1979, 322, 1094). Eine pauschale, schlagwort- oder stichwortartige Bezeichnung der Gründe genügt grundsätzlich nicht.

Beispiel: Trotz vorheriger Abmahnung beleidigt der Arbeitnehmer A am 23. 11. 1990 zum wiederholten Male seinen unmittelbaren Vorgesetzten mit den Worten: „Sie sind ein . . .". Die nachfolgende Anhörung des Betriebsrats nach § 102 BetrVG darf sich nicht auf den Hinweis beschränken, daß A den Vorgesetzten beleidigt habe. Der Betriebsrat muß vielmehr über die konkret geäußerten Worte (wann, wie, wo) und die zuvor erfolgte(n) Abmahnung(en) (*Achtung:* auch diese müssen konkrete Angaben enthalten) unterrichtet werden.

Auch bei einer Kündigung in den *ersten sechs Monaten* richtet sich der Inhalt der Auskunftspflicht nach den Umständen, aus denen der Arbeitgeber subjektiv seinen Kündigungsentschluß herleitet. Eine pauschale Umschreibung der Gründe und ein Werturteil (z. B. nicht hinreichende Arbeitsleistung) reicht nur *ausnahmsweise*, wenn der Arbeitgeber seine Motivation nicht mit konkreten Tatsachen belegen kann (BAG vom 8. 9. 1988, BB 1989, 1345 = NZA 1989, 852). Für Arbeitgeber ist hier also besondere Aufmerksamkeit geboten, da der Arbeitnehmer nach Ablauf der Sechsmonatsfrist den vollen Kündigungsschutz genießt.

Unwirksam ist die Anhörung auch, wenn der Kündigungssachverhalt unvollständig und dadurch irreführend dargestellt wird (vgl. BAG vom 2. 11. 1983, AP 29 zu § 102 BetrVG 1972 = BB 1984, 1749; LAG Ba-Wü, NZA 1987, 756). Der Arbeitgeber verstößt dann gegen die Grundsätze von Treu und Glauben.

Verschweigt etwa der Arbeitgeber, daß die einzige in Betracht kommende Tatzeugin den von einer Zeugin vom Hörensagen erhobenen Vorwurf einer schweren Pflichtwidrigkeit nicht bestätigt, so führt dies jedenfalls dann zur Unwirksamkeit der Kündigung, wenn die angeblichen Pflichtwidrigkeiten so erheblich sind, daß sie sich auf das berufliche Fortkommen des Arbeitnehmers auswirken können (BAG, a. a. O.). Wenn der Betriebsrat bei Einleitung des Anhörungsverfahrens bereits über den erforderlichen Kenntnisstand verfügt, um über die konkret beabsichtigte Kündigung eine Stellungnahme abgeben zu können, bedarf es keiner weiteren Darlegung der Kündigungsgründe durch den Arbeitgeber mehr; es ist hierbei unerheblich, ob es sich um einen Klein- oder Großbetrieb handelt (BAG vom 28. 3. 1974, AP 3 zu § 102 BetrVG 1972 = BB 1974, 979 und BAG vom 27. 6. 1985, BB 1986, 321). Unterläßt es der Arbeitgeber, den Betriebsrat über die Gründe der Kündigung zu unterrichten, in der irrigen oder vermeintlichen Annahme, daß dieser schon über den erforderlichen und aktuellen Kenntnisstand verfügt, liegt gleichwohl keine ordnungsgemäße Einleitung des Anhörungsverfahrens vor (BAG, a. a. O.). Für den Umstand, daß der Betriebsrat über den erforderlichen Kenntnisstand schon verfügte, trägt der Arbeitgeber die Beweislast.

Der *Umfang der Anhörung* ist von der jeweils beabsichtigten konkreten Kündigung abhängig. Besondere Probleme gibt es immer wieder bei der *betriebsbedingten Kündigung*: Zu beachten ist vor allem, daß das BAG (vom 29. 3. 1984, BB 1984, 1426 = NZA 1984, 169) auch ohne Aufforderung des Betriebsrats dessen Unterrichtung über die Gründe der Sozialauswahl verlangt (vgl. unten 3.4 f.).

Will der Arbeitgeber, der eine außerordentliche Kündigung beabsichtigt, sicherstellen, daß im Falle der *Unwirksamkeit der außerordentlichen Kündigung* die von ihm vorsorglich erklärte oder dahin umgedeutete ordentliche Kündigung nicht an der fehlenden Anhörung des Betriebsrats scheitert, muß er den Betriebsrat deutlich darauf hinweisen, daß die geplante außerordentliche Kündigung *hilfsweise als ordentliche Kündigung* gelten soll. Dies ist nur dann nicht nötig, wenn der Betriebsrat der außerordentlichen Kündigung ausdrücklich und vorbehaltlos zustimmt (BAG vom 16. 3. 1978, AP 15 zu § 102 BetrVG 1972 = BB 1979, 371). Wie der Betriebsrat reagieren wird, kann der Arbeitgeber bei Einleitung des Anhörungsverfahrens aber kaum wissen. Deshalb sollte er ihn grundsätzlich auch zu einer hilfsweisen ordentlichen Kündigung anhören.

Beabsichtigt der Arbeitgeber eine Änderungskündigung auszusprechen, so hat er dem Betriebsrat sowohl die Gründe für die Änderung der Arbeitsbedingungen als auch das Änderungsangebot mitzuteilen. Vorsicht ist geboten bei folgender Fallkonstellation: Der Arbeitgeber will zunächst die Arbeitsbedingungen einseitig im Wege der Änderungskündigung ändern und hört hierzu den Betriebsrat an. Der Arbeitnehmer lehnt eine Änderung der Arbeitsbedingungen ab. Der Arbeitgeber spricht hierauf keine Änderungskündigung aus, sondern kündigt außerordentlich, hilfsweise ordentlich. Vor Ausspruch dieser an Stelle der Änderungskündigung ausgesprochenen (Beendigungs-)Kündigung ist eine erneute Anhörung des Betriebsrats nur dann entbehrlich, wenn der Arbeitgeber in der Betriebsratsanhörung zur Änderungskündigung den Betriebsrat darauf hingewiesen hat, daß er bei einer vorbehaltlosen Ablehnung durch den Arbeitnehmer eine Beendigungskündigung beabsichtige (BAG vom 30. 11. 1989, BB 1990, 704).

Eine ordentliche Kündigung soll nach einer u. E. zweifelhaften Entscheidung des BAG (AP 1 zu § 44 TVAL II) nicht nach § 140 BGB in eine außerordentliche Kündigung mit einer der ordentlichen Kündigung entsprechenden Auslauffrist umgedeutet werden können. Der Betriebsrat ist also auf jeden Fall zu der gesondert auszusprechenden außerordentlichen Kündigung anzuhören. Dieser Fall wird praxisrelevant, wenn in einem Tarifvertrag durch eine Alterssicherungsklausel die ordentliche Kündigung ausgeschlossen ist.

2.3 Rechtsfolgen fehlerhafter Betriebsratsanhörung

Ist eine Kündigung *ohne Anhörung des Betriebsrats* ausgesprochen worden, so ist die *Kündigung unwirksam*. Da diese Rechtsfolge auch bei nur unvollständiger Anhörung eintritt, muß der Arbeitgeber die Anhörung des Betriebsrats *sorgfältig vorbereiten und vollständig durchführen*. An einer solchen fehlerfreien Anhörung kranken viele Kündigungen, was für den Arbeitgeber um so ärgerlicher werden kann, wenn ein „klassischer Kündigungsgrund" vorlag. Der gut beratene Arbeitnehmer wird sich im übrigen sorgfältig überlegen, *wann* er die fehlerhafte Anhörung des Betriebsrats rügt.

Beispiel: Zwischen den Parteien gilt eine Kündigungsfrist von sechs Wochen zum Quartalsende. Kündigt der Arbeitgeber dem Arbeitnehmer nach fehlerhafter Anhörung des Betriebsrats am 10. 5. zum 30. 6., so wird der Arbeitnehmer erst nach dem 19. 5. eine Verletzung von § 102 BetrVG rügen, um zu vermeiden, daß der Arbeitgeber noch rechtzeitig vorher den Schaden repariert und eine zweite (hilfsweise) Kündigung nach diesmal ordnungsgemäßer Anhörung des Betriebsrats zum 30. 6. ausspricht. Aus taktischen Gründen kann es sich sogar empfehlen, die Rüge erst in einem relativ späten Zeitpunkt des erstinstanzlichen Rechtsstreits zu erheben.

Erfüllt der Arbeitgeber seine Pflicht aus § 102 BetrVG zur Anhörung des Betriebsrats nicht ausreichend, dann wird dieser Mangel grundsätzlich nicht dadurch geheilt, daß der Betriebsrat zur beabsichtigten Kündigung „abschließend" Stellung nimmt. Etwas anderes kann allenfalls dann gelten, wenn der Betriebsrat ausdrücklich und vorbehaltlos der Kündigung zugestimmt hat (vgl. BAG vom 16. 3. 1978, BB 1979, 371 und BAG vom 28. 9. 1978, BB 1979, 1094).

Waren für eine Kündigung *mehrere Gründe* maßgebend, so führt eine objektiv unvollständige Unterrichtung des Betriebsrats hinsichtlich einzelner Kündigungsgründe nicht zur Unwirksamkeit des Anhörungsverfahrens insgesamt

(BAG vom 8. 9. 1988, BB 1989, 1345 = DB 1989, 1575). Diese Gründe können dann aber für die Kündigung nicht mehr nachgeschoben werden (siehe dazu auch unter 2.4).

Die fehlerhafte Anhörung nach § 102 BetrVG wird von den Arbeitsgerichten nur geprüft, wenn die Rüge nicht ordnungsgemäßer Betriebsratsanhörung im Kündigungsschutzprozeß erhoben wird (BAG, AP 36 zu § 613a BGB; BAG vom 15. 6. 1989, NZA 1990, 65 unter II 3. der Gründe). Dies gilt nur dann nicht, wenn sich die Nichtanhörung bereits aus dem Vortrag beider Parteien unstreitig ergibt (BAG vom 15. 6. 1989, a.a.O.). Hat der Arbeitgeber zur Betriebsratsanhörung nichts vorgetragen, dürfte – bei Vorliegen der Voraussetzungen des § 138 Abs. 4 ZPO – ein Bestreiten mit Nichtwissen seitens des Arbeitnehmers ausreichen.

2.4 Nachschieben von Kündigungsgründen

Der Arbeitgeber braucht dem Betriebsrat nur die Kündigungsgründe mitzuteilen, die für seinen Kündigungsentschluß maßgeblich sind (BAG vom 18. 12. 1980, BB 1981, 1895). Im Kündigungsschutzprozeß kann der Arbeitgeber jederzeit Tatsachen nachschieben, die ohne wesentliche Veränderung des Kündigungssachverhaltes lediglich der *Erläuterung und Konkretisierung* der dem Betriebsrat mitgeteilten Kündigungsgründe dienen (BAG vom 11. 4. 1985, DB 1986, 1726).

Beispiel: Der Arbeitgeber stützt die Kündigungsabsicht auf *Manipulationen* eines angestellten Reisenden und teilt dem Betriebsrat dazu drei konkrete von zehn insgesamt festgestellten vergleichbaren Verstößen mit. Hier kann die Kündigung im Prozeß durch Beschreibung der weiteren sieben Verstöße konkretisiert werden. *Vorsicht:* Die Frage, ob es sich um ein zulässiges Erläutern und Konkretisieren handelt, kann im Einzelfall sehr umstritten sein. Es empfiehlt sich deshalb grundsätzlich, alle bekannten Verstöße dem Betriebsrat im einzelnen darzulegen.

Ein *Nachschieben anderer Kündigungsgründe* im Prozeß, die zum Zeitpunkt der Unterrichtung des Betriebsrats *vorlagen und dem Arbeitgeber bekannt* waren, ist nur möglich, wenn der Betriebsrat dazu gehört worden ist (BAG vom 13. 7. 1978, AP 18 zu § 102 BetrVG 1972 = BB 1979, 322). Andernfalls dürfen sie im Kündigungsschutzprozeß nicht verwertet werden.

Beispiel: Der Arbeitgeber will einem sehr leistungsschwachen Arbeitnehmer wegen einer angeblichen Beleidigung von Mitarbeitern und Vorgesetzten kündigen. Der Betriebsrat wird nur hinsichtlich der angeblichen Beleidigung unterrichtet. Im Prozeß erkennt der Arbeitgeber, daß sich eine Beleidigung nicht beweisen läßt. Da der Betriebsrat nicht zu einer verhaltens- und/oder personenbedingten Kündigung wegen mangelhafter Leistung gehört worden ist, kann dieser mögliche Kündigungsgrund nicht nachgeschoben werden.

Heftig umstritten war, ob Kündigungsgründe, die bei Ausspruch der Kündigung zwar *objektiv vorlagen, aber noch nicht bekannt* waren, nachgeschoben werden können (bejahend: *Dietz/Richardi*, § 102 Anm. 56; *Fitting/Auffarth/Kaiser/Heither*, § 102 Anm. 18; *Galperin/Löwisch*, § 102 Anm. 30a; verneinend: KR-*Etzel*, § 102 BetrVG Anm. 185ff.). Das BAG (vom 11. 4. 1985, DB 1986, 1726 mit Anm. *Röder*, AR-Blattei, Kündigung IX Kündigungsgrund, Entscheidung 69/71) hält ein Nachschieben solcher Gründe nur dann für zulässig, wenn der Betriebsrat *zuvor* in einer § 102 BetrVG genügenden Art und Weise angehört wurde. Dies gilt unabhängig davon, ob der Betriebsrat bereits aufgrund der ihm mitgeteilten Gründe der Kündigung zugestimmt hat. Das Nachschieben von Kündigungsgründen wird insoweit betriebsverfassungsrechtlich einer erneuten Kündigung gleichgestellt. Dem Arbeitgeber bleibt aber der Ausspruch einer erneuten Kündigung, bei der er an die Einhaltung von Kündigungsfristen gebunden wäre, erspart.

Besonderheiten bestehen bei einem Nachschieben von im Kündigungsschreiben nicht erwähnten Kündigungsgründen bei einem Berufsausbildungsverhältnis (vgl. LAG Ba-Wü vom 5. 1. 1990, DB 1990, 588).

Eindeutig ist die Rechtslage, wenn die weiteren Gründe erst *nach Ausspruch der Kündigung* entstanden sind: Ein Nachschieben ist weder betriebsverfassungs- noch kündigungsrechtlich möglich, also auch dann nicht, wenn gar kein Betriebsrat vorhanden ist. Es muß eine *neue Kündigung* ausgesprochen werden (vgl. BAG vom 11. 12. 1975, EzA § 15 KSchG n. F. Nr. 6).

Achtung: Da von der Rechtsprechung eine Verdachtskündigung als eigenständiger Kündigungsgrund angesehen wird, kann etwa eine Kündigung, die wegen zum Zeitpunkt ihres Ausspruchs erwiesener Schuld erklärt wird, anschließend nicht als Verdachtskündigung (vgl. 3.2ll)) aufrechterhalten werden, wenn sie bei der Betriebsratsanhörung nicht zugleich auch mit dem Verdacht der begangenen Straftat oder Pflichtverletzung begründet wurde (BAG vom 3. 4. 1986, BB 1987, 1114 = NZA 1986, 677).

Individualrechtlich ist dagegen ein Nachschieben von Gründen, die schon vor Ausspruch einer Kündigung vorlagen, im Kündigungsschutzprozeß ohne weiteres und unabhängig davon zulässig, ob diese Gründe bei Ausspruch der Kündigung schon bekannt waren (BAG vom 11. 4. 1985, DB 1986, 1726). Dies ist praktisch relevant, wenn kein Betriebsrat besteht.

2.5 Beschlußfassung, Reaktionsmöglichkeiten des Betriebsrats

Hat der Betriebsrat gegen eine *ordentliche Kündigung* Bedenken, so hat er diese unter Angabe der Gründe dem Arbeitgeber spätestens innerhalb *einer Woche* schriftlich mitzuteilen. Äußert er sich nicht, gilt seine Zustimmung als erteilt (§ 102 Abs. 2 Satz 1 und 2 BetrVG). Bei der *außerordentlichen Kündigung* sind die Bedenken unverzüglich, spätestens aber innerhalb von *drei Tagen*, schriftlich mitzuteilen (§ 102 Abs. 2 Satz 3 BetrVG). Für die Berechnung der Fristen gelten die §§ 186ff. BGB.

Beispiel: Der Arbeitgeber unterrichtet den Betriebsrat am Donnerstag, 22. 11. 1990, von einer beabsichtigten ordentlichen Kündigung. Für den Beginn der Wochenfrist zählt der 22. 11. 1990 nicht mit (§ 187 BGB). Die Wochenfrist endet mit Ablauf des Donnerstag, 29. 11. 1990. Die Kündigung kann am 30. 11. 1990 ausgesprochen werden. Ist der letzte Tag der Frist ein Samstag, Sonntag oder gesetzlicher Feiertag, so verlängert sich die Frist bis zum Ablauf des nächsten Werktages (§ 193 BGB).

Die Wochenfrist kann zwischen Arbeitgeber und Betriebsrat *verlängert* werden (BAG vom 14. 8. 1986, BB 1987, 1324; *Fitting/Auffarth/Kaiser/Heither*, § 102 Anm. 20; LAG Düsseldorf/Köln, DB 1977, 2383; a. A. *Stege/Weinspach*, § 102 Anm. 92; *Hess/Schlochauer/Glaubitz*, § 102 Anm. 67; vgl. auch BAG vom 5. 2. 1971, BB 1971, 1153 zu § 61 BetrVG 1952). Ein Anspruch des Betriebsrats auf Abschluß einer Verlängerungsvereinbarung besteht nicht (BAG, a. a. O.). Dies gilt selbst bei Massenentlassungen (vgl. 6.7). Die Berufung des Arbeitgebers auf die Wochenfrist kann unter *besonderen* Ausnahmebedingungen *rechtsmißbräuchlich* sein. Bei Massenentlassungen kann sich dies aus dem Verhalten der Betriebspartner bis zur formellen Einleitung des Anhörungsverfahrens ergeben (BAG, a. a. O.). Eine Verlängerung der Fristen nach § 102 BetrVG führt aber nicht zu einer Änderung der Kündigungsfristen oder zu einer Verlängerung der Ausschlußfrist nach § 626 Abs. 2 BGB (vgl. unten 4.3).

Über seine Reaktion im Verfahren nach § 102 BetrVG hat der *Betriebsrat* und, wo ein solcher bestellt ist, dessen Personalausschuß *ordnungsgemäß zu beschließen*. Da der Arbeitgeber nicht der „Aufpasser" des Betriebsrats ist, gehen Fehler in der Sachbehandlung grundsätzlich zu Lasten des Betriebsrats, so daß der Arbeitgeber nach Kenntnisnahme einer Äußerung des Betriebsrats betriebsverfassungsrechtlich wirksam kündigen kann (BAG vom 4. 8. 1975, BB 1975, 1435). Etwas anderes gilt nur, wenn der Arbeitgeber selbst durch unsachgemäßes Verhalten Mängel bei der Beteiligung des Betriebsrats veranlaßt hat oder einen offensichtlichen Fehler in der Beschlußfassung des Betriebsrats ausnutzt.

Achtung: Bei Kündigungen vor Fristablauf wird teilweise die Auffassung vertreten, der Arbeitgeber könne sich auf eine ihm übermittelte Stellungnahme des Betriebsrats nur verlassen, wenn er keine Anhaltspunkte für eine geschäftsordnungswidrige oder gar unterlassene Beschlußfassung des Betriebsrats hat (so *Fitting/Auffarth/Kaiser/Heither*, § 102 Anm. 23; BAG vom 18. 8. 1982, AP 24 zu § 102 BetrVG = BB 1983, 251; a. A. BAG vom 2. 4. 1976, AP 9 zu § 102 BetrVG 1972 = BB 1976, 1127).

Schweigt der Betriebsrat, so kann der Arbeitgeber jedenfalls nach Ablauf der Frist kündigen (BAG vom 18. 9. 1975, AP 6 zu § 102 BetrVG 1972 = BB 1976, 227). *Fazit:* Wenn der Arbeitgeber auch nur geringe Zweifel an einer ordnungsgemäßen Willensbildung des Betriebsrats hat, sollte er mit der Kündigungserklärung bis zum Ablauf der Anhörungsfrist warten.

Im Falle des § 103 BetrVG (vgl. unten 6.5) setzt die erforderliche Zustimmung grundsätzlich auch einen wirksamen Beschluß des Betriebsrats voraus. Nach den Grundsätzen des Vertrauensschutzes darf der Arbeitgeber aber auch hier auf die Wirksamkeit des Zustimmungsbeschlusses vertrauen, solange er nicht die Tatsache kennt oder kennen muß, aus der die Unwirksamkeit des Beschlusses folgt (BAG vom 23. 8. 1984, BB 1985, 335).

Der Betriebsrat kann der Kündigung *zustimmen, Bedenken erheben oder widersprechen.* Das *Schweigen* des Betriebsrats bedeutet bei einer beabsichtigten ordentlichen Kündigung gem. § 102 Abs. 2 Satz 2 BetrVG die Zustimmung zur Kündigung (vgl. oben). Viele Betriebsräte wählen diesen Weg, wenn sie mit Rücksicht auf den Arbeitnehmer zu einer Kündigung nicht ausdrücklich ihre Zustimmung geben wollen, andererseits aber für die Entscheidung des Arbeitgebers Verständnis haben. Dies gilt aber nicht bei der beantragten Zustimmung zur Kündigung von Betriebsratsmitgliedern (§ 103 BetrVG): Dort gilt das Schweigen des Betriebsrats als Verweigerung der Zustimmung (vgl. unten 6.5).

Die *schärfste Waffe des Betriebsrats* ist der *Widerspruch.* Der Betriebsrat ist hierzu an einen der in § 102 Abs. 3 BetrVG erschöpfend aufgezählten Gründe gebunden.

Widerspruchsgründe sind nur (1) eine fehlerhafte soziale Auswahl, (2) ein Verstoß gegen Auswahlrichtlinien, (3) die Möglichkeit der Weiterbeschäftigung an einem *anderen Platz* (widerspricht der Betriebsrat mit der Begründung, der Arbeitnehmer könne an demselben Arbeitsplatz weiterbeschäftigt werden, liegt kein ordnungsgemäßer Widerspruch vor; BAG vom 12. 9. 1985, BB 1986, 802) im Betrieb oder in einem anderen Betrieb des Unternehmens, (4) sei es auch nur nach zumutbaren Umschulungs- oder Fortbildungsmaßnahmen oder (5) unter geänderten Vertragsbedingungen mit Einverständnis des Arbeitnehmers. Das Fehlen eines Kündigungsgrundes i. S. des KSchG stellt dagegen keinen Widerspruchsgrund dar. Hat der Betriebsrat aus einem der in § 102 Abs. 3 genannten Gründe der Kündigung wirksam widerspochen, so kann der Arbeitnehmer Weiterbeschäftigung verlangen (§ 102 Abs. 5 BetrVG; vgl. hierzu und zum allgemeinen Weiterbeschäftigungsanspruch unten 8.4 und 5).

Der Widerspruch muß schriftlich innerhalb der Wochenfrist erfolgen und mit Gründen versehen sein. Eine Wiederholung des Gesetzeswortlauts allein genügt nicht (*Fitting/Auffarth/Kaiser/Heither*, § 102 Anm. 38); auch nicht das Vorbringen eines Zweifels, daß wirklich kein anderer Arbeitsplatz vorhanden sei (LAG Düsseldorf, DB 1978, 1282 und BB 1980, 2048; a. A. LAG Berlin, DB 1980, 2449). Die konkrete Begründung des Widerspruchs muß aber nicht einleuchtend sein (*Fitting/Auffarth/Kaiser/Heither*, a. a. O.). Entsprechend einer zu § 99 BetrVG ergangenen Entscheidung des BAG (vom 3. 7. 1984, BB 1985, 199) muß man davon ausgehen, daß Gründe, die der Betriebsrat nicht innerhalb der Wochenfrist vorgebracht hat, im Verfahren über die vorläufige Weiterbeschäftigung nach § 102 Abs. 5 BetrVG nicht mehr geltend gemacht werden können. Davon unberührt bleibt natürlich das Recht des Arbeitnehmers, sich im Kündigungsschutzprozeß auf einen der Gründe nach § 102 Abs. 3 BetrVG zu berufen. Bedeutung hat der wirksame Widerspruch des Betriebsrats für die Verteilung der Darlegungs- und Beweislast im Kündigungsschutzprozeß: Weist der Arbeitnehmer den ordnungsgemäßen Widerspruch des Betriebsrats nach, ist es nach § 1 Abs. 2 Satz 4 KSchG Sache des Arbeitgebers nachzuweisen, daß eine solche Weiterbeschäftigungsmöglichkeit fehlt.

2.6 Leitende Angestellte

§ 102 BetrVG gilt nicht für leitende Angestellte i. S. des § 5 Abs. 3 BetrVG; der Betriebsrat ist nur nach § 105 BetrVG zu unterrichten. Ein Verstoß hiergegen begründet *keine Unwirksamkeit* der Kündigung (BAG vom 25. 3. 1976, BB 1976, 743).

Besteht ein *Sprecherausschuß* nach dem Sprecherausschußgesetz, muß dieser vor *jeder* Kündigung eines leitenden Angestellten i. S. des § 5 Abs. 3 BetrVG *angehört* werden. Der Sprecherausschuß kann gegen eine ordentliche Kündigung binnen einer Woche, gegen eine außerordentliche binnen drei Tagen Bedenken geltend machen. Eine ohne Anhörung des Sprecherausschusses ausgesprochene Kündigung ist unwirksam. Die strengen Anforderungen (vgl. hierzu die Ausführungen unter 2.1 – 2.5) an die Anhörungspflicht, die die Rechtsprechung zu Gegenstand, Zeitpunkt, Inhalt und Form des Anhörungsverfahrens entwickelt hat, gelten für das Anhörungsverfahren nach § 31 Abs. 2 SprAuG in gleicher Weise (vgl. *Bauer*, NZA Beil. 1/1989; *Röder*, NZA Beil. 4/1989). Ein Widerspruchsrecht (vgl. § 102 Abs. 3 BetrVG) des Sprecherausschusses sowie ein Weiterbeschäftigungsanspruch (vgl. § 102 Abs. 5 BetrVG) bestehen nach dem Sprecherausschußgesetz nicht.

Achtung: Die Abgrenzung der leitenden Angestellten nach § 5 Abs. 3 BetrVG ist zwingendes Recht. Sie kann weder durch Tarifvertrag noch durch Betriebs- oder Individualvereinbarung zwischen dem Arbeitgeber einerseits und dem Arbeitnehmer und/oder dem Betriebsrat andererseits vorgenommen werden. Die in der Praxis häufig anzutreffenden Erklärungen über den Status eines Mitarbeiters haben daher nur deklaratorischen Charakter. Der Begriff des leitenden Angestellten wird auch nach der Neufassung des § 5 Abs. 3 BetrVG durch folgende Merkmale geprägt: (1) Teilhabe an der unternehmerischen Aufgabe, (2) erheblicher Entscheidungsspielraum und (3) Interessenpolarität zwischen dem leitenden Angestellten und der übrigen Belegschaft (BAG vom 29. 1. 1980, BB 1980, 1374; im übrigen muß auch nach der Neufassung auf die einschlägige Kommentarliteratur verwiesen werden).

Häufig bleibt zweifelhaft, ob es sich um einen leitenden Angestellten i. S. des § 5 Abs. 3 BetrVG handelt. Selbst eine Zuordnung eines Angestellten aufgrund des Zuordnungsverfahrens (§ 18a BetrVG) anläßlich der Durchführung von Betriebsratswahlen oder Wahlen zum Sprecherausschuß legt den Status eines Angestellten nicht verbindlich fest. In allen Zweifelsfällen muß der Arbeitgeber vorsorglich also sowohl Betriebsrat als auch Sprecherausschuß anhören. Bei einer Anhörung durch das „falsche" Organ ist eine Kündigung zwingend unwirksam. Zum Auflösungsantrag nach §§ 14, 9, 10 Abs. 2 Satz 2 KSchG (vgl. unter 7.6g sowie *Röder*, NZA Beil. 4/1989). Auch in Betrieben ohne Sprecherausschuß sollte der Arbeitgeber sicherheitshalber das *Anhörungsverfahren nach § 102 BetrVG* hilfsweise durchführen. Die bloße Mitteilung der Absicht, einem „leitenden" Angestellten zu kündigen, kann in der Regel nicht in eine Unterrichtung nach § 102 BetrVG umgedeutet werden, wenn sich im Kündigungsprozeß herausstellt, daß der Arbeitnehmer doch nicht leitender Angestellter ist (BAG vom 7. 12. 1979, BB 1980, 628). Die hilfsweise Anhörung nach § 102 BetrVG ist natürlich nur dann sinnvoll, wenn der Arbeitgeber die Kündigungsgründe konkret und detailliert dem Betriebsrat mitteilt.

3. Soziale Rechtfertigung der Kündigung

3.1 Allgemeines

a) Anwendungsbereich des KSchG

Innerhalb der ersten sechs Monate des Bestehens des Arbeitsverhältnisses (*Wartezeit*) gilt bis zu den Grenzen der Sittenwidrigkeit der Grundsatz der **Kündigungsfreiheit**. Bei der 6-Monatsfrist kommt es auf den *rechtlichen* Bestand des Arbeitsverhältnisses (BAG vom 16. 3. 1989, BB 1989, 1984 = NZA 1989, 884; zu unerheblichen Unterbrechungen vgl. BAG vom 6. 12. 1976, 18. 1. 1979, AP 2, 3 KSchG 1969 Wartezeit = BB 1977, 445, BB 1979, 1505) und nicht auf die tatsächliche Beschäftigung an. Die Beweislast dafür, daß ein unstreitig begründetes, dann tatsächlich unterbrochenes Arbeitsverhältnis vorlag, trägt der Arbeitgeber. Ebenso obliegt ihm die Beweislast für das Vorliegen einer rechtlichen Unterbrechung (BAG vom 16. 3. 1989, a. a. O.; zur Anrechnung früherer Arbeitsverhältnisse vgl. auch BAG, BB 1990, 1635). Unmittelbar vorausgehende (hierzu BAG vom 16. 2. 1989, BB 1990, 209 = NZA 1989, 962) Arbeitsverhältnisse, insbesondere befristete Probearbeitsverhältnisse und unmittelbar vorausgehende Beschäftigungszeiten in anderen Betrieben des Unternehmens (nicht des Konzerns) werden auf die Wartezeit angerechnet, wenn die *Unterbrechung* verhältnismäßig kurz war und zwischen beiden Arbeitsverhältnissen ein *enger sachlicher* Zusammenhang bestand (BAG vom 10. 5. 1989, BB 1990, 214 = NZA 1990, 221; dies ist bei einer Unterbrechung von mehr als 2 Monaten im Regelfall abzulehnen). Nach herrschender Meinung (KR-*Becker*, § 1 KSchG Anm. 54; a. A. *Friedemann*, BB 1985, 1541) werden Zeiten, die ein Auszubildender im Betrieb zurückgelegt hat, auf die Wartezeit angerechnet. Gleiches gilt wohl auch für Zeiten im Rahmen einer Arbeitsbeschaffungsmaßnahme (*Galperin/Löwisch*, § 1 Anm. 46). Dagegen sind Zeiten, die als Beamter, freier Mitarbeiter (KR-*Becker*, § 1 KSchG Anm. 33, 53) oder Handelsvertreter zurückgelegt worden sind, nicht zu berücksichtigen. Wegen des eindeutigen Wortlauts von § 1 KSchG können nach unserer Auffassung auch nicht Dienstzeiten vertretungsberechtigter Organmitglieder (Vorstandsmitglieder, GmbH-Geschäftsführer) auf die Wartezeit angerechnet werden, wenn sich der Aufgaben- und Tätigkeitsbereich des Organmitgliedes geändert hat. (**Achtung:** Rechtsprechung ist uns zu dieser Frage nicht bekannt).

Beispiel (1): In der X-GmbH ist A seit 1975 als Geschäftsführer tätig. Mit Wirkung zum 31. 12. 1990 wird er von seinem Amt abberufen, das Dienstverhältnis darüber hinaus als Arbeitsverhältnis fortgesetzt. Gegenüber einer vor dem 1. 7. 1991 ausgesprochenen ordentlichen Kündigung genießt er grundsätzlich keinen Kündigungsschutz.

Beispiel (2): Gleiches gilt, wenn A zunächst als Arbeitnehmer tätig war, dann das Arbeitsverhältnis vertraglich beendet wird (vgl. hierzu 3.6 b)) und A zugleich mit Wirkung ab 1. 1. 1986 zum Geschäftsführer bestellt wird. Sofern er dann (auch nach dem 30. 6. 1986) vom Amt wieder abberufen und gleichzeitig das Dienstverhältnis ordentlich gekündigt wird. Der Kündigungsschutz nach dem KSchG greift allenfalls dann ein, wenn A nachweisen kann, daß die Bestellung zum Geschäftsführer nur dem Zweck diente, ihm den Kündigungsschutz zu nehmen.

Nach Ablauf der Wartezeit greift der Kündigungsschutz ein, wenn im Betrieb *in der Regel sechs oder mehr* Arbeitnehmer beschäftigt werden (§ 23 KSchG). Hierin liegt kein Verstoß gegen den allgemeinen Gleichheitssatz nach Art. 3 Abs. 1 GG (BAG, BB 1990, 1635). *Teilzeitkräfte* zählen bei der Berechnung der maßgeblichen Betriebsgröße mit, sofern deren regelmäßige Arbeitszeit wöchentlich zehn oder monatlich 45 Stunden übersteigt (§ 23 Abs. 1 Satz 3 KSchG; Art. 3 BeschFG). Familienangehörige, die kraft Arbeitsvertrages im Betrieb auch arbeiten, zählen mit. Aushilfskräfte nur unter besonderen Voraussetzungen (vgl. hierzu LAG Berlin, NZA 1989, 849).

Achtung: Wird die maßgebliche Betriebsgröße erreicht und einer Teilzeitkraft gekündigt, genießt diese Kündigungsschutz wie jeder andere Arbeitnehmer. Wichtig ist weiter, daß § 23 Abs. 1 Satz 4 KSchG eine Besitzstandsklausel für Arbeitnehmer gegenüber dem Arbeitgeber beinhaltet, mit dem das Arbeitsverhältnis schon vor dem 1. 5. 1985 bestand.

Mehrere Unternehmen können auch einen *einheitlichen Betrieb* führen. Dies liegt vor, wenn die Unternehmen mit ihren Arbeitnehmern arbeitstechnische Zwecke innerhalb einer organisatorischen Einheit unter einheitlicher Leitungsmacht (BAG vom 13. 6. 1985, NZA 1986, 600) fortgesetzt verfolgen. Die Unternehmen müssen sich zur gemeinsamen Führung rechtlich verbunden haben (**Achtung:** dies kann auch aus den tatsächlichen Umständen hergeleitet werden). Die Rechtsprechung geht dann davon aus, daß bei der Prüfung der sozialen Rechtfertigung der Kündigung oder bei der sozialen Auswahl auf die Versetzungsmöglichkeiten innerhalb des gesamten Betriebes abzustellen ist (BAG vom 13. 6. 1985, a. a. O.; vom 5. 3. 1987, BB 1987, 2304 = NZA 1988, 32). Fehlt es an einer solchen auf rechtlicher Grundlage beruhenden einheitlichen Leitungsmacht, so ist eine Versetzung des Arbeitnehmers in das andere Unternehmen – oder im Rahmen der sozialen Auswahl (vgl. 3.4 d) die Kündigung eines dort beschäftigten Arbeitnehmers – nicht möglich. Allein durch die Bildung einer BGB-Gesellschaft zur einheitlichen Leitung eines gemeinsamen Betriebes werden die beteiligten Unternehmer noch nicht einheitliche Arbeitgeber der in diesem Betrieb beschäftigten Arbeitnehmer (BAG vom 5. 3. 1987, BB 1987, 1304 = NZA 1988, 32).

Liegt ein *wirksam befristetes Arbeitsverhältnis* vor (zulässig bei sachlich gerechtfertigtem Grund *oder* Befristung nach Art. 1 § 1 BeschFG 1985), *greift das KSchG nicht ein*. Anders ist die Rechtslage, wenn das Arbeitsverhältnis vor Fristablauf beendet werden soll.

Achtung: Aus § 620 BGB ergibt sich, daß befristete Arbeitsverhältnisse während der Laufzeit der Befristung im Zweifel nicht ordentlich kündbar sind. Der Arbeitgeber sollte deshalb gesonderte Kündigungsmöglichkeiten vereinbaren.

Nach Art. 1 § 1 Nr. 1 *BeschFG 1985* (vgl. Anh. 16) ist eine *einmalige Befristung* bis zur Dauer von 18 Monaten (bzw. 24 Monaten bei Arbeitgebern, die weniger als 20 Arbeitnehmer ausschließlich Auszubildenden beschäftigen *oder* erst seit 6 Monaten eine Erwerbstätigkeit aufgenommen haben, die nach § 128 AO dem Finanzamt mitzuteilen ist) zulässig, wenn der Arbeitnehmer *neu* eingestellt wird. Das BeschFG ist bis zum 31. 12. 1995 verlängert worden (Gesetz vom 22. 12. 1989 – BGBl. I S. 2406).

Achtung: Von einer Neueinstellung darf nach dem Gesetz nicht ausgegangen werden, wenn ein enger sachlicher Zusammenhang zu einem vorausgegangenen befristeten oder unbefristeten Arbeitsverhältnis mit demselben Arbeitgeber besteht. Ein solcher Zusammenhang ist insbesondere anzunehmen, wenn zwischen den Arbeitsverträgen ein Zeitraum von weniger als 4 Monaten liegt. (Zur Frage, wann bei mehreren Befristungen eine Neueinstellung vorliegt, vgl. BAG vom 6. 12. 1989, BB 1990, 70).

Handelt es sich um eine Neueinstellung, dürfen die Arbeitsgerichte nicht danach fragen, aus welchen Gründen der Arbeitgeber eine befristete Einstellung vornimmt. Aufgrund des eindeutigen Wortlauts der Vorschrift kommt es auch nicht darauf an, ob es sich um einen *neuen Arbeitsplatz* handelt (BAG vom 8. 12. 1988, BB 1989, 912).

Nach Art. 1 § 1 Nr. 2 BeschFG 1985 ist eine einmalige Befristung von 18 bzw. 24 Monaten weiter zulässig, wenn der Arbeitnehmer im unmittelbaren Anschluß an die Berufsausbildung nur vorübergehend weiterbeschäftigt werden kann, weil kein Arbeitsplatz für einen unbefristet einzustellenden Arbeitnehmer zur Verfügung steht. Der Arbeitgeber muß hier also im Streitfall nachweisen können, daß im Zeitpunkt des Vertragsabschlusses kein unbefristeter Arbeitsplatz zur Verfügung stand; die gesetzliche Neuregelung ist insoweit nicht sehr attraktiv (vgl. *Wenzel*, S. 60). Vorsicht ist deshalb auf seiten des Arbeitgebers geboten.

Der Arbeitgeber muß sich sorgfältig überlegen, wie lange die Befristung nach Art. 1 § 1 BeschFG 1985 laufen soll. Eine **zweite** Befristung kann nicht darauf gestützt werden, daß der zulässige Höchstrahmen bei der ersten Befristung nicht ausgeschöpft worden ist.

Soweit **nicht** Art. 1 § 1 BeschFG 1985 eingreift, läßt die Rechtsprechung befristete Arbeitsverhältnisse – seien es erstmalige oder wiederholte – nur zu, wenn ein *sachlich gerechtfertigter Grund* vorliegt (vgl. BAG GS vom 12. 10. 1960, AP 16 zu § 620 BGB befristeter Arbeitsvertrag = BB 1961, 368). Typische Anwendungsfälle der zulässigen Vertragsbefristung liegen regelmäßig bei der Beschäftigung zur Probe [vgl. vor allem unter 6.1 b zu befristeten Probearbeitsverhältnissen mit (werdenden) Müttern] vor. Eine *Aushilfsbeschäftigung* kann von vornherein auf eine bestimmte Zeit festgelegt oder aber *zweckbefristet* abgeschlossen werden (§ 620 Abs. 2 BGB).

Beispiel: Arbeitgeber und Aushilfskraft vereinbaren ein Aushilfsarbeitsverhältnis für die Dauer der Erkrankung einer Arbeitnehmerin. Das Arbeitsverhältnis endet, sobald die erkrankte Arbeitnehmerin die Arbeit wieder aufnimmt. Die Aushilfskraft genießt keinen Kündigungsschutz.

Der Abschluß von befristeten (auch unwirksamen) Arbeitsverträgen gibt dem *Betriebsrat kein Widerspruchsrecht* nach § 99 BetrVG (BAG vom 20. 6. 1978, AP 8 zu § 99 BetrVG 1972 = BB 1979, 422; BAG vom 16. 7. 1985, BB 1986, 525).

Das KSchG gilt für *leitende Angestellte* i. S. des § 14 Abs. 2 KSchG mit zwei Ausnahmen:

(1) Sie können keinen Einspruch nach § 3 KSchG gegen die Kündigung beim Betriebsrat einlegen; (2) der Antrag des Arbeitgebers auf gerichtliche Auflösung nach § 9 Abs. 1 KSchG bedarf keiner Begründung (§ 14 Abs. 2 KSchG).

Dagegen gelten nach § 14 Abs. 1 Nr. 1 KSchG für *gesetzliche Vertreter juristischer Personen* die Kündigungsschutzbestimmungen des KSchG insgesamt nicht. Wird allerdings nach Beendigung der Organstellung das Dienstverhältnis als Arbeitsverhältnis fortgesetzt, greift das KSchG ein; dies gilt auch dann, wenn die Kündigung auf Vorfälle während der Amtszeit als Organ gestützt wird (BAG vom 22. 2. 1974, AP 19 zu § 5 ArbGG = BB 1974, 934). War der Geschäftsführer vor seiner Bestellung als Arbeitnehmer tätig, kann ein ruhendes Arbeitsverhältnis fortbestehen, auf das das KSchG anwendbar ist (vgl. näher unter 3.6 b)). Auf das KSchG können sich auch nicht *vertretungsberechtigte Gesellschafter von Personengesellschaften* (OHG, KG, GbR) und Vorstandsmitglieder nicht rechtsfähiger Vereine berufen (§ 14 Abs. 1 Nr. 2 KSchG). Problematisch ist die Rechtslage bei Streitigkeiten zwischen einer *GmbH & Co. KG* und ihrem *Geschäftsführer*:

Das BAG (vom 10. 7. 1980, BB 1980, 1696 = DB 1981, 276, dazu kritisch *Bauer*, GmbH-RdSch. 1981, 109 und vom 15. 4. 1982, BB 1983, 1284 = NJW 1983, 2405) meint, die Zuständigkeit der Arbeitsgerichte und eine Anwendung des KSchG komme dann in Betracht, wenn der Anstellungsvertrag über die Funktion als Geschäftsführer der GmbH mit der KG abgeschlossen worden sei; dann sei zu prüfen, ob der Geschäftsführer nicht gleichzeitig freier Dienstnehmer, arbeitnehmerähnliche Person oder Arbeitnehmer der KG sei.

Der allgemeine Kündigungsschutz gilt auch für sog. *Gruppenarbeitsverhältnisse* (vgl. BAG vom 21. 10. 1971, AP 1 zu § 611 BGB Gruppenarbeitsverhältnis = BB 1972, 221). Hier sind mehrere Arbeitnehmer zu einer gemeinsamen Dienstleistung verpflichtet. In den Fällen des vertraglichen Ausschlusses der Einzelkündigung ist der Arbeitgeber grundsätzlich dazu berechtigt, sämtlichen Gruppenmitgliedern ordentlich zu kündigen, sofern in der Person oder in dem Verhalten nur eines Arbeitnehmers Kündigungsgründe i. S. des § 1 Abs. 2 KSchG vorliegen (vgl. BAG, a. a. O. für den Fall eines Heimleiterehepaares). Besteht für einen der beteiligten Arbeitnehmer ein besonderer Kündigungsschutz (z. B. nach § 9 MuSchG), so kann das Gruppenarbeitsverhältnis auch gegenüber den übrigen Mitgliedern nicht ordentlich gekündigt werden (vgl. LAG Düsseldorf, BB 1965, 495).

So wie auf Arbeitnehmerseite können auch auf Arbeitgeberseite mehrere Rechtssubjekte (z. B. mehrere rechtlich selbständige Gesellschaften) an einem Arbeitsverhältnis beteiligt sein. Um von einem sog. *einheitlichen Arbeitsverhältnis* sprechen zu können, ist ein rechtlicher Zusammenhang zwischen den arbeitsvertraglichen Beziehungen des Arbeitnehmers zu den einzelnen Arbeitgebern erforderlich, der es verbietet, diese Beziehungen rechtlich getrennt zu behandeln (vgl. BAG vom 27. 3. 1981, DB 1982, 1569; krit. hierzu *Schwerdtner*, ZIP 1982, 900). Das einheitliche Arbeitsverhältnis kann regelmäßig nur von und gegenüber allen auf einer Vertragsseite Beteiligten gekündigt werden. Dabei müssen die Kündigungsvoraussetzungen grundsätzlich im Verhältnis zu jedem Beteiligten gegeben sein. Für die Annahme eines einheitlichen Arbeitsverhältnisses ist nicht Voraussetzung, daß die beteiligten Arbeitgeber einen einheitlichen Betrieb führen. Bedeutung hat das sog. Arbeitsverhältnis vor allem, wenn der Arbeitnehmer gleichzeitig aufgrund mehrerer Arbeitsverträge bei verschiedenen Konzernunternehmen beschäftigt ist.

b) Ultima-ratio-Prinzip und Interessenabwägung

Für *jede Kündigung* (also auch für die außerordentliche Kündigung und die Änderungskündigung) ist eine *Interessenabwägung* erforderlich. Es gilt das ultima-ratio-Prinzip. Die Kündigung darf nur ausgesprochen werden, wenn nach den jeweiligen Umständen des Arbeitsverhältnisses eine weitere Fortsetzung für den Arbeitgeber unter Berücksichtigung der schutzwürdigen Interessen des Arbeitnehmers nicht mehr zumutbar ist (BAG vom 24. 10. 1979, AP 8 zu § 1 KSchG 1969 betriebsbedingte Kündigung; vgl. auch BAG vom 13. 12. 1984, BB 1985, 1069 zur außerordentlichen Kündigung).

Eine *Prognose* hinsichtlich der Wirksamkeit einer Kündigung ist damit sehr schwer. Eine schematische Übertragung von Kündigungsgründen auf jedes Arbeitsverhältnis ist nicht möglich. Bei der Interessenabwägung sind vor allem von Bedeutung:

Art, Schwere und Häufigkeit vorgeworfener Pflichtwidrigkeiten; früheres Verhalten des Arbeitnehmers; Mitverschulden des Arbeitgebers; Dauer der Betriebszugehörigkeit; Lebensalter; Umfang der Unterhaltsverpflichtungen; Lage auf dem Arbeitsmarkt; Versetzungsmöglichkeiten; betriebliche Erfordernisse.

Aus dem ultima-ratio-Prinzip leitet die Rechtsprechung die Pflicht ab, vor Ausspruch jeder Kündigung zu prüfen, ob die Kündigung dadurch vermieden werden kann, daß der Arbeitnehmer an einem anderen Arbeitsplatz zu geänderten Arbeitsbedingungen weiterbeschäftigt wird (vgl. BAG vom 13. 10. 1977, AP zu § 1 KSchG 1969 verhaltensbedingte Kündigung = BB 1978, 660; BAG vom 27. 9. 1984, BB 1985, 1130). Eine mögliche Änderungskündigung geht daher einer Beendigungskündigung vor (BAG vom 27. 9. 1984, BB 1985, 1130). Diese Prüfung soll unabhängig von einem Widerspruch des Betriebsrats und selbst bei außerordentlichen Kündigungen erfolgen (so schon BAG,

BB 1978, 1310). Vom Arbeitgeber wird folgende unpraktikable und risikoreiche Vorgehensweise verlangt (BAG vom 27. 9. 1984, a. a. O.):

(1) Der Arbeitgeber muß nach dem Grundsatz der Verhältnismäßigkeit auch vor jeder ordentlichen Beendigungskündigung von sich aus dem Arbeitnehmer eine beiden Parteien zumutbare Weiterbeschäftigung auf einem *freien Arbeitsplatz* auch zu geänderten Bedingungen *anbieten.*

(2) Der Arbeitgeber muß bei den Verhandlungen mit dem Arbeitnehmer klarstellen, daß bei Ablehnung des Änderungsangebots eine Kündigung beabsichtigt ist, und ihm eine Überlegungsfrist von einer Woche einräumen. Dieses Angebot kann der Arbeitnehmer unter einem (§ 2 KSchG) entsprechenden Vorbehalt annehmen. Der Arbeitgeber muß dann eine Änderungskündigung aussprechen. Lehnt der Arbeitnehmer das Änderungsangebot vorbehaltlos und endgültig ab, kann der Arbeitgeber eine Beendigungskündigung aussprechen.

(3) Unterläßt es der Arbeitgeber, dem Arbeitnehmer vor Ausspruch der Beendigungskündigung ein mögliches und zumutbares Änderungsangebot zu unterbreiten, dann ist die Kündigung sozial ungerechtfertigt, wenn der Arbeitnehmer einem vor der Kündigung gemachten entsprechenden Vorschlag zumindest unter Vorbehalt zugestimmt hätte. Dies muß der Arbeitnehmer im Kündigungsschutzprozeß vortragen. Hat er nach Ausspruch der Kündigung ein Änderungsangebot des Arbeitgebers abgelehnt, so bedarf es der tatrichterlichen Würdigung, ob angenommen werden kann, daß er ein entsprechendes Angebot vor Ausspruch der Kündigung unter Vorbehalt angenommen hätte (so BAG vom 27. 9. 1984, a. a. O.).

c) Darlegungs- und Beweislast hinsichtlich der sozialen Rechtfertigung der Kündigung

Grundsätzlich obliegt es dem Arbeitgeber, alle tatsächlichen Voraussetzungen für das Vorliegen eines Kündigungsgrundes darzulegen und zu beweisen. Dies gilt auch für Umstände, aus denen im Rahmen der Interessenabwägung die Unzumutbarkeit der Weiterbeschäftigung abgeleitet wird (BAG vom 17. 8. 1972, EzA § 626 BGB Nr. 16). Maßgeblicher Zeitpunkt für die Beurteilung der Sozialwidrigkeit der Kündigung ist ihr Zugang (BAG vom 24. 3. 1983, AP 12 zu § 1 KSchG 1969 betriebsbedingte Kündigung = BB 1983, 1665; BAG vom 23. 6. 1983, BB 1983, 1988; vgl. unten 3.4e) zur Beweislast bei betriebsbedingter Kündigung).

Zu beachten ist, daß die sog. „Zeugen vom Hörensagen" von den Gerichten nicht als Zeugen vernommen werden, wenn „unmittelbare" Zeugen zur Verfügung stehen. Der Arbeitgeber muß also Kunden, die sich über das Verhalten oder die Leistung des daraufhin gekündigten Arbeitnehmers beschweren, als Zeugen benennen. Es reicht nicht, nur die bei ihm beschäftigten Mitarbeiter, die die Beschwerden entgegengenommen haben, als Zeugen zu benennen.

3.2 Verhaltensbedingte Kündigung

a) Abmahnung

Durch die verhaltensbedingte Kündigung soll es dem Arbeitgeber ermöglicht werden, auf Vertragspflichtverletzungen des Arbeitnehmers zu reagieren. Wegen der einschneidenden Wirkung der Kündigung ist bei *Störungen im sog. Leistungsbereich* vor Ausspruch einer Kündigung eine vorherige, vergebliche Abmahnung nötig (BAG vom 9. 8. 1984, AP 12 zu § 1 KSchG 1969 verhaltensbedingte Kündigung; vom 15. 8. 1984, AP 8 zu § 1 KSchG 1969; BAG vom 10. 11. 1988, BB 1989, 1347 = NZA 1989, 633; allgemein vgl. *v. Hoyningen-Huene*, RdA 1990, 193). Eine Abmahnung ist ausnahmsweise entbehrlich, wenn sie im Hinblick auf die Einsichts- oder Handlungsfähigkeit des Arbeitnehmers keinen Erfolg verspricht (BAG vom 29. 11. 1983, AP 9 zu § 1 KSchG 1969 verhaltensbedingte Kündigung = BB 1983, 2258) oder die Vertragswidrigkeit so schwer ist, daß eine vorhergehende Abmahnung billigerweise nicht erwartet werden kann oder wenn sie unmittelbar den sog. Vertrauensbereich betrifft (BAG vom 4. 4. 1974, AP 1 zu § 626 BGB Arbeitnehmervertreter im Aufsichtsrat = BB 1974, 739; LAG Niedersachsen, DB 1978, 750). Bei einem *Fehlverhalten im Vertrauensbereich* bedarf es dann einer vorhergehenden Abmahnung, wenn der Arbeitnehmer mit vertretbaren Gründen annehmen konnte, sein Verhalten sei nicht vertragswidrig oder werde vom Arbeitgeber zumindest nicht als ein erhebliches, den Bestand des Arbeitsverhältnisses gefährdendes Fehlverhalten angesehen (BAG vom 30. 6. 1983, AP 15 zu Art. 140 GG zu IV. 1. der Gründe; BAG vom 10. 11. 1988, BB 1989 S. 1347 = NZA 1989, 633). Eine Abmahnung ist schon zulässig, wenn der Arbeitgeber einen objektiven Verstoß des Arbeitnehmers gegen seine Pflichten feststellt. Es kommt nicht darauf an, ob dieser Pflichtenverstoß zu einer Kündigung ausreicht (BAG vom 7. 9. 1988, BB 1989, 75 = NZA 1989, 272).

Abmahnungsberechtigt sind nicht nur Kündigungsberechtigte, sondern alle Mitarbeiter, die befugt sind, verbindliche Anweisungen bezüglich des Ortes, der Zeit sowie der Art und Weise der arbeitsvertraglich geschuldeten Arbeitsleistung zu erteilen (BAG vom 18. 1. 1980, AP 3 zu § 1 KSchG 1969 verhaltensbedingte Kündigung = BB 1980, 1269).

Eine Abmahnung (vgl. insgesamt *Schmidt*, NZA 1985, 409) muß folgende Komponenten enthalten (vgl. BAG vom 18. 1. 1980, BB 1980, 1269):

(1) Konkrete *Rüge* des vertragswidrigen Verhaltens,
(2) *Aufforderung*, das vertragswidrige Verhalten einzustellen,
(3) *Hinweis*, daß im Wiederholungsfalle mit einer Kündigung des Arbeitsverhältnisses zu rechnen ist.

Beispiel:
„Sehr geehrte/r Frau/Herr...,
leider sehen wir uns gezwungen, Sie aus folgenden Gründen *abzumahnen:*

Sie haben am Dienstag, 28. 11. 1985 zu Ihrem Kollegen ... gesagt:
‚Du dummer ...' Außerdem sind Sie am 29. 11. 1985 zum wiederholten Mal ohne triftigen Grund zu spät zur Arbeit erschienen, nämlich erst um ... Uhr, statt um ... Uhr.

Wir fordern Sie auf, beleidigende Äußerungen wie oben angeführt oder ähnlicher Art in Zukunft zu unterlassen und pünktlich zur Arbeit zu erscheinen.

Sollten Sie dieser ernsten Aufforderung nicht Folge leisten, müssen Sie mit einer *Kündigung* rechnen.

Mit freundlichen Grüßen

– Firma –"

Feste Fristen, wann nach Feststellung eines Fehlverhaltens eines Arbeitnehmers eine Abmahnung ausgesprochen werden muß, gibt es nicht (BAG vom 15. 1. 1986, BB 1986, 943 = NZA 1986, 421). Dennoch sollte der Arbeitgeber schon aus Beweisgründen nicht zu lange abwarten.

Aus Beweisgründen sollten Abmahnungen *schriftlich* ausgesprochen werden. Wird eine Abmahnung nur mündlich erteilt, sollten deren Inhalt, Ort und beteiligte Personen jedenfalls in einem Aktenvermerk festgehalten werden. Die Abmahnung kann nach Ansicht des BAG vom Arbeitnehmer selbständig mit einer Klage angegriffen werden (BAG vom 11. 8. 1982, BB 1983, 836 = DB 1982, 2705). Der Arbeitnehmer kann verlangen, daß der Arbeitgeber eine mißbilligende Äußerung aus den Personalakten entfernt, wenn diese unrichtige Tastsachenbehauptungen enthält, die den Arbeitnehmer in seiner Rechtsstellung und seinem beruflichen Fortkommen beeinträchtigen können. Dies folgt aus der allgemeinen Fürsorgepflicht des Arbeitgebers, die auf dem Gedanken von Treu und Glauben beruht (BAG vom 27. 11. 1985, BB 1986, 594; vom 15. 1. 1986, BB 1986, 943 = NZA 1986, 421; vom 12. 1. 1988, 13. 4. 1988, BB 1988, 1893 = NZA 1988, 654; LAG Köln vom 2. 11. 1988, DB 1989, 1294). Bei einem objektiv rechtswidrigen Eingriff in sein Persönlichkeitsrecht hat der Arbeitnehmer in entsprechender Anwendung von §§ 12, 862, 1004 BGB Anspruch auf Widerruf bzw. Beseitigung der Beeinträchtigung (BAG, a. a. O.).

Die Abmahnung kann *Sanktionscharakter* (milderes Mittel gegenüber einer Kündigung) und *Warnfunktion* haben (BAG vom 10. 11. 1988, BB 1989, 1347 = NZA 1989, 633). Diese Warnfunktion entfällt, wenn zwischen der Abmahnung und einem erneuten Vertragsverstoß ein längerer Zeitraum liegt. Die Abmahnung wird dann wirkungslos. In der Regel ist dies, je nach Dauer des Arbeitsverhältnisses, nach ein bis zwei Jahren (bei leichten Verstößen wohl schon nach sechs Monaten) anzunehmen. **Einheitliche Tilgungsfristen** für Abmahnungen hat die Rechtsprechung zu Recht abgelehnt (BAG vom 18. 11. 1986, BB 1987, 1252; BAG vom 21. 5. 1987, DB 1987, 2367). In diesem Falle ist vor einer wirksamen verhaltensbedingten Kündigung eine erneute Abmahnung nötig. Aus der Warnfunktion ergibt sich weiter, daß die vorherige Abmahnung einen gleichwertigen Sachverhalt betroffen haben muß, wie er der Kündigung zugrunde liegt (sog. *gleicher Unrechtsgehalt, vgl. Becker-Schaff-*

ner, DB 1985, 650). Ebensowenig gibt es feste Zeiträume zwischen einer Abmahnung und dem Ausspruch einer Kündigung (vgl. hierzu LAG Hamm vom 15. 3. 1983, BB 1983, 1858). Ist eine Kündigung erfolglos, darf der Arbeitgeber den Arbeitnehmer wegen desselben unstreitigen, für eine Kündigung aber allein nicht ausreichenden Sachverhalts abmahnen. Die Unwirksamkeit der Kündigung ist nicht gleichbedeutend mit der Unwirksamkeit der Abmahnung (BAG vom 7. 9. 1988, BB 1989, 75 = NZA 1989, 272)..

Obwohl vorausgegangene Abmahnungen im Regelfall Voraussetzung für den Ausspruch einer verhaltensbedingten Kündigung sind, ist vor dem „voreiligen" Ausspruch von Abmahnungen Vorsicht geboten: Spricht der Kündigungsberechtigte wegen eines ihm bekannten Kündigungssachverhaltes eine Ermahnung oder Abmahnung aus, so schließt dies nämlich eine spätere Kündigung aus, sofern sich die für die Kündigung maßgebenden Umstände später nicht noch ändern (BAG vom 10. 11. 1988, BB 1989, 1347 = NZA 1989, 633). Er erklärt dadurch zugleich, daß er das Arbeitsverhältnis trotz der Vertragswidrigkeit noch nicht als so gestört ansieht, daß ihm eine weitere Zusammenarbeit mit dem Arbeitnehmer nicht mehr möglich sei. Erst wenn *weitere* Gründe hinzutreten *oder* erst nach der Abmahnung *bekannt* werden, kann dann eine Kündigung ausgesprochen werden.

Zur Abmahnung wegen Teilnahme an einem Sympathiestreik vgl. BAG vom 12. 1. 1988, BB 1988, 978 = NZA 1988, 474.

Eine frühere Kündigung erfüllt im Regelfall die Funktion einer Abmahnung. Dies gilt jedenfalls dann, wenn der Kündigungssachverhalt feststeht und die Kündigung aus anderen Gründen für sozialwidrig erachtet worden ist (BAG vom 31. 8. 1989, BB 1990, 559). Beispiel: Eine frühere Kündigung wegen häufiger Unpünktlichkeit wird wegen fehlender Abmahnung für nicht wirksam erachtet.

Die Abmahnung stellt *keine* mitbestimmungspflichtige Maßnahme i.S. des § 87 Abs. 1 Nr. 1 BetrVG dar (BAG vom 30. 1. 1979, BB 1979, 1451 = DB 1979, 1511). Eine Ausnahme soll dann bestehen, wenn sie wie eine Verwarnung nur Strafcharakter hat oder wenn Betriebsratsmitglieder wegen Verletzung betriebsverfassungsrechtlicher Pflichten abgemahnt werden (vgl. BAG vom 5. 12. 1975, AP 1 zu § 87 BetrVG 1972 Betriebsbuße = BB 1976, 415; a.A. zu Recht für die Abmahnung von Betriebsratsmitgliedern, ArbG Hanau, BB 1979, 1144; zur Abmahnung vgl. auch *Schaub*, NJW 1990, 872; *v. Hoyningen-Huene*, RdA 1990, 193).

b) Einzelfälle

Da jede verhaltensbedingte Kündigung nach den jeweiligen Umständen des Einzelfalles zu beurteilen ist, können allgemein gültige Regeln nur mit größter Vorsicht aufgestellt werden. Zur Orientierung sollen die folgenden praxisrelevanten Fälle dargestellt werden, bei denen eine ordentliche (in gravierenden

Fällen auch eine außerordentliche) Kündigung in Betracht kommt. Die Auflistung beansprucht aber keineswegs Vollständigkeit (vgl. ausführlich *Preis*, DB 1990, 634, 685).

aa) Abkehrwille

Dem Arbeitnehmer steht es aufgrund seiner Berufsfreiheit (Art. 12 GG) frei, sich um einen anderen Arbeitsplatz zu bewerben oder eine selbständige Tätigkeit aufzunehmen. Dies gilt auch für Konkurrenztätigkeiten. Eine Vertragsverletzung und damit eine Kündigungsmöglichkeit setzt daher stets das Hinzutreten weiterer Umstände voraus, die im Einzelfall das Gewicht einer durch eine Vertragsverletzung verursachten Unzumutbarkeit der Fortsetzung des Arbeitsverhältnisses beinhalten. Dies ist ausnahmsweise anzunehmen, z. B. wenn

(1) der Arbeitnehmer nach einem von ihm *konkret und ernsthaft geäußerten Abkehrwillen* seinen Arbeitsvertragspflichten nicht mehr ordnungsgemäß nachkommt, (2) die *Abwerbung von Kunden oder von Arbeitskollegen,* (3) der *Bruch von Betriebs- oder Geschäftsgeheimnissen* befürchtet werden muß, (4) für leitende oder am Arbeitsmarkt nur schwer zu gewinnende Arbeitnehmer gerade eine Ersatzkraft eingestellt werden kann (LAG Frankfurt vom 11. 4. 1985, NZA 1986, 31; vgl. auch BAG vom 6. 6. 1984, AP 16 zu § 1 KSchG Betriebsbedingte Kündigung; *Herschel,* NJW 1952, 346ff.; KR-*Becker,* § 1 KSchG Anm. 241).

bb) Akohol/Drogen

Bei einer dem Arbeitgeber bekannten *Alkohol- und/oder Drogensucht* ist eine Kündigung nach den Grundsätzen über die Kündigung wegen Krankheit möglich (dazu unten 3.3 b und c). Bei Verstößen gegen ein *Alkoholverbot* im Betrieb oder bei Alkoholisierung während der Arbeitszeit wird im allgemeinen eine vorherige Abmahnung erforderlich sein. (**Achtung:** Die Einführung von Alkohol- und Rauchverboten unterliegt der Mitbestimmung des Betriebsrats, § 87 Abs. 1 Nr. 1 BetrVG). Dabei sind aber insbesondere die Gepflogenheiten der jeweiligen Berufszweige zu berücksichtigen. So sind beispielsweise bei einem Kraftfahrer im allgemeinen wesentlich strengere Maßstäbe anzulegen als etwa bei einem Maurer (vgl. BAG vom 22. 7. 1982, EzA, § 1 KSchG 1969 verhaltensbedingte Kündigung Nr. 10).

Im übrigen ist anerkannt, daß wiederholt abgemahnter Alkoholgenuß im Dienst bzw. ein die Dienstfähigkeit nachhaltig beeinträchtigender (außerdienstlicher) Alkoholmißbrauch ein Kündigungsgrund sein kann (BAG, a. a. O.; LAG Frankfurt vom 27. 9. 1984, DB 1985, 768; *Lepke,* DB 1982, 173). Kündigt der Arbeitgeber ordentlich, weil der Arbeitnehmer „während der Dienstzeit wiederholt unter Alkoholeinwirkung gestanden habe", so ist eine solche verhaltensbedingte Kündigung nach der richtigen Auffassung des LAG Frankfurt (a. a. O.) jedenfalls nicht schon deshalb unwirksam, weil wegen u. U. objektiv vorliegender Alkoholsucht und dadurch bedingter (krankheitsbedingter) Fehlzeiten nur eine personenbedingte Kündigung mit entsprechenden anderen und strengeren Anforderungen zulässig gewesen wäre; etwas anderes kann nur gelten, wenn der Arbeitnehmer die verhaltensbedingte Kündigung unverzüglich nach Zugang als solche zurückweist und sich zum Beleg für die von ihm behauptete Alkoholerkrankung auf dem Arbeitgeber alsbald vorgelegte oder schon vorliegende medizinische Befunde beruft oder insoweit den ihn behandelnden Arzt von der Schweigepflicht gegenüber dem Arbeitgeber befreit (LAG Frankfurt, a. a. O.). Nach einem Urteil des ArbG Düsseldorf vom 13. 3. 1990 (DB 1990, 1337, n. rkr.) ist der Arbeitgeber vor Ausspruch einer verhaltensbedingten Kündigung verpflichtet, den Arbeitnehmer zu einer „Entziehungskur" anzuhalten, wenn er konkrete Hinweise auf eine Alkoholabhängigkeit des Arbeitnehmers hat. Unterläßt er dies, ist die Kündigung unwirksam.

cc) Anzeigen gegen den Arbeitgeber

Anzeigen des Arbeitnehmers gegen den Arbeitgeber, z. B. wegen (angeblicher) Steuerdelikte oder Kartellverstöße, rechtfertigen regelmäßig eine ordentliche, häufig sogar eine fristlose Kündigung, selbst wenn der Arbeitgeber gesetzwidrig gehandelt hat (BAG vom 5. 2. 1959, AP 2 zu § 70 HGB = BB 1959, 920; zur Anzeige bei den Steuerbehörden vgl. LAG Berlin, DB 1961, 576; LAG Düsseldorf, BB 1961, 532; LAG Ba-Wü, NZA 1987, 756: Verstöße gegen lebensmittelrechtliche Vorschriften). Bei Anzeigen wegen Verletzung von Schutzvorschriften zugunsten der Gesundheit und des Lebens der Allgemeinheit (z. B. Immissionsschutz, Lebensmittelrecht) oder der Arbeitnehmer, etwa Arbeitsschutzbestimmungen, ist zu differenzieren: In diesem Falle ist der innerbetriebliche Beschwerdeweg einzuhalten; der Arbeitnehmer muß zunächst von seinem Beschwerderecht gegenüber dem Arbeitgeber nach § 84 BetrVG und/oder unter Zuhilfenahme des Betriebsrats nach § 85 BetrVG Gebrauch machen. Erfolgt darauf nach angemessener Frist keine Abhilfe, so können ihm wegen einer berechtigten Anzeige an die zuständige Behörde keine Nachteile entstehen (LAG Ba-Wü, EzA § 1 KSchG 1969 verhaltensbedingte Kündigung Nr. 8; *Denck*, DB 1980, 21/32).

dd) Außerdienstliches Verhalten

Umstände in der *privaten Lebensführung* des Arbeitnehmers stellen regelmäßig keinen Kündigungsgrund dar (LAG Ba-Wü, BB 1967, 757). Bei strafbaren Handlungen im außerdienstlichen Bereich können die arbeitsvertraglichen Beziehungen aber beeinträchtigt sein, wenn z. b. einem Berufsfahrer der Führerschein entzogen wird, ein Kassierer Vermögensdelikte oder pädagogische Leitbilder (Lehrer, Ausbilder) die persönliche Eignung in Frage stellende Delikte (Sittlichkeit, Rauschgift) begangen haben (BAG vom 26. 5. 1977, BB 1977, 1504 = DB 1977, 2099; LAG Hamm, DB 1974, 2164). Ein sog. *lockerer und unsittlicher* Lebenswandel oder *intime Beziehungen* zwischen volljährigen Mitarbeitern/-innen berechtigt nicht zur Kündigung (LAG Ba-Wü, a. a. O.; LAG Düsseldorf, BB 1969, 667).

Ein außerdienstliches Verhalten berechtigt also nur ausnahmsweise zu einer ordentlichen Kündigung, wenn dies zu einer konkreten Beeinträchtigung des Arbeitsverhältnisses oder zur „konkreten Gefährdung" im Vertrauensbereich geführt hat (vgl. BAG vom 24. 9. 1987, BB 1988, 1466 = DB 1988, 1757).

In sog. Tendenzbetrieben kann außerdienstliches Verhalten dagegen häufiger einen Kündigungsgrund darstellen (vgl. hierzu unter 5.2).

Umstritten ist, ob *Lohnpfändungen* einen Kündigungsgrund darstellen (bejahend LAG Hamm, DB 1977, 2237; ablehnend LAG Ba-Wü, DB 1979, 605; für gravierende Fälle bejahend BAG vom 4. 11. 1981, AP 4 zu § 1 KSchG 1969 Verhaltensbedingte Kündigung = BB 1982, 556). Vgl. unten 3.3a) zur *Kündigung wegen Freiheitsstrafe* des Arbeitnehmers.

ee) Beleidigungen, Tätlichkeiten

Tätlichkeiten und *(grobe) Beleidigungen* gegenüber dem Arbeitgeber, Vorgesetzten und Mitarbeitern rechtfertigen regelmäßig, je nach Intensität, eine außerordentliche oder verhaltensbedingte ordentliche Kündigung. Die Umstände, z.B. der branchenübliche Umgangston und Provokationen, sind aber zu berücksichtigen (vgl. BAG vom 30. 11. 1972, AP 66 zu § 626 BGB = BB 1973, 428; ausführlich KR-*Becker*, § 1 KSchG Anm. 265ff.).

ff) Nebenpflichten

Auch die Verletzung von Nebenpflichten kann nach vorheriger Abmahnung eine ordentliche Kündigung rechtfertigen. So ist eine Kündigung möglich, wenn der Arbeitnehmer die *Arbeitspapiere*, die der Arbeitgeber zur Einhaltung seiner steuer- und sozialversicherungsrechtlichen Verpflichtung benötigt, trotz vorheriger Abmahnung nicht rechtzeitig vorlegt (LAG Düsseldorf, BB 1961, 677) oder er seinen arbeitsvertraglichen, kollektivrechtlichen oder gesetzlich begründeten *Anzeige- und Nachweispflichten im Krankheitsfalle* nicht genügt (vgl. dazu ausführlich KR-*Becker*, § 1 KSchG Anm. 272ff. sowie LAG Hamm, DB 1967, 1272; LAG Düsseldorf, BB 1964, 720; LAG Ba-Wü, BB 1965, 373; BAG, EzA vom 30. 1. 1976, § 626 BGB Nr. 45; BAG vom 31. 8. 1989, BB 1990, 559). Unter besonderen Umständen kann ausnahmsweise die Verletzung der Pflicht zur Vorlage einer ärztlichen Arbeitsunfähigkeitsbescheinigung sogar ein wichtiger Grund für eine außerordentliche Kündigung sein (BAG vom 15. 1. 1986, BB 1986, 2127 = NZA 1987, 93). Im Rahmen seiner Unterrichtungspflicht hat der Arbeiter auch die voraussichtliche Dauer der Arbeitsunfähigkeit nach seinem subjektiven Kenntnisstand zu schätzen und unverzüglich mitzuteilen. Er darf nicht mit der Anzeige zuwarten, bis eine ärztliche Diagnose vorliegt (BAG, BB 1990, 559).

gg) Nebentätigkeiten

Nebentätigkeiten können dem Arbeitnehmer arbeitsvertraglich nur verboten werden, wenn durch ihre Art oder ihr Ausmaß das Hauptarbeitsverhältnis beeinträchtigt werden kann (vgl. BAG vom 26. 8. 1976, AP 68 zu § 626 BGB mit Anm. *Löwisch/Röder* = BB 1977, 144; BAG vom 30. 6. 1978, BB 1979, 325). Auch bei unberechtigter Ausübung zulässigerweise verbotener Nebentätigkeiten oder bei Verletzung vereinbarter *Anzeigepflichten* über Nebentätigkeiten kann eine Kündigung gerechtfertigt sein (vgl. *Löwisch/Röder*, a.a.O). Gleiches gilt bei der Verletzung der Anzeigepflichten nach *dem Arbeitnehmererfindungsgesetz*. *Nebenbeschäftigungen während einer Arbeitsunfähigkeit* sollen eine Kündigung nur rechtfertigen können, wenn sie aus Gründen des Wettbewerbs den Interessen des Arbeitgebers zuwiderlaufen oder durch sie der Heilungsprozeß verzögert wird (BAG vom 13. 11. 1979, AP 5 zu § 1 KSchG 1969 Krankheit = BB 1980, 836). Nimmt ein Arbeitnehmer, der geringfügig beschäftigt und daher in der gesetzlichen Kranken- und Rentenversicherung versicherungsfrei ist, eine weitere geringfügige Beschäftigung auf, ist er verpflichtet, dies seinem Arbeitgeber mitzuteilen. Verletzt der

Arbeitnehmer diese Anzeigepflicht, ist er dem Arbeitgeber zum Schadensersatz verpflichtet. Zu dem zu ersetzenden Schaden gehören nicht die Arbeitgeberanteile der Beiträge zur gesetzlichen Kranken- und Rentenversicherung, die der Arbeitgeber nachentrichten muß. Eine Vereinbarung der Arbeitsvertragsparteien, nach der der Arbeitnehmer bei Verletzung der Anzeigepflicht dem Arbeitgeber Schadensersatz pauschal in Höhe der nachentrichteten Arbeitgeberanteile schuldet, ist nichtig. Das gleiche gilt für eine Vereinbarung der Arbeitsvertragsparteien, nach der der Arbeitnehmer eine weitere geringfügige Beschäftigung nicht aufnehmen darf (BAG vom 18. 11. 1988, BB 1989, 847 = NZA 1989, 389). Unentschieden blieb, was gilt, wenn der Arbeitnehmer auf ausdrückliches Befragen des Arbeitgebers die weitere Beschäftigung bewußt verschwiegen hat.

hh) Nichterfüllung der Arbeitspflicht

Kommt der Arbeitnehmer häufig zu spät oder tritt er die Arbeit nicht zum vereinbarten Termin an, so ist regelmäßig nach vorheriger Abmahnung ein Grund für eine ordentliche verhaltensbedingte Kündigung gegeben. Unter besonderen Umständen kann Unpünktlichkeit auch eine außerordentliche Kündigung rechtfertigen (BAG vom 17. 3. 1988, BB 1989, 289 = DB 1989, 329). Gleiches gilt für einen *eigenmächtigen Urlaubsantritt* durch den Arbeitnehmer oder eine *eigenmächtige Urlaubsverlängerung* (LAG Hamm, DB 1976, 1726; DB 1979, 504; LAG Frankfurt, DB 1984, 1355) sowie die *eigenmächtige Gewährung von Freizeitausgleich* für geleistete Mehrarbeit (LAG Düsseldorf, BB 1961, 1325) oder das *Vortäuschen einer Krankheit* (BAG vom 12. 8. 1976, AP 3 zu § 1 KSchG 1969 = BB 1976, 1517; LAG Düsseldorf vom 5. 2. 1980, EzA § 102 BetrVG 1972 Nr. 41). Eine *hartnäckige und beharrliche Arbeitsverweigerung* kann auch einen Grund für eine außerordentliche Kündigung darstellen, soweit der Arbeitnehmer kein Leistungsverweigerungsrecht hat (vgl. LAG Hamm, DB 1978, 1697; LAG Ba-Wü, BB 1967, 1294).

Lehnt ein Arbeitnehmer die *Ableistung von Überstunden oder Mehrarbeit* ab, zu der er durch Tarifvertrag, Betriebsvereinbarung oder Einzelarbeitsvertrag oder einen Notfall verpflichtet ist, so berechtigt dies zur Kündigung (BAG vom 28. 2. 1958, BB 1958, 558; ArbG Ludwigshafen, ARSt 1981, 78). Nicht als Kündigungsgrund wurde es angesehen, daß sich ein Arbeitnehmer geweigert hat, sog. *Streikbrecherarbeit* zu leisten (BAG vom 25. 7. 1957, BB 1957, 965, umstr.).

Problematisch ist eine *Kündigung wegen Arbeitsverweigerung aus Gewissensgründen*. Nach Auffassung des BAG (vom 20. 12. 1984, BB 1985, 1853 = NZA 1986, 21) darf der Arbeitgeber aufgrund verfassungskonformer Auslegung des § 315 BGB dem Arbeitnehmer keine Arbeit zuweisen, die den Arbeitnehmer in einen vermeidbaren Gewissenskonflikt bringen. Inhalt und Grenzen des Leistungsbestimmungsrechts (Direktionsrecht) des Arbeitgebers zur Konkretisierung der vertragsgemäßen Arbeitsleistung ergeben sich aus einer Abwägung der beiderseitigen Interessen. Dabei ist insbesondere zu berücksichtigen, ob der Arbeitnehmer bei der Eingehung des Arbeitsverhältnisses mit einem Gewissenskonflikt hat rechnen müssen, ob der Arbeitgeber aus betrieblichen Erfordernissen auf diese Arbeitsleistung bestehen muß, ob dem Arbeitnehmer andere Arbeit zugewiesen werden kann und ob mit zahlreichen weiteren Gewissenskonflikten in der Zukunft zu rechnen ist (BAG, a. a. O.; vgl. auch BAG vom 24. 5. 1989, BB 1990, 212 = NJW 1990, 203 bezüglich der Mitarbeit eines in der Pharmaindustrie beschäftigten Arztes an Entwicklung und Produktion eines Medikaments zur Behandlung von Strahlenschäden nach einem Nuklearkrieg).

ii) Schlechterfüllung der Arbeitspflicht

Die *Schlechtleistung* eines Arbeitnehmers stellt ein vertragswidriges Verhalten dar. Allein die Tatsache, daß ein Arbeitnehmer schlechter als der Durchschnitt arbeitet, reicht aber für eine Kündigung nicht (BAG vom 22. 7. 1982, BB 1983, 834 = EzA § 1 KSchG 1969 verhaltensbedingte Kündigung Nr. 10). Die Schlechtleistung muß erheblich unter dem Durchschnitt liegen. Dies gilt einmal für Qualitätsmängel, wie etwa überdurchschnittliche Produzierung von Ausschuß (LAG Düsseldorf, DB 1955, 436), Schlechtberatung von Kunden, Manko, mehrfache Verursachung von Schadensfällen (LAG Mannheim, BB 1954, 345) aber auch bei *Quantitätsmängeln*. Liegt ein Arbeitnehmer etwa um 50% hinter der Leistung vergleichbarer Arbeitnehmer zurück, so ist eine Kündigung regelmäßig gerechtfertigt (LAG Hamm, DB 1983, 1930; vgl. auch BAG, a. a. O.).

jj) Verletzung von Treuepflichten gegenüber dem Arbeitgeber

In Betracht kommen Verstöße gegen die *Verschwiegenheitspflicht* (vgl. LAG Hamm, ZIP 1981, 1259; LAG Köln, DB 1983, 124), gegen *Wettbewerbsverbote* (BAG vom 16. 6. 1976, BB 1977, 41; BAG, BB 1988, 487; AP 8 zu § 611 BGB Treuepflicht: Beruft sich der Arbeitnehmer auf eine Einwilligung, trifft den Arbeitgeber die Darlegungs- und Beweislast; vgl. LAG Frankfurt vom 15. 8. 1985, BB 1986, 198 zur Konkurrenztätigkeit während Arbeitsunfähigkeit), Entgegennahme von *Schmiergeldern* (LAG Berlin, DB 1978, 1570), *Aufwiegelung* von Arbeitskollegen, ihre Arbeitspflichten zu vernachlässigen, *Abwerbung* von Arbeitskollegen (LAG Düsseldorf, BB 1965, 335), unbefugte Verwendung von Produkten oder Arbeitsmitteln des Arbeitgebers, Abgabe *unrichtiger Besuchsberichte*, um die Provision zu steigern, Angabe nicht geleisteter Überstunden, *unrichtige Abrechnung* von Spesen, Mißbrauch der Telefonanlage für Privatgespräche (LAG Düsseldorf, BB 1963, 732), *Schwarzfahrt* mit dem Firmen-Pkw (BAG vom 9. 3. 1961, BB 1961, 642), *Diebstahl*. Wird ein Diebstahl zu Lasten eines mit dem Arbeitgeber im Rahmen eines *konzern*verbundenen Unternehmens begangen, soll es für die verhaltensbedingte Kündigung darauf ankommen, ob das Arbeitsverhältnis durch das Delikt konkret beeinträchtigt wird (BAG vom 20. 9. 1984, BB 1985, 1198). Bei Vermögensdelikten zu Lasten des Arbeitgebers ist im Regelfall eine außerordentliche Kündigung gerechtfertigt. Unterhaltspflichten des Arbeitnehmers sind im Rahmen der Interessenabwägung grundsätzlich nicht zu berücksichtigen. Sie sollen allenfalls dann Bedeutung gewinnen können, wenn eine durch Unterhaltspflichten bedingte schlechte Vermögenslage das bestimmende Motiv für die Tat gewesen ist und den Schuldvorwurf mindern kann (BAG vom 2. 3. 1989, BB 1989, 1127 = DB 1989, 1679).

kk) Täuschung des Arbeitgebers bei der Einstellung

Beantwortet ein Arbeitnehmer bei der Einstellung eine Frage *falsch*, so hängt die Möglichkeit der ordentlichen bzw. außerordentlichen Kündigung davon ab, ob die *Frage zulässig* und für das konkrete Arbeitsverhältnis (noch) von Bedeutung ist. In Betracht kommt auch eine *Anfechtung*, die grundsätzlich unter denselben Voraussetzungen wie eine Kündigung möglich ist, aber ebenfalls nur ex nunc wirkt. Vorteil der Anfechtung: Keine Mitwirkung von Behörden (vgl. § 15 SchwbG, § 9 MuSchG) und keine Mitbestimmung des Betriebsrats nach §§ 102, 103 BetrVG. Die Frage nach dem Bestehen einer *Schwangerschaft* wird überwiegend für zulässig gehalten; es werden jedoch auch Zweifel wegen § 611a BGB geäußert (ArbG München vom 6. 9. 1984, DB 1984, 2519). Nach Auffassung des BAG (vom 20. 2. 1986, BB 1986, 2413) ist die Frage dann zulässig, wenn sich um einen Arbeitsplatz nur Frauen bewerben.

Eine Offenbarungspflicht ohne ausdrückliche Frage des Arbeitgebers besteht nur dann, wenn für die Schwangere erkennbar ist, daß das Arbeitsverhältnis wegen der Schwangerschaft überhaupt nicht realisiert werden kann (BAG, BB 1989, 556).

Unzulässig ist die Frage, ob Geschlechtsverkehr stattgefunden habe oder die letzte Regel ausgeblieben sei (LAG Düsseldorf/Köln, BB 1972, 706) oder Empfängnisverhütungsmittel verwendet werden. Zulässig ist dagegen die Frage nach einer *Schwerbehinderteneigenschaft* (so BAG vom 1. 8. 1985, BB 1986, 1643); auch hier besteht aber keine Offenbarungspflicht des Arbeitnehmers, wenn der Arbeitgeber nicht danach fragt.

ll) Verdachtskündigung

Der *Verdacht* einer strafbaren Handlung oder Pflichtverletzung kann eine ordentliche und sogar außerordentliche Kündigung rechtfertigen, wenn aufgrund objektiver Tatsachen eine hohe Wahrscheinlichkeit für die Bejahung der Straftat oder Pflichtverletzung durch den Arbeitnehmer besteht und dadurch die Fortsetzung des Arbeitsverhältnisses unzumutbar wird (vgl. BAG vom 10. 2. 1977, EzA § 103 BetrVG 1972 Nr. 18; BAG vom 11. 4. 1985, BB 1987, 1316 = DB 1986, 1726 und KR-*Hillebrecht*, § 626 BGB Anm. 153-183 mit zahlreichen Beispielen). Erweist sich der Verdacht nachträglich als zutreffend, kann grundsätzlich eine weitere (außer-)ordentliche Kündigung ausgesprochen werden (vgl. BAG vom 12. 12. 1984, BB 1985, 1734).

Erklärt ein Arbeitnehmer, wenn er eine zusätzliche Arbeit übernehmen müsse, sei er arbeitsunfähig krank, kann dieses Verhalten eine ordentliche und u. U. eine außerordentliche Kündigung durch den Arbeitgeber rechtfertigen. Reicht der Arbeitnehmer dann eine Arbeitsunfähigkeitsbescheinigung ein, die auf einer ärztlichen Untersuchung beruht, ist eine vom Arbeitgeber erklärte Kündigung nach den Grundsätzen der Verdachtskündigung zu überprüfen (LAG Hamm vom 18. 1. 1985, AuR 1986, 57).

Achtung: *Vor* Ausspruch einer Verdachtskündigung muß der Arbeitgeber nach der neueren Rechtsprechung des BAG (vom 11. 4. 1985, BB 1987, 1316 = DB 1986, 1726) den Arbeitnehmer zu den gegen ihn erhobenen Verdachtsmomenten *anhören* bzw. die Gelegenheit zur Äußerung einräumen. Die Erfüllung dieser Aufklärungspflicht ist Wirksamkeitsvoraussetzung für eine Verdachtskündigung (abl. *Röder*, Anm. AR-Blattei Kündigung IX, Kündigungsgrund, E 69/71). Die Kündigung ist dann unwirksam (bestätigt durch BAG vom 30. 4. 1987, BB 1987, 2020 = DB 1987, 1998).

Problematisch erscheint, ob *nachträglich* bekannt gewordene oder entstandene Tatsachen bei der Beurteilung der Wirksamkeit einer Verdachtskündigung zu berücksichtigen sind, wenn sie geeignet sind, eine zunächst (zum Zeitpunkt des Ausspruchs) begründete Verdachtskündigung zu entkräften.

Beispiel: inzwischen erfolgter Freispruch.

Da für die Beurteilung der Wirksamkeit einer Kündigung der Zeitpunkt des Ausspruchs entscheidend ist, können nachträglich bekannt gewordene Gerichtspunkte u. E. zu keiner anderen Beurteilung führen (a. A. LAG Schleswig-Holstein, NZA 1988, 798). Hier kommt aber aufgrund einer fortbestehenden gesteigerten Fürsorgepflicht ein Wiedereinstellungsanspruch in Betracht (siehe dazu näher unter 3.4 g).

Den Arbeitgeber trifft kein Verschulden, wenn der Arbeitnehmer von vornherein nicht bereit ist, sich zu den Verdachtsgründen substantiiert zu äußern. Die von vornherein fehlende Bereitschaft, an der Aufklärung mitzuwirken, kann sich auch aus dem späteren Verhalten des Arbeitnehmers ergeben (BAG vom 30. 4. 1987, a. a. O.).

3.3 Personenbedingte Kündigung

a) Allgemeines

Eine Kündigung aus in der Person des Arbeitnehmers liegenden Gründen wird zugelassen, weil auch das Arbeitsverhältnis *Austauschcharakter* hat und somit letztlich das Verhältnis von Leistung (Arbeitsleistung des Arbeitnehmers) und Gegenleistung (Vergütungspflicht des Arbeitgebers) angemessen sein soll. Insbesondere durch *krankheitsbedingte Fehlzeiten* kann das Austauschverhältnis auch unter Berücksichtigung des ultima-ratio-Prinzips und der Fürsorgepflicht des Arbeitgebers so gestört sein, daß für diesen eine Fortsetzung nicht länger zumutbar ist (vgl. insgesamt *Herschel/Löwisch*, § 1 Anm. 134ff.).

Hauptanwendungsfall der personenbedingten Kündigung ist die krankheitsbedingte Arbeitsunfähigkeit [vgl. dazu ausführlich b) und c)]. Zur Krankheit zählt auch Alkohol- und Drogensucht. Personenbedingte Gründe können aber ferner sein:

Mangelnde körperliche und/oder geistige Eignung: Da hier häufig schlechte Leistungen erbracht werden, kann die Abgrenzung zur verhaltensbedingten Kündigung (mit vorheriger Abmahnung!) schwierig sein.

Fortgeschrittenes Alter: Allein die Möglichkeit der Inanspruchnahme vorgezogenen Altersruhe- oder Vorruhestandsgeldes darf nicht als Kündigungsgrund herangezogen werden (Art. 6 § 5 Rentenreformgesetz 1972, vgl. Anh. 17, § 7 Abs. 1 VRG). Das fortgeschrittene Alter muß vielmehr eine überdurchschnittliche Abnahme der Leistungsfähigkeit bewirkt haben. Die Erreichung des *65. Lebensjahres* soll für sich allein ebenfalls kein personenbedingter Kündigungsgrund sein (BAG vom 28. 9. 1961, AP 1 zu § 1 KSchG 1951 personenbedingte Kündigung = BB 1961, 1382). Die Erreichung der allgemeinen Altersgrenze von 65 Jahren kann aber insoweit kündigungsschutzrechtlich von Bedeutung sein, als damit in der Regel der Bezug von Sozialrente und gegebenenfalls auch von betrieblicher Altersversorgung verbunden ist. Diese Versorgungslage kann bei betriebsbedingten Kündigungen im Rahmen der Sozialauswahl berücksichtigt werden (*Hueck*, § 1 Anm. 85; KR-*Becker*, § 1 KSchG Anm. 224). Auch kann der Altersaufbau einer Belegschaft u. U. eine ordentliche Kündigung nach Erreichung des 65. Lebensjahres aus „dringenden betrieblichen Erfordernissen" sozial rechtfertigen (BAG, a. a. O.). Zur Abänderung von vertraglich vereinbarten Altersgrenzen durch Betriebsvereinbarung vgl. BAG GS vom 7. 11. 1989, BB 1989, 2250 = DB 1989, 2336, Presseinformation.

Arbeitserlaubnis: Nichtverlängerung der Arbeitserlaubnis eines ausländischen Arbeitnehmers (BAG vom 19. 1. 1977, AP 3 zu § 19 AFG = BB 1977, 1201).

Sicherheitsbedenken: Vgl. BAG vom 26. 10. 1978, AP 9 zu § 1 KSchG 1969 Sicherheitsbedenken = BB 1979, 629. Zur Kündigung eines Hauptschullehrers wegen DKP-Aktivitäten vgl. BAG vom 28. 9. 1989, BB 1990, 563 (Ls).

Freiheitsstrafe: Bei der Kündigung eines Arbeitnehmers wegen Arbeitsverhinderung durch die Verbüßung einer Freiheitsstrafe geht es nicht um einen verhaltens-, sondern um einen personenbedingten Kündigungsgrund. Es hängt von Art und Ausmaß der betrieblichen Auswirkungen ab, ob eine haftbedingte Nichterfüllung der Arbeitspflicht durch den Arbeitnehmer eine außerordentliche Kündigung nach § 626 BGB oder eine ordentliche Kündigung nach § 1 KSchG rechtfertigt (BAG vom 15. 11. 1984, BB 1985, 1917 = NZA 1985, 661).

Von wesentlicher Bedeutung ist, daß bei personenbedingter Kündigung *keine vorherige Abmahnung* nötig ist.

Im folgenden soll nur auf die *Kündigung wegen Krankheit* ausführlich eingegangen werden (vgl. dazu ausführl. *Bauer/Röder,* Krankheit im Arbeitsverhältnis). Dabei sei zunächst darauf hingewiesen, daß dies nichts mit der Frage der Zulässigkeit einer Kündigung *während* einer Krankheit zu tun hat. Eine Kündigung, die aus völlig anderen Gründen als denen der Krankheit erfolgt, ist selbstverständlich unter den allgemeinen Voraussetzungen (verhaltensbedingt oder betriebsbedingt) zulässig.

Bei einer *Kündigung wegen Krankheit* sind folgende Fallgestaltungen anzutreffen: Häufige krankheitsbedingte Fehlzeiten (Kurzerkrankungen), langandauernde Erkrankungen und dauernde Unfähigkeit, die vertragliche Leistung zu erbringen (vgl. ausführl. *Bauer/Röder,* Krankheit im Arbeitsverhältnis, S. 66 ff.).

Die Arbeitsgerichte prüfen die Sozialwidrigkeit einer wegen Krankheit ausgesprochenen ordentlichen Kündigung dogmatisch in drei Stufen:

1. Stufe: Negative Gesundheitsprognose
2. Stufe: Erhebliche Beeinträchtigung betrieblicher Interessen
3. Stufe: Interessenabwägung

(vgl. hierzu zusammenfassend BAG vom 16. 2. 1989, BB 1990, 422 = NZA 1989, 923 mit krit. Anm. *Schwerdtner,* DB 1990, 375; zu den Entscheidungen des Bundesarbeitsgerichts im Jahre 1989 zur Kündigung wegen häufiger Krankheit vgl. *Herbst/Wohlfahrt,* DB 1990, 1816).

Für die **betriebliche Praxis** erscheint die folgende Prüfung sachgerechter (sie enthält sämtliche Prüfungskriterien der Rechtsprechung).

b) Kündigung wegen häufiger krankheitsbedinger Fehlzeiten

Folgende Voraussetzungen (alle!) müssen kumulativ erfüllt sein:

(1) *Häufige Fehlzeiten in der Vergangenheit.* Dabei ist im allgemeinen auf eine Beschäftigungsdauer von rund zwei bis drei Jahren abzustellen. Das BAG (vom 10. 3. 1977, AP 4 zu § 1 KSchG 1969 Krankheit = BB 1977, 1098) hat für einen kleinen Betrieb mit nur 30 Arbeitnehmern eine Fehlquote von 14% für diskutabel gehalten (vgl. weiter LAG Düsseldorf, DB 1972, 2023: 25%; ArbG Wuppertal, BB 1981, 976: 23,9%; diese Prozentangaben sind aber nicht so zu verstehen, als ob sie stets erreicht werden müßten; im „Normalfall"

dürfte bei 20% Fehlzeiten die Voraussetzung (1) erfüllt sein). Umstritten ist, inwieweit Fehlzeiten wegen eines Arbeitsunfalles oder einer Kur zu berücksichtigen sind.

(2) *Besorgnis weiterer Erkrankungen* (vgl. hierzu *Boewer*, NZA 1988, 678): Diese Wiederholungsgefahr kann sich auch aus den bisherigen krankheitsbedingten Fehlzeiten ergeben. Häufige Kurzerkrankungen in der Vergangenheit können für ein entsprechendes Erscheinungsbild in der Zukunft sprechen. Der Arbeitgeber darf sich dann zunächst darauf beschränken, die Indizwirkung entfaltenden Fehlzeiten in der Vergangenheit darzulegen (vgl. BAG vom 6. 9. 1989, BB 1990, 553 = DB 1990, 429). Beruft sich der Arbeitgeber auf solche Fehlzeiten, hat er zunächst seine Darlegungslast erfüllt. Es ist dann im Prozeß Sache des Arbeitnehmers, vorzutragen, daß seine früheren Erkrankungen so beschaffen waren, daß sie nichts darüber aussagen, ob auch künftig ständig weitere Krankheiten zu befürchten sind (BAG vom 10. 3. 1977, vom 7. 11. 1985, AP 4, 17 zu § 1 KSchG 1969 Krankheit = BB 1977, 1098, BB 1986, 595). Wird eine ordentliche Kündigung auf häufige Kurzerkrankungen des Arbeitnehmers gestützt, so dürfen für die zunächst erforderliche negative Gesundheitsprognose erst nach Zugang der Kündigung eingetretene weitere Umstände, die sich auf die weitere Entwicklung des Gesundheitszustandes auswirken können, nicht berücksichtigt werden. Als neuer Umstand kommt nicht nur eine − vorher abgelehnte − Operation oder stationäre Behandlung in Betracht. Sie kann auch in einer bloßen Änderung der Lebensführung liegen, zu der sich der Arbeitnehmer bisher nicht bereitgefunden hat (BAG vom 6. 9. 1989, BB 1990, 556 = DB 1990, 431).

Ist dem Arbeitnehmer der Krankheitsbefund und die vermutliche Entwicklung selbst nicht ausreichend bekannt, dann genügt er seiner prozessualen Mitwirkungspflicht (§ 138 Abs. 2 ZPO) schon dann, wenn er die Behauptung des Arbeitgebers bestreitet und die ihn behandelnden Ärzte von der Schweigepflicht entbindet (BAG vom 23. 6. 1983, AP 10 zu § 1 KSchG 1969 Krankheit = BB 1983, 1988; BAG vom 7. 11. 1985 AP 17 zu § 1 KSchG Krankheit = BB 1986, 595; BAG vom 16. 2. 1989, BB 1990, 422 = NZA 1989, 923; BAG vom 6. 9. 1989, BB 1990, 553 = DB 1990, 429).

Trägt der Arbeitnehmer selbst konkrete Umstände, wie die Krankheitsursachen, vor, so müssen diese geeignet sein, die Indizwirkung der bisherigen Fehlzeiten zu erschüttern; er muß jedoch nicht den Gegenbeweis führen, daß nicht mit weiteren künftigen Erkrankungen zu rechnen sei (BAG vom 6. 9. 1989, BB 1990, 553 = DB 1990, 429).

Unsubstantiiert ist die Einlassung des Arbeitnehmers dann, wenn „die Berufung auf die behandelnden Ärzte" erkennen läßt, daß auch er sich erst durch deren Zeugnis die noch fehlende Kenntnis über den weiteren Verlauf seiner Erkrankung verschaffen will (BAG vom 6. 9. 1989, BB 1990, 553 = DB 1990, 429). Offen geblieben ist die Frage, ob der Arbeitnehmer, der sich bis zum Zugang der Kündigung geweigert hat, die ihn behandelnden Ärzte von der Schweigepflicht zu entbinden, sich im Prozeß auf das für ihn günstige Zeugnis der nun von der Schweigepflicht entbundenen Ärzte berufen kann. Dies ist

u. E. aufgrund der Verletzung der vorprozessualen Mitwirkungspflicht des Arbeitnehmers jedenfalls dann regelmäßig zu verneinen, wenn der Arbeitnehmer keine sachlich begründeten Argumente für seine Weigerung vortragen kann (zweifelnd auch *Schwerdtner*, DB 1990, 375; vgl. LAG Ba-Wü, NZA 1987, 422).

(3) Die prognostizierten Kurzerkrankungen müssen zu erheblichen *negativen Auswirkungen* führen: Dies kann durch *Betriebsablaufstörungen* geschehen. Hierzu zählen: Stillstand von Maschinen, Rückgang der Produktion wegen kurzfristig eingesetzten, erst einzuarbeitenden Ersatzpersonals, Überlastung des verbleibenden Personals oder Abzug von an sich benötigten Arbeitskräften aus anderen Arbeitsbereichen (BAG vom 16. 2. 1989, BB 1990, 422 = NZA 1989, 923). Auch bei häufigen Kurzerkrankungen kommt die Kündigung nur als letztes Mittel in Betracht, wenn dem Arbeitgeber die Durchführung von Überbrückungsmaßnahmen nicht möglich oder nicht mehr zumutbar ist. Die Möglichkeit der Einstellung von Aushilfskräften ist bei Kurzerkrankungen gegenüber Langzeiterkrankungen eingeschränkt (BAG vom 6. 9. 1989, BB 1990, 553 = DB 1990, 429; BAG vom 23. 6. 1983 AP 10 zu § 1 KSchG Krankheit = BB 1983, 1988; vom 16. 2. 1989, BB 1990, 422 = NZA 1989, 923). Die Betriebsgröße kann wesentlich dafür sein, ob die Kündigung nicht durch Versetzung auf einen anderen (freien) Arbeitsplatz vermeidbar ist.

Auch eine außergewöhnlich *hohe wirtschaftliche Belastung* kann ein zur Kündigung geeigneter Grund sein. Davon ist auszugehen, wenn mit immer neuen beträchtlichen krankheitsbedingten Fehlzeiten des Arbeitnehmers und entsprechenden Mehraufwendungen für die Beschäftigung von Aushilfskräften zu rechnen ist. Das gilt auch für außergewöhnlich hohe *Lohnfortzahlungskosten*, die jeweils für einen Zeitraum von mehr als sechs Wochen pro Jahr aufzuwenden sind. Dabei ist nur auf die Kosten des Arbeitsverhältnisses und nicht auf die Gesamtbelastung des Betriebes mit Lohnfortzahlungskosten abzustellen (BAG vom 7. 11. 1985, a. a. O.; vom 16. 2. 1989, a. a. O.). Sieht ein Tarifvertrag die Verpflichtung des Arbeitgebers vor, Arbeitnehmern mit längerer Unternehmenszugehörigkeit im Krankheitsfall über den gesetzlichen Sechs-Wochen-Zeitraum hinaus für bestimmte Zeiträume einen Zuschuß zum Krankengeld zu zahlen, so kann allein daraus noch nicht gefolgert werden, auch sechs Wochen im Jahr übersteigende krankheitsbedingte Ausfallzeiten des Arbeitnehmers seien grundsätzlich nicht geeignet, eine ordentliche Kündigung sozial zu rechtfertigen (BAG vom 6. 9. 1989, BB 1990, 558).

Auch bei wirtschaftlich gesunden Großunternehmen können daher solche außergewöhnlich hohen Lohnfortzahlungskosten zu einer Kündigung berechtigen (BAG vom 15. 2. 1984, BB 1984, 1429 = NZA 1984, 86). Die Vorhaltung einer *Personalreserve* ist bei der Beurteilung der Zumutbarkeit zugunsten des Arbeitgebers zu berücksichtigen (BAG vom 16. 2. 1989, a. a. O.).

Der Arbeitgeber darf nicht vergessen, den *Betriebsrat* bei der Anhörung nach § 102 BetrVG hinsichtlich der Entgeltfortzahlungskosten zu unterrichten.

(4) Zu beachten ist, daß die Kündigung nur dann sozial gerechtfertigt ist, wenn sich aufgrund der *abschließenden Interessenabwägung* im konkreten Einzelfall eine unzumutbare betriebliche oder wirtschaftliche Belastung ergibt (BAG vom 7. 11. 1985, BB 1986, 595 = AP 17 zu § 1 KSchG Krankheit; umfassend *Bauer/Röder*, Krankheit im Arbeitsverhältnis, S. 74). Dann ist allgemein zu berücksichtigen, ob die Erkrankungen auf betriebliche Ursachen zurückzuführen sind, ob und wie lange das Arbeitsverhältnis zunächst ungestört verlaufen ist, ferner das Alter und der Familienstand des Arbeitnehmers (vgl. umfassend BAG vom 16. 2. 1989, BB 1990, 422 = NZA 1989, 923; BAG vom 6. 9. 1989, BB 1990, 556 = DB 1990, 431). Ein ungestörter Verlauf des Arbeitsverhältnisses liegt nicht schon dann vor, wenn der Arbeitnehmer im Jahr nicht länger als sechs Wochen arbeitsunfähig krank gewesen ist (BAG vom 6. 9. 1989, BB 1990, 558).

(5) Der Arbeitgeber trägt die *Darlegungs- und Beweislast*, für das Vorliegen erheblicher Fehlzeiten und unzumutbarer Betriebsstörungen. Er hat auch dazulegen und zu beweisen, daß ein vom Arbeitnehmer behaupteter Zusammenhang zwischen betrieblichen Ursachen und der Krankheit nicht besteht. Hinsichtlich der negativen Zukunftsprognose genügt der Arbeitgeber seiner Darlegungslast zunächst, wenn er die betriebliche Tätigkeit des Arbeitnehmers vorträgt und einen ursächlichen Zusammenhang mit den Fehlzeiten bestreitet. Der Arbeitnehmer muß dann gemäß § 138 ZPO dartun, weshalb ein ursächlicher Zusammenhang bestehen soll. Er genügt dieser prozessualen Mitwirkungspflicht, wenn er für seine Behauptung die behandelnden Ärzte von der Schweigepflicht entbindet. Dann ist es Sache des Arbeitgebers, für die fehlende Kausalität zwischen Arbeitsbedingungen und Erkrankungen Beweis anzutreten.

Das Gericht muß zur Klärung dieses streitigen Sachverhalts die angebotenen Beweise erheben und ggf. Sachverständigengutachten einholen. Es darf nicht ohne weitere Aufklärung und Begründung davon ausgehen, ein ursächlicher Zusammenhang sei nicht auszuschließen und deshalb zu Lasten des Arbeitgebers zu berücksichtigen (BAG vom 6. 9. 1989, BB 1990, 556 = DB 1990, 431).

Im übrigen ist es für den Arbeitgeber oft nicht einfach, festzustellen, ob der Arbeitnehmer krank ist oder nur eine *Krankheit vortäuscht*. Ist letzteres der Fall, liegt ein schwerer Vertragsverstoß vor, der meist sogar eine fristlose Kündigung nach § 626 BGB, zumindest aber eine ordentliche verhaltensbedingte Kündigung rechtfertigt (vgl. LAG Frankfurt, AuR 1980, 311; *Bauer/Röder*, Krankheit im Arbeitsverhältnis, S. 80 ff.).

c) Kündigung wegen langandauernder Erkrankung

Auch hier müssen folgende Voraussetzungen (alle!) erfüllt sein:

(1) Bei *Zugang der Kündigung* muß die langanhaltende *Krankheit noch andauern*. Wann eine lange Erkrankung vorliegt, hängt allein von den Umständen des Einzelfalles

ab. Sechs Wochen werden regelmäßig nicht reichen, eine zwei- bis dreimonatige Krankheitsdauer nur in Ausnahmefällen (vgl. LAG Düsseldorf, BB 1977, 1504). Die Beurteilung hängt maßgeblich von Art und Dauer der Erkrankung, Betriebszugehörigkeit, Alter, Ausmaß der betrieblichen Störung ab.

(2) Der *Zeitpunkt der Gesundung* darf objektiv nach einer *Prognoseentscheidung* zum Zeitpunkt des Zugangs der Kündigung *nicht absehbar* sein (BAG vom 25. 11. 1982, AP 7 zu § 1 KSchG Krankheit = BB 1983, 899). Die spätere tatsächliche Entwicklung der Krankheit bis zum Ende der letzten mündlichen Verhandlung soll aber zu einer Bestätigung oder Korrektur der Prognose herangezogen werden dürfen (BAG vom 10. 11. 1983, AP 11 zu § 1 KSchG 1969 Krankheit = BB 1984, 917). Kündigt der Arbeitgeber wegen Trunksucht, richtet sich die Beurteilung der Kündigung grundsätzlich nach den Rechtssätzen, die das BAG für die krankheitsbedingte Kündigung aufgestellt hat. Aus den Besonderheiten der Trunksucht kann sich aber die Notwendigkeit ergeben, an die Prognose im Hinblick auf die weitere Entwicklung der Alkoholabhängigkeit geringere Anforderungen zu stellen (BAG vom 9. 4. 1987, BB 1987, 1815 = NZA 1987, 811; zur Kündigung des Arbeitgebers wegen Trunk- und Drogensucht des Arbeitnehmers vgl. *Lepke*, DB 1982, 173; zu arbeitsrechtlichen Problemen bei der Einstellung und Entlassung Aids-infizierter Arbeitnehmer vgl. *Richardi*, NZA 1988, 73 und *Lepke*, DB 1987, 1299).

(3) Gerade diese Ungewißheit muß eine *unzumutbare Beeinträchtigung betrieblicher Interessen* zur Folge haben. Der Arbeitgeber hat deshalb zur Vermeidung der Beeinträchtigung der betrieblichen Interessen *Überbrückungsmaßnahmen* (Einstellung von Aushilfskräften, Durchführung von Über- oder Mehrarbeit, personelle Umorganisation, organisatorische Umstellung, Einsatz eines Arbeitnehmers aus einer vorgehaltenen Personalreserve) vor der Kündigung des Erkrankten in Erwägung zu ziehen (BAG vom 22. 2. 1980, AP 6 zu § 1 KSchG 1969 Krankheit = BB 1980, 938; vom 16. 2. 1989, BB 1990, 422 = NZA 1989, 923). Bei der Einstellung von Aushilfskräften soll der Arbeitgeber sogar verpflichtet sein, Einstellungen auf unbestimmte Zeit vorzunehmen, wenn dadurch die Betriebsstörung behoben werden kann (BAG vom 25. 11. 1982, AP 7 zu § 1 KSchG 1969 Krankheit = BB 1983, 899). Solche Kräfte müssen allerdings überhaupt verfügbar sein.

Ob sich der Arbeitgeber vor Ausspruch der Kündigung über den voraussichtlichen Krankheitsverlauf sowie über die Art des möglichen künftigen Einsatzes des erkrankten Arbeitnehmers erkundigt hat, spielt kündigungsrechtlich keine Rolle (BAG vom 22. 2. 1980, a. a. O.). Es gibt keinen Erfahrungssatz, wonach aus der langanhaltenden Dauer der Arbeitsunfähigkeit in der Vergangenheit auf eine negative gesundheitliche Konstitution in der Zukunft geschlossen werden darf (vgl. vertiefend *Bauer/Röder*, Krankheit im Arbeitsverhältnis, S. 70 ff.). Bei *dauernder Unfähigkeit des Arbeitnehmers*, die vertraglich geschuldete Arbeitsleistung zu erbringen, muß der Arbeitgeber eine darüber hinausgehende erhebliche Betriebsbeeinträchtigung nicht darlegen (BAG vom 30. 1. 1986, NZA 1987, 555).

Wenn der Arbeitnehmer wegen gesundheitlicher Einschränkungen die von ihm vertraglich übernommene Arbeit *auf Dauer nicht mehr verrichten kann*, ist dem Arbeitgeber die Weiterbeschäftigung des Arbeitnehmers in der Regel unzumutbar. Es liegt damit ein wichtiger Grund für eine fristlose Kündigung vor (so BVerfG, BB 1990, Beil. 5 zu Heft 5 = NZA 1990, 161, 167 zu § 128 Abs. 1 Nr. 9 AFG).

3.4 Betriebsbedingte Kündigung

a) Allgemeines

Die betriebsbedingte Kündigung soll es dem Arbeitgeber im Interesse der Rentabilität des Unternehmens ermöglichen, den *Personalbestand* an den *Personalbedarf* anzupassen (vgl. zutreffend *Herschel/Löwisch*, § 1 Anm. 171). Nach § 1 Abs. 2 KSchG ist eine Kündigung sozial gerechtfertigt, wenn sie durch *dringende betriebliche Erfordernisse* bedingt ist, die einer Weiterbeschäftigung in diesem Betrieb entgegenstehen. Folgende Voraussetzungen müssen im einzelnen erfüllt sein:

b) Wegfall des Arbeitsplatzes durch dringende betriebliche Erfordernisse

Voraussetzung ist zunächst, daß der *konkrete Arbeitsplatz* (vgl. BAG vom 7. 12. 1978, AP 6 zu § 1 KSchG 1969 Betriebsbedingte Kündigung = BB 1980, 1103) tatsächlich weggefallen ist. Bei den *Ursachen* für den Wegfall des Arbeitsplatzes ist zu unterscheiden:

Außerbetriebliche Ursachen: Dies sind z. B. Auftragsrückgang, Umsatz-, Arbeits-, Energie-, Rohstoffmangel, Lohneinsparungen und fehlende Rentabilität (vgl. näher BAG vom 15. 6. 1989, BB 1989, 2119 = NZA 1990, 65). Bei einem so begründeten dringenden betrieblichen Erfordernis muß der Arbeitgeber sowohl die Ursachen – etwa die Entwicklung der Umsatzzahlen oder Auftragsbestände als auch deren unmittelbare Auswirkung auf die Arbeitsplätze – im einzelnen darlegen und beweisen (BAG, a. a. O.). Ein außerbetrieblicher Grund liegt auch vor, wenn dem Arbeitgeber die Finanzierungsmittel zur Fortführung seiner Geschäftstätigkeit im bisherigen Umfang fehlen, weil z. B. der Kredit von der Bank gekürzt oder eingestellt worden ist.

Das Arbeitsgericht hat in vollem Umfange zu prüfen, ob zum Zeitpunkt des Kündigungstermines feststand, daß für den gekündigten Arbeitnehmer eine Beschäftigungsmöglichkeit nicht mehr bestand (BAG, a. a. O.)

Innerbetriebliche Ursachen: Es handelt sich dabei um Unternehmerentscheidungen. In Betracht kommen vor allem Rationalisierungsmaßnahmen im *technischen Bereich*, etwa Einführung arbeitsplatzsparender neuer Maschinen wie EDV (vgl. BAG vom 3. 2. 1977, AP 4 zu § 1 KSchG 1969 Betriebsbedingte Kündigung = BB 1977, 849), und *organisatorische Maßnahmen* (Anpassung des Arbeitskräftebedarfs an die Arbeitsbelastung, vgl. BAG vom 26. 6. 1975, AP 1 zu § 1 KSchG 1969 Betriebsbedingte Kündigung = BB 1975, 1305; *Berkowsky*, Anm. 101 ff.) in Betracht. Weiter gehören hierzu:

Einführung neuer Arbeits- bzw. Produktionsmethoden (BAG vom 24. 10. 1979, AP 8 zu § 1 KSchG 1969 Betriebsbedingte Kündigung), Gewinnverfall, Unrentabilität (vgl. BAG, a. a. O.), Vergabe von bisher im Betrieb durchgeführten Arbeiten als Fremdaufträge (BAG, a. a. O.), Vergabe von Arbeiten an ein neugegründetes Tochterunternehmen (vgl. hierzu auch BAG vom 7. 3. 1980, AP 9 zu § 1 KSchG 1969 Betriebsbedingte Kündigung). Auch Betriebseinschränkungen bzw. -stillegungen sind grundsätzlich betriebliche Ursachen. Hierbei muß der Entschluß bei Zugang der Kündigung bereits gefaßt sein. Nach einer nicht überzeugenden Entscheidung des BAG vom 27. 9. 1984 (BB 1985, 1333 mit Anm. *Bauer* in EWiR 1985, 379) soll es daran fehlen, wenn der Arbeitgeber noch in Verhandlungen über eine Veräußerung steht und nur vorsorglich für den Fall des Scheiterns der Verkaufsverhandlungen kündigt. Zur Sanierungsbedürftigkeit einer unselbständigen Betriebsabteilung vgl. BAG vom 11. 10. 1989, DB 1990, 2024.

Bei innerbetrieblichen Ursachen liegen dringende betriebliche Erfordernisse für eine betriebsbedingte Kündigung regelmäßig vor, weil sich durch eine Verringerung der anfallenden Aufgaben unmittelbar Auswirkungen auf die Arbeitsplätze ergeben. Die Ursachen setzen aber weiter voraus, daß der Arbeitgeber die Ertragslage zum Anlaß nimmt, zur Kostenersparnis oder zur Verbesserung des Betriebsergebnisses durch technische oder organisatorische innerbetriebliche Maßnahmen die Zahl der Arbeitsplätze zu verringern. Der Arbeitgeber muß darlegen, welche Maßnahmen er angeordnet hat und wie sie sich auf den Arbeitsplatz des gekündigten Arbeitnehmers auswirken (BAG vom 24. 10. 1979, a. a. O.).

Für die *Betriebsveräußerung* (vgl. unten 6.8) enthält § 613a Abs. 4 Satz 1 BGB ein *relatives Kündigungsverbot* mit der Folge, daß die bloße Veräußerung des Betriebs oder eines Betriebsteils keinen Kündigungsgrund darstellt (vgl. BAG vom 26. 5. 1983, BB 1983, 2116). Damit kann der bisherige Arbeitgeber unter den allgemeinen Voraussetzungen Personalabbau durch betriebsbedingte Kündigungen betreiben, wenn der Übergang des Betriebs oder Betriebsteils konkret bevorsteht. Entsprechendes gilt für den neuen Arbeitgeber. Weder das BAG noch der Gesetzgeber wollen die beteiligten Arbeitgeber daran hindern, dringende betriebliche Rationalisierungsmaßnahmen zur Rettung des Unternehmens, Betriebs oder Betriebsteils durchzuführen, nur weil sie in zeitlichem Zusammenhang mit dem Übergang nach § 613a BGB stehen (BAG vom 26. 5. 1983, BB 1983, 2116; *Bauer*, in: Hölters, S. 306; *ders.*, DB 1983, 713).

Die *unternehmerischen Entscheidungen* (z. B. Ablehnung oder Hereinnahme von Aufträgen, Änderung der Produktions-, Fabrikations-, Arbeits- oder Organisationsmethoden, Betriebs- und Teilbetriebsstillegung, Vergabe von Aufträgen an Fremdfirmen (BAG vom 30. 4. 1987, BB 1987, 2303 = DB 1987, 2207; vgl. ausführlich *Ascheid* DB 1987, 1144) unterliegen letztlich wegen der verfassungsrechtlich gewährleisteten Unternehmerfreiheit selbst nicht der Überprüfung durch die Arbeitsgerichte. Sie haben sie hinzunehmen. Es ist also nicht zu prüfen, ob die vom Arbeitgeber aufgrund seiner Unternehmerentscheidung erwarteten Vorteile in einem „vernünftigen Verhältnis" zu den Nachteilen stehen, die der Arbeitnehmer durch die Kündigung erleidet (BAG, DB 1987, 2207; vgl. ausführlich *Aschreich*, DB 1987, 1144). Eine *Ausnahme* besteht, wenn die Entscheidung des Unternehmers als *offenbar unsachlich, unvernünftig oder willkürlich* angesehen werden muß (BAG vom 24. 10. 1979, vom 7. 3. 1980, AP 8, 9 zu § 1 KSchG 1969 Betriebsbedingte Kündigung; vom 25. 4. 1985, BB 1985, 1159; vgl. insbesondere BAG (2. Senat) vom 30. 4. 1987, BB 1987, 2303 = DB 1987, 2207, und BAG (7. Senat) vom 16. 1. 1987). Ist danach eine ordentliche Kündigung an sich betriebsbedingt, kann sich die Interessenabwägung nur in seltenen Ausnahmefällen (Beispiel: vorübergehende Weiterbeschäftigung aufgrund schwerwiegender persönlicher Umstände) zugunsten des Arbeitnehmers auswirken. Eine solche Mißbrauchskontrolle kann aber nicht im Fall der Betriebsstillegung eingreifen. *Der* Unternehmer muß vielmehr frei über Fortführung oder Aufgabe seines Betriebs entscheiden können (so zu Recht *Herschel/Löwisch*, § 1 Anm. 204; *Hillebrecht*, ZIP 1985, 257). Die beschränkte Überprüfung ändert aber nichts an der Darlegungslast des Arbeitgebers, substantiiert zu schildern, daß die Durchführung des unternehmerischen Organisationsakts zu einem Wegfall der bisherigen Beschäftigungsmöglichkeit führt. Das Gericht hat bei der auf Mißbrauchskontrolle beschränkten Überprüfung zu entscheiden, ob eine Organisationsänderung eine Änderungs- oder Beendigungskündigung unvermeidbar macht, oder ob das geänderte unternehmerische Konzept nicht durch andere Maßnahmen verwirklicht werden kann (BAG, BB 1990, 1845). *Voll überprüfbar* durch die Arbeitsgerichte ist dagegen die Frage, ob eine Unternehmerentscheidung im Betrieb *tatsächlich* durchgeführt wird und sich im betrieblichen Bereich dahin auswirkt, daß kein Bedürfnis für die Weiterbeschäftigung des gekündigten Arbeitnehmers mehr besteht (BAG vom 17. 10. 1980, BB 1981, 555; vom 30. 5. 1985, AP 24 zu § 1 KSchG 1969 betriebsbedingte Kündigung = BB 1986, 315; BAG vom 15. 6. 1989, BB 1989, 2119 = NZA 1990, 65).

Dringend sind die betrieblichen Erfordernisse für eine Kündigung nur, wenn es dem Arbeitgeber nicht möglich ist, der betrieblichen Lage durch andere Maßnahmen auf technischem, organisatorischem oder wirtschaftlichem Gebiet als durch Kündigung zu entsprechen (BAG vom 30. 5. 1985, BB 1986, 135 = DB 1986, 232). *Auftragsmangel* kann dann eine betriebsbedingte Kündigung rechtfertigen, wenn durch ihn die anfallende Arbeit so zurückgeht, daß für einen oder mehrere Arbeitnehmer das Bedürfnis zur Weiterbeschäftigung entfällt und die Kündigung nicht durch innerbetriebliche Maßnahmen vermieden werden kann (vgl. entsprechend BAG vom 15. 6. 1989, BB 1989, 2119 = NZA 1990, 65 zu Umsatzrückgang). Bei dieser Prüfung ist nicht auf einen „bestimmten räumlich fixierten Arbeitsplatz" abzustellen, weil Art und Ort der Tätigkeit eines Arbeitnehmers oft wechseln und es wegen des Gebots der sozialen Auswahl nach § 1 Abs. 3 KSchG bei mehreren vergleichbaren Arbeitsplätzen kündigungsrechtlich unerheblich ist, welcher bestimmte Arbeitsplatz entbehrlich geworden ist (BAG, a.a.O.).

Beispiel (vgl. BAG, a.a.O.): Der Arbeitgeber, der ein Bauunternehmen betreibt und drei Maurern gekündigt hat, legt dann schlüssig dar, daß die Kündigungen aus dringenden betrieblichen Gründen erfolgt sind, wenn er in nachvollziehbarer Weise ausführt, aus einem bestimmten Auftragsrückgang in Verbindung mit dem Auslaufen einer bestimmten Zahl von Baustellen ergebe sich, daß für drei von zehn Maurern kein Beschäftigungsbedürfnis mehr bestehe. Unerheblich für die Betriebsbedingtheit der Kündigung ist, ob gerade auf der Baustelle, auf der die gekündigten Maurer zuletzt beschäftigt wurden, noch Arbeit vorhanden ist. Welchen drei von zehn Maurern gekündigt wird, ist vielmehr eine Frage der sozialen Auswahl nach § 1 Abs. 3 KSchG. Zur betriebsbedingten Änderungskündigung vgl. BAG vom 20. 3. 1986, AP 14 zu § 2 KSchG = BB 1986, 2130; vom 27. 9. 1984, AP 20 zu § 1 KSchG Betriebsbedingte Kündigung = BB 1985, 1130 (unten 3.5).

Eine vom Arbeitgeber aus betrieblichen Gründen gewünschte Umwandlung eines *Halbtagsarbeitsplatzes* in einen *Ganztagsarbeitsplatz* stellt nach Auffassung des LAG Rheinland-Pfalz (DB 1988, 2263) regelmäßig keinen „dringenden" betrieblichen Grund im Sinne d. § 1 Abs. 2 Satz 1 KSchG dar. Der Arbeitgeber müsse der Halbtagskraft zuerst die Vollzeitstelle anbieten. Lehne diese aus sachlichen (z. B. familiären) Gründen ab, müsse er versuchen, vor der Kündigung der vorhandenen Halbtagskraft eine weitere Halbtagskraft einzustellen. Etwas anderes gelte, wenn die Einstellung einer weiteren Halbtagskraft für den Betrieb technisch, organisatorisch oder wirtschaftlich nicht tragbar sei. Diese Gründe müsse der Arbeitgeber im Kündigungsschutzprozeß vortragen (LAG Rheinland-Pfalz, a. a. O.).

c) Mögliche Weiterbeschäftigung?

Kann der Arbeitnehmer an einem anderen *freien Arbeitsplatz* in demselben Betrieb oder in einem anderen Betrieb des Unternehmens weiterbeschäftigt werden, ist die Kündigung unzulässig (§ 1 Abs. 2 Satz 2 Nr. 1b KSchG; BAG vom 14. 10. 1982, DB 1983, 2635). In die Prüfung sind nicht nur solche Arbeitsplätze einzubeziehen, die zum Kündigungszeitpunkt bereits frei sind, sondern auch solche, deren Freiwerden absehbar ist (LAG Köln, DB 1989, 2234). Die Weiterbeschäftigungspflicht auf einem freien Arbeitsplatz besteht nach der Rechtsprechung des BAG (vom 17. 5. 1984, EzA § 1 KSchG betriebsbedingte Kündigung Nr. 32; BAG vom 22. 5. 1986, EZA § 1 KSchG soziale Auswahl Nr. 22 = BB 1986, 2270) nicht nur in dem Betrieb, in dem der Arbeitsplatz weggefallen ist, sondern auch in jedem anderen Betrieb des Arbeitgebers. Die Weiterbeschäftigungspflicht ist danach unternehmensbezogen. Das gilt unabhängig davon, ob der Betriebsrat einer Kündigung widersprochen hat oder ob es sich um einen betriebsratslosen Betrieb handelt (BAG, a. a. O.). Daß diese Rechtsprechung jedenfalls für Unternehmen mit mehreren Betrieben in der Praxis zu fast unlösbaren Schwierigkeiten führt, dürfte auf der Hand liegen.

Dagegen besteht grundsätzlich für den Arbeitgeber keine Pflicht, den Arbeitnehmer in einem anderen Betrieb des *Konzerns* zu beschäftigen, zu dem das Unternehmen gehört. Anderes kann sich aber aus dem Arbeitsvertrag *(Konzernversetzungsklausel),* vertraglicher Abrede oder einer anderen selbständigen Verpflichtungserklärung des Arbeitgebers ergeben (BAG vom 14. 10. 1982, AP 1 zu § 1 KSchG 1969 Konzern mit Anm. *Wiedemann*).

Die Verpflichtung zur Weiterbeschäftigung bezieht sich nur auf einen *gleichwertigen* freien Arbeitsplatz. Von einer Gleichwertigkeit ist auszugehen, wenn die wesentlichen Vertragsbedingungen für den Arbeitnehmer unverändert bleiben können, also insbesondere der Arbeitgeber aufgrund seines Direktionsrechts dem Arbeitnehmer den neuen Arbeitsplatz zuweisen könnte (KR-*Becker*, § 1 KSchG Anm. 307; LAG Köln, DB 1989, 2234). Bei der Weiterbeschäftigungsverpflichtung muß der Arbeitgeber auch *zumutbare Fortbildungs- und Umschulungsmaßnahmen* in Kauf nehmen (BAG vom 7. 5. 1968, BB 1968, 834). Eine angemessene Einarbeitungszeit, die vor allem von Beschäftigungsdauer und Alter abhängt, muß gewährt werden. Gibt es zwar keinen gleichwertigen, jedoch zumutbaren freien Arbeitsplatz zu geänderten (schlechteren) Arbeitsbedingungen, hat der Arbeitgeber diesen dem Arbeitnehmer anzubieten. Unterläßt der Arbeitgeber dies, ist die Kündigung sozial ungerechtfertigt, wenn der Arbeitnehmer einen vor der Kündigung gemachten Vorschlag zumindest unter Vorbehalt angenommen hätte (BAG, AP 8 zu § 2 KSchG 1969 = BB 1985, 1263). Der Arbeitgeber ist bei Wegfall des bisherigen Arbeitsplatzes aber nicht gehalten, zur Vermeidung einer Beendigungskündigung eine fachlich qualifiziertere und auch höher dotierte Tätigkeit anzubieten (BAG, BB 1990, 705). Nach dem ultima-ratio-Grundsatz kommt eine betriebsbedingte Kündigung so lange nicht in Betracht, wie der Arbeitgeber den eingetretenen Beschäftigungsmangel durch *Verzicht auf* an anderer Stelle geleistete *Mehrarbeit*, auch an anderer Stelle des Betriebs, vermeiden kann (BAG vom 17. 10. 1980, BB 1981, 555). Dabei trifft allerdings den Arbeitnehmer die Beweislast (BAG vom 25. 6. 1964, BB 1964, 1046). Sehr zweifelhaft ist, ob dies auch für die Einführung von Kurzarbeit gilt (so wohl BAG vom 15. 6. 1989, BB 1989, 2119 = NZA 90, 65; a. A. LAG Düsseldorf, DB 1984, 565; LAG Hamm, DB 1984, 464; LAG Schleswig-Holstein, DB 1989, 1193; *Meisel*, ZfA 1985, 220). Dagegen spricht, daß bei Kurzarbeit erheblich höhere Produktionskosten anfallen. Weiter handelt es sich bei der Einführung von Kurzarbeit um eine Unternehmerentscheidung, die nur der Willkürkontrolle unterliegt.

Auch während einer Kurzarbeitsphase kann der Arbeitgeber betriebsbedingte Kündigungen aussprechen, wenn er feststellen muß, daß Arbeitsplätze auf Dauer wegfallen. Die Einführung von Kurzarbeit führt daher nicht zu einer Sperrwirkung für betriebsbedingte Kündigungen *(Berkowsky*, Die betriebsbedingte Kündigung, 2. Aufl., S. 39). Jedoch dürfen während einer Kurzarbeitsperiode ausgesprochene betriebsbedingte Kündigungen nicht auf die Tatsachen gestützt werden, die zur Einführung der Kurzarbeit geführt haben (BAG vom 17. 10. 1980, AP Nr. 10 zu § 1 KSchG 1969 = BB 1981, 555; LAG Schleswig-Holstein vom 29. 9. 1988, DB 1989, 1193).

Achtung: Zumutbar kann die Einführung von Kurzarbeit nur sein, wenn die nach § 87 Abs. 1 Nr. 3 BetrVG *notwendige Zustimmung des Betriebsrats* vorliegt (BAG, a. a. O.) oder mit einer Verweigerung der Zustimmung nicht zu rechnen ist. Eine an sich mögliche *Initiative des Betriebsrats*, Kurzarbeit einzuführen, um Kündigungen am ultima-ratio-Grundsatz scheitern zu lassen, soll nach Auffassung von *Denck* (ZfA 1985, 249) ihre Grenze an der Mitbestimmungsfreiheit von Betriebsänderungen finden. Im übrigen kann der Einführung von Kurzarbeit die Notwendigkeit einer betriebswirtschaftlich sinnvollen Nutzung von Produktionsanlagen entgegenstehen; auch können Überstunden nötig bleiben, um die Lieferfristen für bestimmte Aufträge einzuhalten (vgl. *Herschel/Löwisch*, § 1 Anm. 198).

Das ArbG Bocholt (vom 22. 6. 1982, BB 1982, 1425) wollte letztlich aus dem ultima-ratio-Grundsatz den Arbeitgeber verpflichten, einem verminderten Arbeitskräftebedarf durch vorrangige *Kürzung der regelmäßigen Arbeitszeit*

Rechnung zu tragen. Wäre dies richtig, müßte bei einer um 10% verringerten Arbeitsmenge eine 40-Stunden-Woche auf 36 Stunden und eine 38,5-Stunden-Woche auf 34,65 Stunden zurückgefahren werden. Das hat das LAG Hamm in zweiter Instanz (vom 15. 12. 1982, BB 1983, 253 = DB 1983, 506; ebenso LAG Düsseldorf, DB 1984, 565) zu Recht nicht mitgemacht, weil die Auffassung des ArbG Bocholt (1) gegen den Grundsatz unternehmerischer Entscheidungsfreiheit verstößt, (2) mit der tarifpolitischen Zuständigkeit der Koalitionen (Art. 9 Abs. 3 GG) nicht vereinbar ist und (3) letztlich zu kaum lösbaren praktischen Schwierigkeiten führt (Gefahr zahlloser Änderungsschutzklagen!).

d) Sozialauswahl

Ist einem Arbeitnehmer aus „dringenden betrieblichen Erfordernissen" nach § 1 Abs. 2 KSchG gekündigt worden, so ist die Kündigung trotzdem sozial ungerechtfertigt, wenn der Arbeitgeber bei der Auswahl des Arbeitnehmers *soziale Gesichtspunkte* nicht oder nicht ausreichend berücksichtigt hat (§ 1 Abs. 3 1. Halbsatz KSchG). Dabei ist vor allem folgendes zu beachten (vgl. ausführlich *Linck*, Die soziale Auswahl bei betriebsbedingter Kündigung):

aa) Problem der Vergleichbarkeit

Der Arbeitgeber hat eine Sozialauswahl unter allen *vergleichbaren Arbeitnehmern* vorzunehmen. Der Kreis der in die Sozialauswahl einzubeziehenden Arbeitnehmer erstreckt sich nicht nur auf die Betriebsabteilung, sondern auf den ganzen *Betrieb*. Dies gilt selbst für Massenentlassungen in *Großbetrieben* mit großen Betriebsabteilungen (BAG vom 25. 4. 1985, BB 1986, 1159), selbst wenn dadurch der Vergleich Hunderter von Arbeitnehmern notwendig wird. Arbeitnehmer in der Bauindustrie, die an eine Arbeitsgemeinschaft abgestellt sind, sind in die Sozialauswahl nicht einzubeziehen, selbst wenn sie im übrigen vergleichbar sind (BAG vom 26. 2. 1987, BB 1988, 630; zur betriebsbedingten Kündigung in der Bauindustrie wegen Arbeitsmangels vgl. auch BAG vom 11. 9. 1986, BB 1987, 1882). Für die Vergleichbarkeit kommt es darauf an, ob die Funktion des Arbeitsplatzes (Beispiel: Schlosser-, Ingenieurtätigkeiten) auch von dem Arbeitnehmer, dessen Arbeitsplatz weggefallen ist, sofort oder nach zumutbarer Einarbeitungszeit wahrgenommen werden kann. Dies richtet sich in erster Linie nach der ausgeübten Tätigkeit (KR-*Becker*, § 1 KSchG Anm. 347; *Preis*, DB 1984, 2244). Die tarifliche Eingruppierung kann für die Frage, ob Arbeitnehmer austauschbar sind, in engen Grenzen herangezogen werden. Bei reinen Hilfstätigkeiten kommt der identischen Eingruppierung ein ausreichender Indizwert zu (BAG, a.a.O.; *Preis*, a.a.O.).

Erhebliche Leistungsmängel eines Arbeitnehmers können den Kreis der Sozialauswahl einschränken oder ausschließen (vgl. näher LAG Düsseldorf vom 7. 9. 1976, EzA § 1 KSchG 1969 betriebsbedingte Kündigung Nr. 3; *Dudenbostel*, DB 1984, 828). Nicht in die Sozialauswahl einzubeziehen sind höherwertige Arbeitsplätze (vgl. dazu auch unten 6.). Dem Arbeitnehmer steht nämlich kein Anspruch auf Beförderung zu (LAG Köln, NZA 1989, 849). Umstritten war, ob in die Sozialauswahl grundsätzlich auch in der Hierarchie des Betriebs tieferstehende und niedriger zu bewertende Tätigkeiten einzubeziehen sind (sog. *vertikale Sozialauswahl*). Dies ist nach dem Urteil des BAG vom 29. 3. 1990 (BB 1990, 705) zu verneinen: Der Arbeitgeber ist nicht verpflichtet, von sich aus einem sozial schlechter gestellten Arbeitnehmer eine Weiterbeschäftigung zu geänderten (verschlechterten) Bedingungen anzubieten, um für ihn durch Kündigung eines anderen Arbeitnehmers, mit dem der Gekündigte erst durch die Vertragsänderung vergleichbar wird, eine Beschäftigungsmöglichkeit zu schaffen.

Die in der Entscheidung vom 7. 2. 1985 (BAG, BB 1986, 805) offen gelassene Frage, ob die nach arbeitsplatzbezogenen Merkmalen fehlende Vergleichbarkeit überhaupt durch eine entsprechende Bereitschaft des Arbeitnehmers, auf einem tieferstehenden Arbeitsplatz zu arbeiten, hergestellt werden kann, ist nach der Entscheidung vom 29. 3. 1990 grundsätzlich zu verneinen. Eine derartige Erweiterung des auswahlrelevanten Personenkreises würde zu einer gesetzwidrigen Umfunktionierung der Sozialauswahl führen. Daraus folgt u. E. zugleich, daß sich die Vergleichbarkeit von Arbeitnehmern nach dem Umfang des arbeitsvertraglichen Direktionsrechtes richtet. In die Sozialauswahl sind daher nur Mitarbeiter einzubeziehen, bei denen nicht erst eine arbeitsvertragliche Änderung der Arbeitsbedingungen erfolgen muß.

Ein Arbeitnehmer, der noch nicht länger als sechs Monate (*Wartezeit*) beschäftigt ist, kann bei der Sozialauswahl nicht den Vorzug vor Arbeitnehmern erhalten, die den allgemeinen Kündigungsschutz schon erworben haben (BAG vom 25. 4. 1985, BB 1986, 1159 = EWiR 1985, 797 mit Anm. *Bauer*). In die Sozialauswahl können nicht die Arbeitnehmer einbezogen werden, deren *ordentliche Kündigung gesetzlich ausgeschlossen* ist (vgl. vor allem § 15 KSchG und dazu unten 6.5) oder bei denen die nötige *behördliche Zustimmung* zur Kündigung *nicht vorliegt* (vgl. §§ 9 MuSchG, 15 SchwbG und dazu unten 6. 1 und 3). Auch bei *tarif- oder einzelvertraglichen Kündigungsverboten* wird überwiegend die Auffassung vertreten, solche Arbeitnehmer seien nicht in die Sozialauswahl einzubeziehen (ArbG Kassel, DB 1976, 1675; KR-*Becker*, § 1 KSchG Anm. 349; *Gift*, RdA 1969, 76). Daß das nicht richtig sein kann, zeigt das folgende *Beispiel*:

Firma X aus Stuttgart ist Mitglied des Verbandes der Metallindustrie Baden-Württemberg. Es gilt deshalb § 4.4 MTV für die Arbeiter und Angestellten in der Metallindustrie Nordwürttemberg/Nordbaden vom 28. 6. 1984, wonach einem Arbeitnehmer, der das 53., aber noch nicht das 65. Lebensjahr vollendet hat und dem Betrieb mindestens drei Jahre angehört, nur noch aus wichtigem Grund gekündigt werden kann. Aus dringenden betrieblichen Gründen muß die Firma X eine kleine Spezialabteilung schließen. Dadurch fallen drei Arbeitsplätze weg, wobei die Entscheidung zwischen folgenden vier vergleichbaren Arbeitnehmern (innerhalb des Gesamtbetriebs!) fallen muß:

Name	Alter	Betriebszugehörigkeit in Jahren	Familienstand	Ehepartner berufstätig?	Kinder
A	25	3	ledig	–	keine
B	35	15	verheiratet	ja	3
C	53	3	verheiratet	ja	keine
D	52	30	verheiratet	nein	4

Ergebnis: Folgt man der oben genannten Auffassung, wäre C wegen der tariflichen Alterssicherung aus dem auswahlrelevanten Personenkreis auszunehmen; die Firma müßte den Mitarbeitern A, B und D kündigen. Dies erscheint gerade im Hinblick auf D, aber auch auf B, grob unbillig und mit § 1 Abs. 3 KSchG unvereinbar. Richtig kann nur sein, einer solchen undifferenzierten Alterssicherungsklausel „die Kraft zur Verdrängung der Grundsätze des § 1 Abs. 3 KSchG über die Sozialauswahl in gleichem Umfange abzusprechen, wie Tarifverträgen oder Auswahlrichtlinien nach § 95 BetrVG, die abstrakt Grundsätze für die Sozialauswahl festlegen" (so ausdrücklich *Herschel/ Löwisch*, § 1 Anm. 223; vgl. auch *Eich*, Anm. zu ArbG Kassel, a. a. O. und BAG vom 11. 3. 1976, BB 1976, 883).

bb) Sozialdaten

Die Kündigung ist sozial ungerechtfertigt, wenn sie gegen *Auswahlrichtlinien* (hierzu noch weiter unten) nach § 95 BetrVG verstößt und der Betriebsrat innerhalb der Frist des § 102 Abs. 2 Satz 1 BetrVG schriftlich widersprochen hat (§ 1 Abs. 2 Nr. 1a KSchG und § 102 Abs. 3 Nr. 2 BetrVG). Im übrigen gilt folgendes:

Aus dem Kreis der in die Sozialauswahl einbezogenen Arbeitnehmer muß derjenige zuerst gekündigt werden, den die Kündigung vergleichsweise am wenigsten hart trifft. *Der sozial Stärkere ist deshalb vor dem sozial Schwächeren zu entlassen.* Dabei sind folgende Sozialdaten zu beachten: (1) Betriebszugehörigkeit (nach LAG Hamm vom 20. 5. 1985, AiB 1986, 48 auch frühere Beschäftigungszeiten), (2) Lebensalter, (3) Unterhaltsverpflichtungen (Familienstand, Kinder usw.), (4) Chancen auf dem Arbeitsmarkt (der besser Vermittelbare), (5) Vermögen (der wirtschaftlich Gesichertere). Die betriebliche Praxis zieht in erster Linie Betriebszugehörigkeit, Lebensalter und Unterhaltsverpflichtungen heran. Die Rechtsprechung lehnt es ab, diesen sozialen Gesichtspunkten eine Rangfolge zu geben; notwendig ist stets eine *Abwägung sämtlicher Umstände* des Einzelfalls (zur Sozialauswahl bei Doppelverdienern vgl. *v. Hoyningen-Huene*, NZA 1986, 449).

Nach der neuen, in ihrer Bedeutung nicht zu unterschätzenden Rechtsprechung des BAG (vom 18. 10. 1984, BB 1985, 1263; vgl. auch BAG vom 20. 10. 1983, BB 1984, 671; BAG vom 15. 6. 1989, BB 1989, 2119 = NZA 1990, 65) hat der Arbeitgeber bei der Sozialauswahl einen *Wertungsspielraum*, der dazu führt, daß „nur deutlich schutzbedürftigere Arbeitnehmer mit Erfolg die Auswahl rügen können". Das ergibt sich daraus, daß § 1 Abs. 3 KSchG nur eine „ausreichende" Berücksichtigung sozialer Gesichtspunkte vorschreibt. Diese vernünftige Klarstellung des BAG war dringend nötig, da die Frage, welcher Arbeitnehmer sozial schutzbedürftiger ist, den Arbeitgeber gelegentlich vor kaum lösbare Probleme stellte:

Beispiel: Angenommen es steht fest, daß einer von folgenden zwei Arbeitnehmern aus dringenden betrieblichen Gründen entlassen werden muß:

Name	Alter	Betriebszugehörigkeit in Jahren	Familienstand	Ehepartner berufstätig?	Kinder
A	55	35	verheiratet	ja	keine
B	35	8	verheiratet	nein	4

Nach § 10 KSchG ergibt sich, daß dem Alter und der Betriebszugehörigkeit große Bedeutung zukommen. Das spricht dafür, A nicht zu kündigen; andererseits wären bei einer Kündigung von B außer diesem vier unterhaltsberechtigte Kinder und seine nicht berufstätige Ehefrau unmittelbar betroffen. Hier die „richtige Wertung" vorzunehmen, ist kaum möglich. Deshalb muß in diesem Beispiel dem *Arbeitgeber* letztlich eine *Auswahlentscheidung* zukommen. Gleichgültig, ob sich der Arbeitgeber für A oder B entscheidet, die Sozialauswahl ist dann „ausreichend" vorgenommen.

Trotz der Beispiele und der von uns angebotenen Lösung bleiben für den Arbeitgeber viele *unkalkulierbare Risiken*, vor allem dann, wenn es sich um einen betriebsratlosen Betrieb handelt oder er sich mit dem Betriebsrat über die Sozialauswahl nicht einigen kann.

In der Praxis wird vor allem bei *Massenentlassungen* mit *Punktetabellen* gearbeitet (vgl. hierzu *Preis*, DB 1984, 2244):

Insoweit hat das BAG (vom 24. 3. 1983, BB 1983, 1665) entschieden, die *Arbeitsgerichte* dürften die Sozialauswahl nicht anhand solcher von ihnen aufgestellter Tabellen überprüfen. *Achtung*: Soweit die *betriebliche Praxis* daraus abgeleitet hat, auch sie dürfte Punktesysteme nicht verwenden, ist dies falsch.

Im betrieblichen Bereich ist die Verwendung von Punktesystemen zulässig und im Interesse einer auch für die betroffenen Arbeitnehmer nachvollziehbaren Entscheidungsfindung *nachdrücklich zu empfehlen* (ebenso *Berkowsky*, S. 60).

Erfolgt die Sozialauswahl aufgrund von *Auswahlrichtlinien* nach § 95 BetrVG, ist der Prüfungsmaßstab der Arbeitsgerichte eingeschränkt: Es spricht eine Vermutung für die Richtigkeit der von den Betriebspartnern gemeinsam vorgenommenen Auswahl. Die Gerichte können nur noch prüfen, ob die Grundwerte des § 1 Abs. 3 Satz 1 und Satz 2 KSchG völlig verkannt worden sind (BAG vom 20. 10. 1983, BB 1984, 671 = DB 1984, 563). Jedoch können Auswahlrichtlinien nach § 95 BetrVG die gesetzlichen Mindestforderungen an die Sozialauswahl nach § 1 Abs. 3 KSchG nicht verdrängen. Im Rahmen des Beurteilungsspielraums können zwar Erfahrungen der Betriebspartner hinsichtlich der Vergleichbarkeit der Arbeitnehmer bestimmter Arbeitsplätze einfließen. Es können aber nicht von vornherein Arbeitnehmer bestimmter Abteilungen oder Arbeitsgruppen ohne ausreichende sachliche Kriterien als nicht vergleichbar eingestuft werden (BAG vom 15. 6. 1989, BB 1990, 351 = DB 1990, 380). Bei der Festlegung der Punktewerte der Auswahlkriterien (Alter, Betriebszugehörigkeit, Unterhaltsverpflichtung) steht den Betriebsparteien zur Ausfüllung des Begriffs „ausreichende soziale Gesichtspunkte" im Sinne d. § 1 Abs. 3 Satz 1 KSchG ein Beurteilungsspielraum zu. Dieser ist noch gewahrt, wenn Alter und Betriebszugehörigkeit im wesentlichen gleich bewertet werden (BAG, DB 1990, 1335).

Zur Vermeidung von unbilligen Härten, die die Anwendung jeden Schemas mit sich bringen kann, muß im Anschluß an die Vorauswahl aufgrund der Punktetabelle eine individuelle Abschlußprüfung stattfinden (BAG, DB 1990, 1355; allgemein zu Problemen der Sozialauswahl im Kündigungsschutzprozeß unter betriebsverfassungsrechtlichen Aspekten, vgl. *Boewer*, NZA 1988, 1).

Folgende Punktetabelle kann empfohlen werden (vgl. *Berkowsky*, S. 60f.; *ders.*, NJW 1983, 1292/1296):

(1) *Lebensalter:*		bis zu 20 Jahren:	0 Punkte
		bis zu 30 Jahren:	1 Punkt
		bis zu 40 Jahren:	3 Punkte
		bis zu 50 Jahren:	6 Punkte
		bis zu 57 Jahren:	8 Punkte
		über 57 Jahre:	10 Punkte
(2) *Unterhaltspflichten:*		1. Ehegatte:	5 Punkte
		2. je Kind:	3 Punkte
(3) *Berufsaussichten auf dem Arbeitsmarkt:*			
	1. gesucht:		0 Punkte
	2. durchschnittlich (keine besonderen Qualifikationen oder Handikaps):		2 Punkte
	3. schlechte Chancen:		4 Punkte
(4) *Dauer der Betriebszugehörigkeit:*			
	je volles Beschäftigungsjahr:		0,5 Punkte
	ab 11. Beschäftigungsjahr:		1 Punkt
(5) *Gesundheitsschädigungen*			
	des Arbeitnehmers infolge betrieblicher Umstände, je nach Grad der Beeinträchtigung		1–3 Punkte
(6) *sonstige soziale Umstände:*			
	1. Vermögensbeeinträchtigungen:		1–2 Punkte
	2. Vermögensvorteile:	minus	1–2 Punkte
(7) *mitverdienender Ehegatte*			
	(Verhältnis Arbeitnehmereinkünfte zu Ehegatteneinkünften):		
	1. Verhältnis 1 : 4 =	minus	10 Punkte
	2. Verhältnis 1 : 3 =	minus	8 Punkte
	3. Verhältnis 1 : 2 =	minus	7 Punkte
	4. Verhältnis 1 : 1 =	minus	5 Punkte
	5. Verhältnis 2 : 1 =	minus	3 Punkte
	6. Verhältnis 3 : 1 = und weniger =	minus	2 Punkte

cc) Berücksichtigung entgegenstehender betrieblicher Bedürfnisse

Die Grundsätze der Sozialauswahl müssen dann nicht beachtet werden, wenn betriebstechnische, wirtschaftliche oder sonstige berechtigte betriebliche Bedürfnisse die Weiterbeschäftigung eines oder mehrerer bestimmter Arbeitnehmer bedingen (§ 1 Abs. 3 Satz 2 KSchG). Dabei ist keine Zwangslage für den Betrieb zu verlangen (anders noch BAG vom 20. 1. 1961, BB 1961, 407); es kommt vielmehr nur darauf an, ob sich die Beschäftigung eines weniger schutzbedürftigen Arbeitnehmers *aus berechtigten betrieblichen Gründen* als *erforderlich* erweist, etwa zur Erhaltung des Qualitätsniveaus einer Abteilung und/oder einer ausgewogenen Altersstruktur. *Krankheitsbedingte Fehlzeiten* sollen bei der Sozialauswahl nur dann Berücksichtigung finden, wenn zugleich die Voraussetzungen für eine krankheitsbedingte Kündigung erfüllt sind (vgl. dazu BAG vom 24. 3. 1983, BB 1983, 1665; *kritisch* zu Recht *Herschel/Löwisch*, § 1 Anm. 238). Umstritten ist, ob *verhaltensbedingte Gründe* in die Waagschale geworfen werden können, wenn sie allein noch nicht für eine sozial gerechtfertigte Kündigung aus verhaltensbedingten Gründen ausreichen (bejahend zu Recht *Hueck*, § 1 Anm. 119; a. A. LAG Hamm, DB 1976, 1822; *Dudenbostel*, DB 1984, 826; *Herschel/Löwisch*, § 1 Anm. 242).

§ 1 Abs. 3 KSchG unterscheidet nicht zwischen Einzel- und Massenkündigungen. Nach der wenig praktikablen Entscheidung des BAG vom 25. 4. 1985, BB 1986, 1159 sollen deshalb die allgemeinen Schwierigkeiten, die mit jeder sozialen Auswahl bei Massenkündigungen, vor allem in Großbetrieben, auftreten, keine berechtigten betrieblichen Interessen darstellen, die den Arbeitgeber generell von einer auf den Einzelfall abgestellten Prüfung der Arbeitsverhältnisse vergleichbarer Arbeitnehmer befreien. Deshalb sei auch bei Massenkündigungen in Großbetrieben die Sozialauswahl nicht auf eine Betriebsabteilung beschränkt. Der Arbeitgeber hat danach folgendes zu beachten:

(1) Er muß zunächst ermitteln, wieviele Arbeitnehmer der unterschiedlichen Qualifikationsstufen in der (den) *fortgeführten Betriebsabteilung(en)* ausgetauscht werden können, ohne daß dadurch der Arbeitsprozeß ernsthaft gefährdet wird.

Entsprechend dieser ermittelten Anzahl in der jeder Qualifikationsstufe austauschbaren Arbeitnehmer sollen jeweils diejenigen bestimmt werden, die sozial am wenigsten schutzbedürftig sind und deshalb für eine Kündigung am ehesten in Betracht kommen.

(2) Entsprechend ist in der (den) *stillzulegenden Abteilung(en)* die gleiche Anzahl austauschbarer Arbeitnehmer zu bestimmen, die am schutzbedürftigsten sind.

(3) Sodann ist zwischen den so ermittelten Arbeitnehmergruppen eine Sozialauswahl durchzuführen.

(4) Eine Beschränkung des Kreises der in die Sozialauswahl einzubeziehenden Arbeitnehmer setzt voraus, daß der Arbeitgeber darlegen und gegebenenfalls unter Beweis stellen kann, der Austausch wievieler vergleichbarer Arbeitnehmer zwischen den verschiedenen Betriebsabteilungen möglich ist, ohne daß der ordnungsgemäße Ablauf des Betriebs gestört wird. Auf diesen Personenkreis beschränkt sich die soziale Auswahl.

Ob diese Grundsätze bei der Kündigung Hunderter von Arbeitnehmern noch in praktikabler Form angewandt werden können, dürfte fraglich sein.

dd) Rechtsfolgen fehlerhafter Sozialauswahl

Bei *fehlerhafter Sozialauswahl* ist eine Kündigung, auch wenn sie im übrigen betriebsbedingt wäre, sozial ungerechtfertigt und damit *unwirksam.*

Beispiele:

(1) Drei von fünf Arbeitsplätzen fallen weg:

	Alter	Betriebszugehörigkeit
A	50	30
B	45	25
C	40	20
D	35	10
E	25	5

Der Arbeitgeber kündigt A, B, C ordentlich am 10. 3. 1990 zum 30. 6. 1990. Alle drei sind schutzbedürftiger als D und E. Die Kündigungen sind daher unwirksam.

(2) Neun von zehn Arbeitsplätzen fallen weg. Der Arbeitgeber kündigt dem Schutzbedürftigsten. Können sich alle anderen neun Arbeitnehmer darauf berufen?

Bei der Kündigung *mehrerer Arbeitnehmer* soll sich jeder einzelne gekündigte Arbeitnehmer auf einen Fehler in der Sozialauswahl mit der Folge berufen können, daß alle Kündigungen unwirksam sind; dabei hat das BAG (vom 18. 10. 1984, BB 1985, 1263 = DB 1985, 1083) ausdrücklich *offengelassen*, ob der Arbeitgeber den Auswahlfehler nachträglich dadurch korrigieren kann, daß er dem weniger schutzbedürftigen Arbeitnehmer kündigt und dafür *einem* der Gekündigten die Fortsetzung des Arbeitsverhältnisses anbietet. Schon wegen der schwer kalkulierbaren Risiken bei betriebsbedingten Kündigungen muß man eine solche nachträgliche Korrektur zulassen (*Hueck*, § 1 Anm. 127a; dies deutet auch das BAG, a. a. O. an; a. A. *Herschel/Löwisch*, § 1 Anm. 247 mit dem Hinweis, daß es für die soziale Rechtfertigung auf den Zeitpunkt der Kündigung ankomme). Für den Arbeitgeber entschärfen sich die Probleme, wenn er frühzeitig kündigt. Es kann dann der Ablauf der Klagefrist abgewartet und gegebenenfalls erneut ordentlich gekündigt werden.

Achtung: Wegen der rechtlichen Unsicherheiten ist dem Arbeitgeber dabei dringend der Ausspruch einer vorsorglichen weiteren betriebsbedingten Kündigung zu empfehlen.

Die Grundsätze der sozialen Auswahl gelten auch bei *etappenweiser Stillegung* eines Betriebs oder einer Betriebsabteilung (BAG vom 25. 4. 1985, BB 1986, 1159; LAG Hamm, NZA 1987, 636). Das BAG (a. a. O.) hat bisher allerdings nicht ausdrücklich dazu Stellung genommen, ob die fehlerhafte Sozialauswahl zur *Unwirksamkeit der Kündigung* oder nur zur *Umdeutung der Kündigung zum nächstzulässigen Zeitpunkt* führt.

Beispiel: Ein Betrieb soll sukzessive bis spätestens 31. 3. 1991 stillgelegt werden. Der Arbeitgeber kündigt dem Arbeitnehmer A zum 31. 3. 1991, dem vergleichbaren und sozial wesentlich schutzbedürftigeren Arbeitnehmer B aber schon zum 31. 12. 1990.

Ergebnis: Die Lösung liegt auf der Hand: B darf nicht schlechtergestellt werden als A. Die Kündigung zum 31. 12. 1990 kann nur in eine solche zum 31. 3. 1991 umgedeutet werden (vgl. *Bauer*, BAG, EWiR, § 1 KSchG 1/85, 798). Da nicht sicher ist, ob das BAG dieser Auffassung folgen wird, sollte der Arbeitgeber in zweifelhaften Fällen hilfsweise auch zum späteren Termin kündigen, etwa so:

„Sehr geehrter Herr B,

wie Sie wissen, wird der Betrieb sukzessive bis spätestens 31. 3. 1991 stillgelegt. Da schon jetzt klar ist, daß wir für Sie ab 1. 1. 1991 keine Arbeit mehr haben werden, kündigen wir Ihnen aus dringenden betrieblichen Gründen zum 31. 12. 1990 und hilfsweise zum 31. 3. 1991."

e) Darlegungs- und Beweislast

Bei der betriebsbedingten Kündigung gilt eine *abgestufte Darlegungs- und Beweislast* (vgl. allgemein zu den Beweisfragen im Kündigungsschutzprozeß *Linck*, DB 1990, 1866). Folgendes ist zu beachten:

(1) Der Arbeitgeber hat die Voraussetzungen der betrieblichen Erfordernisse der Kündigung (außer-, innerbetriebliche Gründe, Wegfall des Arbeitsplatzes) darzutun und zu beweisen (vgl. § 1 Abs. 2 letzter Satz KSchG).

(2) Die Voraussetzungen einer fehlenden Weiterbeschäftigungsmöglichkeit auf einem anderen Arbeitsplatz sind vom Arbeitgeber nur dann darzutun und zu beweisen, wenn sich der Arbeitnehmer auf eine Weiterbeschäftigungsmöglichkeit beruft und dartut, wie er sich die Weiterbeschäftigung vorstellt (BAG vom 3. 2. 1977, BB 1977, 849). Der Arbeitnehmer muß dartun, daß er einen ihm angebotenen zumutbaren Arbeitsplatz zumindest unter Vorbehalt der sozialen Rechtfertigung angenommen hätte (BAG, AP 8 zu § 2 KSchG 1969 = BB 1985, 1263).

(3) Hinsichtlich der *sozialen Auswahl* trägt der *Arbeitnehmer* die Beweislast (§ 1 Abs. 3 Satz 3 KSchG). Wegen der Mitteilungspflicht des Arbeitgebers gem. § 1 Abs. 3 Satz 1 KSchG über die Gründe der sozialen Auswahl genügt der Arbeitnehmer allerdings *zunächst* seiner Darlegungs- und Beweislast, wenn er den Arbeitgeber zur Mitteilung der Gründe für die soziale Auswahl aufgefordert hat. Kennt der Arbeitnehmer selbst die Zahl und die Namen der vergleichbaren Arbeitnehmer sowie deren Sozialdaten, dann genügt es nicht, wenn er seine Rüge der nicht ausreichenden sozialen Auswahl, bei der der Arbeitgeber entscheidend auf die Unterhaltsverpflichtungen abgestellt hat, allein damit begründet, die Mehrzahl der vergleichbaren Arbeitnehmer sei hinsichtlich des Alters oder der Dauer der Betriebszugehörigkeit weniger schutzbedürftig. Er muß in diesem Falle vielmehr unter Angabe ihrer individuellen Sozialdaten (insbesondere Alter, Betriebszugehörigkeit und Unterhaltsverpflichtungen) diejenigen Arbeitnehmer namentlich benennen, die nach seiner Meinung die Kündigung weniger hart treffen würde als ihn (BAG vom 8. 8. 1985, BB 1987, 472 = NZA 1986, 679). Ergibt sich aus der Auskunft des Arbeitgebers, daß er die Sozialauswahl nicht auf nach dem Vortrag des Arbeitnehmers weitere vergleichbare Arbeitnehmer erstreckt hat (Nichtberücksichtigung der Arbeitnehmer einer vergleichbaren anderen Betriebsabteilung) und ergänzt der Arbeitgeber im Prozeß seinen Vortrag nicht hinsichtlich dieser Arbeitnehmer, so ist die Behauptung des Arbeitnehmers, der Arbeitgeber habe soziale Gesichtspunkte insoweit nicht ausreichend berücksichtigt, als unstreitig anzusehen (BAG vom 15. 6. 1989, BB 1990, 351 = DB 1990, 380).

(4) Ist der Arbeitgeber der Aufforderung nachgekommen, trifft den Arbeitnehmer die volle Beweislast. Er hat vorzutragen, welche vom Arbeitgeber benannten Arbeitnehmer weniger schutzbedürftig sein sollen und welche weiteren Arbeitnehmer bei der sozialen Auswahl zu berücksichtigen sind (BAG vom 24. 3. 1983, AP 12 zu § 1 KSchG 1969 betriebsbedingte Kündigung = BB 1983, 1665; vom 21. 12. 1983, AP 4 zu § 1 KSchG 1969 Sozialauswahl = BB 1984, 1938, 2270).

(5) Kommt der Arbeitgeber seiner Mitteilungspflicht nicht oder nicht vollständig nach, so ist auch der Arbeitnehmer von der ihm gem. § 1 Abs. 3 Satz 3 KSchG obliegenden Darlegungs- und Beweispflicht befreit, wenn er ihr gerade aus diesem Grund nicht genügen kann (BAG vom 21. 12. 1983, a. a. O.).

f) Anhörung des Betriebsrats

Zunächst ist auf unsere Ausführungen unter 2. zu verweisen. Im übrigen ist bei betriebsbedingter Kündigung folgendes zu beachten:

Die Angabe der Kündigungsgründe darf nicht nur schlag- oder stichwortartig erfolgen; deshalb genügt die in der Praxis häufig anzutreffende Bezeichnung „Umsatzrückgang" nicht. Eine solche Anhörung wäre nur dann vollständig, wenn dem Betriebsrat die tatsächliche Umsatzentwicklung bekannt wäre und der Arbeitgeber im übrigen dargelegt hätte, warum dadurch der Arbeitsplatz des betroffenen Arbeitnehmers wegfällt. Der Arbeitgeber hat deshalb dem Betriebsrat grundsätzlich die *betrieblichen Erfordernisse* und deren Dringlichkeit sowie die *Gründe für die soziale Auswahl* mitzuteilen.

Achtung: Das BAG hat in seiner Entscheidung vom 29. 3. 1984 (BB 1984, 1426 = NZA 1984, 169) seine bisherige Rechtsprechung aufgegeben, nach der der Arbeitgeber dem Betriebsrat nur auf dessen Verlangen bei der betriebsbedingten Kündigung die Gründe mitzuteilen hatte, die zur sozialen Auswahl geführt haben (vgl. BAG vom 6. 7. 1978, AP 16 zu § 102 BetrVG 1972 = BB 1979, 627). Der Arbeitgeber hat jetzt vielmehr dem Betriebsrat von vornherein, auch ohne ein entsprechendes Verlangen, die Gründe mitzuteilen, die ihn zur Auswahl gerade des betroffenen Arbeitnehmers veranlaßt haben. Bei der betriebsbedingten Änderungskündigung hat der Arbeitgeber die Kündigungsfrist des Arbeitnehmers dem Betriebsrat mitzuteilen, wenn sich erst daraus die Tragweite der Änderung des Arbeitsverhältnisses (etwa Reduzierung des Weihnachtsgeldes, das von einer bestimmten Dauer der Betriebszugehörigkeit abhängt) ergibt (BAG vom 29. 3. 1990, 2 AZR 420/89).

Die fehlerhafte Anhörung des Betriebsrates nach § 102 BetrVG wird von den Arbeitsgerichten nur geprüft, wenn die Rüge nicht ordnungsgemäßer Betriebsratsanhörung im Kündigungsschutzprozeß erhoben wird (BAG vom 14. 10. 1982, AP 36 zu § 613a BGB = BB 1984, 1554; vom 15. 6. 1989, BB 1989, 2119 = NZA 1989, 65). Dies gilt nur dann nicht, wenn sich die Nichtanhörung bereits aus dem Vortrag beider Parteien unstreitig ergibt (BAG vom 15. 6. 1989, a. a. O.).

g) Wiedereinstellungsanspruch nach betriebsbedingter Kündigung?

Fallen bei einer betriebsbedingten Kündigung die betrieblichen Erfordernisse, die einer Weiterbeschäftigung des Arbeitnehmers entgegenstanden, nachträglich weg, so kann der zunächst wirksam gekündigte Arbeitnehmer während des Laufs der Kündigungsfrist einen Anspruch auf Fortsetzung des Arbeitsverhältnisses haben (vgl. BAG, DB 1958, 491; LAG Köln, DB 1989, 1475; LAG Düsseldorf, BB 1976, 1226; *Hueck*, KSchG, § 1 Anm. 156). Können nur einzelne Arbeitsplätze wieder besetzt werden, soll der Arbeitgeber bei der Auswahl soziale Gesichtspunkte zu berücksichtigen haben (vgl. LAG Köln, a. a. O.). Ob auch nach dem Ausscheiden des gekündigten Arbeitnehmers ein Anspruch auf Wiedereinstellung bzw. Fortsetzung des Arbeitsverhältnisses gegeben ist, soll aufgrund einer umfassenden Interessenabwägung zu klären sein (vgl. näher KR-*Becker*, § 1 KSchG Anm. 310; *Preis*, S. 349 ff.).

3.5 Änderungskündigung

a) Allgemeines

Will der Arbeitgeber einseitig eine Änderung der Arbeitsvertragsbedingungen erreichen, so steht ihm regelmäßig nur der Weg der Änderungskündigung zur Verfügung (vgl. allgemein *Löwisch*, NZA 1988, 633). Diese könnte so lauten:

„Sehr geehrte(r) Frau/Herr ...,

hiermit kündigen wir das Arbeitsverhältnis zum .... Wir bieten Ihnen eine Fortsetzung des Arbeitsverhältnisses ab ... zu folgenden geänderten Arbeitsbedingungen an: ...

Mit freundlichen Grüßen"

Eine Änderungskündigung beinhaltet stets eine *Beendigungskündigung* des Arbeitsverhältnisses, *verbunden* mit dem Angebot, dieses mit geänderten Bedingungen fortzusetzen. Davon zu unterscheiden ist die sog. *Teilkündigung*, bei der nur ein begrenzter Vertragsbestandteil aus dem bestehenden Arbeitsvertrag „herausgekündigt" werden soll. Diese ist jedenfalls dann unzulässig, wenn der Arbeitsvertrag keine Teilkündigungsklausel enthält (vgl. BAG vom 4. 2. 1958 und vom 7. 10. 1982, AP 1, 5 zu § 620 BGB Teilkündigung = BB 1983, 1791; KR-*Wolf*, Grunds. Anm. 43). Haben die Parteien eine solche Klausel vereinbart, handelt es sich regelmäßig nur um den Vorbehalt eines Widerrufs, der vom Arbeitgeber nur nach billigem Ermessen ausgeübt werden kann. Soll dadurch der Kündigungsschutz umgangen werden, so ist die Klausel unwirksam (vgl. BAG vom 7. 10. 1982, a. a. O.).

Abgrenzungsschwierigkeiten gibt es auch zwischen der Änderungskündigung und dem *Direktionsrecht* des Arbeitgebers (vgl. näher die Zusammenstellung von KR-*Rost*, § 2 Anm. 36 ff. mit Beispielen aus der Rechtsprechung). Das Direktionsrecht bewegt sich immer nur im Rahmen der arbeitsvertraglichen

Regelungen. Soweit das ihm zustehende Direktionsrecht reicht oder soweit ihm sonst ein *vertragliches Leistungsbestimmungsrecht* nach § 315 BGB, vor allem ein Widerrufsvorbehalt, eingeräumt ist, kann der Arbeitgeber durch dessen Ausübung eine Änderung der Arbeitsbedingungen herbeiführen. Abgrenzungsprobleme bestehen vor allem bei *Versetzung* (d. h. Zuweisung eines Arbeitsplatzes/Tätigkeitsbereiches und/oder *Änderung des Arbeitsortes* (vgl. § 95 Abs. 3 BetrVG). Ist die Arbeitspflicht im Arbeitsvertrag auf eine bestimmte konkrete Tätigkeit und/oder konkreten Ort beschränkt, greift das Direktionsrecht nicht. Sind nur allgemeine Funktionsaufgaben arbeitsvertraglich vereinbart (Arbeiter, kaufmännischer Angestellter), kann dem Arbeitnehmer jeder Arbeitsplatz mit diesen Funktionsaufgaben zugewiesen werden, auch wenn sie einem anderen abgrenzbaren Teilbereich innerhalb der allgemeinen Funktionsaufgaben zugehören (z. B. Buchhaltung und Arbeitsvorbereitung/allgemeine kaufmännische-verwaltende Tätigkeit). Der neu zugewiesene Arbeitsplatz darf aber nicht außerhalb der Funktionsaufgaben (Berufsbilder) liegen, die dem vertraglich Vereinbarten entsprechen. Das Direktionsrecht gilt nicht für die Zuweisung eines Arbeitsplatzes mit geringerer Entlohnung, wobei es nicht darauf ankommt, daß das bisherige Arbeitsentgelt fortgezahlt wird (vgl. BAG vom 26. 2. 1976, BB 1976, 793; vom 28. 2. 1968, AP 22 zu § 611 BGB Direktionsrecht). Auch bei einer nur allgemeinen Beschreibung der Funktionsaufgaben kann eine einseitige Versetzung im Einzelfall unzulässig sein, wenn eine **Konkretisierung** der Arbeitspflicht eingetreten ist (BAG vom 14. 12. 1961, AP 17 zu § 611 BGB Direktionsrecht = BB 1962, 297; LAG Berlin, DB 1988, 1228; LAG Rheinland-Pfalz, NZA 1988, 471). Dies gilt insbesondere, wenn dem Arbeitnehmer eine andere Tätigkeit über längere Zeit zugewiesen war und diese erkennbar höher qualifiziert ist als die bisherige oder andere Umstände ein besonderes schützwürdiges Interesse des Arbeitnehmers an der Fortsetzung gerade dieser Tätigkeit erkennen lassen. Dem Arbeitgeber ist daher die Aufnahme einer Versetzungsklausel in den Arbeitsvertrag zu empfehlen. Vor einer Versetzung (§ 95 Abs. 3 BetrVG) ist der Betriebsrat zu beteiligen (§ 99 BetrVG, vgl. hierzu BAG vom 26. 5. 1988, BB 1988, 2100 = DB 1988, 2158, möglicherweise ist auch noch eine Anhörung nach § 102 BetrVG erforderlich); ansonsten ist die Versetzung unwirksam (BAG, NZA 1988, 476). Nach der – zweifelhaften – Auffassung des BAG (vom 28. 4. 1982, BB 1983, 1413) darf der Arbeitgeber keine Änderungskündigung aussprechen, wenn er die beabsichtigte Änderung der Arbeitsbedingungen kraft Ausübung seines Direktionsrechts erreichen kann. Wegen der Unsicherheiten der Abgrenzung ist ihm in diesem Falle aber dringend der *vorsorgliche* Ausspruch einer Änderungskündigung anzuraten.

Vgl. auch BAG vom 20. 12. 1984, BB 1985, 1853 = NZA 1986, 21 und vom 24. 5. 1989, BB 1990, 212 = NJW 1990, 203 zum Inhalt und Umfang des Leistungsbestimmungsrechts des Arbeitgebers bei einem möglichen Gewissenskonflikt des Arbeitnehmers.

Der Arbeitnehmer hat *folgende Möglichkeiten*, auf eine Änderungskündigung zu reagieren:

(1) Er hat die *freie Wahl* zwischen *Annahme* und *Ablehnung* des Änderungsangebots.

(2) Lehnt er das Änderungsangebot ab, so bleibt es bei der Beendigungskündigung, für die er Kündigungsschutz nach § 1 KSchG genießt.

(3) Nimmt er das Änderungsangebot vorbehaltlos an, besteht das Arbeitsverhältnis zu den geänderten Vertragsbedingungen weiter.

(4) Der Arbeitnehmer kann das Änderungsangebot aber auch unter dem *Vorbehalt annehmen, daß die Änderung der Arbeitsbedingungen nicht sozial ungerechtfertigt ist* (§ 2 KSchG).

Die Annahme des Änderungsangebots unter Vorbehalt muß während der geltenden Kündigungsfrist, spätestens jedoch innerhalb von drei Wochen nach Zugang der Kündigung, erklärt werden (§ 2 Satz 2 KSchG). Bei der außerordentlichen Änderungskündigung muß der Arbeitgeber die Annahme des Änderungsangebotes unter Vorbehalt unverzüglich erklären (BAG vom 19. 6. 1986, BB 1986, 2418 und vom 27. 3. 1987, BB 1988, 913 = NZA 1988, 737). In der widerspruchs- und vorbehaltslosen Weiterarbeit zu geänderten Arbeitsbedingungen kann dann eine Annahme des Änderungsangebots gesehen werden, wenn sich die neuen Arbeitsbedingungen alsbald auf das Arbeitsverhältnis auswirken.

Achtung: Neben der Erklärung des Vorbehalts muß innerhalb der *Dreiwochenfrist* des § 4 KSchG die sog. *Änderungsschutzklage* beim Arbeitsgericht erhoben werden. Wird die Klagefrist versäumt, so erlischt der nach § 2 KSchG erklärte Vorbehalt mit der Folge, daß die in der Änderungskündigung enthaltene Beendigungskündigung nach § 7 KSchG wirksam wird.

Im übrigen muß der Betriebsrat – wie bei jeder anderen Kündigung auch – nach § 102 BetrVG gehört werden (vgl. hierzu BAG vom 30. 11. 1989, BB 1990, 704, oben 2.2). Stellt sich die Änderungskündigung zugleich als Umgruppierung oder als Versetzung dar, sind die §§ 99 ff. BetrVG zu beachten. **Achtung:** *Nach wohl zutreffender Auffassung ist eine Änderungskündigung so lange unwirksam, bis die Zustimmung des Betriebsrats nach § 99 BetrVG vorliegt bzw. ersetzt ist* (so BAG vom 26. 1. 1988, BB 1988, 1327; LAG Ba-Wü, NZA 1985, 326; zum Meinungsstand: KR-*Rost*, § 2 Anm. 139).

b) Soziale Rechtfertigung

Wann eine Änderungskündigung sozial gerechtfertigt ist, läßt § 2 KSchG offen. Es ist darauf abzustellen, ob die Änderung der Arbeitsbedingungen sachlich gerechtfertigt und unter Abwägung der beiderseitigen Interessen dem Arbeitnehmer zumutbar ist (BAG vom 18. 10. 1984, BB 1985, 1263). Für die Beurteilung sind grundsätzlich die Kriterien des § 1 KSchG heranzuziehen. *Das Änderungsangebot des Arbeitgebers ist zu berücksichtigen.* Für den wichtigsten Anwendungsbereich der Änderungskündigung, nämlich der betriebsbedingten, hat das BAG in zwei Entscheidungen (vom 12. 1. 1961,

25. 4. 1963, AP 10 und 17 zu § 620 BGB Änderungskündigung = BB 1961, 408, BB 1963, 1017) ausgeführt, daß diese sozial gerechtfertigt sei,

„wenn so dringende betriebliche Erfordernisse für die geplante Änderung der Arbeitsbedingungen gegeben sind, daß diese Gründe unter vernünftiger Abwägung des Interesses des Arbeitgebers an der erstrebten Änderung gegenüber dem Interesse des Arbeitnehmers an der Aufrechterhaltung seiner gegenwärtigen Arbeitsbedingungen es als billigenswert und angemessen erscheinen lassen, um dieser Änderung willen das Mittel einer Kündigung zu gebrauchen und damit das Arbeitsverhältnis zu gefährden und unter Umständen zu beenden."

Die unternehmerische Entscheidung selbst, die Ursache für die Änderungskündigung ist, kann auch hier nicht (vgl. 3.4 b) auf ihre Zweckmäßigkeit überprüft werden. Die Berufung des Arbeitgebers auf den *Gleichbehandlungsgrundsatz* stellt für sich allein kein dringendes betriebliches Erfordernis (§ 1 Abs. 2 KSchG) für eine Änderungskündigung dar (BAG vom 28. 4. 1982, BB 1983, 1413). Auch bei der Änderungskündigung ist nach dieser Entscheidung der Grundsatz der Verhältnismäßigkeit zu beachten (vgl. hierzu KR-*Rost*, § 2 KSchG Anm. 106a). Da sich *Gewinnverfall* und *Unrentabilität* nicht unmittelbar auf die Arbeitsplätze auswirken, wird hierdurch nach der Rechtsprechung (BAG vom 20. 3. 1986, AP 14 zu § 2 KSchG 1969 = BB 1986, 2130) eine betriebsbedingte Änderungskündigung *nur* dann gerechtfertigt, wenn der Arbeitgeber sie zum Anlaß einer unternehmerischen Entscheidung auf organisatorischem Gebiet nimmt, die sich auf die Arbeitsplätze auswirkt. Eine Änderungskündigung, durch die lediglich die Lohnkosten reduziert werden sollen, stellt dabei im Regelfalle noch keine ausreichende Unternehmerentscheidung dar. Die Unrentabilität eines Betriebes kann aber dann auch ohne weiterer Rationalisierungsmaßnahme ein Grund für eine betriebsbedingte Änderungskündigung sein, wenn durch die Senkung der Personalkosten die Stillegung des Betriebes oder die Reduzierung der Belegschaft verhindert werden kann und soll. Erforderlich ist aber, daß die Kosten durch „andere Maßnahmen" nicht zu senken sind (BAG vom 20. 3. 1986, AP 14 zu § 2 KSchG 1969 = BB 1986, 2130; vom 27. 9. 1984, AP 20 zu § 1 KSchG 1969 betriebsbedingte Kündigung = BB 1985, 1130; zur Kündigungsmöglichkeit bei Umsatzrückgang vgl. BAG vom 15. 6. 1989, BB 1989, 2119 = NZA 1990, 65).

Auch bei der *betriebsbedingten Änderungskündigung* ist eine *Sozialauswahl* vorzunehmen (3.4 d). Für den Kreis der in die Sozialauswahl einzubeziehenden Arbeitnehmer kommt es nicht nur darauf an, ob die betreffenden Arbeitnehmer nach ihrer bisherigen Tätigkeit miteinander verglichen werden können und damit auf ihren innegehabten Arbeitsplätzen gegeneinander austauschbar sind. Die Arbeitnehmer müssen zudem auch für die Tätigkeit, die Gegenstand des Änderungsangebotes ist, wenigstens annähernd gleich geeignet sein. Die Austauschbarkeit muß sich also auch auf den mit der Änderungskündigung angebotenen Arbeitsplatz beziehen. Weiter ist zu prüfen, welcher der vergleichbaren Arbeitnehmer durch die angebotenen neuen Arbeitsbedingungen schwerer belastet wird (BAG vom 13. 6. 1986, BB 1987, 475 = NZA 1987,

155; zur betriebsbedingten Änderungskündigung vgl. *Berkowsky*, DB 1990, 834). Insoweit sollen u. a. Vorbildung und persönliche Eigenschaften wie Wendigkeit, schnelle Auffassungsgabe, Anpassungsfähigkeit und Gesundheitszustand von Bedeutung sein.

Die Änderungskündigung kommt in der betrieblichen Praxis fast ausschließlich nur in Form der ordentlichen Kündigung vor mit der Folge, daß die Kündigungsfristen (vgl. dazu § 2 Satz 2 KSchG) einzuhalten sind. Es sind aber auch Fälle denkbar, bei denen eine außerordentliche (fristlose oder mit Auslauffrist) Änderungskündigung zulässig ist, z. B. bei unvorhersehbarer arbeitskampfbedingter notwendiger Einführung von Kurzarbeit, bei Versetzung aus „sensiblen Vertrauensbereichen" auf einen anderen Posten und vor allem, wenn die ordentliche Kündigung ausgeschlossen und eine Änderung der Arbeitsbedingungen unabweisbar notwendig ist. Eine außerordentliche Änderungskündigung kommt allerdings in der Praxis selten vor, da bei Unzumutbarkeit der Weiterbeschäftigung des Arbeitnehmers auch nur bis zum Ablauf der Kündigungsfrist in aller Regel die Möglichkeit einer Weiterbeschäftigung zu geänderten Bedingungen gleichfalls kaum in Betracht kommt. Begründet ist die außerordentliche Änderungskündigung dann, wenn die alsbaldige Änderung der Arbeitsbedingungen unabweisbar notwendig ist und die neuen Bedingungen für den Arbeitnehmer zumutbar sind (vgl. BAG vom 7. 6. 1973, AP 1 zu § 626 BGB Änderungskündigung = BB 1973, 1212). Fristlose Änderungskündigungen sollen zum Zwecke der Lohnkürzung nur zulässig sein, wenn der Betrieb in seiner Existenz akut gefährdet ist oder doch die Reduzierung eines nicht unerheblichen Teiles der Arbeitsplätze droht. Die Lohnkürzung muß geeignet sein, die akute Gefahr zu beseitigen oder erheblich zu mindern. Es dürfen keine anderen Mittel zur Erreichung dieses Zwecks zur Verfügung stehen. Die Kürzungen müssen nach Abwägung aller Umstände des Falles zumutbar sein (LAG Köln, DB 1990, 1337, rkr.)

Problematisch ist die Beurteilung der Wirksamkeit einer Änderungskündigung, bei der das Arbeitsverhältnis durch ein „Bündel von Änderungen" geändert werden soll, wenn nur *ein Teil* dieser Änderungen sozial gerechtfertigt ist.

Beispiel: Änderungskündigung, bei der die Fortsetzung des Arbeitsverhältnisses an einem anderen Ort, zu reduzierten Bezügen, ohne Dienstwagen, mit teilweise anderen Aufgaben und geänderten Arbeitszeiten angeboten wird.

Nach dem Rechtsgedanken des § 139 BGB ist u. E. die Änderungskündigung regelmäßig unwirksam, auch wenn nur einzelne dieser Änderungsangebote richtig sind (ebenso *Löwisch*, NZA 1988, 633, 634; KR-*Rost*, § 2 Anm. 106b).

Bei der entsprechenden Kündigungsschutzklage des Arbeitnehmers stellt sich die Frage, ob jede Änderung im Klageantrag beschrieben werden muß. Dem Arbeitnehmer ist eine solche Beschreibung – auch im Hinblick auf die Vollstreckung – anzuraten.

3.6 Kündigung von leitenden Angestellten, Organmitgliedern und Vertretern von Personengesamtheiten

a) Leitende Angestellte

Das *KSchG* gilt für leitende Angestellte i. S. des KSchG (!) *mit zwei Ausnahmen*: (1) Sie können keinen Einspruch nach § 3 KSchG gegen die Kündigung beim Betriebsrat einlegen. (2) Der Antrag des Arbeitgebers auf gerichtliche Auflösung nach § 9 Abs. 1 KSchG bedarf keiner Begründung (§ 14 Abs. 2 KSchG). Der Gesetzgeber trägt damit dem Umstand Rechnung, daß zwischen Arbeitgeber und leitenden Angestellten ein *besonderes Vertrauensverhältnis* zu bestehen pflegt. Leitende Angestellte haben damit kaum eine Chance, sich den Arbeitsplatz gegen den Willen des Arbeitgebers zu erhalten, wenn dieser (hilfsweise) die Auflösung des Arbeitsverhältnisses nach § 9 Abs. 1 KSchG beantragt. Noch nicht geklärt ist allerdings, ob einem solchen Auflösungantrag auch stattzugeben ist, wenn die Kündigung wegen nicht ordnungsgemäßer Anhörung des *Sprecherausschusses* (§ 31 Abs. 2 SprAuG, vgl. hierzu 2.6) unwirksam ist. Nach dem Sinn und Zweck dieses „Auflösungsrechtes" des Arbeitgebers muß u. E. auch in diesem Falle eine Auflösung des Anstellungsverhältnisses erfolgen (vgl. *Röder*, NZA Beil. 4/1989 sowie unter 7.6g).

Als leitende Angestellte sieht § 14 Abs. 2 KSchG Geschäftsführer, Betriebsleiter und ähnliche Angestellte an, soweit diese Personen zur *selbständigen Einstellung oder Entlassung von Arbeitnehmern* berechtigt sind. Die Bezeichnung „Geschäftsführer" ist dabei nicht i. S. des GmbHG zu verstehen; GmbH-Geschäftsführer fallen vielmehr unter § 14 Abs. 1 Nr. 1 KSchG. Die leitenden Angestellten müssen nicht unbedingt allgemeine Vollmacht (Prokura usw.) haben. Liegt Gesamtvertretungsmacht mit einem anderen Arbeitnehmer vor, ist entscheidend, ob der in der Vertretung eingeschränkte Angestellte intern die maßgebliche Personalentscheidung trifft (*Hueck*, § 14 Anm. 7). Im übrigen genügt Einstellungs- oder Entlassungsbefugnis gegenüber einer Gruppe von Arbeitnehmern (*Hueck*, a.a.O.; *Maus*, § 14 Anm. 8; *Rohlfing/Rewolle/Bader*, § 14 Anm. 4), wobei die Befugnis aber nicht auf einen Einzelfall begrenzt sein darf (*Hueck*, a.a.O.; *Auffarth/Müller*, § 12 Anm. 9).

Bei diesen leitenden Angestellten genügt die *generelle rechtliche Vertretungsbefugnis*. Es kommt nicht darauf an, ob sie die Befugnis zur Einstellung oder Entlassung wirklich ausgeübt haben. Unerheblich ist auch, ob sie im Einzelfall auf Weisung der Geschäftsleitung eine Kündigung ausgesprochen oder zurückgenommen haben. Ist dagegen generell bestimmt, daß der Angestellte *vor jeder Kündigung oder Einstellung* die *Zustimmung* eines Vorgesetzten oder Aufsichtsorgans einholen muß, handelt es sich wohl nicht um einen leitenden Angestellten i. S. des § 14 KSchG (vgl. BAG vom 11. 3. 1982, AP 28 zu § 5 BetrVG 1972 = BB 1983, 1729). Auch der Angestellte, der zwar Befugnis zur Einstellung oder Entlassung von Arbeitnehmern hat und ausübt, jedoch keine unternehmerischen (Teil-)Aufgaben i. S. des § 5 Abs. 3 BetrVG wahrnimmt (z. B. Werkmeister, Poliere, Lagerverwalter), ist kein leitender

Angestellter i. S. des § 14 Abs. 2 KSchG (vgl. KR-*Becker,* § 14 KSchG Anm. 29).

Achtung: In der betrieblichen Praxis, aber auch von den Arbeitsgerichten, wird immer wieder übersehen, daß ein leitender Angestellter nach § 5 Abs. 3 BetrVG nicht unbedingt leitender Angestellter nach § 14 KSchG sein muß. Wird einem leitenden Angestellten nach § 5 Abs. 3 Nr. 3 BetrVG gekündigt, ohne daß dieser Einstellungs- oder Entlassungsbefugnis hat, so greift § 14 Abs. 2 KSchG nicht ein. Der Auflösungsantrag des Arbeitgebers muß dann begründet werden (§ 9 Abs. 1 KSchG; vgl. dazu unten 7.6c).

Umstritten ist, ob auch Geschäftsführer und Betriebsleiter i. S. des § 14 Abs. 2 KSchG diese Einstellungs- oder Entlassungsbefugnis haben müssen. In Großunternehmen bestehen häufig zentrale Personalabteilungen, die für sämtliche Betriebe die Personalverwaltung einschließlich Einstellungen und Kündigungen betreuen. Aufgrund der herausgehobenen Vertrauensposition, die diese Personengruppe aber insbesondere in Betrieben mit mehreren hunderten oder gar tausenden Mitarbeitern prägt, kann hier Einstellungs- oder Entlassungsbefugnis nicht vorausgesetzt werden (zutr. *Herschel/Löwisch,* § 14 Anm. 13; a. A. KR-*Becker,* § 14 KSchG Anm. 27; *Hueck,* § 14 Anm. 7; *Maus,* § 14 Anm. 14). Dies ergibt sich im übrigen schon aus der Formulierung (das Wort „diese" in § 14 Abs. 2 KSchG bezieht sich nur auf die „ähnlichen leitenden Angstellten").

Handelt es sich bei einem gekündigten Arbeitnehmer zweifelsfrei um einen leitenden Angestellten i. S. des KSchG, ist wegen der auf jeden Fall möglichen Auflösung des Arbeitsverhältnisses das Risiko eines Prozesses für den Arbeitgeber überschaubarer als in den Fällen, in denen er eine Weiterbeschäftigung des Arbeitnehmers einkalkulieren muß. Leitende Angestellte sollten deshalb andererseits außergerichtlich die Forderungen nicht überziehen; sie laufen sonst Gefahr, in einen Prozeß gezogen zu werden, den sie möglicherweise gar nicht wollen.

b) Organmitglieder und Vertreter von Personengesamtheiten

Nach § 14 Abs. 1 Nr. 1 KSchG gelten für *gesetzliche Vertreter juristischer Personen* die Kündigungsschutzbestimmungen des KSchG nicht. Wird allerdings nach Beendigung der Organstellung das Dienstverhältnis als Arbeitsverhältnis fortgesetzt, greift das KSchG ein, und zwar auch dann, wenn die Kündigung auf Vorfälle während der Amtszeit als Organ gestützt wird (BAG vom 22. 2. 1974, AP 19 zu § 5 ArbGG = BB 1974, 934). Bei Konzernverhältnissen ergibt sich oft, daß ein Organmitglied eines abhängigen Unternehmens gleichzeitig in einem Dienstverhältnis zum herrschenden Unternehmen steht. Nur wenn dieses Dienstverhältnis ein Arbeitsverhältnis ist, findet das KSchG Anwendung auf die Rechtsbeziehungen zwischen herrschendem Unternehmen und Arbeitnehmer (vgl. BAG vom 27. 10. 1960, BB 1961, 98). Das KSchG gilt auch nicht für vertretungsberechtigte Gesellschafter von Personengesellschaften

(OHG, KG, GbR) und Vorstandsmitglieder nicht rechtsfähiger Vereine (§ 14 Abs. 1 Nr. 2 KSchG).

Problematisch ist die Rechtslage bei Streitigkeiten zwischen einer *GmbH & Co. KG* und ihrem Geschäftsführer: Bei der GmbH & Co. KG sind die Rechtskreise der GmbH und der KG zu unterscheiden; die Geschäfte der KG führt die Komplementär-GmbH, die ihrerseits eine natürliche Person als Geschäftsführer braucht. Das BAG (vom 10. 7. 1980, BB 1980, 1696 = DB 1981, 276 und vom 15. 4. 1982, BB 1983, 1284 = NJW 1983, 2405; dazu kritisch *Bauer*, GmbH-Rdsch. 1984, 109; vgl. auch LAG Düsseldorf, BB 1990, 1352, rkr.) meint, die *Zuständigkeit der Arbeitsgerichte* und eine *Anwendung des KSchG* komme dann in Betracht, wenn der Anstellungsvertrag über die Funktion als Geschäftsführer der GmbH mit der KG abgeschlossen werde; dann sei zu prüfen, ob der Geschäftsführer nicht gleichzeitig freier Dienstnehmer, arbeitnehmerähnliche Person oder Arbeitnehmer der KG sei. Für solche GmbH & Co. KG-Geschäftsführer kann es sich deshalb im Einzelfall empfehlen, gegen eine Kündigung innerhalb der Dreiwochenfrist des § 4 KSchG Kündigungsschutzklage beim zuständigen Arbeitsgericht zu erheben.

War ein Geschäftsführer *zuerst als Arbeitnehmer* beschäftigt, so kann nach Auffassung des BAG (vom 12. 3. 1987, BB 1988, 208) das Arbeitsverhältnis nach dessen Bestellung zum Geschäftsführer im Zustand des Ruhens fortbestehen und nach der Abberufung wieder auf seinen ursprünglichen Zustand zurückgeführt werden. Ob dies der Fall ist, hängt bei Fehlen einer ausdrücklichen Vereinbarung von dem im Einzelfall zu ermittelnden Willen der Parteien ab. Wird der Angestellte zum Geschäftsführer einer GmbH berufen, ohne daß sich an den Vertragsbedingungen im übrigen etwas oder nur Unwesentliches ändert, ist im Zweifel anzunehmen, daß das Arbeitsverhältnis fortbesteht (arg. kein Verzicht auf Kündigungsschutz ohne finanziellen Ausgleich). Vereinbaren die Parteien dagegen eine über die Anpassung an die allgemeine Einkommenssteigerung deutlich hinausgehende Erhöhung der Bezüge, so kann darin die konkludente Beendigung des bisherigen Arbeitsverhältnisses gesehen werden.

Dem *Arbeitgeber* ist daher dringend zu *empfehlen*, bei der Bestellung von Arbeitnehmern zu Organvertretern ausdrücklich die Aufhebung des Arbeitsvertrages zu vereinbaren. Ein solcher Aufhebungsvertrag unterliegt keiner Billigkeitskontrolle und bedarf insbesondere keines sachlichen Grundes (BAG, a. a. O.).

Ist zweifelhaft, ob ein Arbeitsverhältnis fortbesteht, sollte der Arbeitgeber vorsorglich klarstellen, daß auch dieses gekündigt werden soll. Besteht eine eindeutig abgrenzbare Doppelstellung als Arbeitnehmer und Organvertreter, kann auch ein aktives Arbeitsverhältnis neben dem organschaftlichen Vertretungsverhältnis zu derselben juristischen Person (GmbH) bestehen und vereinbart werden. Besteht das Arbeitsverhältnis neben dem Dienstvertrag als GmbH-Geschäftsführer fort, ist eine Kündigung sozial gerechtfertigt, wenn der Arbeitnehmer in seinem – im wesentlichen gleichgebliebenen – Aufgabenbereich fachlich versagt oder im Vertrauensbereich liegende Pflichtverletzungen begangen hat, die auch eine Fortsetzung des Vertragsverhältnisses als Arbeitsverhältnis bei verständiger Würdigung in Abwägung der Interessen der Vertragsparteien und des Betriebs nicht mehr billigenswert und angemessen erscheinen lassen (Beispiele siehe BAG vom 12. 3. 1987, BB 1988, 208, 209). Für den *Arbeitnehmer* bzw. dessen Prozeßvertreter ist zu *beachten*, daß für die Kündigung des Arbeitsverhältnisses die Arbeitsgerichte zuständig sind und deshalb *innerhalb der Dreiwochenfrist* des § 4 KSchG Kündigungsschutzklage zu erheben ist. Wegen der Kündigung des Dienstverhältnisses ist dagegen der Rechtsweg zu den Zivilgerichten gegeben (vgl. § 5 Abs. 1 Satz 3 ArbGG). Zum Beschäftigungsanspruch vertretungsberechtigter Organmitglieder vgl. unten 8.2).

4. Außerordentliche Kündigung

4.1 Allgemeines

Alle Dienst- und Arbeitsverhältnisse können von jedem Vertragsteil aus *wichtigem* Grund entweder (1) ohne Einhaltung einer Kündigungsfrist (fristlose Kündigung) oder (2) mit einer sog. *Auslauffrist*, die auch der ordentlichen Kündigungsfrist entsprechen kann, aber nicht muß (vgl. BAG vom 16. 7. 1959, AP 31 zu § 626 BGB), gekündigt werden, wenn Tatsachen vorliegen, aufgrund derer dem Kündigenden unter Berücksichtigung aller Umstände des Einzelfalles und unter Abwägung der Interessen beider Vertragsteile die Fortsetzung bis zum Ablauf der Kündigungsfrist oder der vereinbarten Beendigung des Arbeitsverhältnisses nicht zugemutet werden kann.

Achtung: Wählt der Arbeitgeber Variante (2), muß er klarstellen, daß es sich um eine außerordentliche Kündigung aus wichtigem Grund handelt; andernfalls läuft er Gefahr, daß die Kündigung als ordentliche angesehen wird, was sich z. B. nachteilig für eine ansonsten nach § 75 HGB mögliche Lossagung von einem Wettbewerbsverbot auswirken kann (vgl. unten 10.1 b).

Vgl. oben 1.1 e) zur Frage, inwieweit dem Arbeitnehmer die Gründe für die außerordentliche Kündigung mitgeteilt werden müssen.

4.2 Wichtiger Grund

Wann ein Grund wichtig genug ist, die außerordentliche Kündigung zu rechtfertigen, kann nicht pauschal gesagt werden. Es muß sich in der Regel um *schwere Vertragsverletzungen* handeln. In Betracht kommen insbesondere die als verhaltensbedingte Gründe genannten Vertragsverstöße, sofern sie besonders gravierend sind, z. B. beharrliche Arbeitsverweigerung, die sogar auch bei wiederholter *Unpünktlichkeit* eines Arbeitnehmers vorliegen kann, wenn dadurch eine konkrete Störung des Arbeitsablaufs oder Betriebsfriedens eingetreten ist (BAG vom 17. 3. 1988, BB 1989, 289 = NZA 1989, 261); Straftaten gegen den Arbeitgeber (vgl. BAG vom 2. 3. 1989, BB 1989, 1553 = DB 1989, 1679; vgl. oben 3.2 b). Auch bei Häufung vieler einzelner, auch geringfügiger Verfehlungen kann eine außerordentliche Kündigung gerechtfertigt sein (*Schaub*, § 125 VII).

Achtung: In die bei der Prüfung des wichtigen Grundes stets erforderliche *Interessenabwägung* (vgl. oben 3.1 b) sind Umstände wie z. B. Betriebszugehörigkeit, Alter, Folgen der Kündigung auch dann einzubeziehen, wenn es um eine außerordentliche Kündigung wegen einer Straftat zum Nachteil des Arbeitgebers geht (vgl. BAG vom 13. 12. 1984, BB 1985, 1069 = NZA 1985, 288). Vor allem bei „geringfügigen" Vermögensdelikten kann deshalb eine außerordentliche Kündigung unwirksam sein.

Beispiel: Verkäuferin A ist seit fünf Jahren im Kaffee-Geschäft zur Zufriedenheit ihres Arbeitgebers tätig. Dann stiehlt sie Kaffee-Sahne im Wert von DM 4,80. Nach Ansicht des ArbG Frankfurt (9 Ca 473/84) genügt in einem solchen Fall eine Abmahnung oder höchstens eine fristgerechte Kündigung als Warnsignal auch für die übrige Belegschaft.

Das Recht zur außerordentlichen Kündigung steht natürlich auch dem *Arbeitnehmer* zu. Sie unterliegt denselben Voraussetzungen wie eine entsprechende außerordentliche Kündigung durch den Arbeitgeber (LAG Berlin vom 22. 3. 1989, DB 1989, 1121). Macht er davon Gebrauch, so ist er für die Voraussetzungen des wichtigen Grundes beweispflichtig (BAG vom 25. 7. 1963, AP 1 zu § 448 ZPO = BB 1963, 1137). Fraglich ist, ob eine vom Arbeitgeber zu Unrecht ausgesprochene außerordentliche Kündigung dem Arbeitnehmer das Recht gibt, seinerseits eine fristlose Kündigung auszusprechen, um dann Schadensersatz zu fordern oder die Lösung von einem nachvertraglichen Wettbewerbsverbot geltend zu machen. Dies kann nur dann der Fall sein, wenn ein vernünftiger Arbeitgeber unter Abwägung aller Umstände eine außerordentliche Kündigung nicht in Erwägung gezogen hätte!

Den Arbeitnehmer können z. B. zur außerordentlichen Kündigung berechtigen: *Arbeitsschutzverletzungen* (BAG vom 28. 10. 1971, AP 62 zu § 626 BGB = BB 1972, 1189), *Beschäftigungspflichtverletzungen* (BAG vom 19. 8. 1976, AP 4 zu § 611 BGB Beschäftigungspflicht = BB 1976, 1561), erheblicher *Vergütungsrückstand* für erhebliche Zeit nach vorheriger Zahlungsaufforderung durch den Arbeitnehmer (LAG Stuttgart, BB 1960, 289; LAG Frankfurt, DB 1965, 186), *Verdächtigung* einer Straftat in beleidigender Form vor Dritten oder leichtfertig (LAG Stuttgart, BB 1960, 985), Entzug oder Nichterteilung einer vertraglich zugesagten *Prokura* (BAG vom 17. 9. 1970, AP 5 zu § 628 BGB = BB 1971, 270; vgl. auch *Weimar*, MDR 1974, 720), *Beleidigungen, Schikanen*, ständiges Verlangen von unzulässiger *Mehrarbeit*.

Kein Recht zur außerordentlichen Kündigung für den Arbeitnehmer liegt regelmäßig in folgenden Fällen vor: günstiges *neues Stellenangebot* (BAG vom 17. 10. 1969, AP 7 zu § 611 BGB Treuepflicht = BB 1970, 214; vom 1. 10. 1970, AP 59 zu § 626 BGB = BB 1971, 40; vgl. auch LAG Kiel, DB 1962, 1543; *Lufft*, DB 1962, 540; *Dieckhoff*, BB 1962, 717), *Eheschließung* (LAG Düsseldorf, BB 1962, 1331), geringfügiger Mangel der *Werkswohnung*.

§ 626 Abs. 1 BGB ist *zwingend*, d. h., daß das Recht zur außerordentlichen Kündigung nicht beseitigt oder beschränkt werden darf. Allerdings kann die Wirksamkeit der außerordentlichen Kündigung von der Zustimmung des Betriebsrats durch freiwillige Betriebsvereinbarung abhängig gemacht werden (§ 102 Abs. 6 BetrVG; vgl. *Fitting/Auffarth/Kaiser/Heither*, § 102 Anm. 69). Unzulässig ist es, durch Einzelvertrag und auch durch Kollektivverträge bestimmte Gründe über das gesetzliche Maß des § 626 BGB hinaus als „wichtige" zu vereinbaren, weil sonst der zwingende Schutz des KSchG und die zwingenden Fristen des § 626 BGB und des AngKSchG umgangen werden könnten (BAG vom 22. 11. 1973, BB 1974, 463 = NJW 1974, 1155).

Problematisch ist, inwieweit aufgrund des Gesetzes, Tarif- oder Individualvertrages *ordentlich unkündbaren Arbeitnehmern* im Rahmen von Betriebsänderungen gekündigt werden kann. Für die *Betriebsstillegung* erkennt das BAG (vom 28. 3. 1985, BB 1985, 1945; ArbG Siegen vom 8. 4. 1956 NZA 1986, 683) an, daß dieser Fall regelmäßig geeignet ist, eine außerordentliche Kündigung zu rechtfertigen; dabei ist aber die gesetzliche oder tarifvertragliche Kündigungsfrist einzuhalten, die gelten würde, wenn die ordentliche Kündigung nicht ausgeschlossen wäre. Dies gilt jedoch nicht, wenn die Einhaltung dieser Kündigungsfrist für den Arbeitgeber unzumutbar ist. Muß der Arbeitgeber befürchten, nach § 128 AFG (vgl. unter 10.4d) vom Arbeitsamt auf Erstattung des Arbeitslosengeldes in Anspruch genommen zu werden, so macht dieses wirtschaftliche Risiko eine Fortsetzung des Arbeitsverhältnisses über den Zeitpunkt des Zuganges der Kündigungserklärung hinaus unzumutbar (so zutr. ArbG Siegen, NZA 1986, 683).

Achtung: Die längere fiktive Frist des § 117 Abs. 2 Satz 3 AFG kann nicht herangezogen werden (BAG, a.a.O.). Der Arbeitnehmer muß deshalb bei einer Abfindung eine Anrechnung nach § 117 Abs. 2 AFG in Kauf nehmen (vgl. dazu unten 10.4a).

Entsprechendes muß gelten, wenn nur ein *Betriebsteil* stillgelegt wird und im Restbetrieb keine vergleichbaren und weniger schutzbedürftigen Arbeitnehmer beschäftigt werden. Teilweise umstritten ist die Rechtslage, wenn vergleichbare Arbeitnehmer vorhanden sind: Es stellt sich dann nämlich die Frage, ob aus dem auswahlrelevanten Personenkreis die ordentlich unkündbaren Arbeitnehmer auszuscheiden haben (vgl. dazu eingehend oben 3.4d).

Bei personen- oder verhaltensbedingten Gründen kann dagegen auch einem tarifvertraglich nicht kündbaren Arbeitnehmer ordentlich fristlos gekündigt werden. Die fiktive Kündigung greift hier nicht ein, weil der Kündigungsgrund aus der Sphäre des Arbeitnehmers kommt (LAG Hamm, DB 1988, 715).

4.3 Zweiwochenfrist

Wird eine außerordentliche Kündigung erwogen, zwingt das Gesetz zu raschem Handeln. § 626 Abs. 2 Satz 1 BGB bestimmt nämlich, daß das Recht zur außerordentlichen Kündigung erlischt, wenn es nicht binnen zwei Wochen seit Erlangen der sicheren Kenntnis von den für die Kündigung maßgebenden Tatsachen wahrgenommen wird.

Diese (zwingende) Vorschrift bereitet der Praxis Schwierigkeiten. Nicht immer läßt sich ohne weiteres feststellen, *wann* eine *sichere Kenntnis* des Arbeitgebers anzunehmen ist. Dieser hat das Recht, nicht aber die Pflicht, den Arbeitnehmer vor Ausspruch der außerordentlichen Kündigung zu den Gründen zu hören, um ihm Gelegenheit zu geben, die gegen ihn sprechenden Tatsachen auszuräumen oder abzumildern; erst ab diesem Zeitpunkt beginnt die Frist zu laufen (BAG vom 28. 10. 1971 und 6. 7. 1972, AP 1, 3 zu § 626 BGB Ausschlußfrist = BB 1972, 133, 1408; BAG vom 10. 6. 1988, BB 1989, 1062 = NZA 1989, 105; LAG Frankfurt, DB 1980, 1079). Hat der Arbeitnehmer aus sachdienlichen Gründen zunächst nur schriftlich zum Sachverhalt Stellung genommen, kann es geboten sein, den Arbeitnehmer nochmal mündlich zu hören mit der Folge, daß die Frist des § 626 Abs. 2 BGB erst mit der zweiten Anhörung beginnt (BAG vom 12. 2. 1973, AP 6 zu § 626 BGB Ausschlußfrist = BB 1973, 943). Um den Beginn der Zweiwochenfrist aber *nicht länger* als unbedingt notwendig hinauszuschieben, muß schon die erste Anhörung des Arbeitnehmers innerhalb einer kurz zu bemessenden Frist erfolgen, die regelmäßig (Ausnahmen sind also denkbar, vgl. BAG, a. a. O.) *nicht länger* als eine Woche sein darf (Regelfrist, vgl. BAG, NZA 1989, 105). Für die Durchführung *weiterer* vom Arbeitgeber für erforderlich erachteter Ermittlungen gibt es dagegen keine Regelfrist. Sie müssen mit der anhand der Umstände des konkreten Einzelfalles zu beurteilenden gebührenden Eile durchgeführt werden. Nur dann ist der Lauf der Ausschlußfrist des § 626 Abs. 2 BGB gehemmt (BAG vom 10. 6. 1988, BB 1989, 1062 = NZA 1989, 105). Rücksichtnahme auf die persönlichen Verhältnisse des Arbeitnehmers oder die Verhinderung der mit der Ermittlung betrauten Personen können im Einzelfall einer alsbaldigen Durchführung der Anhörung entgegenstehen. Auch hier ist aber für den Arbeitgeber höchste Vorsicht geboten, da er bei einer Fehleinschätzung riskiert, daß die Ausschlußfrist des § 626 Abs. 2 BGB abgelaufen und damit eine Kündigung aus wichtigem Grunde nicht mehr möglich ist. Eine außerordentliche Verdachtskündigung bedarf zu ihrer Wirksamkeit der Anhörung des Arbeitnehmers (BAG vom 11. 4. 1985, BB 1987, 1316).

Achtung: Wegen der zahlreichen Risiken, die die Zweiwochenfrist mit sich bringt, kann dem Arbeitgeber nur geraten werden, die außerordentliche Kündigung möglichst unverzüglich auszusprechen, wobei allerdings die *vorherige Anhörung des Betriebsrats* nach § 102 BetrVG (vgl. oben 2.) nicht vergessen werden darf. Die Zweiwochenfrist des § 626 Abs. 2 BGB wird nicht um die Dreitagesfrist des § 102 Abs. 2 BetrVG verlängert (BAG vom 18. 8. 1977, BB 1978, 43 = NJW 1978, 661).

Erweisen sich die Umstände, die zu einer Verdachtskündigung (vgl. oben 3.2.b.ll.) geführt haben, nachträglich als zutreffend, beginnt die Ausschlußfrist für eine weitere außerordentliche Kündigung erst mit der sicheren Kenntnis der Tatbegehung zu laufen (BAG vom 12. 12. 1984, BB 1985, 1734).

Der Arbeitgeber hat zu beachten, daß von der Rechtsprechung ein Verzicht auf das Recht zur außerordentlichen Kündigung angenommen wird, wenn er vor Ablauf dieser Ausschlußfrist bereits eine ordentliche Kündigung oder deswegen eine Abmahnung (vgl. 3.2a) ausgesprochen hat (BAG vom 10. 11. 1988, BB 1989, 1347 = NZA 1989, 633). Insoweit ist das Kündigungsrecht verwirkt. Dies gilt aber nicht, wenn der Arbeitgeber keine Kenntnis von dem Sachverhalt, der ihn zu einer Kündigung berechtigen würde, hat (vgl. BAG vom 9. 1. 1986, BB 1986, 943 = NZA 1986, 467, zur Zweiwochenfrist bei Nichtanerkennung einer beantragten Schwerbehinderteneigenschaft vgl. 6.3).

4.4 Außerordentliche anstatt ordentlicher Kündigung?

Der Arbeitgeber sollte in jedem Einzelfall sorgfältig prüfen, ob es nicht zweckmäßiger ist, statt einer ordentlichen eine außerordentliche Kündigung (evtl. mit einer Auslauffrist) auszusprechen. Dieser Weg bietet sich an, wenn auf die Arbeitsleistung ganz oder zumindest teilweise kein Wert mehr gelegt wird, der Arbeitnehmer also im Fall einer ordentlichen Kündigung freigestellt würde. Bei einer fristlosen Kündigung stellt sich das Problem des Beschäftigungsanspruchs während der Kündigungsfrist naturgemäß nicht (vgl. dazu unten 8.2). Darüber hinaus zeigt die Erfahrung, daß es bei Vergleichsverhandlungen oft nur oder in erster Linie um die Frage geht, ob der Arbeitgeber bereit ist, die Kündigung in eine ordentliche umzuwandeln, es sei denn, die fristlose Kündigung wäre offensichtlich unbegründet.

Achtung: Entschließt sich der Arbeitgeber aus taktischen Gründen zur außerordentlichen Kündigung, darf er nicht vergessen, den Betriebsrat auch zu einer hilfsweisen ordentlichen Kündigung nach § 102 BetrVG zu hören (vgl. allgemein oben 2.2 und 7.6f zum Auflösungsantrag).

4.5 Schadensersatz

Wird das Arbeitsverhältnis wirksam von einem Vertragspartner außerordentlich gekündigt, so kann er vom anderen Teil Ersatz des durch die Aufhebung des Arbeitsverhältnisses entstandenen Schadens verlangen (§ 628 Abs. 2 BGB). Wenn ein pflichtwidriges Verhalten einer Vertragspartei nicht mehr zum Anlaß einer vorzeitigen Beendigung des Arbeitsverhältnisses genommen werden kann (Zweiwochenfrist), entfällt auch der Schadensersatzanspruch nach § 628 Abs. 2 BGB wegen diesem Verhalten (BAG vom 22. 6. 1989, BB 1990, 425 = NZA 1990, 106).

Kündigt der Arbeitnehmer zu Recht, besteht der Schaden in der entgangenen Vergütung. *Achtung: Umstritten* ist, ob der Schadensersatzanspruch auf die Dauer der ordentlichen Kündigungsfrist beschränkt ist. Soweit der Arbeitnehmer den allgemeinen Kündigungsschutz genießt, wird man ihn nicht auf die Laufzeit der ordentlichen Kündigungsfrist verweisen können, es sei denn, der Arbeitgeber könnte nachweisen, daß ihm ein Recht zur ordentlichen Kündigung nach § 1 KSchG zustand.

Kündigt der Arbeitgeber zu Recht außerordentlich, so kann der Schaden z. B. im entgangenen Gewinn (BAG vom 27. 1. 1972, AP 2 zu § 252 BGB = BB 1972, 839), Aufwendung höherer Vergütung (BAG vom 24. 4. 1970, AP 5 zu § 60 HGB = BB 1970, 1050; LAG Berlin, DB 1974, 638) und/oder von Inseratskosten (BAG vom 22. 5. 1980, BB 1981, 1217 = NJW 1980, 2375) bestehen. Eine *unwirksame außerordentliche Kündigung* stellt einen Vertragsbruch dar und verpflichtet zum Schadensersatz, wenn dem Kündigenden die Unwirksamkeit bekannt war oder hätte bekannt sein müssen (BAG vom 15. 2. 1973, AP 2 zu § 9 KSchG 1969 = BB 1973, 984; vom 24. 10. 1974, AP 2 zu § 276 BGB Vertragsverletzung = BB 1974, 1640).

Allein die Nichterhebung einer Kündigungsschutzklage (vgl. §§ 13 Abs. 1 Satz 2, 7 KSchG) gegen eine „unberechtigte" fristlose Kündigung bedeutet nicht, daß damit das Vorliegen eines wichtigen Grundes und damit eine Schadensersatzpflicht nach § 628 Abs. 2 BGB bindend feststeht.

5. Kündigungsschutz in Tendenzbetrieben

5.1 Anhörung des Betriebsrats

In Betrieben, in denen über eine erwerbswirtschaftliche Zielsetzung hinaus ideelle Ziele i. S. des § 118 Abs. 2 BetrVG verfolgt werden, finden arbeitsrechtliche Grundsätze teilweise nur eingeschränkt Anwendung. Für die Beteiligungsrechte des Betriebsrats greift diese Einschränkung gem. § 118 Abs. 1 BetrVG ein, wenn die Eigenart des Tendenzbetriebes deren (uneingeschränkter) Anwendung entgegensteht, eine Maßnahme also tendenzbezogen ist. Tendenzbetriebe sind Betriebe, die durch eine politische, koalitionspolitische, konfessionelle, karitative, erzieherische, wissenschaftliche oder künstlerische Zwecksetzung unmittelbar geprägt (vgl. etwa BAG vom 31. 10. 1975, BB 1976, 136; BAG vom 14. 11. 1975, BB 1976, 183; BAG vom 24. 3. 1983, BB 1983, 1665 = DB 1983, 830) sind (§ 118 Abs. 1 Nr. 1 BetrVG), sowie Betriebe von Presseunternehmen, Unternehmen des öffentlichen und privaten Rundfunks und des Films (§ 118 Abs. 1 Nr. 2 BetrVG). Bei Unternehmen mit mehreren Betrieben kommt es darauf an, ob der betreffende Betrieb unmittelbar durch die Tendenz geprägt ist.

Der Grund für die Einschränkung der Beteiligungsrechte ist darin zu sehen, daß die Tendenzautonomie der unternehmerischen Betätigung verfassungsrechtlich gewährleistet ist und durch die betriebliche Mitbestimmung nicht beeinträchtigt werden soll.

Um eine tendenzbezogene Kündigung handelt es sich, wenn diese gegenüber einem *Tendenzträger* aus tendenzbedingten Gründen erfolgen soll. In diesem Fall muß der Betriebsrat bei der ordentlichen und außerordentlichen Kündigung *ordnungsgemäß*, also auch zu *den tendenzbedingten Gründen, angehört werden* (vgl. etwa BAG vom 7. 11. 1975, EzA § 118 BetrVG 1972 Nr. 8; BVerfG vom 6. 11. 1979, BB 1980, 886; Löwisch, BetrVG, § 118 Anm. 27; *Stege/Weinspach*, BetrVG, § 118 Anm. 9). Er muß die Möglichkeit erhalten, seine Einwendungen vorzubringen, wobei er allerdings auf die Geltendmachung sozialer Gründe beschränkt ist. Eine fehlerhafte Anhörung macht auch hier die Kündigung *unwirksam*. Wegen des Schutzes der Tendenzautonomie greift dagegen der vorläufige Weiterbeschäftigungsanspruch nach § 102 Abs. 5 BetrVG *nicht ein*, und zwar selbst dann nicht, wenn der Widerspruch aus sozialen Gründen erfolgt. Auch der allgemeine Weiterbeschäftigungsanspruch (vgl. dazu unten 8.5) kann mit Ausnahme einer offensichtlich unwirksamen Kündigung nicht zum Zuge kommen.

Tendenzträger sind diejenigen Arbeitnehmer, für deren Tätigkeit die Bestimmungen und Zwecke der in § 118 BetrVG genannten Unternehmen und Betriebe prägend sind. Anerkannt wurde dies von der Rechtsprechung z. B. für den Krankenhausarzt im katholischen Krankenhaus (BAG vom 12. 12. 1984, BB 1985, 1265), die Beraterin der Caritas (LAG München, EzA § 1 KSchG

1969 Nr. 6), den Gewerkschaftssekretär (BAG vom 6. 12. 1979, AP 2 zu § 1 KSchG 1969 verhaltensbedingte Kündigung = BB 1980, 1102), Stimmführer und Solisten in einem Sinfonieorchester (BAG vom 24. 3. 1983, BB 1983, 1665 = DB 1983, 830).

Beispiel (1): Ein Wirtschaftsjournalist einer liberalen Tageszeitung veröffentlicht mehrfach Artikel mit eindeutig marktwirtschaftsfeindlichen Inhalten. Der Betriebsrat, dem der Sachverhalt vollständig vorgetragen wird, widerspricht der Kündigung nach ordnungsgemäßer Anhörung, weil der Journalist eine nicht berufstätige Ehefrau und zwei Kinder hat. Der Widerspruch des Betriebsrats begründet hier keinen vorläufigen Weiterbeschäftigungsanspruch nach § 102 Abs. 5 BetrVG.

Beispiel (2): Derselbe Journalist fehlt mehrfach unentschuldigt. Der Betriebsrat widerspricht nach ordnungsgemäßer Anhörung wiederum aus den gleichen sozialen Gründen. § 102 BetrVG findet hier volle Anwendung, also auch der vorläufige Weiterbeschäftigungsanspruch.

Dem Arbeitgeber ist deshalb vor der Kündigung von Tendenzträgern ebenfalls dringend zu raten, die Anhörung sorgfältig durchzuführen. Für den betroffenen Arbeitnehmer bietet sich ansonsten die Möglichkeit, die Kündigung — auch wenn sie kündigungsrechtlich gerechtfertigt wäre — aus formalen Gründen zu Fall zu bringen (§ 102 Abs. 1 BetrVG).

5.2 Kündigungsschutz

Der verfassungsrechtlich gewährleistete Tendenzschutz befreit den Arbeitgeber grundsätzlich *nicht* von den Voraussetzungen des KSchG. Der Tendenzcharakter eines Unternehmens begründet jedoch für die Mitarbeiter eine *gesteigerte arbeitsvertragliche Loyalitätspflicht*. Kündigungsrechtlich erhebliche tendenzbezogene Gründe setzen damit voraus, daß die von einem Tendenzträger erbrachte Arbeitsleistung oder dessen Verhalten dem Tendenzzweck zuwiderlaufen (vgl. etwa BAG vom 24. 3. 1983, a.a.O.). Solche Tendenzstörungen können im Leistungsbereich, im Bereich des Betriebsfriedens, im personalen Bereich oder auch im Unternehmensbereich (z. B. Gefährdung von Betriebs- und Geschäftsgeheimnissen) auftreten (vgl. dazu BAG vom 6. 2. 1969, AP 58 zu § 626 BGB = BB 1969, 493). Diese Loyalitätspflichten betreffen in Tendenzunternehmen deshalb auch das außerdienstliche Verhalten des Arbeitnehmers. Handelt ein Arbeitnehmer *nachhaltig der Tendenz des Unternehmens zuwider* und werden dadurch die betrieblichen Interessen beeinträchtigt, so stellt dies einen Grund für eine personen-, verhaltens- oder betriebsbedingte Kündigung dar.

Von der Rechtsprechung wurde als Kündigungsgrund anerkannt, wenn ein in einem katholischen Krankenhaus angestellter Arzt, entgegen der religiös motivierten Zielsetzung des Krankenhausträgers, eine Schwangerschaftsunterbrechung vornimmt oder öffentliche Stellungnahmen zugunsten von Schwangerschaftsabbrüchen abgibt (BVerfG vom 4. 6. 1985, BB 1985, 1600 = DB 1985, 2103) oder aus der Kirche austritt (BAG vom 12.

12. 1984, BB 1985, 1265; NZA 1984, 287), eine für den Publikumsverkehr zuständige kirchlich getraute Arbeitnehmerin der Caritas nach der Scheidung eine neue Ehe eingeht (LAG München, EzA, § 1 KSchG 1969 Nr. 6 Tendenzbetrieb) oder wenn ein Redakteur einer gewerkschaftseigenen Zeitung einen Artikel mit gewerkschaftsfeindlichem Inhalt verfaßt (BAG vom 6. 12. 1979, AP 2 zu § 1 KSchG 1969 Verhaltensbedingte Kündigung = BB 1980, 1102). Im künstlerischen Bereich liegt ein tendenzbedingter Mangel z. B. vor, wenn ein Solist oder Stimmführer der arbeitgeberseitig vorgegebenen Werkinterpretation durch die Art und Weise seiner eigenen künstlerischen Interpretation (willentlich oder doch von einer abweichenden eigenen Auffassung geprägt) zuwiderhandelt (BAG vom 3. 11. 1982, BB 1983, 1097).

Soweit es sich um abmahnungsfähige Gründe handelt, muß je nach Schwere der Tendenzbeeinträchtigung eine *Abmahnung* vorausgehen (vgl. oben 3.2 a).

Um nicht tendenzbezogene und damit *tendenzneutrale* Leistungsmängel handelt es sich dagegen, wenn bei einem Tendenzträger Leistungsmängel auftreten, die keinen unmittelbaren Bezug zu dem verfolgten Zweck haben. Dies wird zum Beispiel dann angenommen, wenn dem in einem konfessionell gebundenen Krankenhaus beschäftigten Chirurgen Fehler bei der Behandlung von Patienten unterlaufen oder wenn in den Artikeln des Redakteurs einer gewerkschaftseigenen Zeitung orthographische oder grammatikalische Fehler vorkommen oder wenn ein Solist oder Stimmführer unbeabsichtigt falsche Töne spielt oder eine Partitur nicht richtig liest (vgl. BAG vom 24. 3. 1983, BB 1983, 1665 = DB 1983, 830). Bei tendenzneutralen Beeinträchtigungen gelten für Kündigungen die *allgemeinen Grundsätze* wie in „normalen" Betrieben.

Im Beispiel (1) (vgl. oben 5.1) liegt eine nachhaltige Zuwiderhandlung eines Tendenzträgers gegen die liberale Ausrichtung des Presseunternehmens vor.

Im Beispiel (2) (vgl. oben 5.1) handelt es sich um ein tendenzneutrales Verhalten. Die soziale Rechtfertigung der Kündigung richtet sich nach den allgemeinen Voraussetzungen des KSchG über verhaltensbedingte Kündigungen, also zumindest mehrmaliges unentschuldigtes Zuspätkommen trotz Abmahnungen.

Nicht nur die Frage, ob es sich um einen Tendenzträger handelt, ist häufig schwer zu beantworten, sondern auch, ob beim Kündigungssachverhalt von tendenzbezogenen Gründen auszugehen ist.

In der Literatur (*Otto*, AuR 1980, 291; *Löwisch*, KSchG, § 1 Anm. 129; *Mayer-Maly/Löwisch*, BB 1983, 913; *Hueck*, § 1 Anm. 96) wird zunehmend darauf abgestellt, ob ein Verhalten des Arbeitnehmers so beschaffen ist, daß es einem *objektiven* Betrachter bei Berücksichtigung der konkreten ideellen Zielsetzung des Tendenzunternehmens einerseits und der im Arbeitsleben gebotenen Tendenz andererseits als *illoyal* erscheinen muß.

Je nach *Schwere des Verstoßes* kann – unter Umständen nach vorheriger Abmahnung – eine ordentliche oder auch eine außerordentliche Kündigung gerechtfertigt sein.

Die Verfassungsgarantie des kirchlichen Selbstbestimmungsrechts (Art. 140 GG i.V. mit Art. 137 Abs. 3 WRV) erlaubt es den *Kirchen*, den kirchlichen Dienst nach ihrem Selbstverständnis weitgehend selbstverantwortlich zu regeln. Damit kann die durch den Arbeitsvertrag begründete Tendenzbindung bei Kirchen *deutlich weitergehen* als bei anderen Tendenzbetrieben (vgl. BVerfG vom 4. 6. 1985, BB 1985, 1600 = DB 1985, 2103).

5.3 Kündigung von Betriebsratsmitgliedern

Soll einem *Betriebsratsmitglied* in einem Tendenzunternehmen wegen *nicht tendenzbezogener* Leistungsmängel gekündigt werden, so greift der Sonderkündigungsschutz des § 15 KSchG (BAG vom 3. 11. 1982, BB 1983, 1097 = DB 1983, 830) ein. In diesem Falle ist auch das Zustimmungsverfahren des § 103 BetrVG einzuhalten. Mit dem Tendenzcharakter nicht vereinbar wäre es aber, bei *tendenzbedingten* Gründen die Zustimmung des Betriebsrats nach § 103 BetrVG zu verlangen (offengelassen von BAG vom 24. 3. 1983, BB 1983, 1665 = DB 1983, 830; ebenso *Müller*, Festschrift für Hilger/Stumpf, S. 50f.; *Löwisch*, BetrVG, § 118 Anm. 27). Hier muß die vorherige Anhörung des Betriebsrats gem. § 102 Abs. 1 BetrVG ausreichen.

6. Besonderer Kündigungsschutz

6.1 Mutterschutz

a) Absolute Kündigungsverbote

Grundsätzlich ist *jede Kündigung* gegenüber einer Frau während der Schwangerschaft *und* bis zum Ablauf von vier Monaten nach der Entbindung *unzulässig*, wenn dem Arbeitgeber zur Zeit der Kündigung die Schwangerschaft oder Entbindung *bekannt war oder innerhalb von zwei Wochen nach Zugang der Kündigung mitgeteilt wird* (§ 9 Abs. 1 Satz 1 MuSchG; vgl. Anh. 6). Der Kenntnis des Arbeitgebers steht die Kenntnis von zuständigen Vertretern der Personalabteilung des Betriebs gleich (vgl. BAG vom 18. 2. 1965, AP 26 zu § 9 MuSchG = BB 1965, 586; KR-*Becker*, § 9 MuSchG Anm. 36). Die Beweislast dafür trägt die Arbeitnehmerin. Dasselbe gilt für die nachträgliche Mitteilung innerhalb der Zweiwochenfrist.

Achtung: Der besondere Kündigungsschutz greift auch dann ein, wenn die Schwangere die Zweiwochenfrist unverschuldet versäumt hat, die Mitteilung aber unverzüglich, also ohne schuldhaftes Zögern, nachholt (BVerfG vom 13. 11. 1979, BB 1980, 208 = EzA § 9 MuSchG n.F. Nr. 17 und vom 22. 10. 1980, BB 1980, 1745 = NJW 1981, 1313).

§ 9a MuSchG a.F. dehnte das *Kündigungsverbot für die Zeit des Mutterschaftsurlaubs* (§ 8a a.F. MuSchG) und bis zum *Ablauf von zwei Monaten* danach aus. Anspruch auf Mutterschaftsurlaub nach § 8a MuSchG hatten nur die *leiblichen Mütter* (BAG vom 27. 7. 1983, AP 3 zu § 8a MuSchG 1968 = BB 1983, 1474). Dies verstieß weder gegen den Gleichheitssatz des Art. 3 Abs. 1 GG noch gegen das Diskriminierungsverbot des Art. 5 der Richtlinie 76/207/EWG (BAG vom 31. 1. 1985, BB 1986, 531 = NZA 1986, 138). Der ab 1. 1. 1986 geltende *Erziehungsurlaub* ersetzt den Mutterschaftsurlaub: §§ 8a, 9a MuSchG a.F. gelten deshalb ab 1. 1. 1986 nicht mehr (§ 38 BErzGG, BGBl. 1985 I S. 2154).

In der betrieblichen Praxis wird gelegentlich übersehen, daß das Kündigungsverbot nach § 9 MuSchG auch dann gilt, wenn der allgemeine Kündigungsschutz nach dem KSchG nicht eingreift. Mit anderen Worten: Auch wenn es sich um einen *Kleinbetrieb* (§ 23 KSchG) handelt oder die *Wartezeit* (§ 1 KSchG) noch nicht zurückgelegt ist, genießen die (werdenden) Mütter den besonderen Kündigungsschutz. Auch kommt es nicht darauf an, ob es sich um eine leitende Angestellte nach § 14 Abs. 2 KSchG und/oder § 5 Abs. 3 BetrVG handelt (*Bulla/Buchner*, § 1 Anm. 27). Die absoluten Kündigungsverbote gelten auch für schwangere Auszubildende (LAG Berlin vom 1. 7. 1985, BB 1986, 62).

Für den *Beginn des besonderen Kündigungsschutzes* ist der Eintritt der Schwangerschaft maßgeblich; dieser Zeitpunkt kann meist nur annähernd ermittelt werden. Enthält das Zeugnis des Arztes oder einer Hebamme die Angabe des mutmaßlichen Geburtstermins, so ist um 280 Tage zurückzurechnen (BAG vom 27. 10. 1983, NZA 1985, 222). Der voraussichtliche Entbindungstag ist dabei nicht mitzurechnen (BAG vom 12. 12. 1985, BB 1986, 1987). Maßgeblicher Zeitpunkt für das Ende des Kündigungsverbots nach § 9 MuSchG ist der Ablauf des vierten Monats nach der Entbindung.

Beispiel: Arbeitnehmerin A wird am 2. 6. 1989 schwanger und entbindet am 5. 3. 1990. Nach §§ 187 Abs. 1, 188 Abs. 2 und Abs. 3, 191 BGB läuft die Viermonatsfrist am 5. 7. 1990 ab. § 193 BGB greift nicht ein, so daß die Frist auch an einem Samstag, Sonntag oder Feiertag enden kann.

b) Ausnahmen

§ 9 MuSchG ist als *Kündigungsverbot mit Erlaubnisvorbehalt* gestaltet: Nach § 9 Abs. 3 Satz 1 MuSchG *kann* die für den Arbeitsschutz zuständige *oberste Landesbehörde* oder die von ihr bestimmte Stelle „in besonderen Fällen ausnahmsweise die Kündigung auf Antrag des Arbeitgebers für zulässig erklären". Der „besondere Fall" des § 9 Abs. 3 MuSchG ist nicht unbedingt identisch mit dem „wichtigen Grund" des § 626 BGB (vgl. *Bulla/Buchner*, § 9 Anm. 146 m. w. N.). Wie bei §§ 15 ff. SchwbG (vgl. unten 6.3) ist eine solche Kündigung nur zulässig, wenn schon zum Zeitpunkt ihres Ausspruchs die Zulässigerklärung vorliegt.

Achtung: Der Antrag muß innerhalb der Zweiwochenfrist des § 626 Abs. 2 BGB gestellt werden, wenn der „besondere Fall" einen wichtigen Grund i.s. des § 626 BGB für eine außerordentliche Kündigung enthält (*Schaub*, § 170 IV. 3.). Wird die Kündigung für zulässig erklärt, muß sie unverzüglich ausgesprochen werden.

Für *Eigenkündigungen* und *Aufhebungsverträge* gilt das Kündigungsverbot des § 9 MuSchG nicht. Da die Vorschrift zwingend ist, ist aber ein *vorheriger Verzicht* unwirksam. Ein nach Ausspruch einer (unwirksamen) Kündigung in einer Ausgleichsklausel enthaltener Verzicht ist nur bei einer ausdrücklichen Regelung wirksam (vgl. *Stahlhacke*, Anm. 671).

Das Kündigungsverbot findet grundsätzlich keine Anwendung auf wirksam *befristete Arbeitsverhältnisse* (BAG vom 12. 10. 1960, 28. 11. 1963, AP 16, 26 zu § 620 BGB befristeter Arbeitsvertrag = BB 1961, 368, BB 1964, 259). Damit gilt das Kündigungsverbot auch nicht, wenn es sich um befristete Arbeitsverhältnisse i.S. des Art. 1 § 1 *BeschFG 1985* handelt. Nur in besonderen Fällen kann die Berufung des Arbeitgebers auf eine an und für sich wirksame Befristung eine unzulässige Rechtsausübung darstellen (BAG vom 12. 10. 1960, a. a. O.). Dagegen greift das Kündigungsverbot ein, wenn eine *einfache Probezeit* vereinbart ist (*Bulla/Buchner*, § 9 Anm. 58).

Achtung: Problematisch ist die Rechtslage bei *befristeten Probearbeitsverhältnissen*. Nach Auffassung des BAG (vom 28. 11. 1963, a. a. O.) soll die Berufung auf den Ablauf der befristeten Probezeit, während der sich die Arbeitnehmerin voll bewährt hat, unzulässige Rechtsausübung sein, wenn sie ausschließlich wegen einer im Laufe der Probezeit eingetretenen Schwangerschaft erfolgt. Beruft sich der Arbeitgeber dagegen auf andere Gründe, z. B. mangelhafte Leistung, greift § 9 MuSchG nicht ein. Ob sich der Arbeitgeber zu Recht auf solche Gründe beruft, kann von den Arbeitsgerichten grundsätzlich nicht nachgeprüft werden, weil bei wirksam befristeten Probearbeitsverhältnissen der Arbeitgeber keinen Grund für die Nichtverlängerung des Arbeitsverhältnisses angeben muß (vgl. aber BAG vom 16. 3. 1989, EzA § 1 BeschFG Nr. 7).

6.2 Erziehungsurlaub

Ab 1. 1. 1986 haben Arbeitnehmer (auch männliche!) unter den Voraussetzungen der §§ 15, 16 BErzGG (BGBl. I. S. 2154; vgl. Anh. 7) Anspruch auf Erziehungsurlaub, und zwar bis zur Vollendung des zwölften Lebensmonats des Kindes, für ein Kind, das nach dem 30. Juni 1989 geboren wurde, bis zur Vollendung des fünfzehnten und für ein nach dem 30. Juni 1990 geborenes Kind bis zur Vollendung des achtzehnten Lebensmonats (§ 15 Abs. 1 Satz 1 i.V. mit § 4 Abs. 1 BErzGG). Nach § 18 Abs. 1 Satz 1 BErzGG darf der Arbeitgeber das Arbeitsverhältnis während des Erziehungsurlaubs nicht kündigen. Wie bei § 9 Abs. 3 Satz 1 MuSchG (vgl. oben 6.1) kann die für den Arbeitsschutz zuständige oberste Landesbehörde oder die von ihr bestimmte Stelle in besonderen Fällen ausnahmsweise die Kündigung für zulässig erklären (§ 18 Abs. 1 Satz 2 BErzGG). Soweit ein Arbeitnehmer wirksam befristet (auch nach Art. 1 § 1 BeschFG!) eingestellt worden ist, kann er sich nur für die Laufzeit der Befristung auf das neue Gesetz berufen. § 21 BErzGG enthält Sonderregelungen für die befristeten *Ersatzeinstellungen* für die Dauer der Beschäftigungsverbote nach dem MuSchG und/oder für die Dauer des Erziehungsurlaubs.

Die *wichtigsten Regelungen* des neuen Gesetzes können so zusammengefaßt werden (umfassend dazu *Schleicher*, BB Beilage 1/1986):

(1) Anspruch auf Erziehungsgeld können Arbeitnehmer geltend machen, die
    a) mit einem nach dem 31. 12. 1985 geborenen Kind, für das ihnen die Personensorge zusteht, in einem Haushalt leben;
    b) dieses Kind selbst betreuen und erziehen;
    c) keine volle Erwerbstätigkeit (weniger als 19 Stunden) ausüben.
(2) Für ein Kind wird nur einer Person Erziehungsgeld gewährt.
(3) Erziehungsgeld wird vom Tage der Geburt bis zur Vollendung des 18. Lebensmonats gewährt. Es beträgt in den ersten 6 Monaten DM 600,– monatlich, danach ist es von den Einkommens- und Familienverhältnissen abhängig.
(4) Arbeitnehmer haben Anspruch auf Erziehungsurlaub, wenn sie einen Anspruch auf Erziehungsgeld haben. Der Erziehungsurlaub wird grundsätzlich für denselben Zeitraum wie das Erziehungsgeld gewährt.
(5) Ein Anspruch auf Erziehungsurlaub besteht jedoch nicht, solange
    a) die Mutter als Wöchnerin nicht beschäftigt werden darf,
    b) der mit dem Erziehungsgeldberechtigten in einem Haushalt lebende Ehegatte nicht erwerbstätig ist.

(6) Der Erziehungsurlaub endet im allgemeinen nicht dadurch, daß der Anspruch auf Erziehungsgeld entfällt. Ein beendeter Erziehungsurlaub kann nicht wieder angetreten werden.

(7) Der Arbeitgeber kann den Erholungsurlaub, der dem Arbeitnehmer für das Urlaubsjahr zusteht, für jeden vollen Kalendermonat im Erziehungsurlaub um 1/12 kürzen.

(8) Arbeitnehmer im Erziehungsurlaub erhalten einen Sonderkündigungsschutz entsprechend den Regelungen des § 9 MuSchG.

(9) Erziehungsurlaub können auch Auszubildende verlangen.

(10) Für die Dauer des Erziehungsurlaubs können zur Vertretung des Arbeitnehmers Ersatzkräfte ohne (weiteren) sachlichen Grund befristet eingestellt werden.

6.3 Schwerbehindertenschutz

a) Allgemeines

Die *ordentliche* (§ 15 SchwbG, vgl. Anh. 8) und die *außerordentliche* Kündigung (§§ 15, 21 SchwbG) gegenüber Schwerbehinderten (auch Auszubildenden, BAG vom 10. 12. 1987, BB 1988, 915 = NZA 1988, 428) und Gleichgestellten (§ 2 SchwbG) bedürfen der *vorherigen Zustimmung* durch die Hauptfürsorgestelle. Eine ohne Zustimmung der Hauptfürsorgestelle ausgesprochene Kündigung ist unwirksam (§§ 15 SchwbG, 134 BGB). Die Zustimmung der Hauptfürsorgestelle ist auch notwendig, wenn weniger als sechs Mitarbeiter im Betrieb beschäftigt werden und daher das Kündigungsschutzgesetz nicht eingreift. Ausnahmen bestehen im wesentlichen nur für Arbeitsverhältnisse, die zum Zeitpunkt des Zugangs der Kündigung *noch keine sechs Monate* ohne Unterbrechung bestanden haben (§ 20 Abs. 1 Nr. 1 SchwbG). Auch für die Kündigung von Mitarbeitern, die älter als 58 Jahre sind und einen Anspruch auf Abfindung aufgrund eines Sozialplans haben, sofern ihnen der Arbeitgeber die Kündigungsabsicht rechtzeitig mitgeteilt hat und sie der beabsichtigten Kündigung bis zu deren Ausspruch nicht widersprechen (vgl. § 20 Abs. 1 Nr. 3; vgl. im einzelnen § 20 SchwbG), bedarf es keiner Zustimmung der Hauptfürsorgestelle. Ist die Schwerbehinderteneigenschaft dem Arbeitgeber zum Zeitpunkt der Kündigung nicht bekannt, hat das BAG (vom 17. 2. 1977, 23. 2. 1978, 19. 4. 1979, AP 1, 3, 5 zu § 12 SchwbG a. F. = BB 1977, 397, BB 1978, 966, BB 1979, 1453) *folgende Regeln* aufgestellt:

(1) Der vorherigen Zustimmung bedarf es nicht, wenn der Schwerbehinderte bis zur Kündigung weder einen Bescheid i.S. des § 4 SchwbG erhalten noch wenigstens einen Antrag gestellt hat.

(2) Liegt ein solcher Bescheid oder ein Antrag zum Zeitpunkt der Kündigung vor, steht dem Schwerbehinderten der volle Sonderkündigungsschutz grundsätzlich auch dann zu, wenn der Arbeitgeber von der Schwerbehinderteneigenschaft oder der Antragsstellung nichts wußte.

(3) Hat der Arbeitgeber zur Zeit der Kündigung keine Kenntnis von den genannten Voraussetzungen, muß der Arbeitnehmer nach Zugang der Kündigung innerhalb einer

angemessenen Frist (bei ordentlicher Kündigung regelmäßig ein Monat) gegenüber dem Arbeitgeber seine zur Feststellung beantragte Schwerbehinderteneigenschaft geltend machen; andernfalls ist die Kündigung jedenfalls nicht wegen Fehlens der behördlichen Zustimmung unwirksam (BAG vom 16. 1. 1985, NZA 1986, 31). Ausnahmsweise ist eine Kenntnis des Arbeitgebers innerhalb der Regelfrist von einem Monat entbehrlich, wenn die Schwerbehinderteneigenschaft des Arbeitnehmers offenkundig ist oder der Arbeitgeber Kenntnis von solchen gesundheitlichen Beeinträchtigungen hat, die ihrer Art nach den Schluß auf eine Schwerbehinderteneigenschaft nahelegen (BAG vom 5. 12. 1980, 7 AZR 931/78; vom 16. 1. 1985, NZA 1986, 31; vgl. auch KR-*Etzel*, §§ 15–20 SchwbG Anm. 21).

(4) Versäumt der Arbeitnehmer nach (3) vorzugehen, können die Arbeitsgerichte den Umstand der Schwerbehinderung bei der Gesamtabwägung hinsichtlich der Wirksamkeit der Kündigung berücksichtigen.

(5) Ob die unter (3) genannten Grundsätze auch für die Mitteilung der festgestellten Schwerbehinderteneigenschaft gelten, hat das BAG (a. a. O.) offengelassen. Dies ist zu bejahen.

Bei der *außerordentlichen Kündigung* ist der Antrag auf Erteilung der Zustimmung der Hauptfürsorgestelle innerhalb einer *Frist von zwei Wochen* nach Erlangung der Kenntnis bei der Hauptfürsorgestelle zu stellen (§ 21 Abs. 2 SchwbG). Diese hat innerhalb von 2 Wochen zu entscheiden, ansonsten gilt die Zustimmung als erteilt (§ 21 Abs. 3 SchwbG). Hat der Arbeitgeber, der eine außerordentliche Kündigung beabsichtigt, von einem Antrag des Arbeitnehmers auf Feststellung der Schwerbehinderung Kenntnis erlangt und kündigt er deshalb nicht innerhalb der Frist des § 626 Abs. 2 BGB, sondern beantragt er innerhalb der Frist des § 21 Abs. 2 SchwbG die Zustimmung der Hauptfürsorgestelle, so darf sich der Arbeitnehmer nach Treu und Glauben auch dann nicht auf die Versäumung der Frist des § 626 Abs. 2 BGB berufen, wenn er tatsächlich nicht schwerbehindert war und deshalb der Zustimmung der Hauptfürsorgestelle nicht bedurfte (BAG vom 27. 2. 1987, BB 1988, 140).

Der Kündigungsschutz des SchwbG ist unabdingbar. Sofern sie die Voraussetzungen der Schwerbehinderung erfüllen, fallen auch *leitende Angestellte* nach § 14 Abs. 2 KSchG und/oder § 5 Abs. 3 BetrVG, nicht aber Organmitglieder, unter den Schutz des SchwbG (*Nicknig*, DB 1976, 2256; *Wilrodt/Neumann*, § 7 Anm. 26). Ein *Verzicht* auf den Schutz nach dem SchwbG ist für jeden Arbeitnehmer nach Ausspruch der Kündigung möglich, ebenso wie jederzeit ein *Aufhebungsvertrag* zur Beendigung des Arbeitsverhältnisses abgeschlossen werden kann.

Zur Kündigung eines schwerbehinderten Auszubildenden (BAG vom 10. 12. 1987, BB 1988, 915 = NZA 1988, 428) bedarf es der Zustimmung der Hauptfürsorgestelle. Der Schwerbehindertenschutz berührt den Kündigungsschutz eines Arbeitnehmers nach anderen Vorschriften (KSchG, MuSchG, ArbplSchG, SchwbG) nicht. Der Arbeitgeber muß daher vor Ausspruch einer Kündigung möglicherweise mehrere Zustimmungsverfahren nach den jeweiligen Schutzgesetzen durchlaufen. Verweigert etwa der Betriebsrat bei einem schwerbehinderten Betriebsratsmitglied die Zustimmung zu einer außerordentlichen Kündigung, so ist das Beschlußverfahren auf Ersetzung der Zustimmung in entsprechender Anwendung von § 21 Abs. 5 SchwbG unverzüglich nach Erteilung der Zustimmung durch die Hauptfürsorgestelle oder nach Eintritt der Zustimmungsfiktion des § 21 Abs. 3 SchwbG einzuleiten (BAG vom 22. 1. 1987, BB 1987, 1670).

b) Entscheidungsfindung

Das Gesetz sieht für die Entscheidungsfindung der Hauptfürsorgestelle folgende Regeln vor:

(1) Bei einer *außerordentlichen Kündigung soll* die Zustimmung erteilt werden, wenn die Kündigung nicht im Zusammenhang mit der Behinderung steht (§ 21 Abs. 4 SchwbG). Davon, daß ein solcher Zusammenhang nicht besteht, ist regelmäßig dann auszugehen, wenn dem Arbeitnehmer schwere Vertragsverstöße (vgl. oben 4.2) vorgeworfen werden.

(2) Bei der *ordentlichen Kündigung* entscheidet die Hauptfürsorgestelle grundsätzlich nach freiem pflichtgemäßem Ermessen (vgl. dazu die einschlägigen Kommentare).

(3) Bei Betriebsstillegungen *hat* die Hauptfürsorgestelle die Zustimmung zu erteilen, wenn im Anschluß an die Kündigung mindestens für drei Monate Vergütung bezahlt wird (§ 19 Abs. 1 Satz 1 SchwbG).

(4) Bei *wesentlichen Betriebseinschränkungen soll* die Zustimmung erteilt werden, wenn die Gesamtzahl der im *Betrieb* verbleibenden Schwerbehinderten zur Erfüllung der Pflichtzahl nach § 5 SchwbG ausreicht und die Vergütung wie bei (3) gesichert ist.

(5) Nach § 19 Abs. 2 SchwbG *soll* die Zustimmung erteilt werden, wenn dem Schwerbehinderten ein anderer angemessener *und* zumutbarer Arbeitsplatz (wenn auch mit geänderten Bedingungen; also von Bedeutung bei der Änderungskündigung!) gesichert ist.

Die Hauptfürsorgestellen berücksichtigen die Zusammenhangsregelung des § 21 Abs. 4 SchwbG zunehmend auch bei ordentlichen Kündigungen. Hat die Hauptfürsorgestelle einer außerordentlichen Kündigung zugestimmt, so kann die daraufhin ausgesprochene Kündigung regelmäßig nicht in eine ordentliche *umgedeutet* werden (LAG Berlin vom 9. 7. 1984, DB 1985, 874).

c) Rechtsmittel

Gegen die Entscheidung der Hauptfürsorgestelle (bzw. des Widerspruchsausschusses) steht der unterlegenen Seite der *Verwaltungsrechtsweg* offen; gegen eine nach Erteilung der Zustimmung erfolgte Kündigung der Rechtsweg zu den *Gerichten für Arbeitssachen*. Nach der − zweifelhaften − Meinung des BAG (vom 25. 11. 1980, AP 7 zu § 12 SchwbG a. F. = BB 1982, 121) sollen die Arbeitsgerichte die Kündigungsschutzklage nur dann abweisen können, wenn rechtskräftig über die Erteilung der Zustimmung entschieden ist; bis dahin soll das arbeitsgerichtliche Verfahren auszusetzen sein (vgl. auch *Wilrodt/Neumann*, § 15 Anm. 20ff.; *Otto*, DB 1975, 1554). Geht das Arbeitsgericht dagegen von der Unwirksamkeit der Kündigung nach § 1 KSchG aus, so kann es der Klage stattgeben.

Der (mögliche) „doppelgleisige" Rechtsweg (vgl. *Müller/Bauer*, F I) hat sich in der Praxis nicht bewährt. Die Verfahren ziehen sich für beide Seiten unzumutbar lange hin. *Wenzel* (AuR 1985, 326) hat recht, wenn er verlangt, daß die gerichtliche Verwaltungskontrolle auch den Arbeitsgerichten übertragen werden soll.

6.4 Auszubildende

Während der Probezeit (mindestens einen Monat, maximal drei Monate) kann das Ausbildungsverhältnis jederzeit ohne Einhaltung einer Frist *schriftlich* gekündigt werden (§ 15 Abs. 1 BBiG, vgl. Anh. 7; zur Kündigung mit einer Auslauffrist vgl. BAG vom 10. 11. 1988, BB 1989, 359 = DB 1989, 584). *Nach der Probezeit* kann der Arbeitgeber nur noch aus *wichtigem Grund* „ohne Einhalten einer Frist" (so ausdrücklich § 15 Abs. 2 Nr. 1 BBiG; nach BAG vom 16. 7. 1959, AP 31 zu § 626 BGB kann die Kündigung nicht nur fristlos, sondern auch mit einer Auslauffrist erfolgen) kündigen, und zwar *schriftlich* und unter *Angabe der Kündigungsgründe* (zwingend, vgl. § 15 Abs. 2 und 3 BBiG). Außerdem gilt die Zweiwochenfrist (vgl. dazu oben 4.3). *Aufhebungsverträge* sind auch hier möglich (vgl. unten 9.1).

Die Dreiwochenfrist (§§ 4, 13 Abs. 1 Satz 2 KSchG) ist auf die außerordentliche Kündigung von Berufsausbildungsverhältnissen jedenfalls dann nicht anzuwenden, wenn gem. § 111 Abs. 2 Satz 5 ArbGG eine Verhandlung vor einem zur Beilegung von Streitigkeiten gebildeten Ausschuß stattfinden muß. Es gilt dann nur der Einwand der Prozeßverwirkung (BAG vom 13. 4. 1989, BB 1989, 2256).

Achtung: Bei minderjährigen *Auszubildenden* bedarf es der Zustimmung des gesetzlichen Vertreters gem. § 111 BGB zum Aufhebungsvertrag.

6.5 Betriebsratsmitglieder und andere Amtsträger der Betriebsverfassung

a) Kündigungsschutz nach § 15 KSchG

Mitglieder des Betriebsrats und bestimmter anderer Arbeitnehmervertretungen (Jugend-, Personal-, Bordvertretung, Seebetriebsrat) genießen besonderen Kündigungsschutz nach § 15 Abs. 1 bzw. Abs. 2 KSchG (vgl. Anh. 3). Die ordentliche fristgemäße Kündigung solcher Arbeitsverhältnisse ist unzulässig. Der besondere Kündigungsschutz endet erst ein Jahr nach Beendigung der Amtszeit. Dieser *nachwirkende Kündigungsschutz* gilt auch für Ersatzmitglieder des Betriebsrats, und zwar unabhängig davon, ob sie endgültig in den

Betriebsrat nachgerückt oder nur vorübergehend als Stellvertreter für ein zeitweilig verhindertes Betriebsratsmitglied tätig geworden sind (BAG vom 17. 1. 1979, 6. 9. 1979, AP 5, 7 zu § 15 KSchG 1969 = BB 1979, 888, BB 1980, 317; *Fitting/Auffarth/Kaiser/Heither,* § 103 Anm. 7). Für *Mitglieder des Wahlvorstands* und *Wahlbewerber* gilt der besondere Kündigungsschutz nach § 15 Abs. 3 KSchG (nur Kündigung aus wichtigem Grund zulässig; außerdem besteht nachwirkender Kündigungsschutz für sechs Monate!).

Achtung: Der Sonderkündigungsschutz gilt nach der Rechtsprechung – entgegen der herrschenden Meinung im Schrifttum – auch für Gruppen- und *Massenänderungskündigungen* gegenüber Mandatsträgern von Betriebsverfassungsorganen (BAG vom 9. 4. 1987, BB 1987, 1885 = DB 1987, 2209 m. w. N.).

Achtung: Erlischt die Mitgliedschaft des einzelnen Organgmitglieds vor Ende der Amtszeit des Organs als solchem, greift der nachwirkende Kündigungsschutz dennoch ein (BAG vom 5. 7. 1979, AP 6 zu § 15 KSchG 1969 = BB 1979, 1769).

Eine *außerordentliche Kündigung* ist nach *§ 626 BGB* zulässig, wenn Tatsachen vorliegen, aufgrund derer dem Arbeitgeber unter Berücksichtigung aller Umstände des Einzelfalls und unter Abwägung der Interessen beider Parteien die Fortsetzung des Arbeitsverhältnisses bis zum Ablauf der Kündigungsfrist nicht mehr zugemutet werden kann (vgl. oben 4.2). Dabei ist zwischen der *Amtspflichtverletzung durch das Betriebsratsmitglied* und der *Verletzung der Pflichten aus seinem Arbeitsverhältnis* zu unterscheiden. Selbst ein grober Verstoß gegen die Amtspflichten rechtfertigt nicht ohne weiteres eine außerordentliche Entlassung. Solche Verstöße können nach § 23 Abs. 1 BetrVG durch *Ausschluß aus dem Betriebsrat* geahndet werden. Erst wenn in der Amtspflichtverletzung zugleich eine die außerordentliche Kündigung rechtfertigende grobe Verletzung arbeitsvertraglicher Pflichten liegt, ist die fristlose Kündigung zulässig (BAG vom 23. 10. 1969, AP 19 zu § 13 KSchG = BB 1970, 488; vom 22. 8. 1974, AP 1 zu § 103 BetrVG 1972 = BB 1974, 1578). Solche Fälle sind aber selten. Teilweise wird generell die Möglichkeit eines Zusammenhangs von Pflichtwidrigkeiten aus dem Amt und aus dem Arbeitsverhältnis verneint (*Bieback,* RdA 1978, 82). Hängt das pflichtwidrige Verhalten des Betriebsrats als Arbeitnehmer mit seiner Amtstätigkeit zusammen, soll eine Kündigung nur unter Anlegung eines besonders strengen Maßstabes gerechtfertigt sein (BAG vom 20. 12. 1961, AP 16 zu § 13 KSchG = BB 1962, 137; vom 11. 12. 1975, AP 1 zu § 15 KSchG 1969 = BB 1976, 464). Kündigt der Arbeitgeber nur dem Betriebsratsmitglied außerordentlich wegen eines Vorfalls, an dem mehrere Arbeitnehmer beteiligt waren, kann eine solche Kündigung nach §§ 75, 78 BetrVG i.V. mit § 134 BGB nichtig sein (BAG vom 22. 2. 1979, BB 1979, 1347 = DB 1979, 1659).

§ 15 Abs. 4 und Abs. 5 KSchG enthalten Sonderregeln für *Betriebsstillegungen.* Nach § 15 Abs. 4 KSchG ist die *ordentliche Kündigung* eines Betriebsratsmitglieds bzw. Wahlbewerbers, wenn ein Betrieb stillgelegt wird, frühestens zum Zeitpunkt der Stillegung zulässig, es sei denn, daß die Kündigung zu einem früheren Zeitpunkt durch zwingende betriebliche Erfordernisse bedingt ist. Wird nur eine *Betriebsabteilung* stillgelegt, in der das Betriebsratsmitglied beschäftigt ist, ist es in eine andere Betriebsabteilung zu übernehmen (§ 15 Abs. 5 Satz 1 KSchG). Ist dies aus betrieblichen Gründen nicht möglich, kann dem Betriebsratsmitglied frühestens zum Zeitpunkt der Stillegung der Betriebsabteilung gekündigt werden. Eine vorzeitige Entlassung kommt nur in Betracht, wenn zwingende betriebliche Erfordernisse dies verlangen (§ 15 Abs. 5 Satz 2 KSchG). Ist die Übernahme in eine andere Betriebsabteilung nicht möglich, ist der Arbeitgeber nicht gezwungen, das Betriebsratsmitglied in einen anderen Betrieb desselben Unternehmens zu versetzen (a.A. *Gamillscheg*, ZfA 1977, 239/276). Auch bei Stillegung des Betriebs oder einer Betriebsabteilung eines *einheitlichen Betriebs* (vgl. 3.1, BAG vom 5. 3. 1987, BB 1987, 2304 = NZA 1988, 32) mehrerer Unternehmen finden die §§ 15 Abs. 4 und 5 KSchG Anwendung.

Achtung: Es wird immer wieder übersehen, daß gegenüber den nach § 15 KSchG geschützten Personen die Kündigungsfrist eingehalten werden muß, die sich aus Vertrag, Tarifvertrag oder Gesetz ergibt. Es ist also nicht allein der Stillegungszeitpunkt entscheidend.

Auch soweit für Organe der Betriebsverfassung besonderer Kündigungsschutz besteht, sind *Aufhebungsverträge* jederzeit möglich, ohne daß es der Zustimmung oder Anhörung des Betriebsrats bedarf. Die Tatsache, daß jedoch selbst dann, wenn ein wichtiger Grund vorliegt, die Kündigung erst nach der Zustimmung des Betriebsrats bzw. der Ersetzung der Zustimmung durch das Arbeitsgericht ausgesprochen werden kann, führt regelmäßig zu kostspieligen Abfindungsvergleichen. Wenn der Arbeitgeber gezwungen ist, das Beschlußverfahren zur Ersetzung der Zustimmung des Betriebsrats durch das Arbeitsgericht zu durchlaufen, muß er eine Verfahrensdauer von ca. eineinhalb Jahren einkalkulieren, bis das Verfahren rechtskräftig vor dem LAG abgeschlossen wird. Wird die Revision zum BAG zugelassen oder legt das Betriebsratsmitglied Nichtzulassungsbeschwerde ein, kann sich das Verfahren sogar noch länger hinziehen. *Während des Verfahrens hat das Betriebsratsmitglied* Anspruch auf seine Bezüge, wobei es keine Rolle spielt, wie schwer die gegen ihn erhobenen Vorwürfe sind. Betriebsratsmitglieder sind deshalb oft nur bereit, vorzeitig einvernehmlich auszuscheiden, wenn ein Großteil dieser Bezüge durch eine Abfindung ersetzt wird.

Achtung: Vor Abschluß eines *Aufhebungsvertrages* mit einem Betriebsratsmitglied empfiehlt es sich, mit Rücksicht auf § 117 Abs. 2 AFG (vgl. Anh. 14), daß dieser sein Amt niederlegt. Nach der Niederlegung des Amtes ist das Betriebsratsmitglied nach § 15 Abs. 1 KSchG für die Dauer eines Jahres (also nicht mehr zeitlich unbegrenzt) ordentlich nicht kündbar. Ein Ruhen des Arbeitslosengeldanspruches kommt deshalb nach § 117 AFG dann nur noch in Betracht, wenn zwischen Abschluß des Aufhebungsvertrages und rechtlichem Ende des Arbeitsverhältnisses nicht die Frist eingehalten wird, die ohne § 15 Abs. 1 KSchG gelten würde. Die Niederlegung des Betriebsratsamtes und die nachfolgende Abschluß eines Aufhebungsvertrages können aber zu einer Sperrzeit nach §§ 119, 119a AFG (vgl. 10.4c) führen.

b) Zustimmung des Betriebsrats bei außerordentlicher Kündigung

Liegt ein wichtiger Grund vor, bedarf die Kündigung nach § 103 Abs. 1 BetrVG (vgl. § 47 BPersVG und die entsprechenden Bestimmungen nach den Landespersonalvertretungsgesetzen) zusätzlich der *vorherigen Zustimmung des Betriebsrats*. Dieser muß unverzüglich zusammentreten, und zwar entsprechend § 102 Abs. 2 Satz 3 BetrVG spätestens innerhalb von drei Tagen.

Achtung: Anders als nach § 102 Abs. 2 Satz 2 BetrVG gilt hier die Zustimmung als verweigert, wenn der Betriebsrat binnen drei Tagen keine Erklärung abgibt (BAG vom 18. 8. 1977, AP 10 zu § 103 BetrVG = BB 1978, 43).

Nach § 103 Abs. 2 Satz 1 BetrVG muß das Arbeitsgericht die Zustimmung auf Antrag des Arbeitgebers ersetzen, wenn die außerordentliche Kündigung unter Berücksichtigung aller Umstände gerechtfertigt ist und der Betriebsrat die Zustimmung verweigert hat. In dem Ersetzungsverfahren ist das betroffene Betriebsratsmitglied *Beteiligter* (§ 103 Abs. 2 Satz 2 BetrVG). Das Arbeitsgericht kann die Zustimmung nicht im Wege der *einstweiligen Verfügung* ersetzen (ArbG Hamm, BB 1975, 1065; *Stege/Weinspach*, § 103 Anm. 11).

Schwierigkeiten bereitet auch die *Zweiwochenfrist* des § 626 Abs. 2 BGB: Stimmt der Betriebsrat der Kündigung zu, so kann der Arbeitgeber innerhalb dieser Frist kündigen. Dabei ist zu beachten, daß die Ausschlußfrist seit Kenntnis des Arbeitgebers von der Verfehlung des Betriebsratsmitglieds läuft (BAG vom 22. 8. 1974, 24. 4. 1975, 18. 8. 1977, AP 1, 3, 10 zu § 103 BetrVG 1972 = BB 1974, 1578, BB 1975, 1014, BB 1978, 43; a.A. *Etzel*, BlStSozArbR 1972, 86 und DB 1973, 1021). Der Arbeitgeber ist deshalb gezwungen, den Betriebsrat alsbald von der beabsichtigten außerordentlichen Kündigung unter genauer Angabe der Kündigungsgründe zu verständigen und dessen Zustimmung zu beantragen. Er muß es so rechtzeitig tun, daß bei Verweigerung der Zustimmung noch innerhalb der Zweiwochenfrist die Ersetzung der Zustimmung beim Arbeitsgericht beantragt werden kann (BAG, a. a. O.).

Ist die Zustimmung des Betriebsrats durch rechtskräftige gerichtliche Entscheidung ersetzt, ist umstritten, ob der Arbeitgeber in Anlehnung an § 21 Abs. 5 SchwbG unverzüglich nach Eintritt der Rechtskraft die Kündigung aussprechen muß (so BAG vom 24. 4. 1975, 18. 8. 1977, 25. 1. 1979, AP 3, 10, 12 zu § 103 BetrVG 1972 = BB 1974, 1014, BB 1978, 43, BB 1979, 1242; *Galperin/Löwisch*, § 103 Anm. 27; KR-*Etzel*, § 103 BetrVG Anm. 136) oder ob er sich auf eine Zweiwochenfrist ab formeller Rechtskraft der Ersetzungsentscheidung berufen kann (so *Fitting/Auffarth/Kaiser/Heither*, § 103 Anm. 29; *Bieback*, AuR 1977, 321).

Achtung: Mit Rücksicht auf die zweifelhafte Rechtslage darf der Arbeitgeber kein Risiko eingehen: Nach Ablauf der Rechtsmittelfrist sollte er sich sofort erkundigen, ob die Rechtskraft eingetreten ist, um gegebenenfalls die Kündigung unverzüglich auszusprechen.

Während die Rücknahme des Widerspruchs durch den Betriebsrat im Rahmen des § 102 BetrVG praktisch ohne Rechtsfolge ist, insbesondere der Weiterbeschäftigungsanspruch des Arbeitnehmers dadurch nicht nachträglich beseitigt wird, kann der Betriebsrat seine *Zustimmung nach § 103 BetrVG* auch noch *nachträglich* erteilen (*Fitting/Auffarth/Kaiser/Heither*, § 103 Anm. 23; KR-*Etzel*, § 103 BetrVG Anm. 99; *Galperin/Löwisch*, § 103 Anm. 20; *Dietz/Richardi*, § 103 Anm. 38). Dann wird ein schon eingeleitetes Beschlußverfahren gegenstandslos.

Achtung: Der Arbeitgeber muß bei nachträglicher Zustimmung des Betriebsrats unverzüglich die außerordentliche Kündigung aussprechen (BAG vom 17. 9. 1981, AP 14 zu § 103 BetrVG 1972). Eine *zuvor ausgesprochene Kündigung* bleibt aber unwirksam (BAG vom 22. 8. 1974, 20. 3. 1975, 4. 3. 1976, 25. 3. 1976, AP 1, 2, 5, 6 zu § 103 BetrVG 1972 = BB 1974, 1578, BB 1975, 880, BB 1976, 1463 und 932).

Gleiches gilt, wenn der Arbeitgeber die Zustimmung nach § 103 BetrVG beantragt hat und dann die Amtszeit des Betriebsratsmitglieds (oder eines anderen geschützten Mitglieds eines Betriebsverfassungsorgans) endet, ohne daß dieses wiedergewählt wird. Auch in diesem Fall wird das *Verfahren gegenstandslos*; es ist einzustellen (vgl. BAG vom 30. 5. 1978, AP 4 zu § 15 KSchG 1969 = BB 1979, 323; BAG vom 29. 7. 1985, 2 ABN 20/85, unveröffentlicht). Der Arbeitgeber muß die *Kündigung unverzüglich aussprechen*.

Vgl. oben 5.3 zur Rechtslage bei der Kündigung von Betriebsratsmitgliedern in *Tendenzbetrieben*.

c) Anhörung des Betriebsrats bei ordentlicher Kündigung

Soweit ausnahmsweise die ordentliche Kündigung eines Betriebsratsmitglieds (oder der anderen nach § 15 Abs. 1 bis Abs. 3 KSchG geschützten Personen) nach § 15 Abs. 4 und Abs. 5 KSchG zulässig ist (vgl. oben 6.5a), bedarf die Kündigung nicht der Zustimmung des Betriebsrats nach § 103 BetrVG, aber dessen Anhörung nach § 102 Abs. 1 BetrVG (BAG vom 23. 4. 1980, AP 8 zu § 15 KSchG 1969 = BB 1981, 1335; *Hueck*, § 15 Anm. 71; *Matthes*, DB 1980, 1165; KR-*Etzel*, § 15 Anm. 73; a.A. *Bader*, BB 1978, 616 und *Rohlfing/Rewolle/Bader*, KSchG, § 15 Anm. 15, auch unter Hinweis auf unveröffentlichte Entscheidungen des ArbG Hannover vom 27. 5. 1975 – 6 Ca 249/75 und vom 16. 6. 1976 – 3 Ca 113/76 sowie des LAG Niedersachsen vom 23. 8. 1977 – 1 Sa 1324/76).

6.6 Wehrpflichtige, Zivildienstleistende

Nach § 2 Abs. 1 ArbPlSchG (vgl. Anh. 10) darf der Arbeitgeber während der Dauer der Wehrzeit oder Wehrübung und wenn es um den Grundwehrdienst geht, ab der Zustellung des Einberufungsbescheides bis zur Beendigung des Grundwehrdienstes keine Kündigung aussprechen. Diese *Vorschrift ist zwin-*

gend. Eine Kündigung, die dagegen verstößt, ist nichtig (§ 134 BGB). Das Recht zur *außerordentlichen Kündigung* aus wichtigem Grunde bleibt von § 2 ArbPlSchG unberührt. Im übrigen sind *Aufhebungsverträge* auch hier jederzeit möglich. Läuft eine *zulässige Befristung* während der Schutzzeit ab, endet das Arbeitsverhältnis, ohne daß § 2 Abs. 1 ArbPlSchG entgegensteht. Entsprechendes gilt nach § 78 ZDG (vgl. Anh. 11) für Zivildienstleistende.

6.7 Massenentlassungen

a) Anzeigepflichtige Entlassungen

Nach § 17 Abs. 1 Nr. 1 bis Nr. 3 KSchG muß der Arbeitgeber Entlassungen, die einen bestimmten, von der jeweiligen Betriebsgröße abhängigen Umfang erreichen, beim Arbeitsamt *anzeigen.* Die Anzeigepflicht besteht, bevor

(1) in Betrieben mit in der Regel mehr als 20 und weniger als 60 Arbeitnehmern mehr als fünf Arbeitnehmer,

(2) in Betrieben mit in der Regel mindestens 60 und weniger als 500 Arbeitnehmern zehn v.H. der im Betrieb regelmäßig beschäftigten Arbeitnehmer oder aber mehr als 25 Arbeitnehmer,

(3) in Betrieben mit in der Regel mindestens 500 Arbeitnehmern mindestens 30 Arbeitnehmer

innerhalb von 30 Kalendertagen entlassen werden. Bei der Ermittlung der regelmäßigen Arbeitnehmerzahl kommt es nicht auf die tatsächliche Beschäftigtenzahl, sondern auf diejenige an, die für den Betrieb im allgemeinen kennzeichnend ist. Es ist ein Rückblick auf die bisherige Personalstärke und eine Einschätzung der künftigen Entwicklung vorzunehmen (BAG vom 31. 7. 1986, BB 1987, 1608). Bei einer Betriebsstillegung kommt nur ein Rückblick in Betracht. Beschließt der Arbeitgeber, den Betrieb zu einem bestimmten Zeitpunkt stillzulegen, und entläßt er anschließend stufenweise Personal, so stellt der im Zeitpunkt der Beschlußfassung und nicht der spätere, verringerte Personalbestand die für die Anzeigepflicht maßgebende regelmäßige Arbeitnehmerzahl dar (BAG vom 31. 7. 1986, AP 5 zu § 17 KSchG 1969 = BB 1987, 1608; vom 8. 6. 1989, BB 1989, 2403).

Der im Zeitpunkt des Stillegungsbeschlusses vorhandene Personalbestand bleibt auch dann für die Anzeigepflicht nach § 17 Abs. 1 KSchG maßgebend, wenn der Arbeitgeber zunächst allen Arbeitnehmern zu dem vorgesehenen Stillegungstermin kündigt und er (oder an seiner Stelle der Konkursverwalter) später wegen zwischenzeitlich eingetretenen Vermögensverfalls zum selben Termin vorsorglich nochmals kündigt (BAG vom 8. 6. 1989, a. a. O.). In der Praxis wird häufig übersehen, daß unter „Entlassung" nicht der Ausspruch der Kündigung, sondern erst die durch die ordentliche Kündigung herbeigeführte *tatsächliche Beendigung* des Arbeitsverhältnisses verstanden wird (vgl.

BAG vom 5. 12. 1980, AP 9 zu § 15 KSchG = BB 1981, 1274 und vom 6. 12. 1973, AP 1 zu § 17 KSchG; *Bauer/Röder*, NZA 1985, 201). Nicht entscheidend ist, ob für die Entlassungen betriebsbedingte Gründe vorliegen. Aus der Gesetzesformulierung ergibt sich vielmehr deutlich, daß auch ordentliche verhaltens- und/oder personenbedingte Kündigungen zu berücksichtigen sind. *Fristlose Entlassungen*, aber auch außerordentliche unter Einhaltung einer Auslauffrist (*Hueck*, § 17 Anm. 18; *Rohlfing/Rewolle/Bader*, KSchG, § 12 Anm. V.1) werden dagegen bei der Berechnung der Mindestzahl der Entlassungen nach § 17 Abs. 1 KSchG nicht mitgerechnet (§ 17 Abs. 4 KSchG; anders dann, wenn die fristlose Kündigung in eine ordentliche umgedeutet wird!). Außerdem gilt der Massenentlassungsschutz des § 17 KSchG *nicht für Änderungskündigungen*, die von den Arbeitnehmern unter dem Vorbehalt ihrer sozialen Rechtfertigung angenommen worden sind (BAG vom 10. 3. 1982, AP 2 zu § 2 KSchG 1969; *Bauer/Röder*, NZA, a. a. O.). Ob Arbeitnehmer, die aufgrund von *Aufhebungsverträgen* ausscheiden, mitzuzählen sind, ist sehr umstritten (vgl. dazu ausführlich *Bauer/Röder*, a. a. O.).

Achtung: Wegen der unklaren Rechtslage kann dem Arbeitgeber zur Sicherheit nur empfohlen werden, solche Mitarbeiter vorsorglich zu berücksichtigen, die einvernehmlich ausscheiden.

Auch bei Massenentlassungen verlängert sich die Anhörungsfrist nach § 102 Abs. 2 Satz 1 BetrVG (vgl. 2.5) nicht automatisch. Der Betriebsrat hat auch keinen Anspruch auf Abschluß einer Verlängerungsvereinbarung. Die Berufung auf die Anhörungsfrist nach § 102 Abs. 2 Satz 1 BetrVG kann aber rechtsmißbräuchlich sein. Objektive Umstände, wie die mit der Zahl der Kündigungen verbundenen Schwierigkeiten, reichen nicht aus. Wesentlich ist, ob der Betriebsrat innerhalb der Wochenfrist eine Verlängerung verlangt hat und wie sich beide Betriebspartner bis zur formellen Einleitung des Anhörungsverfahrens verhalten haben (BAG vom 14. 8. 1986, BB 1987, 1324).

b) Durchführung der Entlassungen

Mit dem Eingang der Massenentlassungsanzeige beim Arbeitsamt tritt eine *Sperrfrist* von einem Monat in Kraft (§ 18 Abs. 1 KSchG). Diese kann im Einzelfall durch das Landesarbeitsamt auf längstens zwei Monate verlängert werden. *Innerhalb* der Sperrfrist ist eine Entlassung nur mit Zustimmung des Landesarbeitsamtes zulässig, die auch unter bestimmten Bedingungen erteilt werden kann. Die Entlassungen (nicht die Kündigungen!) müssen also nach Ablauf der Sperrfrist erfolgen, und zwar innerhalb der sog. *Freifrist* nach § 17 Abs. 4 KSchG (ein Monat!). Gelingt dies nicht, bedarf es bei Vorliegen der Voraussetzungen des § 17 Abs. 1 KSchG einer *erneuten* Anzeige. Es tritt dann wieder eine erneute Anzeigepflicht und eine neue Sperrfrist ein.

c) Rechtsfolge bei unterlassener Massenentlassungsanzeige

Unterläßt der Arbeitgeber eine erforderliche Massenentlassungsanzeige nach § 17 KSchG, so sind *sämtliche* der Entlassung zugrunde liegenden Kündigungen und nicht nur diejenigen, die den Umfang des § 17 KSchG überschreiten, unwirksam (BAG vom 10. 3. 1982, AP 2 zu § 2 KSchG 1969 und vom 6. 12. 1973, AP 1 zu § 17 KSchG 1969; KR-*Rost*, § 17 KSchG Anm. 100 und § 18 KSchG Anm. 31 ff.; *Bauer/Röder*, a. a. O.).

d) Betriebsänderung

Da ein *bloßer Personalabbau* auch eine *Betriebsänderung* i.S. des § 111 BetrVG darstellen kann, besteht bei Massenentlassungen häufig die Verpflichtung zur Durchführung eines Interessenausgleichs und zur Aufstellung eines Sozialplans. Die Zahlenverhältnisse für sozialplanpflichtige Betriebsänderungen durch bloßen Personalabbau sind nun in § 112a Abs. 1 BetrVG enthalten. Sie sind mit den Zahlenverhältnissen des § 17 KSchG seit 1. 4. 1985 nicht mehr identisch. Umstritten ist auch hier die Behandlung von Aufhebungsverträgen (vgl. dazu *Bauer/Röder*, a. a. O.; *Scherer*, NZA 1985, 764).

6.8 Betriebsveräußerung

a) Allgemeines

Die von § 613a BGB (vgl. Anh. 5) bezweckte *Sicherung der Arbeitsplätze* würde leerlaufen, wenn anläßlich des Betriebs- oder Betriebsteilübergangs Kündigungen uneingeschränkt zulässig wären. Sie sind deshalb nach Abs. 4 unwirksam, wenn sie „wegen" des Übergangs eines Betriebs oder Betriebsteils erfolgen, d. h., wenn der Übergang Anlaß und Motiv für die Kündigung ist. Das ist für den bisherigen Arbeitgeber vor allem der Fall, wenn der Erwerber die Personalbereinigung zur Kaufvoraussetzung gemacht hat und daraufhin betriebsbedingte Kündigungen ausgesprochen werden (BAG vom 2. 10. 1974, AP 1 zu § 613a BGB = BB 1975, 468) oder wenn mit der Begründung gekündigt wird, der Erwerber sei wegen der Höhe des Gehalts des betroffenen Arbeitnehmers nicht bereit, diesen zu übernehmen (BAG vom 26. 5. 1983, BB 1983, 2116). § 613a Abs. 4 BGB erfaßt auch *Änderungskündigungen*, da sich der Schutz der Vorschrift auch auf den Inhalt der Arbeitsbedingungen erstreckt. Im übrigen richtet sich das Verbot sowohl an den bisherigen als auch an den neuen Arbeitgeber.

b) Kündigung „wegen" Übergangs

Für die Frage, *wann* eine Kündigung *„wegen"* Übergangs eines Betriebs oder Betriebsteils erfolgt, kommen folgende Rechtspositionen in Betracht:

(1) Die Kündigung ist nur dann unwirksam, wenn der Betriebsübergang der alleinige Grund für die Kündigung war.

(2) Die Kündigung ist schon dann unwirksam, wenn der Betriebsübergang ein Beweggrund (unabhängig von seiner Gewichtigkeit) unter mehreren war (vgl. *Palandt/ Putzo*, § 613a Anm. 5a).

(3) Die Kündigung ist unwirksam, wenn sich der Betriebsübergang als „wesentlich mitbestimmende" Bedingung darstellt (vgl. *Bauer*, DB 1983, 713 m. w. N.).

Maßstab (3) entspricht am ehesten Sinn und Zweck des § 613a Abs. 4 BGB. Damit ist nicht jede betriebsbedingte Kündigung verboten, die im ursächlichen Zusammenhang mit dem Übergang steht. Andererseits steht auch fest, daß der Übergang als solcher kein Kündigungsgrund ist, d. h., daß es weder für den bisherigen noch für den neuen Arbeitgeber genügt, sich zur Begründung einer betriebsbedingten Kündigung auf den Übergang zu berufen.

Achtung: Es müssen also die dringenden betrieblichen Erfordernisse dargelegt werden, die der Weiterbeschäftigung des betroffenen Arbeitnehmers entgegenstehen. Damit kann der *bisherige Arbeitgeber* unter den allgemeinen Voraussetzungen für betriebsbedingte Kündigungen Personalabbau betreiben, wenn der Übergang des Betriebs oder Betriebsteils konkret bevorsteht. Entsprechendes gilt für den *neuen Arbeitgeber*. Weder das BAG noch der Gesetzgeber wollen die beteiligten Arbeitgeber daran hindern, dringende betriebliche Rationalisierungsmaßnahmen zur Rettung des Unternehmens, Betriebs oder Betriebsteils durchzuführen, nur weil sie in zeitlichem Zusammenhang mit dem Übergang nach § 613a BGB stehen (so ausdrücklich BAG vom 26. 5. 1983, a. a. O.). Daß dies nicht sein kann, ergibt sich im übrigen auch daraus, daß § 613a Abs. 4 BGB selbst keinerlei Schranke enthält.

Die *Behauptungs- und Beweislast* für die zu bestimmende Kausalität trägt der Arbeitnehmer, der sich auf die Schutzvorschrift beruft (*Palandt/Putzo*, a. a. O.; *Schreiber*, RdA 1982, 137; *Bauer*, a. a. O.; *ders.*, Hölters, S. 306). Allerdings wird auch die gegenteilige Auffassung vertreten, nämlich, daß § 613a BGB nur als negative Voraussetzung einer betriebsbedingten Kündigung anzusehen sei und deshalb der Arbeitgeber die Darlegungs- und Beweislast dafür trage, daß die Kündigung nicht wegen des Betriebsübergangs erklärt werde (ArbG Bielefeld, AuR 1984, 188).

Wird tatsächlich eine Kündigung „wegen" Übergangs eines Betriebs oder Betriebsteils ausgesprochen, bestimmt § 613a Abs. 4 BGB als Rechtsfolge *Unwirksamkeit*. Nach Auffassung des BAG (vom 31. 1. 1985, BB 1985, 1913, DB 1985, 1842) besteht damit ein eigenständiges Kündigungsverbot i.S. von § 13 Abs. 3 KSchG, § 134 BGB mit der Folge, daß der Arbeitnehmer auch noch nach Ablauf der Frist des § 4 KSchG (vgl. dazu unten 7.2) nicht gehindert ist, geltend zu machen, die Kündigung sei wegen Betriebsübergangs erfolgt (ebenso *Bieler*, BB 1981, 435; *Eich*, NJW 1980, 2329; *Herschel*, DB 1984, 612; *Hutzler*, BB 1981, 1470; *Willemsen*, ZIP 1983, 411; KR-*Rost*, § 7 KSchG Anm. 25a; vgl. auch *Hanau*, ZIP 1984, 141; *Henckel*, ZGR 1984, 225/235; a.A. *Bauer*, DB 1983, 713; *Berkowsky*, DB 1983, 2683; *Herschel/*

Löwisch, § 1 Anm. 206; *Hilger*, ZGR 1984, 258; KR-*Becker*, § 1 KSchG Anm. 324; KR-*Friedrich*, § 13 KSchG Anm. 301b; *Schaub*, ZIP 1984, 272; *Vossen*, BB 1984, 1557).

Achtung: Die betriebliche Praxis muß sich auf die Rechtsprechung des BAG (a. a. O.) einstellen. Damit können sich auch Arbeitnehmer, die die Wartezeit des § 1 KSchG noch nicht zurückgelegt haben und Arbeitnehmer von Kleinbetrieben (vgl. oben 3.1 a) gegen Kündigungen wegen Betriebsübergangs wehren. In diesen Fällen ist dem Arbeitgeber deshalb dringend zu raten, andere Kündigungsgründe heranzuziehen, die wegen der Kündigungsfreiheit nicht nachprüfbar sind (vgl. aber oben 3.1).

Auch für die Prüfung, ob eine Kündigung wegen eines Betriebsübergangs nach § 613a Abs. 4 BGB vorliegt, ist auf die Verhältnisse bei Ausspruch der Kündigung abzustellen. Kommt es trotz einer zu diesem Zeitpunkt endgültig geplanten und bereits eingeleiteten oder einer bereits durchgeführten Betriebsstillegung später noch zu einer Betriebsveräußerung, dann kann die Unwirksamkeit der Kündigung nicht aus einer Umgehung des § 613a Abs. 1 BGB hergeleitet werden (BAG vom 28. 4. 1988, BB 1989, 75 = NZA 1989, 265). Eine Stillegungsabsicht scheidet aber aus, wenn der Arbeitgeber zum maßgeblichen Zeitpunkt die Betriebsübertragung geplant, diese bereits greifbare Formen angenommen hat und die Kündigung aus der Sicht des Arbeitgebers ausgesprochen wird, um den geplanten Betriebsübergang vorzubereiten und zu ermöglichen (vgl. BAG vom 19. 5. 1988, BB 1989, 1122).

Werden Arbeitnehmer mit dem Hinweis auf eine geplante Betriebsveräußerung und Arbeitsplatzgarantien des Erwerbers veranlaßt, ihre Arbeitsverhältnisse mit dem Betriebsveräußerer selbst fristlos zu kündigen oder Auflösungsverträgen zuzustimmen, um dann mit dem Betriebserwerber neue Arbeitsverträge abschließen zu können, so liegt darin nach Auffassung des BAG (vom 28. 4. 1987, BB 1988, 831 = DB 1988, 400) eine Umgehung des § 613a Abs. 4 Satz 1 BGB. Soweit unverfallbare Versorgungsanwartschaften betroffen sind, wird darüber hinaus § 4 Abs. 1 Satz 2 BetrAVG umgangen. Die fristlosen Kündigungen und Auflösungsverträge sind unwirksam (BAG vom 28. 4. 1987, a. a. O.). Diese Vorgehensweise war in der Praxis üblich und ermöglichte vielfach erst die Veräußerung eines Betriebs. Der Erwerber kann sich damit auf diesem Wege nicht mehr von den „Lasten des § 613a BGB befreien". Er muß dieses Risiko nun vor Erwerb des Betriebes sorgfältig abwägen und sich ggf. im Unternehmenskaufvertrag entsprechend „sichern".

Geht ein Betrieb durch Rechtsgeschäft auf einen anderen über und verlagert dieser den Betrieb an einen Ort, an dem die Arbeitnehmer nach dem Inhalt ihrer bestehenden Arbeitsverträge nicht zur Arbeitsleistung verpflichtet sind, so treten nach § 613a Abs. 1 BGB in die Rechte und Pflichten aus den zum Zeitpunkt des Übergangs bestehenden Arbeitsverhältnissen nur diejenigen Arbeitnehmer ein, die bereit sind, die Arbeit am neuen Leistungsort zu erbringen. Erklärt ein Arbeitnehmer bereits vor der Betriebsveräußerung, er sei nicht bereit, das Arbeitsverhältnis am künftigen Betriebssitz fortzusetzen, so kann ihm bereits der Betriebsveräußerer aus betriebsbedingten Gründen kündigen, wenn er selbst keine Beschäftigungsmöglichkeit für den Arbeitnehmer mehr hat (BAG vom 20. 4. 1989, BB 1989, 2332, BB 1990, 709 = DB 1989, 2334).

c) Kündigung aus „anderen Gründen"

Nach § 613a Abs. 4 Satz 2 BGB bleibt das Recht zur Kündigung von Arbeitsverhältnissen „aus anderen Gründen" unberührt. Damit sind personenund/oder verhaltensbedingte Kündigungen gemeint, aber auch betriebsbedingte, wenn sie nicht „wegen" Übergangs eines Betriebs oder Betriebsteils ausgesprochen werden (vgl. BAG vom 26. 5. 1983, BB 1983, 2116 zur betriebsbedingten Kündigung). Von einer zulässigen Kündigung „aus anderen Gründen" geht ein Teil der Literatur (*Grunsky*, ZIP 1982, 722/776; *Vossen*, a. a. O.; *Timm*, ZIP 1983, 225) aus, wenn der bisherige Inhaber den Betrieb nicht mehr halten kann und der einzige Interessent eine Übernahme ablehnt oder verzögert, weil er nicht alle Arbeitnehmer weiterbeschäftigen wolle. Das BAG (vom 26. 5. 1983, a. a. O.; dazu kritisch *Hanau*, ZIP 1984, 141) nimmt dagegen auch bei einem solchen oder ähnlichen Sachverhalt eine Kündigung „wegen" Übergangs i.S. des § 613a Abs. 4 Satz 1 BGB an, und zwar unter Hinweis auf die Präventivfunktion der Vorschrift und darauf, daß andernfalls der alte Rechtszustand vor Inkrafttreten des § 613a BGB wiederhergestellt würde, wonach nur mit Zustimmung des Erwerbers bei rechtsgeschäftlichem Betriebsübergang das Arbeitsverhältnis eines betroffenen Arbeitnehmers überging. Um eine Kündigung „aus anderen Gründen" handelt es sich aber dann, wenn die Belegschaft reduziert werden muß, um den Betrieb marktfähig zu machen. Dabei kommen betriebsbedingte Kündigungen sowohl durch den Veräußerer als auch nach dem Betriebsübergang durch den Erwerber in Betracht. Soweit der Betrieb als solcher weitergeführt wird, sind wegen der Betriebsbezogenheit bei der Sozialauswahl alle vergleichbaren Arbeitnehmer dieses Betriebs in die Sozialauswahl einzubeziehen. Aber auch wenn der übernommene Betrieb oder Betriebsteil in einen anderen Betrieb des Übernehmers eingegliedert wird, sind nur die Arbeitnehmer des zu veräußernden oder übernommenen Betriebs oder Betriebsteils zu berücksichtigen (*Henckel*, ZGR 1984, 225/234; *Bauer*, in Hölters, S. 308; a.A. *Hilger*, a. a. O.).

Das BAG (vom 2. 10. 1974 AP 1 zu § 613a BGB = BB 1975, 468) hat ausdrücklich hervorgehoben, daß ein dem Übergang seines Arbeitsverhältnisses *widersprechender Arbeitnehmer* mit betriebsbedingter Kündigung durch den bisherigen Inhaber rechnen müsse. Daran hat der 1980 eingefügte Abs. 4 nichts ändern wollen. Widerspricht ein Arbeitnehmer und wird ihm dann vom bisherigen Inhaber gekündigt, handelt es sich deshalb nicht um eine Kündigung „wegen" Übergangs (*Willemsen*, a. a. O.; *Bauer*, DB 1983, 713; *Seiter*, S. 114; *Hutzler*, a. a. O.). Die Kündigung steht damit vielmehr nur in mittelbarem Zusammenhang. Sie erfolgt, weil sich der Arbeitnehmer weigert, zum neuen Inhaber überzuwechseln und daher nicht weiterbeschäftigt werden kann. Es liegt deshalb eine Kündigung „aus anderen Gründen" i.S. von § 613a

Abs. 4 Satz 2 BGB vor. Grundsätzlich wird es allerdings nicht möglich sein, eine verhaltensbedingte Kündigung „wegen" Widerspruchs auszusprechen.

Schwierigkeiten bei der Kündigung „wegen" Widerspruchs kann die vorgeschriebene *Sozialauswahl* nach § 1 Abs. 3 KSchG bereiten (vgl. oben 3.4 d). Die Auswahl ist betriebsbezogen vorzunehmen, d. h., daß Arbeitnehmer anderer Betriebe desselben Unternehmens nicht mit einzubeziehen sind. Bei der *Veräußerung eines ganzen Betriebs* ist deshalb nur die Weiterbeschäftigungsmöglichkeit widersprechender Arbeitnehmer in anderen Betrieben des Unternehmens nach § 1 Abs. 2 KSchG zu prüfen, aber keine Sozialauswahl zu treffen (vgl. *Hueck,* § 1 Anm. 114 ff.; LAG Düsseldorf, DB 1979, 114).

Anders ist die Rechtslage bei einer *Betriebsteilveräußerung.* Hier ist die Sozialauswahl auf alle vergleichbaren Arbeitnehmer des Restbetriebs zu erstrecken. Beim Vergleich der Sozialdaten muß es aber gestattet sein, den Widerspruch zu Lasten des Arbeitnehmers in die Waagschale zu werfen (Chancen auf dem Arbeitsmarkt!; *Bauer,* DB 1983, 713; *ders.,* Hölters, S. 309; a. A. wohl KR-*Becker,* § 1 KSchG Anm. 345). Das wird dadurch gerechtfertigt, daß sich der Arbeitnehmer durch seinen Widerspruch selbst des Arbeitsplatzes beim neuen Inhaber beraubt; es wäre unbillig, wenn ein solcher Arbeitnehmer die Opferung eines Mitarbeiters einer anderen Abteilung verlangen könnte, es sei denn, für den Widerspruch könnten schwerwiegende Gründe geltend gemacht werden

Besondere Schwierigkeiten ergeben sich bei *widersprechenden „unkündbaren" Arbeitnehmern,* d. h. solchen, denen nur noch bei Vorliegen wichtiger Gründe i.S. von § 626 BGB gekündigt werden kann, z. B. wegen tariflicher Alterssicherung oder bei Arbeitnehmern mit längeren als gesetzlichen Kündigungsfristen. Handelt es sich um die Veräußerung des Gesamtbetriebs, muß in diesen Fällen ausnahmsweise eine „außerordentliche" Kündigung unter Einhaltung der *gesetzlichen bzw. längsten tariflichen Kündigungsfrist* möglich sein, die ohne den besonderen Kündigungsschutz gelten würde, allerdings nur mit der Maßgabe, daß die Kündigung frühestens zum Zeitpunkt des Übergangs wirken darf. Geht es um eine Betriebsteilveräußerung, ist der Veräußerer dagegen verpflichtet, den Arbeitnehmer im Restbetrieb weiterzubeschäftigen. Auch hier sind aber Konstellationen denkbar, die es ausnahmsweise rechtfertigen können, dem widersprechenden Arbeitnehmer „außerordentlich" unter Einhaltung der gesetzlichen Kündigungsfrist zu kündigen. Rechtsprechung liegt zu diesen Problemen – soweit ersichtlich – noch nicht vor.

Vor allem – aber nicht nur – bei Betriebs- oder Betriebsteilübertragungen innerhalb eines *Konzerns* bietet sich bei Widerspruch und anschließender betriebsbedingter Kündigung an, den Arbeitnehmer nach dem Übergang beim neuen Inhaber in einer Art Leiharbeitsverhältnis bis zum Ausscheidetermin zu beschäftigen, wobei der bisherige Arbeitgeber der Schuldner bleibt. Lehnt der Arbeitnehmer diesen vorübergehenden Einsatz ohne triftigen Grund ab und kann er beim bisherigen Arbeitgeber nicht weiterbeschäftigt werden, hat er in entsprechender Anwendung des § 615 Satz 2 BGB keinen Anspruch auf Vergütung (*Bauer*, DB 1983, 713). Zu prüfen wäre auch, ob der bisherige Arbeitgeber nicht sogar aufrund des Direktionsrechts vorgehen kann, um bei einer Weigerung eine (fristlose) Kündigung auszusprechen.

7. Kündigungsschutzverfahren

7.1 Streitgegenstand

Von wesentlicher Bedeutung ist, was Streitgegenstand des Kündigungsschutzprozesses ist. Die herrschende Meinung (BAG vom 13. 11. 1958, 17. 11. 1958, 10. 12. 1970, AP 17, 18, 40 zu § 3 KSchG = BB 1959, 707, 635, BB 1971, 616; vom 12. 1. 1977, AP 3 zu § 4 KSchG 1969 = BB 1977, 599; vom 27. 6. 1955, AP 4 zu § 66 BetrVG = BB 1955, 733; vom 10. 3. 1977, AP 9 zu § 313 ZPO = BB 1977, 948; vom 31. 5. 1979, AP 50 zu § 256 ZPO = BB 1979, 1715; *Hueck*, § 4 KSchG Anm. 48 m. w. N.) sieht, wenn der Arbeitnehmer nur entsprechend dem Wortlaut des § 4 Satz 1 KSchG auf Feststellung klagt, daß das Arbeitsverhältnis durch die Kündigung nicht aufgelöst sei, als Streitgegenstand die Wirksamkeit dieser konkreten Kündigung an (punktueller Streitgegenstand). Wegen des *punktuellen Streitgegenstandes* empfiehlt es sich, die *Feststellungsklage* nach § 4 Satz 1 KSchG mit einer *allgemeinen Feststellungsklage nach § 256 ZPO zu verbinden*. Das Gericht muß dann nicht nur punktuell über die jeweils angefochtene Kündigung entscheiden, sondern insgesamt über den Fortbestand des Arbeitsverhältnisses. Dadurch wird der Möglichkeit vorgebeugt, daß selbst bei positiver Entscheidung über eine Kündigungsschutzklage der Arbeitgeber später einwenden kann, das Arbeitsverhältnis sei aber durch eine andere Kündigung zum gleichen oder einem anderen Zeitpunkt aufgelöst worden. Streitgegenstand ist dann auch die Frage, ob das Arbeitsverhältnis bis zu dem im Klageantrag genannten Zeitpunkt fortbesteht, jedoch nicht über den Zeitpunkt der letzten mündlichen Verhandlung in der Tatsacheninstanz hinaus (BAG vom 21. 1. 1988, BB 1988, 1533 = DB 1988, 1758). Damit werden auch sämtliche bis zur letzten mündlichen Tatsacheninstanz ausgesprochenen weiteren Kündigungen von der Rechtskraft einer Entscheidung erfaßt. Der Arbeitgeber muß daher in diesem Falle auch alle weiteren Kündigungen in das „laufende" Kündigungsschutzverfahren einführen; geschieht dies nicht, kann er sich auf diese Kündigungen nicht mehr berufen. Folgende Anträge empfehlen sich:

„Es wird festgestellt, daß das Arbeitsverhältnis der Parteien nicht durch die ordentliche Kündigung der Beklagten vom ... mit Ablauf des ... aufgelöst wird/worden ist, sondern ungekündigt fortbesteht."

„Es wird festgestellt, daß das Arbeitsverhältnis der Parteien weder durch die fristlose Kündigung der Beklagten vom ... zum ... noch durch deren Umdeutung in eine ordentliche Kündigung aufgelöst worden ist/wird, sondern ungekündigt fortbesteht."

Für den Arbeitnehmer und dessen Prozeßvertreter ist aber trotz dieses Zusatzes „sondern ungekündigt fortbesteht" Vorsicht angeraten. Durch die Entscheidung vom 21. 1. 1988 (a. a. O.) hat das BAG die punktuelle Streitgegenstandstheorie nicht aufgegeben. Lediglich bei Verbindung der Klage nach § 4

Satz 1 KSchG mit einer allgemeinen Feststellungsklage erfaßt die Rechtskraft dieser Entscheidung auch vorangegangene weitere Kündigungen. Da für die Zulässigkeit einer Feststellungsklage im Sinne des § 256 ZPO aber stets ein besonderes Feststellungsinteresse erforderlich ist, dürfte im Regelfalle sogar der weitere Feststellungsantrag unzulässig sein, wenn nicht die konkrete Besorgnis weiterer Kündigungen besteht. Bei weiteren Kündigungen sind diese daher auch vom Arbeitnehmer in das Verfahren einzuführen (vgl. umfassend *Schaub*, NZA 1990, 85 ff.). Wird dies innerhalb der Dreiwochenfrist des § 4 KSchG (vgl. unten 7.2) versäumt und führt der Arbeitgeber diesen Umstand in den Prozeß mit ein, besteht das Risiko, daß das Gericht die Feststellungsklage als unzulässig abweist, weil schon ursprünglich kein Feststellungsinteresse bestand.

Die Prozeßvollmacht eines Rechtsanwalts, aufgrund derer eine Kündigung mit der allgemeinen Feststellungsklage nach § 256 ZPO angegriffen wird, bevollmächtigt diesen zur Entgegennahme aller Kündigungen, die den mit dem Feststellungsantrag verbundenen weiteren Streitgegenstand betreffen. Es kommt nicht darauf an, ob und wann die Kündigung auch dem Arbeitnehmer selbst zugegangen ist (BAG vom 21. 1. 1988, BB 1988, 1533 = DB 1988, 1758).

7.2 Dreiwöchige Klagefrist

Will ein Arbeitnehmer geltend machen, daß eine Kündigung sozial ungerechtfertigt ist, muß er innerhalb von drei Wochen nach Zugang der Kündigung Klage beim Arbeitsgericht auf Feststellung erheben, daß das Arbeitsverhältnis durch die Kündigung nicht aufgelöst ist (§ 4 Satz 1 KSchG); andernfalls gilt die Kündigung als von Anfang an rechtswirksam (§ 7 KSchG).

Achtung: Bei der Frist des § 4 KSchG handelt es sich um eine *Ausschluß- und nicht um eine Verjährungsfrist*. Ihre Nichteinhaltung hat das Arbeitsgericht auch dann zu berücksichtigen, wenn sich der beklagte Arbeitgeber nicht darauf beruft. Da die Frist *zwingend* ist, kann sie nicht durch Vereinbarung der Parteien verlängert oder verkürzt werden. Auch wenn der Arbeitgeber eine Kündigung ausgesprochen und gleichzeitig zu erkennen gegeben habe, daß er bereit ist, einen Aufhebungsvertrag (ggfs. mit Abfindung) zu schließen, darf der betroffene Arbeitnehmer die Dreiwochenfrist nicht aus den Augen verlieren; die Klage muß rechtzeitig eingereicht werden, wenn es vor Ablauf der Frist nicht zu einer endgültigen Regelung gekommen ist.

Die Klagefrist ist auch einzuhalten, wenn die Unwirksamkeit einer *außerordentlichen Kündigung* wegen Fehlens der Voraussetzungen nach § 626 BGB geltend gemacht wird (§ 13 Abs. 1 Satz 2 KSchG) oder wenn es um eine *Änderungskündigung* geht (§ 4 Satz 2 KSchG). Im übrigen sind die Arbeitnehmer, die keinen Kündigungsschutz genießen, *nicht an die Dreiwochenfrist gebunden*, also

(1) Arbeitnehmer von Kleinbetrieben;
(2) Arbeitnehmer, deren Arbeitsverhältnis noch keine sechs Monate besteht, und zwar nach Auffassung des BAG (vom 17. 8. 1972, AP 65 zu § 626 BGB = BB 1973, 1396;

a. A. völlig zu Recht *Hueck*, § 13 Anm. 19ff.) auch dann, wenn es sich um eine außerordentliche Kündigung handelt.

Die Dreiwochenfrist gilt natürlich nicht für den Personenkreis nach § 14 Abs. 1 KSchG, aber für *leitende Angestellte* i.S. von § 14 Abs. 2 KSchG. Schließlich greift sie nicht ein, wenn die Kündigung noch an anderen Mängeln als der Sozialwidrigkeit leidet, also vor allem bei Verstößen gegen §§ 102 BetrVG, 15 SchwbG, 9 MuSchG, 15 Abs. 1 und Abs. 2 BBiG, 18 Abs. 1 BErzGG und – wenn man dem BAG folgt (vgl. oben 6.8 b) – 613a Abs. 4 BGB. Da bei solchen Fällen aber das Recht *verwirkt* sein kann, Mängel geltend zu machen und im übrigen häufig nicht hinreichend genug feststehen wird, ob die Kündigung unabhängig von § 1 KSchG unwirksam ist, *kann dem Arbeitnehmer grundsätzlich nur empfohlen werden, jede Kündigung innerhalb der Dreiwochenfrist anzugreifen.*

Damit die Klagefrist eingehalten werden kann, muß der exakte *Zugangszeitpunkt* der Kündigung ermittelt werden (vgl. oben 1.1 c), weil die Frist mit dem Zugang der Kündigung zu laufen beginnt, wobei allerdings der Tag, an dem die Kündigungserklärung zugeht, nach § 187 Abs. 1 BGB nicht mitzurechnen ist. Die Frist endet nach § 188 Abs. 2 BGB drei Wochen später, d.h. an dem Wochentag, an dem die Kündigung zuging:

Beispiel: Geht die Kündigung an einem Montag zu, so beginnt die Klagefrist am Dienstag zu laufen; sie endet mit Ablauf des Montags nach drei Wochen um 24.00 Uhr. Fällt der letzte Tag der Frist auf einen Samstag, Sonntag oder gesetzlichen Feiertag, läuft die Frist erst am darauffolgenden Werktag ab (§ 193 BGB).

Die Erhebung der Klage vollzieht sich in zwei Akten: (1) Die Klage muß innerhalb der Dreiwochenfrist beim Arbeitsgericht eingegangen sein und (2) demnächst dem Arbeitgeber zugestellt werden (§ 46 Abs. 2 ArbGG i.V. mit §§ 495, 270 Abs. 3 ZPO). Die Zustellung ist dann i.S. des § 270 Abs. 3 ZPO als „demnächst erfolgt" anzusehen, wenn die Klage in einer den Umständen nach angemessenen Zeitspanne ohne besondere, von der klagenden Partei zu vertretende Verzögerung zugestellt wird (*Rohlfing/Rewolle/Bader*, KSchG, § 4 Anm. 3; *Hueck*, § 4 Anm. 36; *Thomas/Putzo*, § 230 Anm. 3; KR-*Friedrich*, § 4 KSchG Anm. 140ff.; BAG vom 9. 4. 1976, EzA § 4 KSchG n.F. Nr. 10). Die Zustellung erfolgt aber nicht „demnächst", wenn der Arbeitnehmer wegen schwebender Vergleichsverhandlungen das Gericht bittet, die Klage vorläufig nicht zuzustellen und das Gericht sich daran hält. Unschädlich ist es dagegen, wenn der Arbeitnehmer darum bittet, von einer Terminbestimmung vorläufig abzusehen. Folgt das Gericht dieser Bitte, stellt es also die Klage *ohne Terminbestimmung* zu, so führt dies nicht zur Versäumung der Klagefrist (BGH vom 21. 11. 1953, BGHZ 11, 175; LAG Frankfurt, ARSt 1975 Nr. 169 S. 171; *Auffarth/Müller*, § 3 Nr. 16; KR-*Friedrich*, § 4 KSchG Anm. 146). Dennoch ist eher zu empfehlen, das Gericht „nur" darum zu bitten – soweit es tunlich ist –, einen zeitlich etwas *weiter hinausgeschobenen Gütetermin* zu bestimmen (*Hueck*, § 4 Anm. 36a; *Auffarth/Müller*, a.a.O.; KR-*Friedrich*, § 4 KSchG Anm. 147).

Die Klageschrift muß den *Mindestanforderungen* des § 253 Abs. 2 ZPO genügen. Zu achten ist deshalb vor allem darauf, daß sich die Klage gegen den *richtigen Arbeitgeber* richtet (vgl. dazu KR-*Friedrich*, § 4 KSchG Anm. 151ff.). Gegen welche Partei sich die Klage richtet, muß allerdings durch Auslegung ermittelt werden (vgl. dazu LAG Hamm, AuR 1980, 347). Kommt man bei richtiger Auslegung zum „richtig beklagten" Arbeitgeber, liegt in der späteren *Änderung der Parteibezeichnung* kein gewillkürter Parteiwechsel auf der Beklagtenseite; die Dreiwochenfrist wird dadurch nicht tangiert. Die Klage muß natürlich einen *bestimmten Antrag* enthalten; strenge Anforderungen werden dabei aber nicht gestellt (vgl. BAG vom 11. 9. 1956, AP 8 zu § 3 KSchG 1951; *Hueck*, § 4 Anm. 37; *Schaub*, § 136 I 5; *Wenzel*, MDR 1978, 104; KR-*Friedrich*, § 4 KSchG Anm. 161ff.). Die Klageschrift muß in *deutscher Sprache* abgefaßt sein (KR-*Friedrich*, § 4 KSchG Anm. 167a m. w. N.). § 4 Satz 1 KSchG bestimmt weiter, daß die Klage innerhalb der Frist *beim Arbeitsgericht* zu erheben ist (vgl. dazu KR-*Friedrich*, § 4 KSchG Anm. 170ff.). Die Frist ist aber auch gewahrt, wenn beim *örtlich unzuständigen Arbeitsgericht* geklagt wird und gem. § 281 ZPO an das örtlich zuständige Arbeitsgericht verwiesen wird (BAG vom 16. 4. 1959, AP 16 zu § 3 KSchG 1951 = BB 1959, 815; *Hueck*, § 4 Anm. 39; *Auffarth/Müller*, § 3 Anm. 17). Auch eine Klageeinreichung beim ordentlichen Gericht (Amtsgericht, Landgericht) reicht bei anschließender Verweisung aus. Das ergibt sich zwingend daraus, daß das Verfahren vor dem ordentlichen Gericht und dem Arbeitsgericht, an das verwiesen wird, eine Einheit bildet (§ 48 Abs. 1 ArbGG; vgl. LAG Düsseldorf vom 13. 12. 1981, ARSt 1982 Nr. 1085; *Auffarth/Müller*, § 3 Anm. 17; *Hueck*, § 4 Anm. 39, KR-*Friedrich*, § 4 KSchG Anm. 186; *Müller/Bauer*, A IV 3b).

Aus der Lehre vom *punktuellen Streitgegenstand* ergibt sich, daß alle Kündigungen innerhalb der Dreiwochenfrist angriffen werden müssen. Das gilt, wenn zwei oder mehr Kündigungen nacheinander − sei es „unbedingt" oder „vorsorglich" − zum gleichen oder einem anderen Beendigungszeitpunkt ausgesprochen werden, aber auch dann, wenn die nachfolgende Kündigung sich auf die ursprünglichen Kündigungsgründe stützt (sog. *Trotzkündigung*; BAG vom 12. 10. 1954, AP 5 zu § 3 KSchG 1951 = BB 1954, 999; LAG Düsseldorf, DB 1981, 800). Ausreichend ist es, wenn die nachfolgende Kündigung innerhalb der Dreiwochenfrist in einem Schriftsatz im Rahmen des ursprünglichen Kündigungsschutzverfahrens angegriffen wird (OLG Stuttgart, BB 1982, 864). Ist die Kündigungsschutzklage nach § 4 Satz 1 KSchG gegen die erste Kündigung in zulässiger Weise bereits mit der allgemeinen Feststellungsklage nach § 256 ZPO verbunden (vgl. oben 7.1), erfaßt diese nach der Entscheidung des BAG vom 21. 1. 1988 (BB 1988, 1533 = DB 1988, 1758) auch diese nachfolgenden Kündigungen.

Beispiel: Die Firma X kündigt dem angestellten Buchhalter A unter Einhaltung der Frist des § 622 Abs. 1 BGB aus verhaltensbedingten Gründen am 15. 2. zum 31. 3. und am 10. 3. aufgrund neuer Erkenntnisse zum 30. 6. Wenn A nicht innerhalb der Dreiwochenfrist gegen die zweite Kündigung vorgeht und die erste Kündigung gegen § 1 KSchG verstößt, steht gem. § 7 KSchG fest, daß das Arbeitsverhältnis am 30. 6. endet, es sei denn die Kündigungsschutzklage war bereits mit einem Feststellungsantrag verbunden.

7.3 Versäumung der Klagefrist und nachträgliche Klagezulassung

Wird die Dreiwochenfrist des § 4 KSchG versäumt, so kann die Klage auf Antrag nachträglich nur zugelassen werden, wenn der Arbeitnehmer trotz „Anwendung aller ihm nach Lage der Umstände zuzumutenden Sorgfalt" die Klage nicht fristgerecht erheben konnte (§ 5 Abs. 2 KSchG; vgl. LAG Berlin, DB 1984, 885). Damit wird ein hohes Maß an individueller Sorgfalt vom Arbeitnehmer verlangt. Kennt er die Dreiwochenfrist nicht, so entschuldigt ihn dies grundsätzlich nicht. Er muß sich mit den grundlegenden Voraussetzungen des Kündigungsschutzes vertraut machen oder sich Auskunft bei einer geeigneten Stelle, z. B. einem Rechtsanwalt, holen (vgl. LAG Düsseldorf, DB 1968, 764; LAG München, DB 1976, 732). Wird er von dem Anwalt nicht auf die Notwendigkeit der Fristwahrung hingewiesen, kann die nachträgliche Klagezulassung gerechtfertigt sein (*Hueck*, § 5 Anm. 3; *KR-Friedrich*, § 5 KSchG Anm. 30ff. m. w. N.).

Heftig umstritten ist, ob das *Verschulden eines Prozeßbevollmächtigten* hinsichtlich der Nichtwahrung der Klagefrist des § 4 KSchG in entsprechender Anwendung von § 85 Abs. 2 ZPO (= § 232 Abs. 2 ZPO a.F.) im Verfahren der nachträglichen Klagezulassung dem Arbeitnehmer zuzurechnen ist (so LAG Berlin, AP 2 zu § 5 KSchG 1969; LAG Düsseldorf, DB 1972, 1975; LAG Frankfurt, BB 1971, 745 und BB 1976, 139; LAG Hamm, DB 1967, 912; LAG München, BB 1981, 915; LAG Rheinland-Pfalz, NJW 1982, 2461 und NZA 1990, 328; LAG Frankfurt, NZA 1984, 40; LAG Köln, DB 1987, 1796; *Hueck*, § 5 Anm. 9; *Rohlfing/Rewolle/Bader*, KSchG, § 5 Anm. 2f. und ArbGG, § 11 Anm. 9a; a.A. zu Recht *Müller/Bauer*, A IV 3c; LAG Hamm, AnwBl. 1984, 158; LAG Hamburg, NJW 1978, 446; *KR-Friedrich*, § 5 Anm. 71ff.; *Wenzel*, DB 1970, 730 und BB 1975, 791).

Anders sind natürlich die Fälle zu beurteilen, in denen nicht ein Verschulden des Prozeßbevollmächtigten, sondern ein Verschulden seines Angestellten vorliegt. Allerdings kann sich bei näherer Betrachtung durchaus ergeben, daß der Prozeßbevollmächtigte seinen Angestellten nicht richtig ausgewählt und/oder überwacht hat. Dann ist in Wahrheit von einem Verschulden des Prozeßbevollmächtigten auszugehen.

Der „binnen zwei Wochen nach Behebung der Hindernisse" (§ 5 Abs. 3 KSchG) zu stellende Antrag auf nachträgliche Klagezulassung muß im einzelnen die *Angaben der die Zulassung begründenden Tatsachen* enthalten (§ 5 Abs. 2 KSchG). Nach Auffassung des LAG Frankfurt (vom 22. 12. 1983, 12 Ta 256/83 und vom 1. 3. 1984, 12 Ta 175/83; ebenso *Rohlfing/Rewolle/Bader*, KSchG, § 5 Anm. 4) muß die Schuldlosigkeit an der Versäumung der Frist des § 4 Satz 1 KSchG „nach allen Richtungen hin" schlüssig dargetan sein. Eine Nachholung soll nicht möglich sein, sondern allenfalls eine Ergänzung (KR-*Friedrich*, § 5 KSchG Anm. 86, 88).

Die Zweiwochenfrist ist *eine Notfrist* und kann vom Arbeitsgericht nicht verlängert werden. Gegen ihre Versäumung findet keine neue Wiedereinsetzung statt (*Rohlfing/Rewolle/Bader*, KSchG, § 5 Anm. 5). Zur Verlängerung der

Frist für einen Wiedereinsetzungsantrag wegen Versäumung der Berufungsfrist vgl. BAG vom 23. 5. 1989, BB 1989, 1624 = NZA 1989, 818.

Nach Ablauf von sechs Monaten – vom Ende der versäumten Frist aus gerechnet – kann der Antrag nicht mehr gestellt werden (§ 5 Abs. 3 Satz 2 KSchG).

7.4 Güteverhandlung und Prozeßvergleich

a) Zwingende Güteverhandlung

In allen arbeitsgerichtlichen Kündigungsverfahren, aber auch sonstigen individualrechtlichen Auseinandersetzungen zwischen Arbeitgeber und Arbeitnehmer, ist in erster Instanz die Durchführung einer *Güteverhandlung* nach § 54 Abs. 1 ArbGG *zwingend vorgeschrieben* (vgl. insgesamt *van Venrooy*, ZfA 1984, 337). Die Verhandlung findet nicht vor der vollbesetzten Kammer statt, sondern vor dem Vorsitzenden allein. Die ehrenamtlichen Richter wohnen der Verhandlung auch nicht etwa als passive Beobachter bei. Die Parteien können auf die Durchführung der Verhandlung nicht verzichten. Auch wegen offenkundiger Aussichtslosigkeit kann das Gericht von ihrer Durchführung nicht absehen (*Grunsky*, § 54 Anm. 1). Trotz des an und für sich zwingenden Charakters der Güteverhandlung ist doch eine Absprache der Parteien möglich, nicht zur Verhandlung zu erscheinen. Nach § 54 Abs. 5 ArbGG hat dann der Vorsitzende das Ruhen des Verfahrens anzuordnen und anschließend auf Antrag einer Partei den Kammertermin zu bestimmen. Dieser Weg bietet sich an, wenn die Chancen für eine gütliche Einigung offenkundig aussichtslos sind; Zeit und Kosten können dann gespart werden. Natürlich sollte das Gericht vorher informiert werden, daß niemand zum Termin erscheint (*Müller/Bauer*, B I 2).

Auch eine Partei allein kann durch ihr Nichterscheinen die Güteverhandlung torpedieren. Allerdings darf nicht übersehen werden, daß sich die weitere Verhandlung unmittelbar anschließen kann, vor allem deshalb, weil nach § 55 Abs. 1 Nr. 4 ArbGG der Vorsitzende bei Säumnis einer Partei allein entscheidet.

b) Schriftsätzliche Vorbereitung?

Zur Vorbereitung der Güteverhandlung können von den Parteien keine Schriftsätze verlangt werden (*Stahlhacke*, § 54 Anm. 3; *Müller/Bauer*, a. a. O.; a.A. *Wenzel*, AuR 1977, 259 und *Barwasser*, AuR 1978, 139). Das kann man aus § 47 Abs. 2 ArbGG und vor allem aus § 61a Abs. 2 ArbGG folgern, wonach die Güteverhandlung innerhalb von zwei Monaten nach Klageerhebung stattfinden soll. Im übrigen sollen die Parteien bis zur Güteverhandlung nicht gezwungen sein, ihre Angriffs- und Verteidigungsmittel vorzubringen, damit sie *unbelastet Einigungsverhandlungen* führen können (*Stahlhacke*, a.a.O.).

Wenn damit auch kein Zwang besteht, bis zur Güteverhandlung schriftsätzlich vorzutragen, ist doch in jedem Einzelfall sorgfältig zu prüfen, ob und in welchem Umfang schriftsätzlicher Vortrag nützlich ist. Der Arbeitgeber sollte die Kündigungsgründe in der Regel schriftlich vortragen, damit sich der Vorsitzende noch vor Beginn der Güteverhandlung mit den Argumenten vertraut machen kann. Aus taktischen Gründen kann es geboten sein, den Schriftsatz erst relativ spät, d.h. kurz vor der Güteverhandlung, einzureichen, damit der Gegner nicht nochmal Zeit hat, schriftlich zu erwidern. Steht die Kündigung auf schwachen Füßen, kann es aber auch sinnvoll sein, auf schriftsätzlichen Vortrag zu verzichten. Der Arbeitnehmer muß überlegen, ob sich die Klage schon mit den möglichen und/oder bekannten Kündigungsgründen auseinandersetzen soll. Schriftsätzlicher, vor allem polemischer Vortrag, kann allerdings auch eine gütliche Einigung erschweren.

Die Anberaumung der Güteverhandlung verlangt allerdings einen Schriftsatz, der die konkrete Kündigung und ihren Zugang bezeichnet und den *Klageantrag* (vollständiges Rubrum) enthält. Die die Kündigung bedingenden Tatsachen hat der Arbeitgeber zu beweisen (§ 1 Abs. 2 Satz 4 KSchG).

Achtung: Einzelne Arbeitsgerichte sind dazu übergegangen, der Güteverhandlung unmittelbar die Kammverhandlung anzuschließen. Substantiierter Sachvortrag mit Beweisantritt ist dann für den Arbeitgeber unerläßlich.

c) Nichterscheinen einer Partei

Häufig wird das persönliche Erscheinen einer oder beider Parteien angeordnet (§ 51 Abs. 1 i.V. mit § 141 Abs. 2 und Abs. 3 ZPO). Die Anordnung ergeht durch den Vorsitzenden; sie steht in seinem freien Ermessen („kann"), während es bei § 141 Abs. 1 ZPO „soll" heißt. Bei einer nicht prozeßfähigen Partei, einer juristischen Person oder einer parteifähigen Personengesamtheit nach § 10 ArbGG kann die Anordnung an den oder einen (bestimmten) gesetzlichen Vertreter bzw. das vertretungsberechtigte Organ ergehen. §§ 51 ArbGG, 141 ZPO gelten auch für die Güteverhandlung

Bleibt die von Amts wegen geladene Partei bzw. der gesetzliche Vertreter aus, kann ein Ordnungsgeld (aber keine Ordnungshaft) festgesetzt werden, und zwar auch wiederholt (§ 380 Abs. 2 ZPO). Außerdem kann der Vorsitzende die *Zulassung eines Prozeßbevollmächtigten ablehnen*, wenn die Partei trotz Anordnung ihres persönlichen Erscheinens unbegründet ausgeblieben ist und hierdurch der Zweck der Anordnung vereitelt wird. Ob es sich bei dem Prozeßbevollmächtigten um einen Anwalt oder einen Verbandsvertreter handelt, spielt keine Rolle. Gefährlich und vor allem peinlich ist, daß durch diese Ablehnung die Partei säumig wird, so daß ein Versäumnisurteil möglich ist. Die Ablehnung kann natürlich immer nur für den konkreten Termin erfolgen, nicht aber für das ganze Verfahren.

Die Ablehnung des Prozeßbevollmächtigten scheidet dann aus, wenn dieser entweder selbst oder eine andere Person (z. B. der Vorgesetzte des gekündigten Arbeitnehmers) zur Aufklärung des Sachverhalts und zur Abgabe der gebotenen Erklärungen, insbesondere zu einem Vergleichsabschluß, ermächtigt ist (§ 141 Abs. 3 Satz 2 ZPO). Ob der Vertreter hinreichend informiert ist, richtet sich danach, womit die Partei bei Beauftragung des Vertreters rechnen mußte (*Grunsky*, § 51 Anm. 12; *Müller/Bauer*, B I 3).

Achtung: Der *Arbeitgeber* wird z. B. damit rechnen müssen, daß der Vorsitzende schon in der Güteverhandlung danach fragt, wann, wo, wie und durch wen ein aus behaupteten verhaltensbedingten Gründen gekündigter Arbeitnehmer abgemahnt worden ist. Erscheint der Prozeßbevollmächtigte dann allein zum Termin, ist er oft nicht in der Lage, solche Fragen konkret zu beantworten. Wegen dieser Probleme empfiehlt es sich, die von Amts wegen geladene Partei bzw. ihren gesetzlichen Vertreter, wenn möglich, rechtzeitig vor dem Termin zu entschuldigen und/oder um Verlegung zu bitten. Erfahrungsgemäß wird dann zwar der Termin nicht verlegt, aber die Partei vom persönlichen Erscheinen entbunden, so daß für den Prozeßbevollmächtigten kein Risiko mehr besteht, abgelehnt zu werden. Nicht ausreichend ist die Erklärung des Vertreters nach § 141 Abs. 3 ZPO, nur zu einem Vergleich unter Widerrufsvorbehalt ermächtigt zu sein.

d) Der Prozeßvergleich als Ziel der Güteverhandlung und Berechnung der Abfindung

Hauptziel der Güteverhandlung ist die Herbeiführung einer *gütlichen Einigung*. Ein ausgewogener Prozeßvergleich ist ein probates Mittel, den Rechtsstreit gütlich, schnell und vor allem endgültig beizulegen. Beide Seiten müssen die Risiken beachten, die sich bei einer Fortsetzung des Prozesses ergeben (vgl. *Müller/Bauer*, B I 4):

(1) Der *Arbeitnehmer* muß sich über sein Prozeßziel klar werden (Fortsetzung des Arbeitsverhältnisses oder Ausscheiden gegen Zahlung einer Abfindung). Hat er sich schon eine Anschlußtätigkeit bei einem anderen Arbeitgeber gesichert, lohnt sich weiteres Prozessieren meistens nicht; in diesem Fall kann es aus finanziellen Gründen sogar attraktiv sein, das Arbeitsverhältnis vorzeitig zu beenden. Natürlich muß der Arbeitnehmer auch das Risiko berücksichtigen, daß er den Prozeß verliert. Schließlich wird das Prozessieren gelegentlich auch noch als „Makel" angesehen, was bei der Stellensuche hinderlich sein kann.

(2) Der *Arbeitgeber* geht demgegenüber durch einen Kündigungsschutzprozeß vor allem ein wirtschaftliches Risiko ein, wenn der Prozeß erst nach Ablauf der Kündigungsfrist stattfindet; er muß dann nämlich die Vergütungsfortzahlung an den Arbeitnehmer für den Fall dessen Obsiegens im Prozeß und eine Wiedereinstellung einkalkulieren. Bloße „Rechthaberei" und Prozesse aus „grundsätzlichen Erwägungen" können deshalb „teuer" enden.

Die Güteverhandlung, aber auch jeder sonstige Termin in Kündigungsverfahren, muß von beiden Seiten in tatsächlicher und rechtlicher Hinsicht sorgfältig vorbereitet werden. Nur so kann vermieden werden, daß bei der Beendigung des Arbeitsverhältnisses durch Prozeßvergleich falsche Erklärungen abgegeben werden und Nachteile entstehen. Was vor allem zu beachten ist, ist unter 9. und 10. dargestellt; eine nützliche Hilfe soll auch die unter 12. abgedruckte Checkliste bieten.

Soweit das Gericht einen *Abfindungsvorschlag* unterbreitet, orientiert es sich natürlich an § 10 KSchG (vgl. dazu unten 7.6j), wobei vor allem bei Vorschlägen in der Güteverhandlung ein Abschlag für das Prozeßrisiko erfolgt. Bei geteiltem Prozeßrisiko könnte die Formel so lauten:

1/2 bis 1 Bruttomonatsgehalt (je nach sozialer Schutzbedürftigkeit) × Jahre der Betriebszugehörigkeit × Risikofaktor.

Beispiel: Ein lediger junger Arbeitnehmer mit fünf Jahren Betriebszugehörigkeit wird betriebsbedingt gekündigt. Das letzte Bruttomonatsgehalt betrug DM 4000,–. Das Prozeßrisiko ist geteilt. Eine Einigung könnte auf folgender Basis zustande kommen: Ein halbes Bruttomonatsgehalt = DM 2000,– × 5 × 0,5 = DM 5000,–.

Auch diese Formel findet sich in der Praxis:

Abfindungshöhe = Anzahl der Beschäftigungsjahre × 0,5 × Bruttomonatseinkommen × Sozialfaktor × Prozeßrisiko.

Der *Sozialfaktor* wird dabei so ermittelt:

Anzahl d. versorg.- pflichtigen Personen	bis 35 J.	Alter von 36 J. bis 40 J.	von 41 J. bis 49 J.	ab 50 J.	Vermittelbarkeit auf dem Arbeitsmarkt +/−0,2
0	1	1,2	1,4	1,6	
1	1,1	1,3	1,5	1,7	
2	1,2	1,4	1,6	1,8	
3	1,3	1,5	1,7	1,9	
4 und mehr	1,4	1,6	1,8	2	

Beim *Prozeßrisiko* wird im Gütetermin bei einigermaßen ausgeglichenen Prozeßchancen der Faktor 1/2 zugrundegelegt, bei offensichtlich unwirksamer Kündigung dagegen der Faktor 1 und bei offensichtlich wirksamer Kündigung der Faktor 0. Auch wenn die Kündigung offensichtlich wirksam ist, kann sich ein Abfindungsvergleich anbieten (soziale Erwägung, Wegfall zeitaufwendiger weiterer Termine usw.).

Achtung: Die Erfahrung zeigt, daß solche Formeln nur als Anhaltspunkt genommen werden können. Die Arbeitsgerichte und sogar die einzelnen Richter eines Arbeitsgerichts verfahren häufig nach „ihrem Strickmuster".

Haben sich Arbeitgeber und Arbeitnehmer auf eine Abfindung geeinigt und stirbt der Arbeitnehmer, geht der Anspruch auf die Abfindung auf die Erben über (BAG, NZA 1988, 466).

Wenn eine Partei es sich vorbehält, einen Prozeßvergleich bis zu einem bestimmten Zeitpunkt „mit Schriftsatz zum Arbeitsgericht" zu widerrufen, dann ist ein schriftsätzlicher Widerruf unwirksam, der zwar fristgerecht beim Arbeitsgericht eingeht, aber weder von der Partei noch von ihren Prozeßbevollmächtigten unterzeichnet worden ist (BAG vom 31. 5. 1989, BB 1989, 1984 = DB 1989, 2284).

7.5 Verfahrensablauf nach gescheiterter Güteverhandlung

Ist die Güteverhandlung erfolglos, schließt sich die weitere Verhandlung unmittelbar an, oder es ist, falls der weiteren Verhandlung Hinderungsgründe entgegenstehen, Termin zur streitigen Verhandlung zu bestimmen. Diese hat alsbald stattzufinden (§ 54 Abs. 4 ArbGG). Ein sich unmittelbar an die Güteverhandlung anschließender Kammertermin ist die Ausnahme, weil die ehrenamtlichen Richter mitwirken müssen. Das wirft organisatorische Probleme für die Gerichte und ihre Kammern auf, die deshalb dazu übergegangen sind, an bestimmten Tagen nur Güteverhandlungen, an anderen nur Kammertermine anzuberaumen. Ob sich ausnahmsweise doch der Kammertermin unmittelbar an die Güteverhandlungen anschließen soll, kann im übrigen meist schon der Ladung entnommen werden.

Nach § 54 Abs. 4 2. Halbs. ArbGG hat die streitige Verhandlung „alsbald" nach der gescheiterten Güteverhandlung stattzufinden. Das entspricht aber nicht der Realität. Erfahrungsgemäß liegen zwischen den beiden Terminen zwei Wochen (vgl. § 61a Abs. 3 ArbGG) bis zu zwölf Monaten (!), obwohl gerade Kündigungsverfahren aus verständlichen Gründen besondere Prozeßförderung genießen sollten. Zur Vorbereitung der streitigen Verhandlung hat der Vorsitzende den Parteien *Schriftsatzfristen* gem. § 61a Abs. 3 und Abs. 4 ArbGG zu setzen. *Verspätetes Vorbringen kann zurückgewiesen werden* (§ 61a Abs. 4 ArbGG; vgl. dazu § 296 Abs. 1 ZPO und die einschlägige Kommentarliteratur). Liegen sachliche Gründe vor, können die Schriftsatzfristen verlängert werden. Es darf deshalb ggfs. nicht vergessen werden, das Gericht rechtzeitig vor Ablauf der Frist um Verlängerung zu bitten.

Zum weiteren Verfahrensablauf (Urteilsabsetzung, Berufung, Revision) muß auf die einschlägige Kommentarliteratur zum ArbGG und auf *Müller/Bauer*, A II, verwiesen werden. Interessant sind die Ausführungen des Bundesministers für Arbeit und Sozialordnung zur Geschäftsbelastung der Arbeitsgerichtsbarkeit (BT-Drucks. vom 19. 12. 1985, 10/4593). Danach sollen im Jahr

1984 86,5% der erstinstanzlichen Kündigungsverfahren in bis zu 6 Monaten und 10,6% in einer Zeitdauer von 6—12 Monaten abgewickelt worden sein; ähnlich soll es bei der Verfahrensdauer in zweiter Instanz aussehen. Vom Ausspruch der Kündigung bis zum Abschluß in zweiter Instanz (LAG) sollten die Parteien im „Normalfall" ca. 1 1/2 Jahre einkalkulieren. Wird die Revision zum BAG zugelassen, verzögert sich der Rechtsstreit schnell um 2 weitere Jahre, wenn nicht sogar noch länger. Läßt das LAG die Revision nicht zu und wird Nichtzulassungsbeschwerde beim BAG eingelegt (Erfolgsquote 1984 6,7% (!), vgl. BT-Drucks., a. a. O.) und diese zurückgewiesen, sind „nur" ein paar Monate zusätzliche Verfahrensdauer einzukalkulieren.

7.6 Auflösung des Arbeitsverhältnisses trotz unwirksamer Kündigung

a) Allgemeines

Das KSchG ist seinem Zweck nach ein „Bestandsschutzgesetz" und kein „Abfindungsgesetz". Dennoch endet die überwiegende Mehrzahl der Kündigungsschutzprozesse auch nach der „Weiterbeschäftigungsentscheidung" des Großen Senats des BAG vom 27. 2. 1985 (BB 1985, 1978; vgl. dazu unten 8.5) mit *Abfindungsvergleichen*. Das KSchG enthält in § 9 KSchG eine gesetzliche Durchbrechung des Bestandsschutzprinzips. Der Gesetzgeber konnte nämlich nicht übersehen, daß es im Arbeitsleben Fälle gibt, in denen zwar die Kündigung sozialwidrig und deshalb unwirksam ist, ein weiteres Zusammenarbeiten aber weder der einen noch der anderen Partei „zugemutet" werden kann (vgl. *Maus*, § 9 Anm. 3). §§ 9 und 10 KSchG sind verfassungsgemäß (BVerfG vom 29. 1. 1990, NZA 1990, 535). Die Entscheidung des BVerfG bezieht sich jedoch unmittelbar nur auf den Beendigungszeitpunkt nach § 9 Abs. 2 KSchG (vgl. auch *Boewer*, DB 1982, 751).

Eine gerichtliche Auflösung des Arbeitsverhältnisses gegen Zahlung einer Abfindung kommt *nur bei einer sozialwidrigen Kündigung* in Betracht. Dies setzt den *Antrag* einer der Parteien des Kündigungsschutzprozesses bis spätestens zum Schluß der mündlichen Verhandlung in der Berufungsinstanz voraus (vgl. *Bauer*, DB 1985, 1180).

b) Der Auflösungsantrag des Arbeitnehmers

Der Antrag des *Arbeitnehmers* setzt voraus, daß diesem die Fortsetzung des Arbeitsverhältnisses nicht mehr zuzumuten ist. Dafür genügt es nicht, daß der Arbeitnehmer schon eine andere Stelle gefunden hat, da die Folgen der Annahme einer neuen Stelle *abschließend* in § 12 KSchG geregelt sind. Wichtig ist, daß die Gründe für die Unzumutbarkeit nicht schon zur Zeit der Kündigung vorliegen müssen, sie können sich auch während des Prozesses ergeben. Sie müssen aber im Zusammenhang mit der Kündigung oder dem Kündigungsprozeß stehen (vgl. BAG vom 18. 1. 1962, BB 1962, 596 = DB 1962, 706 und vom 30. 9. 1976, BB 1977, 246 = DB 1977, 358).

Mit Urteil vom 26. 11. 1981 hat der Zweite Senat des BAG (BB 1982, 1113) seine bisherige Rechtsprechung (BAG vom 5. 11. 1964, BB 1965, 335 = DB 1964, 1632) aufgegeben, nach der der Begriff der Unzumutbarkeit in § 9 Abs. 1 Satz 1 KSchG ebenso anzuwenden war wie bei der arbeitnehmerseitigen außergerichtlichen Kündigung nach § 626 Abs. 1 BGB. Der unterschiedliche Normzweck beider Vorschriften führt zur Anwendung unterschiedlicher Beurteilungsmaßstäbe für den Begriff der Unzumutbarkeit. Diese machen zwar stets auch die Fortsetzung des Arbeitsverhältnisses nach § 9 Abs. 1 Satz 1 KSchG unzumutbar. Andererseits können schon solche Tatsachen die Fortsetzung des Arbeitsverhältnisses nach § 9 Abs. 1 Satz 1 KSchG unzumutbar machen, die für eine außerordentliche Kündigung nicht ausreichen (zum Auflösungsantrag bei offensichtlich unbegründeten ordentlichen Kündigungen des Arbeitgebers vgl. LAG Hamburg vom 5. 8. 1981, MDR 1982, 82; vgl. noch LAG Frankfurt, BB 1981, 122).

Wenn der Arbeitgeber einen wirksamen Auflösungsantrag des Arbeitnehmers mit der Folge einer Abfindung vermeiden will, ist dringend zu sachlicher Argumentation im Prozeß zu raten: Beleidigungen und herabsetzende Äußerungen liefern nicht selten Auflösungsgründe. Ein Auflösungsgrund kann sich auch dann ergeben, wenn die Kündigung besonders leichtfertig ausgesprochen worden ist oder der Arbeitnehmer bei Rückkehr in den Betrieb mit Benachteiligungen und weiteren Kündigungen rechnen muß (vgl. *Denck*, Anm. zu BAG, AP 8 zu § 9 KSchG 1969). Die − wenn auch konkrete − Befürchtung, die wirtschaftliche Situation des Betriebes könnte zu einer weiteren betriebsbedingten Kündigung führen, kann nicht ausreichen.

Einen interessanten Gedanken hat das LAG Hamm (DB 1975, 1513) zu betriebsbedingten Kündigungen entwickelt: Rüge ein Arbeitnehmer eine *fehlerhafte Sozialauswahl* und unterbreite er im Kündigungsschutzverfahren alternative Kündigungsvorschläge, so folge hieraus die Gefahr einer Störung des Betriebsfriedens. Damit seien die Voraussetzungen der „Unzumutbarkeit" nach § 9 Abs. 1 KSchG erfüllt. Wenn der Arbeitnehmer nicht auf den Arbeitsplatz zurückkehren, sondern lieber eine Abfindung erstreiten will, könnte ihn diese Rechtsprechung veranlassen, die fehlerhafte Sozialauswahl möglichst konkret und hinsichtlich vieler (vergleichbarer) Arbeitnehmer zu rügen. Diese Entscheidung des LAG Hamm geht aber zu weit: Eine Rückkehr auf den Arbeitsplatz kann für den Arbeitnehmer nur dann unzumutbar sein, wenn die zumindest vertretbare Rüge fehlerhafter Sozialauswahl *tatsächlich* zu einer Störung des Betriebsfriedens führt. Die Darlegungs- und Beweislast dafür hat der Arbeitnehmer zu tragen.

Achtung: Führt der Arbeitnehmer den Kündigungsschutzprozeß „nur", um eine Abfindung zu erhalten, ist ihm dringend zu raten, den Auflösungsantrag schon in erster Instanz zu stellen. Vergißt er den Antrag und wird der Kündigungsschutzklage stattgegeben, kann er nicht Berufung einlegen, um in zweiter Instanz Auflösung seines Arbeitsverhältnisses gegen Festsetzung einer Abfindung zu begehren (vgl. auch *Bauer/Hahn*, DB 1990, 2471).

Bei einer *Änderungsschutzklage* kommt eine Auflösung des Arbeitsverhältnisses nach §§ 9, 10 KSchG nicht in Betracht, weil sich der Rechtsstreit auf die Berechtigung der Änderung der Arbeitsbedingungen beschränkt. Anders ist die Rechtslage, wenn der Arbeitnehmer die Änderung nicht unter Vorbehalt annimmt (*Herschel/Löwisch*, § 9 Anm. 4; *Bauer*, a. a. O.).

c) Der Auflösungsantrag des Arbeitgebers

Der Arbeitgeber kann die Auflösung nur beantragen, wenn er Gründe vorträgt, die eine den *Betriebszwecken dienliche weitere Zusammenarbeit* mit dem Arbeitnehmer oder das Verhalten des Arbeitnehmers betreffen, insbesondere sein Verhältnis zum Arbeitgeber, sonstigen Vorgesetzten oder Mitarbeitern oder seine Eignung für die ihm gestellten Aufgaben, nicht dagegen wirtschaftliche oder betriebliche Gründe; diese können grundsätzlich nur Anlaß für eine betriebsbedingte Kündigung bieten (BAG vom 29. 1. 1981, AP 6 zu § 9 KSchG 1969). Ein Verschulden des Arbeitnehmers ist nicht nötig, entscheidend ist allein die *objektive Lage*. Ein Verhalten dritter Personen ist als Grund für den Auflösungsantrag des Arbeitgebers nur dann geeignet, wenn der Arbeitnehmer dieses Verhalten durch eigenes Tun entscheidend veranlaßt hat (BAG vom 14. 5. 1987, NZA 1988, 16). Wie beim Antrag des Arbeitnehmers können die Gründe vor oder nach der Kündigung liegen. Nicht selten ergeben sich die Gründe erst im Laufe des Kündigungsschutzprozesses, vor allem dann, wenn polemisch argumentiert wird.

Ein gutes Beispiel bietet die Entscheidung des LAG Köln vom 5. 12. 1984 (DB 1985, 2107): Der Arbeitnehmer hatte im Prozeß den Arbeitgeber unter Überschreitung der Wahrnehmung berechtigter Interessen verunglimpft, indem er ihm u. a. pauschalierend unterstellte, Nackenschläge von Vorgesetzten als Personalführungsmittel zu billigen.

Für den Antrag des Arbeitgebers ist nur Voraussetzung, daß „eine den Betriebszwecken dienliche weitere Zusammenarbeit" zwischen den Parteien nicht mehr zu erwarten ist. Die Weiterbeschäftigung muß also nicht „unzumutbar" sein. Das BAG (vom 30. 9. 1976, BB 1977, 246 = DB 1977, 358) ging deshalb − jedenfalls solange wie der Begriff der Unzumutbarkeit in §§ 9 Abs. 1 Satz 1 KSchG, 626 Abs. 1 BGB als identisch angesehen wurde − davon aus, daß an den Antrag des Arbeitgebers „geringere" Anforderungen zu stellen sind als an den Antrag des Arbeitnehmers. Die Korrektur dieser Rechtsprechung durch den Zweiten Senat (BAG vom 26. 11. 1981, a. a. O.) und die Entscheidung des Großen Senats (vom 27. 2. 1985, a. a. O.) sollte die Gerichte veranlassen, die Meßlatte für die Begründetheit des Auflösungsantrags des Arbeitgebers tiefer anzusetzen (vgl. *Bauer*, a. a. O.). Die zulässige Durchsetzung eines erstinstanzlichen vorläufigen Weiterbeschäftigungsurteils nach § 888 ZPO ist weder ein Kündigungsgrund (arg. §§ 612a, 134 BGB), noch kann der Arbeitgeber einen Auflösungsantrag allein hierauf stützen (LAG Düsseldorf, DB 1989, 685).

Der Arbeitgeber kann den Auflösungsantrag bis zum Schluß der mündlichen Verhandlung in der Berufungsinstanz stellen (§ 9 Abs. 1 Satz 3 KSchG; vgl.

hierzu *Bauer/Hahn*, DB 1990, 2471). Dabei darf eine ausdrückliche *Bezugnahme auf konkrete Fakten* zur Begründung des Antrags nicht vergessen werden. Will er versuchen, eine – auch nur vorläufige – Weiterbeschäftigung des Arbeitnehmers zu vermeiden, ist er nach der Entscheidung des Großen Senats (a. a. O.) allerdings faktisch gezwungen, den Auflösungsantrag schon in erster Instanz zu stellen.

Bei *leitenden Angestellten* i.S. des § 14 Abs. 2 KSchG bedarf der Auflösungsantrag des Arbeitgebers keiner Begründung (§ 14 Abs. 2 KSchG).

d) Beiderseitiger Auflösungsantrag

Stellen beide Parteien einen Auflösungsantrag nach § 9 KSchG oder stimmt eine Partei dem Auflösungsantrag der Gegenpartei zu, so steht fest, daß ein Auflösungsgrund besteht. Das Gericht braucht in diesen Fällen nur noch zu prüfen, ob die Kündigung sozial gerechtfertigt ist (dann Klageabweisung) oder ungerechtfertigt war und in welcher Höhe die Abfindung gerechtfertigt ist (BAG vom 29. 3. 1960, BB 1960, 904 = DB 1960, 984; *Schaub*, § 141 III 4; *Herschel/Löwisch*, § 9 Anm. 45; *Bauer*, a. a. O.; *Bauer/Hahn*, a. a. O.; a. A. KR-*Becker*, § 9 KSchG Anm. 66; *Neumann*, AR-Blattei, Kündigungsschutz VI D I).

e) Rücknahme des Auflösungsantrags

Der Auflösungsantrag kann bis zum Schluß der mündlichen Verhandlung in der Berufungsinstanz zurückgenommen werden (BAG vom 28. 1. 1961, BB 1961, 408 = DB 1961, 476). Zur Nichtweiterverfolgung eines zunächst gestellten Auflösungsantrags i.S. von § 9 KSchG bedarf es keiner Einwilligung des Prozeßgegners (BAG vom 26. 10. 1979, AP 5 zu § 9 KSchG 1969 = BB 1980, 315). Bei einem Auflösungsantrag i.S. von § 9 Abs. 1 KSchG handelt es sich um ein *eigenständiges prozessuales Institut* des Kündigungsschutzrechts, auf das die zivilprozessualen Institute der teilweisen Klagerücknahme (§ 269 ZPO) oder des teilweisen Klageverzichts (§ 306 ZPO) nicht passen. *Grunsky* (Anm. zu BAG, AP 5 zu § 9 KSchG 1969) meint, die vom BAG vertretene Auffassung vom „eigenständigen prozessualen Institut" eröffne dem Arbeitnehmer, der erstinstanzlich sowohl mit seiner Kündigungsschutzklage als auch dem Auflösungsantrag durchgedrungen sei, die Möglichkeit, den Auflösungsantrag auch dann noch zurückzunehmen, wenn der Arbeitgeber keine Berufung eingelegt habe. Zur Klarstellung führt er an, die Antragsrücknahme sei selbstverständlich nur bis zum Ablauf der Berufungsfrist möglich, anschließend sei das Urteil rechtskräftig geworden und könne durch Zurücknahme des Antrags genauso wenig aus den Angeln gehoben werden wie durch Einlegen eines Rechtsmittels.

Wenn man der *Auffassung Grunskys* folgen sollte, muß Entsprechendes auch im umgekehrten Fall für die Zurücknahme des Arbeitgeberantrags gelten. Damit ergäben sich zusätzliche *Möglichkeiten für taktische Schachzüge*: Der Arbeitgeber könnte z. B. den Auflösungsantrag innerhalb der Berufungsfrist zurücknehmen, ohne Berufung einzulegen, wenn er zuverlässig vermuten kann, daß der Arbeitnehmer nicht gewillt ist, auf den alten Arbeitsplatz zurückzukehren. Aus Gründen der Billigkeit und der Rechtssicherheit sollte deshalb beiden Parteien die Antragsrücknahme nur im Rahmen einer tatsächlich eingelegten Berufung gestattet werden (*Müller/Bauer*, A IV 5 d; *Bauer*, DB 1985, 1180; *Bauer/Hahn*, DB 1990, 2471).

Auch wenn beide Parteien die Auflösung des Arbeitsverhältnisses beantragt haben, können sie unabhängig voneinander ihre Anträge zurücknehmen; dies folgt aus der prozessualen Selbständigkeit beider Anträge (*Hueck*, § 9 Anm. 15; KR-*Becker*, § 9 KSchG Anm. 22). Die *Antragsrücknahme* darf aber *nicht leichtfertig* erfolgen, weil sich durch Auslegung ergeben kann, daß die Rücknahme zugleich einen Verzicht i.S. des § 306 ZPO enthält mit der Folge, daß ein neuer Antrag unzulässig wäre (vgl. BAG vom 23. 1. 1958, AP 11 zu § 13 KSchG = BB 1958, 739; LAG Ba-Wü, DB 1975, 2528).

f) Auflösungsantrag bei unbegründeter außerordentlicher Arbeitgeberkündigung

§ 13 Abs. 1 Satz 3 KSchG bestimmt, daß nach einer unbegründeten außerordentlichen Kündigung *der Arbeitnehmer*, nicht aber der Arbeitgeber, den Auflösungsantrag stellen kann. *Auszubildende* können von dieser Möglichkeit nicht Gebrauch machen (BAG vom 29. 11. 1984, BB 1986, 64).

Hat der Arbeitgeber nicht nur außerordentlich, sondern *vorsorglich auch ordentlich gekündigt* oder sich auf die *Umdeutung* einer außerordentlichen Kündigung in eine ordentliche Kündigung berufen (§ 140 BGB), so kann er für den Fall einer sich ergebenden Sozialwidrigkeit der (vorsorglich erklärten oder mittels Umdeutung anzunehmenden) ordentlichen Kündigung die Auflösung des Arbeitsverhältnisses zum Ablauf der Kündigungsfrist begehren (BAG vom 26. 10. 1979, AP 5 zu § 9 KSchG 1969 = BB 1980, 315). Diese Möglichkeit darf nicht übersehen werden. Der (kluge) Arbeitgeber sollte deshalb bei einer beabsichtigten außerordentlichen Kündigung den Betriebsrat auch zu einer hilfsweisen ordentlichen Kündigung anhören, um sich für einen eventuell nachfolgenden Prozeß alle Möglichkeiten offenzuhalten (vgl. oben 2.5).

g) Auflösungsantrag bei sittenwidriger und nichtiger Arbeitgeberkündigung

Verstößt die Kündigung gegen die guten Sitten, so kann der Arbeitnehmer ihre Nichtigkeit unabhängig von den Vorschriften des KSchG geltend machen. Die Auflösung des Arbeitsverhältnisses gem. §§ 9, 10 KSchG kann er allerdings nur begehren, wenn er Feststellungsklage innerhalb von drei Wochen erhoben hat (§ 13 Abs. 2 KSchG). Dagegen steht dem Arbeitgeber bei Sittenwidrigkeit der eigenen Kündigung wie bei der Unwirksamkeit der außerordentlichen Kündigung *kein Recht* zu, *die Auflösung zu beantragen*.

Eine Kündigung kann schließlich aus zahlreichen sonstigen Gründen unwirksam sein (vgl. dazu oben 7.2). Dann wird das KSchG nicht berührt (§ 13 Abs. 3 KSchG). Das hat zur Folge, daß im Gegensatz zur unbegründeten außerordentlichen und zur sittenwidrigen Kündigung dem Arbeitnehmer auch dann nicht das Recht zusteht, einen Antrag auf Auflösung des Arbeitsverhältnisses und Zahlung einer Abfindung zu stellen, wenn er binnen drei Wochen Klage erhebt. Er kann nur, wenn ihm infolge der nichtigen Kündigung die Fortsetzung der Arbeitsverhältnisses nicht mehr zuzumuten ist, nach § 626 BGB seinerseits fristlos kündigen und, falls der Arbeitgeber schuldhaft gehandelt hat, nach § 628 Abs. 2 BGB Schadensersatz verlangen (vgl. oben 4.5).

Allerdings schließt § 13 Abs. 3 KSchG die *gleichzeitige Geltendmachung der Sozialwidrigkeit* nicht aus. Mit anderen Worten: Die Möglichkeit des Arbeitnehmers, einen Auflösungsantrag nach § 9 KSchG zu stellen, scheidet nur dann aus, wenn die Kündigung des Arbeitgebers ausschließlich aus sonstigen Gründen nichtig, aber nicht gleichzeitig sozialwidrig ist (*Hueck*, § 13 Anm. 52; *Herschel/Löwisch*, § 13 Anm. 55; KR-*Becker*, § 9 KSchG, Anm. 27; KR-*Friedrich*, § 13 KSchG, Anm. 326; *Bauer*, a. a. O.).

Umstritten ist, ob das Arbeitsverhältnis nur auf Antrag des Arbeitnehmers, nicht aber auf Antrag des Arbeitgebers aufgelöst werden darf, wenn die Kündigung nicht nur sozialwidrig, sondern auch aus anderen Rechtsgründen (z. B. wegen nicht ordnungsgemäßer Anhörung des Betriebsrats) unwirksam ist. Die wohl überwiegende Meinung sieht die Lösungsmöglichkeiten des § 9 KSchG für den Arbeitgeber als Vergünstigung an, die nur bei bloßer Sozialwidrigkeit der Kündigung, nicht aber bei einer auf sonstigen Gründen beruhenden Nichtigkeit der Kündigung Platz greifen soll (vgl. KR-*Friedrich*, § 13 KSchG Anm. 329 m. w. N.). Demgegenüber weisen andere zu Recht darauf hin, daß sich weder aus dem Wortlaut noch aus Sinn und Zweck des § 9 Abs. 1 KSchG herleiten lasse, daß eine Auflösung des Arbeitsverhältnisses auf Antrag des Arbeitgebers dann unzulässig sein soll, wenn die Kündigung nicht nur sozialwidrig, sondern auch aus anderen Rechtsgründen unwirksam ist (*Auffarth*, DB 1969, 528 Fn. 5; *Brill*, AuR 1966, 272; KR-*Becker*, § 9 KSchG Anm. 27).

Unabhängig hiervon muß ein Auflösungsantrag des Arbeitgebers gegenüber einem leitenden Angestellten i. S. des § 14 KSchG (vgl. hierzu 3.6) auch bei nicht ordnungsgemäßer Anhörung des Sprecherausschusses (vgl. 2.6) zulässig sein.

h) Auflösungsantrag und Kündigungsrücknahme

Nicht selten ergibt sich die Situation, daß ein Arbeitgeber eine Kündigung gerne zurücknehmen möchte, weil seine Aussichten im Kündigungsschutzprozeß schlecht sind. Aber auch wenn er erfährt, daß der Arbeitnehmer eine neue Stelle gefunden hat, bietet sich an, an eine „Rücknahme" der Kündigung zu denken. In beiden Fällen stellen sich folgende Fragen:

(1) Kann oder muß der Arbeitnehmer die Absicht der Kündigungsrücknahme durch den Arbeitgeber durch sofortige Formulierung eines Auflösungsantrags blockieren?

(2) Kann die unterlassene Formulierung des Auflösungsantrags nach der Kündigungsrücknahmeerklärung nachgeholt werden?

In seinem Urteil hat das BAG (vom 19. 8. 1982, BB 1983, 704 = DB 1983, 663) festgestellt, in der Erhebung der Kündigungsschutzklage liege keine antizipierte Zustimmung zur Kündigungsrücknahme; die „Rücknahme" der Kündigung durch den Arbeitgeber enthalte vielmehr ein Vertragsangebot, wonach das Arbeitsverhältnis durch die Kündigung nicht als beendet anzusehen sei, also unter Beseitigung der Kündigungswirkungen das Arbeitsverhältnis unverändert fortgesetzt werden solle. Die Rechtsfolgen der „Rücknahme" hängen deshalb davon ab, wie sich der Arbeitnehmer einläßt: Nimmt er das Angebot an, wird das Arbeitsverhältnis fortgesetzt. Er kann es aber auch ablehnen, insbesondere dadurch, daß er einen Auflösungsantrag stellt. War früher offen, ob der Arbeitnehmer auch nach „Rücknahme" der Kündigung durch den Arbeitgeber unverzüglich einen Auflösungsantrag nachreichen konnte, so ist jetzt folgendes klar: Der Arbeitnehmer kann das Vertragsangebot nach den allgemeinen Regeln über den Vertragsabschluß gem. §§ 145ff. BGB annehmen oder ablehnen (*Bauer*, a. a. O.). Damit ist der Arbeitnehmer auch nicht mehr gezwungen, unverzüglich nach der Kündigungsrücknahme den Auflösungsantrag zu stellen; dennoch dürfte sich regelmäßig *rasches Handeln* empfehlen!

Im übrigen bleibt die Risikosituation aber gleich: Lehnt der Arbeitnehmer die „Rücknahme" durch Stellung eines Auflösungsantrags ab, so verliert er zwar nicht das Rechtsschutzinteresse an dem Feststellungsprozeß, denn auch im Rahmen des § 9 KSchG muß das Gericht ja über die Rechtfertigung der Kündigung als Anspruchsvoraussetzung befinden. Verneint das Gericht aber die Voraussetzungen der „Unzumutbarkeit" i.S. von § 9 KSchG, so wird das Arbeitsverhältnis fortgesetzt, es sei denn, der Arbeitnehmer sei inzwischen ein neues Arbeitsverhältnis eingegangen und löse das alte Arbeitsverhältnis nach § 12 KSchG auf.

Wenn auch die „Rücknahme" der Kündigung nicht einseitig durch den Arbeitgeber möglich ist, wird ihn diese Erklärung doch aber zumindest von den Folgen des Annahmeverzugs nach § 615 BGB, § 11 KSchG befreien. Ungeklärt ist bisher, ob der Arbeitnehmer – etwa entsprechend § 2 KSchG – die „Rücknahme" der Kündigung und damit die Beendigung des Annahmeverzugs unter dem Vorbehalt annehmen kann, daß über seinen Auflösungsantrag nicht positiv entschieden wird. Dies ist vor allem deshalb problematisch, weil der Arbeitnehmer für die Begründung des Auflösungsantrags ja gerade darlegen muß, daß eine Rückkehr auf den Arbeitsplatz für ihn unzumutbar sei. Er wird deshalb versuchen müssen, diesen Widerspruch auszuräumen, etwa so, daß er eine kurzfristige Weiterbeschäftigung für noch zumutbar, eine langfristige dagegen für unzumutbar erklärt und dies entsprechend substantiiert vorträgt.

i) Auflösungszeitpunkt

Gibt das Gericht einem Auflösungsantrag statt, hat es den Zeitpunkt für die Auflösung des Arbeitsverhältnisses festzusetzen. § 9 Abs. 2 KSchG schreibt dabei vor, daß es sich um den Zeitpunkt handeln soll, an dem das Arbeitsverhältnis bei *sozial gerechtfertigter Kündigung* geendet hätte. § 9 Abs. 2 KSchG ist verfassungsmäßig (BAG vom 16. 5. 1984, BB 1985, 659 = NZA 1985, 60; BVerfG vom 29. 1. 1990, NZA 1990, 535; a. A. *Bleckmann/Coen*, DB 1961, 640 und *Belling*, DB 1985, 1890).

Beispiel: Einem Angestellten wird am 19. 11. 1985 ordentlich zum 31. 12. 1985 gekündigt. Der Arbeitgeber beantragt im Prozeß hilfsweise, das Arbeitsverhältnis gem. §§ 9, 10 KSchG aufzulösen. Wenn das Gericht die Kündigung für sozial ungerechtfertigt, den Auflösungsantrag aber für begründet hält, *muß* es das Arbeitsverhältnis zum 31. 12. 1985 auflösen.

Es ist aber zu beachten, daß nach dem Urteil des BVerfG vom 30. 5. 1990 (vgl. oben 1.2c) § 622 Abs. 2, der die kürzeren Kündigungsfristen für Arbeiter regelt, unvereinbar mit den GG ist. Problematisch ist der Auflösungszeitpunkt, wenn es um eine *unbegründete außerordentliche Kündigung* geht und der *Arbeitnehmer Auflösung* seines Arbeitsverhältnisses gegen Zahlung einer Abfindung *beantragt*. Nach § 13 Abs. 1 Satz 3 KSchG gilt für die Festlegung des Auflösungszeitpunkts § 9 Abs. 2 KSchG entsprechend. Daraus schließt die herrschende Meinung (BAG vom 23. 1. 1958, BB 1958, 739; vom 28. 3. 1983, BB 1983, 1859; LAG Ba-Wü, BB 1976, 512; *Hueck*, § 13 Anm. 12; *Herschel/Löwisch*, § 13 Anm. 21; KR-*Friedrich*, § 13 KSchG Anm. 64ff.), daß der Zeitpunkt maßgebend ist, zu dem die außerordentliche Kündigung wirken würde, wenn sie gerechtfertigt wäre. Eine Mindermeinung (*Rohlfing/Rewolle/Bader*, KSchG, § 13 Anm. 5; *Güntner*, AuR 1974, 105; *Schaub*, § 141 V 2) will dagegen zu Recht auf den Zeitpunkt abstellen, zu dem das Arbeitsverhältnis enden würde, wenn man die außerordentliche in eine ordentliche Kündigung umdeuten würde. Zur Begründung wird ausgeführt, der Arbeitnehmer verliere andernfalls seinen Zwischenverdienst, ohne durch die Abfindung hinreichend entschädigt zu werden. Da der Arbeitnehmer davon ausgehen muß, daß die Arbeitsgerichte der herrschenden Meinung folgen, muß er die *Vor- und Nachteile eines Auflösungsantrags sorgfältig abwägen.* Dies gilt erst recht dann, wenn es sich um ein ordentlich unkündbares Arbeitsverhältnis handelt.

j) Abfindungshöhe

Die Auflösung des Arbeitsverhältnisses durch das Gericht nach § 9 KSchG erfolgt nur bei gleichzeitiger Festsetzung einer *angemessenen Abfindung.* Ihre Höhe steht deshalb nicht im freien Belieben des Gerichts; sie ist vielmehr nach pflichtgemäßem Ermessen zu bestimmen. Dabei ist das Gericht an die Grenzen des § 10 KSchG gebunden. Danach beträgt die Höchstgrenze für die

Abfindung im Regelfall zwölf Monatsverdienste (§ 10 Abs. 1 KSchG). Hat der Arbeitnehmer das 50. Lebensjahr vollendet und hat das Arbeitsverhältnis mindestens 15 Jahre bestanden, ist ein Betrag bis zu 15 Monatsverdiensten, hat der Arbeitnehmer das 55. Lebensjahr vollendet und hat das Arbeitsverhältnis mindestens 20 Jahre bestanden, ist ein Betrag bis zu 18 Monatsverdiensten festzusetzen (§ 10 Abs. 2 Satz 1 KSchG). Die Erhöhung tritt nicht ein, wenn der Arbeitnehmer die Altersgrenze von § 1248 Abs. 5 RVO, § 25 Abs. 5 AVG oder § 48 Abs. 5 RKnG im Zeitpunkt der Auflösung schon erreicht hat (§ 10 Abs. 2 Satz 2 KSchG). Das in diesen Vorschriften festgelegte Lebensalter für den Bezug von Altersruhegeld beträgt 65 Jahre.

Die Höchstgrenzen des § 10 KSchG knüpfen an den Begriff des *Monatsverdienstes* an. Als Monatsverdienst gilt, was dem Arbeitnehmer bei der für ihn maßgebenden regelmäßigen Arbeitszeit in dem Monat, in dem das Arbeitsverhältnis endet, an Geld und Sachbezügen zusteht (§ 10 Abs. 3 KSchG), also der volle Betrag ohne Abzüge für Lohnsteuer und Sozialversicherung. Bezüge, die für die Arbeit eines längeren Zeitraums, insbesondere für das ganze Jahr gewährt werden (z. B. Tantiemen, 13. oder 14. Monatsgehälter, Jahresabschlußvergütungen und auch Gratifikationen) müssen auf die einzelnen Monate gleichmäßig verteilt werden. Dagegen sind Beträge, die nur bei besonderer Gelegenheit gezahlt werden (z. B. Jubiläumsgeschenke) nicht mitzurechnen. Bei der Umrechnung der Sachbezüge ist der wahre Wert anzusetzen; die Sätze der Finanzbehörde und Sozialversicherungsträger sind dabei für die Gerichte nicht bindend. Bezüge i. S. des § 10 Abs. 3 KSchG sind grundsätzlich nicht Nebeneinkünfte:

Beispiel: Chefarzt A erhält nach BAT 1 Jahresbezüge von ca. DM 120 000,–. Aufgrund einer Nebentätigkeitserlaubnis verdient er im Rahmen einer am Krankenhaus betriebenen Chefarztpraxis jährlich weitere DM 800 000,–. Bei einer Auflösung nach §§ 9, 10 KSchG ist in diesem Fall nur von monatlichen Bezügen in Höhe von DM 10 000,– auszugehen.

Bei der Frage, was „angemessen" ist, hat das Gericht alle Umstände in Betracht zu ziehen, die eine Erhöhung oder Ermäßigung der Abfindung als billig erscheinen lassen. Dabei spielen die *Dauer des Arbeitsverhältnisses* und das *Alter* des Arbeitnehmers die größte Rolle, was der Wortlaut der Vorschrift schon ergibt. Dem Lebensalter kommt allerdings eine ambivalente Funktion zu: Wenn die Auflösung kurze Zeit vor Vollendung des 65. Lebensjahres liegt, kann dies durchaus zu einer relativ geringen Abfindung führen. *Weitere Bemessungsfaktoren* sind im übrigen: Familienstand, Unterhaltspflichten, Entlassungsfolgen, Chancen auf dem Arbeitsmarkt, Begründung eines neuen Arbeitsverhältnisses im Anschluß an den Ablauf der Kündigungsfrist, Maß der Sozialwidrigkeit der Kündigung, Verlust verfallbarer Versorgungsanwartschaften, ideelle Nachteile für den Arbeitnehmer, wirtschaftliche Lage des Arbeitgebers usw. Maßgebend für die Bemessung sind die Verhältnisse zur Zeit der letzten mündlichen Verhandlung der Tatsacheninstanz (BAG vom 18. 1. 1962, AP 20 zu § 66 BetrVG BB 1962, 596).

In der gerichtlichen Praxis hat sich eine *gewisse Schematisierung* bei der Ermittlung der Abfindungshöhe durchgesetzt, wenn auch unstreitig die Regel des § 87 BetrRG 1920 keine Gültigkeit mehr hat. Danach durfte für jedes Jahr der Betriebszugehörigkeit nur ein Monatsverdienst zugrunde gelegt werden. Diese (überholte) Regel gibt der Praxis noch heute einen Anhaltspunkt: Selten wird mehr als ein Monatsverdienst pro Jahr Betriebszugehörigkeit festgesetzt. Liegen keine besonderen Umstände vor, finden sich in *Auflösungsurteilen* Abfindungen, die sich erfahrungsgemäß aus einem halben bis einem Monatsgehalt pro Jahr Betriebszugehörigkeit errechnen, natürlich unter Beachtung der jeweils zulässigen Höchstgrenze. Zu weiteren in der Praxis üblichen Formeln für die Berechnung von Abfindungen vgl. oben 7.4d.

Da das Arbeitsverhältnis bei einer *unwirksamen außerordentlichen Kündigung* nach Ansicht des BAG zum Zeitpunkt des Zugangs der Kündigung aufzulösen ist, ist in diesem Fall bei der Bemessung der Abfindung der während der ordentlichen Kündigungsfrist entgehende Verdienst zu berücksichtigen. Allerdings ist das Gericht auch hier an die jeweilige Höchstgrenze des § 10 KSchG gebunden.

7.7 Wahlrecht des Arbeitnehmers nach gewonnenem Kündigungsschutzprozeß

a) Voraussetzungen des Wahlrechts

In der Regel wird der Arbeitnehmer, der eine gleichwertige neue Stellung gefunden hat, die Klage zurücknehmen oder versuchen, über §§ 9, 10 KSchG eine Abfindung zu erhalten. Er kann aber auch das Verfahren bis zum rechtskräftigen Abschluß fortführen, um dann nach § 12 KSchG zu entscheiden, ob er das alte oder das neue Arbeitsverhältnis fortsetzt. Folgende *Voraussetzungen* müssen erfüllt sein:

(1) Nach der Entscheidung des ArbG, LAG oder BAG muß das alte *Arbeitsverhältnis fortbestehen*. Die Festsetzung einer Abfindung gem. §§ 9, 10 KSchG erfüllt diese Voraussetzung nicht, weil damit das Arbeitsverhältnis aufgelöst wird.

(2) Der Arbeitnehmer muß ein *neues Arbeitsverhältnis* eingegangen sein. Der Begriff „Eingehung" entspricht dem Begriff des „Abschlusses eines Arbeitsvertrages". Wenn jedoch der Antritt der neuen Stellung solange hinausgezögert war, daß der Arbeitnehmer noch die Kündigungsfrist einhalten konnte, wird er in der Regel das neue Arbeitsverhältnis kündigen und das alte Arbeitsverhältnis mit dem früheren Arbeitgeber fortsetzen.

(3) Der Abschluß des neuen Arbeitsvertrages muß *vor der Rechtskraft* der Entscheidung des Arbeitsgerichts liegen. Es muß sich bei dem neuen Arbeitsvertrag grundsätzlich um ein echtes Arbeitsverhältnis handeln, also nicht etwa um einen Werkvertrag oder gesellschaftsrechtliche Verhältnisse (vgl. *Hueck*, § 12 Anm. 2). Dem Zweck des Gesetzes entsprechend stehen jedoch Dienstverträge von vertretungsberechtigten Organmitgliedern Arbeitsverträgen gleich (*Hueck*, a.a.O.; *Maus*, §12 Anm. 5).

(4) Der Arbeitnehmer muß die *Ablehnung innerhalb einer Woche* seit Rechtskraft des Urteils aussprechen.

Die *Rechtskraft* des Urteils tritt ein, wenn ein Rechtsmittel nicht mehr eingelegt werden kann (vgl. § 705 ZPO und *Hueck*, § 12 Anm. 8). Zu beachten ist vor allem, daß ein Urteil des Arbeitsgerichts, gegen das die Berufung zulässig ist, und ein Urteil des LAG, das die Revision zugelassen hat, mit Ablauf der Rechtsmittelfrist (in beiden Fällen ein Monat ab Zustellung des schriftlich begründeten Urteils) rechtskräftig werden. Wird gegen ein Urteil des LAG die Revision nicht zugelassen, so tritt die Rechtskraft mit Ablauf der einmonatigen Frist für die Nichtzulassungsbeschwerde ein (§ 72a ArbGG).

b) Fortsetzung des alten Arbeitsverhältnisses

Erklärt sich der Arbeitnehmer innerhalb der Frist nicht, erlischt sein Recht zur Auflösung des alten Arbeitsverhältnisses (LAG Düsseldorf, DB 1970, 545 und DB 1979, 1516). Viele Arbeitnehmer geben keine dem Gesetz entsprechende Erklärung ab und setzen dennoch das Arbeitsverhältnis mit dem neuen Arbeitgeber fort. Für den alten Arbeitgeber stellt sich in einem solchen Fall die Frage, ob er den Arbeitnehmer unter Androhung erneuter (fristloser) Kündigung für den Fall der Nichtaufnahme der Arbeit zur Arbeitsaufnahme auffordern oder ob er schweigend die Fortsetzung des Arbeitsverhältnisses durch den Arbeitnehmer mit dem neuen Arbeitgeber zur Kenntnis nehmen soll.

Will der alte Arbeitgeber Klarheit über das weitere Schicksal des Arbeitsverhältnisses haben, muß er berücksichtigen, daß der Arbeitnehmer das neue Arbeitsverhältnis grundsätzlich nur durch ordentliche Kündigung beenden kann. Der Arbeitnehmer ist deshalb verpflichtet, die mit dem neuen Arbeitgeber vereinbarte oder tariflich bzw. gesetzlich geltende ordentliche Kündigungsfrist dem alten Arbeitgeber auf Verlangen mitzuteilen. Kommt der Arbeitnehmer dieser Aufforderung grundlos nicht nach, wird man dem alten Arbeitgeber ein außerordentliches Kündigungsrecht einräumen müssen.

Entschließt sich der Arbeitnehmer, das alte Arbeitsverhältnis fortzusetzen, so ist es seine Aufgabe, sich mit dem zweiten Arbeitgeber zu arrangieren. § 12 KSchG gibt dazu keine besondere Möglichkeit, vor allem kein Recht zur außerordentlichen Kündigung. Auf ein solches Recht kann sich der Arbeitnehmer nur berufen, wenn er es sich bei Vertragsschluß vorbehalten hat. Ein Arbeitgeber wird aber nur in Ausnahmefällen bereit sein, einen Arbeitnehmer einzustellen, der den Abschluß einer solchen Klausel wünscht. Dem Arbeitnehmer wird deshalb im Regelfall nichts anderes übrig bleiben, als das neue Arbeitsverhältnis unter Einhaltung der gesetzlichen, vertraglichen oder kollektivrechtlichen Kündigungsfrist zu kündigen und/oder an den neuen Arbeitgeber mit der Bitte vorzeitiger einvernehmlicher Beendigung des Arbeitsverhältnisses heranzutreten. Der alte Arbeitgeber kann jedenfalls aus der Einhaltung der Kündigungsfrist des Arbeitnehmers gegenüber dem zweiten Arbeitgeber keine Rechte gegen den Arbeitnehmer herleiten (ArbG Wilhelmshafen, BB 1960, 1287; LAG Düsseldorf, BB 1964, 473; *Hueck*, § 12 Anm. 4), es sei denn, der Arbeitnehmer hätte eine überaus lange Kündigungsfrist vereinbart (*Hueck*, a. a. O.).

c) Beendigung des alten Arbeitsverhältnisses

Die Ablehnungserklärung kann mündlich oder schriftlich erfolgen. Die *Beweislast* für eine rechtzeitige Ablehnung trägt der Arbeitnehmer. Die einwöchige Frist „wird durch eine vor ihrem Ablauf zur Post gegebene schriftliche Erklärung gewahrt" (§ 12 Satz 2 KSchG). Die Frist berechnet sich nach §§ 187, 188, Abs. 2, 193 BGB.

Beispiel: Wird das Urteil am Donnerstag, 6. 12. 1990 rechtskräftig, läuft die Frist am Donnerstag, 13. 12. 1990 ab.

Achtung: Bei der Frist handelt es sich um eine Ausschlußfrist; eine Wiedereinsetzung kommt nicht in Betracht.

Als „Nichtfortsetzungserklärung" i.S. des § 12 KSchG ist auch eine *Kündigung* des alten Arbeitsverhältnisses durch den Arbeitnehmer anzusehen, die innerhalb der Wochenfrist erklärt wird, und zwar auch dann, wenn diese Kündigung die ordentliche Kündigungsfrist einhält (LAG Düsseldorf vom 13. 6. 1979, DB 1979, 1516).

Beispiel: Das Urteil wird am Donnerstag, 6. 12. 1990 rechtskräftig. Am Montag, 10. 12. 1990 kündigt der Arbeitnehmer das alte Arbeitsverhältnis ordentlich zum 31. 3. 1991. Auch hier „erlischt" das Arbeitsverhältnis am 10. 12. 1990 (§ 12 Satz 3 KSchG).

Nach herrschender Meinung (BAG vom 19. 10. 1972, AP 1 zu § 12 KSchG 1969 = BB 1973, 661; *Hueck*, § 12 Anm. 8; KR-*Becker*, § 12 Anm. 26; a.A. *Rohlfing/Rewolle/Bader*, KSchG § 12 Anm. 2) kann die „Nichtfortsetzungserklärung" auch schon *vor Eintritt der Rechtskraft* erklärt werden. Der Arbeitnehmer muß dabei aber beachten, daß eine solche vorzeitige Erklärung zum Verlust von Ansprüchen aus dem Annahmeverzug des Arbeitgebers führen kann.

Achtung: Das Gesagte gilt auch dann, wenn der Arbeitnehmer im Prozeß nach §§ 9, 10 KSchG *vergeblich* die Auflösung des Arbeitsverhältnisses beantragt. Das Arbeitsgericht hat es dem Arbeitnehmer zu überlassen, ob er vom Wahlrecht des § 12 KSchG Gebrauch macht. Ist dagegen nach §§ 9, 10 KSchG die Auflösung des Arbeitsverhältnisses rechtskräftig ausgesprochen worden, ist für § 12 KSchG kein Raum mehr. Der Arbeitnehmer kann die Erklärung „vorsorglich" schon vor Rechtskraft des Urteils im Kündigungsschutzprozeß abgeben, aber gleichwohl den Antrag nach §§ 9, 10 KSchG weiter verfolgen (BAG, a. a. O.). Gibt das Gericht dem Antrag statt, wird die Erklärung nach § 12 KSchG gegenstandslos.

Da das alte Arbeitsverhältnis bis zum Zugang der „Nichtfortsetzungserklärung" bestanden hat, würde dem Arbeitnehmer die Vergütung nach § 615

Satz 1 BGB an und für sich bis dahin zustehen, wobei er sich auch das im neuen Arbeitsverhältnis Verdiente anrechnen lassen müßte (§ 615 Satz 2 BGB). § 12 Satz 4 KSchG vereinfacht dies folgendermaßen: Der Vergütungsanspruch wird von vornherein auf die Zeit zwischen der tatsächlichen „Entlassung und dem Tage des Eintritts in das neue Arbeitsverhältnis" beschränkt. Ob der Arbeitnehmer im alten Arbeitsverhältnis mehr verdient hatte, spielt keine Rolle (BAG vom 19. 7. 1978, AP 16 zu § 242 BGB Auskunftspflicht = BB 1978, 1719; *Hueck*, § 12 Anm. 6). Auf den Vergütungsanspruch finden die Kürzungsmöglichkeiten nach § 11 KSchG entsprechende Anwendung (§ 12 Satz 5 KSchG).

Achtung: Für den Arbeitnehmer kann es deshalb in einem Ausnahmefall finanziell attraktiv sein, das alte Arbeitsverhältnis zunächst fortzusetzen und dann nach Ablauf der Wochenfrist ordentlich zu kündigen und schließlich wieder beim neuen Arbeitgeber zu arbeiten. Bei solcher Vorgehensweise kommt § 12 Satz 4 KSchG nicht zum Zuge; es gelten vielmehr §§ 615 Satz 1 BGB, 11 KSchG.

7.8 Zwangsvollstreckung aus einem noch nicht rechtskräftigen arbeitsgerichtlichen Urteil und Verzinsung von Abfindungen

Der Anspruch auf Abfindung nach dem KSchG entsteht durch die richterliche Festsetzung im Urteil und wird damit mit der Entscheidung des Arbeitsgerichts, jedoch spätestens zum Zeitpunkt des festgesetzten Endes des Arbeitsverhältnisses fällig (so jetzt BAG vom 9. 12. 1987, BB 1988, 843 = NZA 1988, 329; a. A. LAG Berlin vom 17. 2. 1986, DB 1986, 753, LAG Hamburg vom 28. 12. 1982, DB 1983, 724: Anspruch auf Abfindung entsteht erst mit Rechtskraft des Urteils des Arbeitsgerichts über die Auflösung des Arbeitsverhältnisses). Es kann dann vorläufig vollstreckt werden. Nur wenn der Arbeitgeber glaubhaft macht, daß die Vollstreckung ihm einen nicht zu ersetzenden Nachteil bringen würde, hat das Arbeitsgericht auf seinen Antrag die vorläufige Vollstreckbarkeit im Urteil auszuschließen (§ 62 Abs. 1 Satz 2 ArbGG), weshalb dieser vorsorgliche „Schutzantrag" nicht vergessen werden sollte.

8. Entgelt-, Urlaubs- und Beschäftigungsansprüche nach Ausspruch der Kündigung

8.1 Entgeltansprüche

a) Begründung des Annahmeverzugs

Hat der Arbeitgeber den Arbeitnehmer nach Ausspruch der Kündigung nicht beschäftigt, so befindet er sich regelmäßig gem. § 615 BGB in *Annahmeverzug*. § 11 KSchG enthält eine inhaltlich weitgehend identische Sonderregelung, wenn nach dem Feststellungsurteil des Arbeitsgerichts das Arbeitsverhältnis durch die Kündigung nicht aufgelöst worden ist. Der Arbeitgeber ist daher zur Bezahlung der Vergütung verpflichtet, auch wenn der Arbeitnehmer tatsächlich nicht gearbeitet hat. Annahmeverzug tritt nur ausnahmsweise nicht ein, wenn die Kündigung aus „sonstigen Gründen" (i. S. des § 13 KSchG) unwirksam ist und dem Arbeitgeber die weitere Beschäftigung nicht zumutbar ist. Hierfür reicht jedoch nicht jedes Verhalten, das zur fristlosen Kündigung berechtigt. Vielmehr ist ein besonders grober Verstoß erforderlich und die Gefährdung von Rechtsgütern des Arbeitgebers, seiner Familie oder anderer Arbeitnehmer, deren Schutz Vorrang vor dem Interesse des Arbeitnehmers an der Erhaltung seines Verdienstes hat (BAG vom 29. 10. 1987, AP 5 zu § 9 MuSchG = BB 1988, 914).

Beispiel: Eine fristlose Kündigung wegen erwiesener Unterschlagungen eines Arbeitnehmers wird mangels ordnungsgemäßer Anhörung des Betriebsrats für unwirksam erklärt. Dennoch gerät der Arbeitgeber in Annahmeverzug. Er ist zur Nachzahlung der Bezüge verpflichtet.

Zur *Nachleistung* ist der Arbeitnehmer nicht verpflichtet. Zur Begründung des Annahmeverzugs muß der Arbeitnehmer bis *zum Ablauf der Kündigungsfrist* seine Dienste *ausdrücklich anbieten*. Für die Zeit *nach Ablauf* der Kündigungsfrist bleibt es beim Annahmeverzug auch ohne erneutes ausdrückliches oder wörtliches Angebot gem. §§ 294, 295 BGB, wenn der Arbeitgeber den Arbeitnehmer nicht aufgefordert hat, die Arbeit wieder aufzunehmen (BAG vom 21. 3. 1985, BB 1985, 1468; bestätigt in BAG, BB 1990, 1775). Im übrigen liegt in der Erhebung der *Kündigungsschutzklage* ein Angebot der Arbeitsleistung durch den Arbeitnehmer (vgl. *Burger*, BB 1981, 2076). Auch bei *fristloser Kündigung* ist ein wörtliches Angebot nicht erforderlich, wenn der Arbeitgeber dem Arbeitnehmer ohne wichtigen Grund gekündigt hat (BAG vom 9. 8. 1984, BB 1985, 399 = DB 1985, 552 unter ausdrücklicher Aufgabe der bisherigen Rechtsprechung).

Achtung: Anders kann die Rechtslage sein, wenn der Arbeitnehmer bei Ablauf der Kündigungsfrist oder zum Zeitpunkt der fristlosen Kündigung oder später *arbeitsunfähig* *krank* war. Dann geriet der Arbeitgeber nur in Annahmeverzug, wenn ihm der Arbeitnehmer die Wiederherstellung der Arbeitsfähigkeit mitgeteilt und ihn aufgefordert hat, ihm Arbeit zuzuweisen. Dies galt nach der bisherigen Rechtsprechung auch, wenn der Arbeitnehmer aus anderen Gründen nicht leistungsbereit oder leistungsfähig war (vgl. dazu BAG vom 21. 3. 1985, a. a. O., für die ordentliche Kündigung und BAG vom 9. 8. 1984, a. a. O., für die fristlose Kündigung). Hatte der Arbeitgeber jedoch nach Ausspruch der Kündigung klar und ernsthaft erklärt, er verzichte auf die Arbeitsleistung auch für die Zeit nach dem Ende der fehlenden Arbeitsbereitschaft, so bedurfte es für die Begründung des Annahmeverzugs ausnahmsweise nicht der Mitteilung der Arbeitsbereitschaft (BAG vom 9. 8. 1984, a. a. O.). Nach der neuen Rechtsprechung das BAG (vom 19. 4. 1990, EzA § 615 BGB Nr. 66) treten die Verzugsfolgen mit Eintritt der Arbeitsfähigkeit jedenfalls dann unabhängig von der Anzeige der Arbeitsfähigkeit ein, wenn der Arbeitnehmer dem Arbeitgeber durch Erhebung einer Kündigungsschutzklage oder sonstigen Widerspruch gegen die Kündigung seine weitere Leistungsbereitschaft deutlich gemacht hat.

Nach Auffassung des BAG (vom 21. 5. 1981, BB 1982, 308 = DB 1981, 2496; vgl. auch *Berkowsky*, DB 1981, 1569; *Ohlendorf*, AuR 1981, 109; *Denck*, NJW 1983, 255) endet der Annahmeverzug nicht schon dann, wenn sich der Arbeitgeber bereit erklärt, den Arbeitnehmer ohne vertragliche Übergangsregelung nur im Rahmen eines faktischen Arbeitsverhältnisses „zur Vermeidung von Verzugslohn" längstens bis zur erstinstanzlichen Entscheidung weiterzubeschäftigen. Der Annahmeverzug des Arbeitgebers endet auch dann nicht, wenn er dem Arbeitnehmer vorsorglich einen für die Dauer des Kündigungsrechtsstreits befristeten neuen Arbeitsvertrag zu den bisherigen Bedingungen oder eine durch die rechtskräftige Feststellung der Wirksamkeit der Kündigung auflösend bedingte Fortsetzung des Vertrages anbietet und der Arbeitnehmer dieses Angebot ablehnt (BAG vom 14. 11. 1985, DB 1986, 1878; a. A. LAG Hamm vom 18. 10. 1985, 16 Sa 386/85). Die Ablehnung eines solchen Angebots des Arbeitgebers kann jedoch ein böswilliges Unterlassen anderweitigen Erwerbs im Sinne des § 615 Satz 2 BGB darstellen. Für diese Beurteilung kommt es auf die Umstände des Einzelfalles insbesondere auf Art und Begründung der Kündigung und das Verhalten des Arbeitgebers im Kündigungsprozeß an (BAG vom 14. 11. 1985, a. a. O.). Handelt es sich um eine betriebsbedingte Kündigung, so wird dem Arbeitnehmer die vorläufige Weiterbeschäftigung in der Regel zumutbar sein. Gleiches dürfte für Fälle der krankheitsbedingten Kündigung gelten. Wird eine Kündigung auf verhaltensbedingte Gründe gestützt, so spricht dieser Umstand eher für die Unzumutbarkeit der vorläufigen Weiterarbeit für den Arbeitnehmer im Betrieb. Dies gilt insbesondere, wenn eine außerordentliche Kündigung erklärt wird, da der Arbeitnehmer bereits durch diese Art der Kündigung in seinem Ansehen beeinträchtigt wird (BAG vom 14. 11. 1985, a. a. O.).

Achtung: Nimmt der *Arbeitgeber allerdings die Kündigung zurück* (vgl. allgemein zur Rücknahme der Kündigung im Kündigungsschutzprozeß *Schwerdtner*, ZIP 1982, 639) und fordert er den Arbeitnehmer zur Arbeit auf, beendet er damit regelmäßig den Annahmeverzug. Folgt der Arbeitnehmer der Aufforderung nicht, verliert er seinen Vergütungsanspruch; zum Annahmeverzug bei einer Änderungskündigung vgl. oben 3.6a.

b) Anrechnung von Zwischenverdienst

Hat der Arbeitnehmer zwischenzeitlich durch die unterbliebene Arbeitsleistung *anderweitige Einkünfte* bezogen, so muß er sich diese anrechnen lassen. Auf Verlangen des Arbeitgebers ist der Arbeitnehmer entsprechend § 74c HGB zur Auskunft verpflichtet; bis zur Erfüllung der Auskunft kann der Arbeitgeber die Gehaltszahlung zurückbehalten (§ 320 Abs. 1 BGB; BAG vom 27. 3. 1974, BB 1974, 739 = NJW 1974, 1348; vom 17. 9. 1978, BB 1978, 1719 = NJW 1979, 285). Bei unzureichender Auskunft gilt § 260 Abs. 2 BGB entsprechend. Der Arbeitgeber muß aber beweisen, daß der Arbeitnehmer gearbeitet und Vergütung bezogen hat (BAG, a. a. O.). Für den Arbeitgeber kann es sich durchaus empfehlen, vor Aufnahme von „Abfindungsgesprächen" den Arbeitnehmer zur Auskunft über anderweitigen Verdienst aufzufordern. Bei einer wahrheitswidrigen Beantwortung kann sich der Arbeitnehmer strafbar machen (§ 263 StGB). Eine fiktive Anrechnung von Vergütung findet statt, wenn der Arbeitnehmer es *böswillig unterlassen* hat, anderweitige Einkünfte zu erwerben (§§ 11 KSchG, 615 BGB). Nach § 11 Nr. 3 KSchG muß sich der Arbeitnehmer Arbeitslosengeld, Arbeitslosen- und Sozialhilfe für die Zeit nach der Entlassung anrechnen lassen. Diese Beträge hat der Arbeitgeber jedoch der Stelle zu erstatten, die sie geleistet hat (§ 11 Nr. 3 KSchG).

Böswilligkeit liegt vor, wenn konkrete Aussicht auf Erhalt eines Arbeitsplatzes bestand (vgl. LAG Berlin,NZA 1984, 125). Keine Böswilligkeit liegt vor, wenn der Arbeitnehmer eine Tätigkeit ablehnt, die ihm der Arbeitgeber unter Überschreitung seines Direktionsrechts angeboten oder zugewiesen hat (BAG vom 3. 12. 1980, BB 1981, 1399).

8.2 Beschäftigungsanspruch während der Kündigungsfrist

Während des *Laufs der Kündigungsfrist* hat der Arbeitnehmer nicht nur einen Anspruch auf Fortzahlung seiner Vergütung, sondern auch auf *tatsächliche Beschäftigung* (vgl. BAG vom 19. 8. 1976, 26. 5. 1977, AP 4, 5 zu § 611 BGB Beschäftigungspflicht = BB 1976, 1561, BB 1977, 1504). Dieser Anspruch besteht unabhängig davon, ob der Betriebsrat der Kündigung gem. § 102 BetrVG widersprochen hat oder eine Eigenkündigung des Arbeitnehmers vorliegt. Er kann vergleichsweise einfach und rasch im Wege der einstweiligen Verfügung (§ 940 ZPO) gerichtlich durchgesetzt werden (vgl. *Dütz*, DB 1978, Beil. 13; *Löwisch*, DB 1978, Beil. 2). Die Beschäftigungspflicht besteht grundsätzlich auch gegenüber Führungskräften.

Eine Ausnahme von der Beschäftigungspflicht besteht, wenn der Arbeitgeber *keine Beschäftigungsmöglichkeit* mehr für den Arbeitnehmer hat (BAG vom 13. 9. 1967, AP 3 zu § 611 Beschäftigungspflicht) oder ein begründetes *besonderes Interesse* auf seiten des Arbeitgebers an der Freistellung des Arbeitnehmers vorliegt, z. B.

(1) bei Verdacht strafbarer Handlung oder sonstiger schwerer Arbeitsvertragsverletzung,

(2) bei konkreter Befürchtung, daß der Arbeitnehmer zur Konkurrenz wechselt und dadurch schutzwürdige Interessen des Arbeitgebers gefährdet werden,

(3) wenn der Arbeitnehmer Einblick in wichtige Vorgänge hat,

(4) wenn der Arbeitgeber aus sozialen Gründen statt einer fristlosen Kündigung eine außerordentliche Kündigung, verbunden mit einer Auslauffrist und gleichzeitiger oder teilweiser Freistellung für die Restlaufzeit des Arbeitsverhältnisses ausspricht.

Die Interessen von Arbeitgeber und Arbeitnehmer sind im Einzelfall gegeneinander abzuwägen (BAG vom 19. 8. 1976, AP 4 zu § 611 BGB Beschäftigungspflicht = BB 1976, 1561).

Leitende Angestelle i.S. des § 14 Abs. 2 KSchG und/oder des § 5 Abs. 3 BetrVG wie auch manche Führungskräfte haben nach Funktion und Stellung im Unternehmen Vertrauenspositionen inne. Deshalb muß bei ihnen im Regelfall von einem überwiegenden schutzwürdigen Interesse des Arbeitgebers an einer Freistellung während des Laufs der Kündigungsfrist ausgegangen werden (umstr.). Dies gilt erst recht, wenn es sich um *vertretungsberechtige Organmitglieder* handelt (vgl. BGH vom 12. 11. 1952, BB 1952, 1023 = BGHZ 8, 35/45f. zum GmbH-Geschäftsführer).

Noch nicht geklärt ist, ob sich der Arbeitgeber schon im Anstellungsvertrag wirksam die einseitige Befugnis zur Freistellung des Arbeitnehmers einräumen lassen kann (bejahend wohl *Frey*, S. 193; für Inhaltskontrolle KR-*Wolf*, Grunds. Anm. 227; vgl. weiter *Leßmann*, RdA 1988, 155). Bei Führungskräften sind solche Klauseln u. E. im Regelfalle als wirksam anzusehen, falls nicht in Ausnahmefällen ein besonderes Beschäftigungsinteresse besteht, z. B. Verlust von Kenntnissen aktuellen technischen Wissenschaftsfortschritts bei Fehlen jeglicher Konkurrenzgefahr.

8.3 Urlaub und Urlaubsabgeltung

Eine *Freistellung* steht einer Urlaubserteilung nicht gleich. Durch die Freistellung werden die Resturlaubsansprüche nur verbraucht, wenn dem Arbeitnehmer ausdrücklich oder stillschweigend Urlaub erteilt wird (vgl. LAG Berlin, DB 1970, 2327) oder die Freistellung unwiderruflich erfolgt. Im Einzelfall kann die Erhebung von Urlaubsansprüchen bei längerer Suspendierung des Arbeitnehmers treuwidrig nach § 242 BGB sein, wenn sich der Arbeitnehmer nicht um Urlaubserteilung bemüht hat (BAG vom 16. 11. 1968, AP 3 zu § 7 BUrlG Abgeltung = BB 1969, 273). Nach einer fragwürdigen Entscheidung des LAG Ba-Wü (vom 27. 3. 1990, LAGE § 794 ZPO Nr. 5, rkr.) soll die spätere Geltendmachung von Urlaubsabgeltung sogar zulässig sein, wenn in einem gerichtlichen Vergleich die *unwiderrufliche* Freistellung des Arbeitnehmers von der Arbeitsverpflichtung vereinbart war und sich die entsprechende

Klausel nur auf den betreffenden Rechtsstreit bezieht. Dem ist nicht zu folgen: Die Unwiderruflichkeit der Freistellung beinhaltet letztlich nichts anderes als die Erteilung vom Urlaub durch den Arbeitgeber (vgl. auch BAG, AP 3 zu § 7 BUrlG Abgeltung = BB 1969, 273). Dennoch ist eine klare Regelung in der Freistellungserklärung oder im Aufhebungsvertrag nötig, z. B. so:

„Der Arbeitnehmer wird freigestellt unter Anrechnung restlicher Urlaubsansprüche."

Der Arbeitnehmer kann andererseits nach einer fristgemäßen Kündigung den Urlaub nicht einseitig in die Kündigungsfrist legen. Notfalls muß er über eine einstweilige Verfügung seinen Urlaubsanspruch durchsetzen (vgl. BAG vom 26. 4. 1960, AP 58 zu § 611 BGB Urlaubsrecht = BB 1960, 782). Unzulässig gezahlte *Urlaubsabgeltung* kann wegen §§ 814, 817 Abs. 1 BGB nach herrschender Meinung nicht zurückgefordert werden (vgl. BAG vom 7. 12. 1956, AP 1 zu § 817 BGB = BB 1957, 293; vom 21. 3. 1968, AP 5 zu § 5 BUrlG = BB 1968, 834; LAG Ba-Wü, BB 1969, 274).

Achtung: Das *Abgeltungsverbot gilt aber nicht bei der Beendigung des Arbeitsverhältnisses.* Dabei spielt es keine Rolle, ob die Urlaubsgewährung vor Ablauf des Arbeitsverhältnisses noch möglich war oder erfolglos geltend gemacht wurde (BAG vom 16. 11. 1968, AP 3 zu § 7 BUrlG = BB 1969, 273 und vom 20. 10. 1966, AP 1 zu § 2 BUrlG). Auch der *Urlaubsabgeltungsanspruch ist* im voraus *unabdingbar;* deshalb Vorsicht bei allgemeinen Erledigungsklauseln (vgl. dazu 9.3; zur Kündigung im Urlaub vgl. auch *Corts,* DB 1979, 2081).

8.4 Weiterbeschäftigungsanspruch nach § 102 Abs. 5 BetrVG

Nach § 102 Abs. 5 BetrVG ist der Arbeitnehmer auf sein Verlangen vom Arbeitgeber für die Zeit *nach Ablauf der Kündigungsfrist* bis zum rechtskräftigen Abschluß des Kündigungsschutzverfahrens weiterzubeschäftigen, (1) wenn eine ordentliche Kündigung vorliegt, (2) der Betriebsrat frist- und ordnungsgemäß widersprochen (vgl. oben 2.5) und (3) der Arbeitnehmer Kündigungsschutzklage erhoben hat. Die Beschäftigungspflicht entfällt erst, wenn die Kündigungsschutzklage rechtskräftig abgewiesen wird. Dem Arbeitnehmer bleibt es überlassen, ob er den Weiterbeschäftigungsanspruch nach § 102 Abs. 5 BetrVG geltend macht. Erhebt er ihn nicht, gerät der Arbeitgeber trotzdem bis zum Abschluß des Kündigungsrechtsstreits für die Dauer des Kündigungsschutzverfahrens nach §§ 615 BGB, 11 KSchG in Annahmeverzug (vgl. oben 8.1 a). Dieser wird nicht dadurch beseitigt, daß der Arbeitnehmer keine Weiterbeschäftigung nach § 102 Abs. 5 BetrVG gerichtlich durchsetzt (KR-*Etzel,* § 102 BetrVG Anm. 193; *Fitting/Auffarth/Kaiser/Heither,* § 102 Anm. 63).

Das Verlangen des Arbeitnehmers nach Weiterbeschäftigung ist an *keine Frist* gebunden (BAG vom 31. 8. 1978, AP 1 zu § 102 BetrVG 1972 Weiterbeschäftigung = BB 1979, 523). Der Arbeitnehmer kann den Anspruch durch Klage im sog. Urteilsverfahren geltend machen; auch ein Antrag auf Erlaß einer einstweiligen Verfügung kann in Betracht kommen (vgl. zur Vollstreckung LAG Berlin, ARSt 1979, 30). Das Verfahren auf Weiterbeschäftigung kann mit der Kündigungsschutzklage verbunden werden. Die Weiterbeschäftigungspflicht nach § 102 Abs. 5 BetrVG besteht für den Arbeitnehmer nur dann nicht, wenn ihn das Arbeitsgericht aufgrund *einstweiliger Verfügung im Urteilsverfahren* (vgl. *Fitting/Auffarth/Kaiser/Heither*, § 102 Anm. 24 m. w. N.) davon *entbindet*. Dem Antrag des Arbeitgebers hat das Arbeitsgericht stattzugeben, wenn

(1) die Klage des Arbeitnehmers keine hinreichende Aussicht auf Erfolg bietet oder mutwillig erscheint oder

(2) die Weiterbeschäftigung des Arbeitnehmers zu einer unzumutbaren wirtschaftlichen Belastung des Arbeitgebers führen würde oder

(3) der Widerspruch des Betriebsrats offensichtlich unbegründet war.

Auch der Entbindungsantrag des Arbeitgebers ist grundsätzlich an keine Frist gebunden. Da bei zu langem Zuwarten aber *Zweifel an der Eilbedürftigkeit* des Antrags entstehen können (LAG Düsseldorf, DB 1977, 1952), sollte sich der Arbeitgeber schnell entscheiden.

8.5 Allgemeiner Weiterbeschäftigungsanspruch

Mit der Entscheidung vom 27. 2. 1985 hat der Große Senat des BAG (BB 1985, 1978 mit Anm. von *Gumpert*, BB 1985, 1984; vgl. auch BAG vom 2. 4. 1987, BB 1988, 1120 = NZA 1987, 808; *Schuhmann*, NZA 1985, 688; *ders.,* AiB 1985, 163; *Schäfer*, NZA 1985, 691; *Dänzer-Vanotti*, DB 1985, 2610) endlich eine der umstrittensten Fragen des Arbeitsrechts beantwortet: Aus dem schon seit langem für das unumstritten bestehende Arbeitsverhältnis anerkannten Beschäftigungsanspruch (vgl. oben 8.2) hat er den Weiterbeschäftigungsanspruch für das gekündigte Arbeitsverhältnis entwickelt, diesen aber mit einigen Vorbehalten verbunden. (*Bengelsdorf*, DB 1986, 168/222 hält die Rechtsfortbildung für verfassungswidrig). Im einzelnen gilt folgendes:

a) Leitsätze der Entscheidung des Großen Senats vom 27. 2. 1985

„(1) Außerhalb der Regelung der §§ 102 Abs. 5 BetrVG, 79 Abs. 2 BPersVG hat der gekündigte Arbeitnehmer einen arbeitsvertraglichen Anspruch auf vertragsgemäße Beschäftigung über den Ablauf der Kündigungsfrist oder bei einer fristlosen Kündigung über deren Zugang hinaus bis zum rechtskräftigen Abschluß des Kündigungsschutzprozesses, wenn die Kündigung unwirksam ist und überwiegende schutzwerte Interessen des Arbeitgebers einer solchen Beschäftigung nicht entgegenstehen.

Außer im Falle einer offensichtlich unwirksamen Kündigung begründet die Ungewißheit über den Ausgang des Kündigungsprozesses ein schutzwertes Interesse des Arbeitgebers an der Nichtbeschäftigung des gekündigten Arbeitnehmers für die Dauer des

Kündigungsprozesses. Dieses überwiegt in der Regel das Beschäftigungsinteresse des Arbeitnehmers bis zu dem Zeitpunkt, in dem im Kündigungsprozeß ein die Unwirksamkeit der Kündigung feststellendes Urteil ergeht. Solange ein solches Urteil besteht, kann die Ungewißheit des Prozeßausgangs für sich allein ein überwiegendes Geneninteresse des Arbeitgebers nicht mehr begründen. Hinzukommen müssen dann vielmehr zusätzliche Umstände, aus denen sich im Einzelfall ein überwiegendes Interesse des Arbeitgebers ergibt, den Arbeitnehmer nicht zu beschäftigen.

(2) Der arbeitsvertragliche Beschäftigungsanspruch kann im Klagewege geltend gemacht werden. Eine Aussetzung des Verfahrens bis zum rechtskräftigen Abschluß eines anhängigen Rechtsstreits über die Wirksamkeit der Kündigung ist nicht zwingend. Ist die Wirksamkeit einer Kündigung nach den Vorschriften des Kündigungsschutzgesetzes zu beurteilen, so darf einer Beschäftigungsklage nur stattgegeben werden, wenn ein Gericht für Arbeitssachen auf eine entsprechende Kündigungsschutzklage des Arbeitnehmers hin festgestellt hat oder gleichzeitig feststellt, daß das Arbeitsverhältnis durch die Kündigung nicht aufgelöst worden ist."

b) Offensichtlich unwirksame Kündigung

Der Große Senat knüpft insoweit an die Rechtsprechung des Zweiten Senats (BAG vom 26. 5. 1977, BB 1977, 1504) an, wonach bei „offensichtlich unwirksamer Kündigung" ein nahtloser Weiterbeschäftigungsanspruch anzuerkennen ist. Wann eine Kündigung allerdings „offensichtlich unwirksam" ist, kann durchaus auch unter „Kundigen" umstritten sein (darauf weist *Gumpert*, a. a. O., zu Recht hin). Denkbar sind vor allem Fälle, bei denen bei feststehendem Sachverhalt die Rechtsfolge der Unwirksamkeit sich unzweifelhaft ohne jeden Beurteilungsspielraum unmittelbar aus dem Gesetz ergibt, z. B. bei Nichtanhörung des Betriebsrats nach § 102 BetrVG, bei fehlender Zustimmung des Betriebsrats nach § 103 BetrVG und bei Verstößen gegen §§ 15 SchwbG, 9 MuSchG, 15 BBiG, 2 ArbPlSchG, 18 BErzGG. Aber auch wenn eine Kündigung offenbar willkürlich oder rechtsmißbräuchlich ausgesprochen wird, kann das Gericht über die Weiterbeschäftigung entscheiden, ohne eine obsiegende Entscheidung des Arbeitnehmers im Kündigungsschutzverfahren abwarten zu müssen.

c) Weiterbeschäftigungsanspruch in sonstigen Fällen

Soweit es nicht um „offensichtlich unwirksame Kündigungen" geht, bewirkt die Entscheidung des Großen Senats folgendes:

(1) Der Beschäftigungsanspruch erlischt zunächst mit Zugang einer außerordentlichen Kündigung oder Ablauf der Kündigungsfrist, es sei denn, der Arbeitnehmer hat schon zu diesem Zeitpunkt ein ihm günstiges Urteil im Kündigungsschutzprozeß erstritten.

(2) Nur im Falle eines die Unwirksamkeit der Kündigung feststellenden Urteils kann auch zur Weiterbeschäftigung verurteilt und damit der Weiterbeschäftigungsanspruch durchgesetzt werden.

(3) Dem Arbeitnehmer, der weiterbeschäftigt werden will, ist dringend zu empfehlen, den entsprechenden Klageantrag schon im Kündigungsschutzprozeß zu stellen; nur so kann er sich mit dem Obsiegen im Kündigungsschutzprozeß unmittelbar auch seine Beschäftigung sichern. Das bloße Feststellungsurteil im Kündigungsschutzprozeß verschafft dem Arbeitnehmer keinen Titel für eine Weiterbeschäftigung. Dabei kann der Arbeitnehmer im Kündigungsschutzprozeß den Antrag auf Weiterbeschäftigung für den Fall stellen, daß seiner Kündigungsschutzklage stattgegeben wird („uneigentlicher Hilfsantrag", BAG vom 8. 4. 1988, BB 1988, 1468 = NZA 1988, 741).

(4) Hat der Arbeitnehmer mit der Kündigungsschutzklage erst in zweiter Instanz Erfolg, besteht der Weiterbeschäftigungsanspruch erst von der Berufungsentscheidung an (vgl. BAG vom 8. 4. 1988, a. a .O.).

(5) Hat der Arbeitnehmer mit der Kündigungsschutzklage in erster Instanz Erfolg, aber nicht in zweiter Instanz, endet die Weiterbeschäftigungspflicht.

d) Weiterbeschäftigungsanspruch bei befristeten oder auflösend bedingten Arbeitsverhältnissen

Die Grundsätze des Beschlusses des Großen Senats vom 27. 2. 1985 gelten entsprechend auch dann, wenn um die Wirksamkeit einer Befristung oder auflösenden Bedingung des Arbeitsverhältnisses gestritten wird. Der Arbeitnehmer kann dann auch allein auf Weiterbeschäftigung klagen. Die Unwirksamkeit der Befristung oder auflösenden Bedingung ist dann als Vorfrage im Weiterbeschäftigungsprozeß zu prüfen (BAG vom 13. 6. 1985, BB 1986, 1437 = NZA 1986, 562).

e) Weiterbeschäftigungsanspruch bei Ausspruch weiterer Kündigungen

Hat ein Gericht für Arbeitssachen festgestellt, daß eine bestimmte Kündigung unwirksam ist und hat es deshalb den Arbeitgeber zur Weiterbeschäftigung verurteilt, hängt die Beantwortung der Frage, ob danach ausgesprochene Kündigungen den Weiterbeschäftigungsanspruch beenden, davon ab, ob sie zu einer Ungewißheit über den Fortbestand des Arbeitsverhältnisses führen. Diese Ungewißheit muß derjenigen entsprechen, die vor Verkündung des Urteils bestanden hat, das die Unwirksamkeit der ersten Kündigung festgestellt hat. Dementsprechend beendet eine weitere offensichtlich unwirksame Kündigung den Weiterbeschäftigungsanspruch ebensowenig wie eine weitere Kündigung, die auf dieselben Gründe gestützt wird, die nach Auffassung des Arbeitsgerichts schon für die erste Kündigung nicht ausgereicht haben.

Stützt dagegen der Arbeitgeber eine weitere Kündigung auf einen neuen Lebenssachverhalt, der es möglich erscheinen läßt, daß die erneute Kündigung eine andere rechtliche Beurteilung erfährt, dann wird damit eine zusätzliche Ungewißheit über den Fortbestand des Arbeitsverhältnisses begründet, die das schutzwürdige Interesse des Arbeitgebers an der Nichtbeschäftigung wieder überwiegen läßt. Bei der Prüfung der Frage, ob es möglich ist, daß die neue

Kündigung eine andere Beurteilung erfährt, sind auch die Umstände zu berücksichtigen, die dafür sprechen, daß der neue Sachverhalt nur vorgeschoben ist (BAG vom 19. 12. 1985, BB 1986, 1435 = NZA 1986, 566).

f) Rechtslage bei der Änderungskündigung

Hier sind *drei Varianten* zu unterscheiden:

(1) Hat der Arbeitnehmer im Fall einer Änderungskündigung das Änderungsangebot des Arbeitgebers fristgerecht unter *Vorbehalt* angenommen (§ 2 KSchG), so ist Streitgegenstand der vom Arbeitnehmer nach § 4 KSchG erhobenen Änderungsschutzklage insgesamt die Wirksamkeit der Änderung der Arbeitsbedingungen, während die Auflösung des Arbeitsverhältnisses durch die Kündigung nicht mehr im Streit steht (BAG vom 23. 3. 1983, AP 1 zu § 6 KSchG = BB 1983, 2260; BAG vom 28. 3. 1985, BB 1985, 2179 = NZA 1985, 709). Während des laufenden Änderungsschutzverfahrens ist der Arbeitnehmer verpflichtet, nach Ablauf der Kündigungsfrist (vorläufig) zu den angebotenen geänderten Bedingungen weiterzuarbeiten (*Hueck*, § 2 Anm. 30). Das Problem eines Weiterbeschäftigungsanspruchs stellt sich deshalb hier nicht. Denn der Arbeitnehmer wird nach Ablauf der Kündigungsfrist tatsächlich weiterbeschäftigt – wenn auch zu anderen Arbeitsbedingungen (vgl. BAG, BB 1990, 1843).

(2) Hat der Arbeitnehmer den *Vorbehalt nicht erklärt*, aber Kündigungsschutzklage erhoben, so ist nicht der Inhalt, sondern der Bestand des Arbeitsverhältnisses streitig. Es gelten dann in vollem Umfang die vom Großen Senat entwickelten Grundsätze.

(3) *Streiten* die Parteien im Rahmen einer Änderungsschutzklage nach § 4 Satz 2 KSchG um die *Wirksamkeit* des vom Arbeitnehmer nach § 2 KSchG erklärten *Vorbehalts*, so ist nicht nur der Inhalt, sondern auch der Bestand des Arbeitsverhältnisses streitig. Der Arbeitgeber darf auch in einem solchen Fall nicht zur Weiterbeschäftigung des Arbeitnehmers zu den angebotenen geänderten Bedingungen verurteilt werden, solange kein der Änderungsschutzklage stattgebendes Urteil vorliegt (BAG vom 28. 3. 1985, a. a. O., im Anschluß an den Beschluß des Großen Senats vom 27. 2. 1985, a. a. O.).

g) Leitende Angestellte

Der Große Senat hat in den Gründen seiner Entscheidung ausdrücklich angeführt, daß sich „aus der Stellung" des gekündigten Arbeitnehmers im Betrieb und „der Art seines Arbeitsbereichs" ein überwiegendes schutzwertes Interesse des Arbeitgebers ergeben kann, den Arbeitnehmer vom Arbeitsplatz fernzuhalten (vgl. unten h). Diese Bemerkung ist vor allem im Hinblick auf leitende Angestellte nach § 14 Abs. 2 KSchG und/oder § 5 Abs. 3 BetrVG zu verstehen, die regelmäßig Vertrauenspositionen innehaben (vgl. oben 8.2).

Auf jeden Fall kommt der allgemeine Weiterbeschäftigungsanspruch dann nicht in Betracht, wenn es sich um einen leitenden Angestellten i.S. des § 14 Abs. 2 KSchG handelt *und* der Arbeitgeber den hilfsweisen Auflösungsantrag gestellt hat. In diesem Fall steht fest, daß die Kündigung entweder berechtigt ist oder das Arbeitsverhältnis aufgelöst werden muß (vgl. oben 7.6c).

h) Abwehr und Vollstreckbarkeit des Weiterbeschäftigungsanspruchs

Der Arbeitgeber kann sich zur Verteidigung gegen die Beschäftigungsklage darauf beschränken, die Beendigung des Arbeitsverhältnisses zu begründen. Hat er damit Erfolg, kann das Gericht der Beschäftigungsklage nicht stattgeben.

Will der Arbeitgeber aber für den Fall seines – vorläufigen – Unterliegens im Kündigungsschutzprozeß der Beschäftigungsklage entgegentreten, trifft ihn die *Darlegungs- und Beweislast* dafür, daß seine schutzwürdigen Interessen an der Abwehr der Beschäftigung das Beschäftigungsinteresse des Arbeitnehmers überwiegen (*Schäfer,* a. a. O.). Zu denken ist hierbei etwa an

„solche Umstände, die auch im streitløs bestehenden Arbeitsverhältnis den Arbeitgeber zur vorläufigen Suspendierung des Arbeitnehmers berechtigen. Besteht z. B. gegen den Arbeitnehmer der konkretisierbare *Verdacht des Verrats von Betriebsgeheimnissen,* so könnte der Arbeitgeber die Beschäftigung dieses Arbeitnehmers schon während des bestehenden Arbeitsverhältnisses verweigern, um das Ausspionieren weiterer betrieblichen Geschehens zu verhindern. Dann müßte ihm aber auch zugestanden werden, den Arbeitnehmer trotz einer vorläufigen Feststellung der Unwirksamkeit der Kündigung vom Betrieb fernzuhalten, solange sich die Unhaltbarkeit des Vorwurfs nicht rechtskräftig herausgestellt hat. Entsprechendes könnte für *andere Fälle eines strafbaren oder schädigenden Verhaltens* des Arbeitnehmers angenommen werden. Auch aus der *Stellung des gekündigten Arbeitnehmers im Betrieb* und der *Art seines Arbeitsbereichs* kann sich ein überwiegendes schutzwertes Interesse des Arbeitgebers ergeben, den betreffenden Arbeitnehmer wegen der Ungewißheit des Fortbestandes des Arbeitsverhältnisses von seinem Arbeitsplatz fernzuhalten.

Ferner müßte das Interesse des Arbeitgebers an der Nichtbeschäftigung dann überwiegen, wenn die Weiterbeschäftigung des Arbeitnehmers zu einer *unzumutbaren wirtschaftlichen Belastung* des Arbeitgebers führen würde. Schon die gesetzliche Regelung des Weiterbeschäftigungsanspruchs des gekündigten Arbeitnehmers in § 102 Abs. 5 BetrVG gibt dem Arbeitgeber unter dieser Voraussetzung die Möglichkeit, sich durch einstweilige Verfügung des Arbeitsgerichts von der Verpflichtung zur Weiterbeschäftigung entbinden zu lassen (so ausdrücklich BAG/GS vom 27. 2. 1985, a. a. O.)".

Der Weiterbeschäftigungsanspruch entsteht weiter dann nicht, wenn das *Arbeitsverhältnis auf Antrag des Arbeitgebers* nach §§ 9, 10 KSchG *aufgelöst wird* (vgl. dazu oben 7.6c) oder über eine *weitere, auch hilfsweise Kündigung* noch nicht entschieden worden ist (vgl. BAG vom 28. 3. 1985, BB 1985, 2179 = NZA 1985, 709).

Das Weiterbeschäftigungsurteil des ArbG oder des LAG ist *vorläufig vollstreckbar.* Die Vollstreckung erfolgt nach § 888 ZPO (*Schaub,* § 110 II 2; KR-*Wolf,* Grunds. Anm. 477; LAG Berlin, EzA zu § 888 ZPO Nr. 1; LAG Berlin vom 5. 7. 1985, NZA 1986, 36; *Schäfer,* a. a. O.; a/A *Dudzus/Frohner,* BB 1979, 482 und *Egerer,* Beil. 2 S. 22 zu NZA Heft 17/1985). Der Anspruch des Arbeitnehmers auf seine Weiterbeschäftigung kann nicht mit einem Antrag auf Zahlung einer Entschädigung nach § 61 Abs. 2 ArbGG verbunden werden (ArbG Wetzlar vom 8. 12. 1986, NZA 1987, 536).

Das Urteil ist auch dann vorläufig vollstreckbar, wenn für die Beschäftigungspflicht kein Endzeitpunkt angegeben ist (so *Frohner*, BB 1980, 161; *Grunsky*, § 62 Anm. 13a; KR-*Wolf*, Grunds. Anm. 477; a.A. LAG Hamm vom 29. 8. 1979, BB 1980, 160). Die Vollstreckbarkeit hängt ferner nicht davon ab, daß die Art und die Einzelheiten der Beschäftigung in dem Urteil detailliert beschrieben sind; es reicht aus, daß die Verurteilung auf Beschäftigung zu den bisherigen bzw. unveränderten Bedingungen lautet. Ein Titel mit dem Inhalt „Der Kläger ist über den ... (bestimmter Termin) hinaus weiterzubeschäftigen" ist aber nur hinreichend bestimmt, wenn sich durch Auslegung ermitteln läßt, ob es sich um den vertraglichen Beschäftigungsanspruch oder um den Beschäftigungsanspruch aus § 102 Abs. 5 BetrVG handelt und auf welche Dauer sich die Verurteilung erstreckt (so *Frohner*, BB 1980, 161; KR-*Wolf*, Grunds. Anm. 477; LAG Schleswig-Holstein vom 6. 1. 1987, NZA 1987, 322; vgl. auch LAG Rheinland-Pfalz vom 7. 1. 1986, NZA 1986, 196). Aus dem Titel muß sich auch nicht ergeben, zu welchen Arbeitsbedingungen aufgrund der das Arbeitsverhältnis bestimmenden Vereinbarungen und Normen die Weiterbeschäftigung zu erfolgen hat, sofern sich dies aus dem Tatbestand und den Entscheidungsgründen entnehmen läßt (vgl. LAG Schleswig-Holstein, a.a.O.). Ob auch eine Verurteilung auf unbestimmte Dauer zulässig ist, wenn die Kündigung rechtskräftig für unwirksam erklärt ist, ist zweifelhaft. Insoweit fehlt regelmäßig die Besorgnis, daß sich der Arbeitgeber auch nach rechtskräftigem, die Kündigung für unwirksam erklärendem Urteil seiner Beschäftigungspflicht entziehen wird (vgl. § 259 ZPO; a.A. KR-*Wolf*, Grunds. Anm. 477). Eine solche Besorgnis kann allenfalls bei einer Vielzahl vorangegangener offensichtlich unwirksamer Kündigungen gegeben sein.

Der Tenor ist regelmäßig dahin auszulegen, daß zur Weiterbeschäftigung nur auflösend bedingt verurteilt werden soll, falls die Kündigung für wirksam erklärt wird (vgl. LAG Köln vom 24. 6. 1987, NZA 1988, 39; LAG Frankfurt vom 11. 3. 1988, DB 1988, 1404). Die Vollstreckung wird nicht unmittelbar durch eine erneute Kündigung gehemmt. Die Vollstreckbarkeit eines rechtskräftigen Beschäftigungsurteils kann nur im Wege eines der *Vollstreckungsabwehrklage* gemäß § 767 ZPO stattgebenden Urteils beseitigt werden (vgl. Schäfer, a.a.O.; LAG Frankfurt vom 28. 1. 1985 DB 1985, 1139). Nach § 62 Abs. 1 Satz 2 ArbGG hat das Arbeitsgericht auf *Antrag die vorläufige Vollstreckbarkeit* im Urteil *auszuschließen*, wenn der Arbeitgeber glaubhaft macht, aus der Vollstreckung entstehe ihm ein *nicht zu ersetzender Schaden*. Ein solcher unersetzlicher Nachteil liegt nicht schon darin, daß die etwa zu Unrecht erzwungene Weiterbeschäftigung nicht mehr rückgängig gemacht werden kann (*Schäfer*, a.a.O.). Der Große Senat hält es deshalb für den Ausschluß der vorläufigen Vollstreckbarkeit für erforderlich, daß aus der Beschäftigung Schäden in einem Ausmaß drohen, die wahrscheinlich von Arbeitnehmern nicht ersetzbar sind. Allerdings wird es in solchen Fällen schon gar nicht zum Weiterbeschäftigungsanspruch kommen, da hier schutzwürdige Interessen des Arbeitgebers die Beschäftigungsinteressen des Arbeitnehmers überwiegen. Hat das ArbG oder LAG zu Unrecht der Beschäftigungsklage stattgegeben, kann der Arbeitgeber *Einstellung der Zwangsvollstreckung* nach § 62 Abs. 1 ArbGG i.V. mit § 719 ZPO beim LAG bzw. BAG beantragen. Voraussetzung ist allerdings, daß Berufung bzw. Revision gegen das Urteil eingelegt worden ist. So hat der Zweite Senat des BAG in einem Beschluß vom 5. 7. 1985 (2 AZR 190/85; vgl. auch das spätere Urteil vom 19. 12. 1985 in diesem Verfahren, BB 1986, 1435 = DB 1986, 176) die Zwangsvollstreckung aus einem Urteil des LAG Berlin vom 15. 1. 1985 (9 Sa 99/84) mit folgender Begründung eingestellt:

„Nach dem Beschluß des Großen Senats vom 27. 2. 1985 (GS 1/84) war das LAG noch nicht berechtigt, im angefochtenen Urteil auch über die Weiterbeschäftigung über den 11. 10. 1984 hinaus zu entscheiden, weil die Unwirksamkeit der an diesem Tag ausgesprochenen vierten Kündigung der Beklagten noch nicht gerichtlich festgestellt worden war."

Vgl. zu dieser Entscheidung auch *Schumann*, AiB 1985, 163, der von einem „Kündigungskrieg" des Arbeitgebers spricht und wörtlich ausführt:

„Es liegt auf der Hand, daß eine solche Spruchpraxis, die die Aussetzung bzw. Einstellung der Zwangsvollstreckung aus einem Weiterbeschäftigungstitel allein wegen einer nachfolgend ausgesprochenen Kündigung verfügt, zu einer deutlichen Entwertung und Blockade der Rechtsprechung des Großen Senats zum Beschäftigungsanspruch führen kann. Sie ist weder mit den Grundsätzen über die Einstellung einer Zwangsvollstreckung noch mit der Wertentscheidung des Großen Senats in seinem Beschluß vom 27. 2. 1985 vereinbar und muß von daher entspechend kritisiert und angegangen werden."

Die Kritik ist nicht berechtigt. Auf der Basis der Entscheidung des Großen Senats könnte die Weiterbeschäftigung nur dann in Betracht kommen, wenn die nachfolgende Kündigung „offensichtlich unwirksam" ist.

i) Rechte und Pflichten während der Weiterbeschäftigung

aa) Weiterbeschäftigung vor Erlaß eines Weiterbeschäftigungsurteils

Fordert der Arbeitgeber einen gekündigten Arbeitnehmer nach Ablauf der Kündigungsfrist auf, seine Tätigkeit bis zur Entscheidung über die Kündigungsschutzklage fortzuführen oder stellt er ihm dies anheim, so geht der Vertragswille der Parteien in der Regel dahin, das Arbeitsverhältnis, das der Arbeitgeber durch die Kündigung beenden will, fortzusetzen, bis endgültig geklärt ist, ob und zu welchem Zeitpunkt die Kündigung wirksam geworden ist (BAG/5. Senat vom 15. 1. 1986, BB 1986, 1157 = NZA 1986, 561; BAG/8. Senat vom 4. 9. 1986, BB 1987, 1109 = NZA 1987, 376). In der Weiterbeschäftigung liegt dann der Abschluß eines neuen befristeten Vertrages oder die Vereinbarung, daß der gekündigte Arbeitsvertrag auflösend bedingt durch die rechtskräftige Abweisung der Kündigungsschutzklage fortgesetzt werden soll (BAG vom 15. 1. 1986 und 4. 9. 1986, a. a. O.). Entsprechendes gilt im Regelfalle, wenn der gekündigte Arbeitnehmer nach Ablauf der Kündigungsfrist seine Tätigkeit im Betrieb des Arbeitgebers fortgesetzt und dieser den laufenden, fälligen Tariflohn bezahlt. In der Zeit bis zur endgültigen Klärung bestimmen sich die Rechte und Pflichten grundsätzlich nach den Vereinbarungen des gekündigten Arbeitsvertrages einschließlich der anzuwendenden arbeitsrechtlichen Schutzvorschriften. Deshalb stehen dem Arbeitnehmer, der während des fortgesetzten Arbeitsverhältnisses arbeitsunfähig wird, auch die für diesen Fall geltenden unabdingbaren gesetzlichen Ansprüche, also der Lohn- bzw. Gehaltsfortzahlungsanspruch bei krankheitsbedingter Arbeitsunfähigkeit zu (z. B. §§ 1 Abs. 1 Satz 1, 9 LohnFG). Ebenso steht dem Arbeitnehmer ein Anspruch auf eine anteilige Jahressonderzahlung zu, wenn diese nach dem anzuwendenden Tarifvertrag als auf den Weiterbeschäftigungszeitraum entfallender Lohn anzusehen ist (BAG vom 4. 9. 1986, a. a. O.). Offengelassen hat die Rechtsprechung, ob dem Arbeitnehmer auch Ansprüche erwachsen können, die als Gegenleistung für erwartete Betriebstreue erbracht werden, wie das bei Weihnachtsgratifikationen durchweg der Fall ist (BAG vom 15. 1. 1986, a. a. O.). Dies ist u. E. abzulehnen.

Stellt sich heraus, daß die Kündigung das ursprünglich bestehende Arbeitsverhältnis beendet hat (z. B. Abweisung der Kündigungsschutzklage, entsprechender Prozeßvergleich), so sind die Rechtsbeziehungen der Parteien nach den Grundsätzen des *faktischen Arbeitsverhältnisses* abzuwickeln. Es wird für die Vergangenheit wie ein fehlerfrei zustandegekommenes Arbeitsverhältnis behandelt; eine Rückabwicklung findet nicht statt. Dem Arbeitnehmer verbleiben dann die für seine Arbeitsleistung gewährten Vergütungen, einschließlich der Ansprüche auf Rentenbezüge bei Arbeitsunfähigkeit (BAG vom 15. 1. 1986, BB 1986, 1157 = NZA 1986, 561). Auch die arbeitsrechtlichen Schutzvorschriften sind ohne Einschränkungen anwendbar.

bb) Weiterbeschäftigung **nach** *erstinstanzlicher Entscheidung*

Beschäftigt ein Arbeitgeber einen gekündigten Arbeitnehmer erst nach Erlaß eines erstinstanzlichen Urteils und nur zur Vermeidung der Zwangsvollstreckung, so liegt keine einvernehmliche Fortsetzung des Arbeitsverhältnisses vor. Es ist regelmäßig auch nicht von einem entsprechenden Vertragsschluß durch schlüssiges Verhalten auszugehen (BAG/8. Senat vom 10. 3. 1987, BB 1987, 1110 = NZA 1987, 373; ebenso BAG/6. Senat vom 1. 3. 1990, BB 1990, 1488 = NZA 1990, 696). Bei Wirksamkeit der Kündigung hat der Arbeitnehmer einen Anspruch auf Ersatz des Wertes der geleisteten Arbeit nach den Grundsätzen der ungerechtfertigten Bereicherung, §§ 812 Abs. 1 Satz 1, 818 Abs. 2 BGB. Die Grundsätze des faktischen Arbeitsverhältnisses sind nicht anwendbar (BAG/8. Senat vom 10. 3. 1987, a. a. O.; ebenso BAG/6. Senat vom 1. 3. 1990, BB 1990, 1488 = NZA 1990, 696). Dieser Wert entspricht der üblichen Vergütung. In Betrieben, in denen sich die Vergütung nach dem Tariflohn richtet, ist dies der Tariflohn (vgl. BAG/8. Senat vom 10. 3. 1987, a. a. O.). Zur üblichen Vergütung gehört auch eine zeitanteilige Jahressonderzahlung, wenn diese nach dem Inhalt der für das beendete Arbeitsverhältnis maßgebenden Tarifregelung als auf den Weiterbeschäftigungszeitraum entfallender Lohn anzusehen ist. Nicht zu ersetzen ist Urlaub, der dem Arbeitnehmer nicht gewährt worden ist, da der Arbeitgeber insoweit nichts erlangt hat. Urlaub ist nach der ständigen Rechtsprechung des BAG (vom 14. 5. 1986, BB 1986, 2338 = NZA 1986, 834) keine Gegenleistung für erbrachte oder noch zu erbringende Arbeitsleistungen (BAG/8. Senat vom 10. 3. 1987, a. a. O.). Nach denselben Erwägungen besteht auch kein Anspruch auf Lohnfortzahlung.

j) Exkurs: Weiterbeschäftigung nach § 102 Abs. 5 BetrVG

Zu beachten ist, daß bei einer Weiterbeschäftigung nach *§ 102 Abs. 5 BetrVG* das bisherige Arbeitsverhältnis kraft Gesetzes auflösend bedingt durch eine rechtskräftige Abweisung der Kündigungsschutzklage fortbesteht (BAG vom 12. 9. 1985, BB 1986, 802 = NZA 1986, 424). Der Beschäftigungsanspruch nach § 102 Abs. 5 BetrVG besteht, anders als der allgemeine Beschäftigungsanspruch, unabhängig davon, ob die Kündigung wirksam war oder nicht. Die beiderseitigen Leistungen werden dann aufgrund des bisherigen Arbeitsverhältnisses erbracht. Der Arbeitnehmer hat daher stets Anspruch auf den Lohn, ohne daß es auf die Frage der Wirksamkeit der Kündigung ankommt (BAG/8. Senat vom 10. 3. 1987 unter I. 4 der Gründe, BB 1987, 1110 = NZA 1987, 373/4).

k) Einstweilige Verfügung

Die Frage, ob und unter welchen Voraussetzungen ein Weiterbeschäftigungsanspruch im Wege der einstweiligen Verfügung durchgesetzt werden kann, hat der Große Senat ausdrücklich offengelassen. Grundsätzlich ist ein solcher Anspruch möglich; im einzelnen ist aber heftig umstritten, welche Anforderungen an Verfügungsanspruch und -grund zu stellen sind (vgl. *Klebe/Schumann*, S. 375; *Brill*, BB 1982, 623; *Schäfer*, a. a. O.). Nachdem nun der Beschluß des Großen Senats vorliegt, wird man folgende Varianten unterscheiden müssen:

(1) Die Zeit vor Erlaß eines Urteils in der Hauptsache: Zur Glaubhaftmachung des Verfügungsanspruchs kann es nicht genügen, nur eine mehr oder weniger hohe Wahrscheinlichkeit für das Obsiegen im Kündigungsschutzprozeß darzulegen, denn auch die unwirksame Kündigung beendet zunächst die Beschäftigungspflicht des Arbeitgebers mit Zugang bzw. Ablauf der Kündigungsfrist (*Schäfer*, a. a. O.). Es muß vielmehr außer im Falle der offensichtlich unwirksamen Kündigung ein *besonderes Beschäftigungsinteresse* (vgl. LAG Köln vom 26. 11. 1985, NZA 1986, 136) dargelegt und glaubhaft gemacht werden (z. B. Pilot, der zur Sicherung seiner Qualifikation Flugstunden zurücklegen muß). In solchen Fällen liegt auch der Verfügungsgrund vor, weil andernfalls *wesentliche Nachteile* drohen.

(2) Situation nach klageabweisendem Urteil in der Hauptsache: Hier würde eine einstweilige Verfügung mangels Verfügungsanspruchs und Verfügungsgrundes kaum je in Betracht kommen, undenkbar ist sie allerdings nicht (vgl. *Schäfer*, a. a. O., der eine einstweilige Verfügung für denkbar hält, wenn das Urteil des ArbG offenkundig falsch ist).

(3) Situation nach einem der Kündigungsschutz- und der Weiterbeschäftigungsklage stattgebenden Urteil: Für eine einstweilige Verfügung besteht kein Rechtsschutzinteresse, weil der Arbeitnehmer aus dem Beschäftigungsurteil vollstrecken kann.

(4) Situation nach Obsiegen im Kündigungsschutzprozeß bei gleichzeitiger Abweisung des Beschäftigungsanspruchs: Eine einstweilige Verfügung auf Weiterbeschäftigung kann auch hier nur in Ausnahmefällen in Betracht kommen, z. B. wenn der Arbeitnehmer glaubhaft machen kann, daß das Urteil insoweit mit hoher Wahrscheinlichkeit falsch ist (Verfügungsanspruch) und ein Zuwarten bis zur Berufungsentscheidung nicht zumutbar ist (Verfügungsgrund).

(5) Obsiegen im Kündigungsschutzprozeß bei unterlassener Weiterbeschäftigungsklage: Hat der Arbeitnehmer die Weiterbeschäftigungsklage nicht anhängig gemacht, besteht zwar in diesem Fall materiell regelmäßig auch ein Weiterbeschäftigungsanspruch, der auch klageweise durchgesetzt werden kann. Grundsätzlich besteht aber kein Anlaß für eine Entscheidung im Eilverfahren, wenn es der Arbeitnehmer zuvor versäumt hat, sein Recht im normalen Erkenntnisverfahren durchzusetzen (ebenso *Schäfer*, a. a. O.). Es wird regelmäßig am Verfügungsgrund fehlen. Nach sehr zweifelhafter Ansicht des ArbG Bielefeld (vom 31. 7. 1985, NZA 1986, 98) soll das Interesse des Arbeitnehmers an seiner Beschäftigung umso größer sein, je länger er mit der Geltungmachung des Anspruchs wartet.

l) Schadensersatz

Im Falle einer rechtskräftigen Abweisung einer Kündigungsschutzklage hat der Arbeitgeber, der den Arbeitnehmer unter den Voraussetzungen des § 717 Abs. 2 ZPO weiterbeschäftigt hat, einen Anspruch auf Schadensersatz. Inwieweit gezahlter Lohn zurückzuzahlen ist, muß unter dem Gesichtspunkt der Vorteilsausgleichung beurteilt werden (BAG vom 10. 3. 1987, a. a. O. Vgl. weiter *Eich*, DB 1986, 696).

9. Einvernehmliche Beendigung von Arbeitsverhältnissen

Die einvernehmliche Beendigung von Arbeitsverhältnissen ist für beide Seiten häufig eine *Alternative zur einseitigen Kündigung oder zur Beendigung eines Kündigungsrechtsstreits.* Aufhebungsverträge spielen in der Praxis eine erhebliche Rolle; sie entspringen immer wieder einem Gebot wirtschaftlicher Vernunft. Folgendes soll an dieser Stelle hervorgehoben werden (vgl. noch 10. zu den weiteren Problemen, die bei der Beendigung von Arbeitsverhältnissen regelmäßig zu beachten sind, ausführlich *Bauer,* Arbeitsrechtliche Aufhebungsverträge):

9.1 Form, Geltung besonderer Verfahrensvorschriften

Durch Aufhebungsvertrag kann ein Arbeitsverhältnis jederzeit für die *Zukunft* einvernehmlich beendet werden (§ 305 BGB). Soweit Kollektivnormen nichts anderes bestimmen, bedarf es *keiner Anhörung* des *Betriebsrats* nach § 102 BetrVG. Aufhebungsverträge sind auch zur Beendigung von Arbeitsverhältnissen mit Arbeitnehmern, die besonderen Kündigungsschutz genießen, zulässig (vgl. unten 6.). Die einvernehmliche Beendigung kann *formlos* erfolgen, es sei denn, kollektiv- oder einzelvertragliche Bestimmungen würden etwas anderes vorschreiben. Formulierungen in Arbeitsverträgen, wonach Änderungen und Ergänzungen des Vertrages der Schriftform bedürfen, stehen dem Abschluß eines mündlichen Aufhebungsvertrages nicht entgegen (vgl. BAG vom 20. 12. 1984, 2 AZR 506/83; vom 18. 4. 1985, BB 1985, 2047). Aus *Beweisgründen* ist aber grundsätzlich beiden Seiten *Schriftform* zu empfehlen. Dabei ist auf eine *unmißverständliche* Regelung zu achten. *Vorsicht* ist bei *Ausgleichsquittungen* geboten: Ein wirksamer Verzicht auf Kündigungsschutz liegt nicht vor, wenn es nur heißt: „Ich erkläre hiermit, keine Rechte aus dem Arbeitsverhältnis und seiner Beendigung mehr zu haben." Es handelt sich nur um eine allgemeine Erledigungsklausel, die von der Rechtsprechung nicht zur Beendigung eines Arbeitsverhältnisses akzeptiert wird. Anders ist die Rechtslage dagegen, wenn der Arbeitnehmer erklärt, er wolle auf das Recht verzichten, das Fortbestehen des Arbeitsverhältnisses geltend zu machen oder er wolle eine mit diesem Ziel schon erhobene Klage nicht mehr durchführen (BAG vom 29. 6. 1978, AP 5 zu § 4 KSchG 1969 = BB 1978, 1264). Ausreichend ist auch die Erklärung: „Gegen die Kündigung werden von mir keine Einwendungen erhoben" (BAG vom 6. 4. 1977, AP 4 zu § 4 KSchG 1969 = BB 1977, 1400).

9.2 Zeitpunkt und Art der Beendigung

Die Frage, zu welchem Zeitpunkt das Arbeitsverhältnis durch den Vergleich beendet werden soll, läßt sich nicht einfach beantworten, da viele Faktoren und Wünsche entscheidend für einen früheren oder späteren Zeitpunkt sein können. Dabei sind vor allem zu prüfen: vertragliche, gesetzliche oder tarifliche Kündigungsfristen; Möglichkeiten anderweitigen Erwerbs; rasche Lösung von Wettbewerbsverboten während des Arbeitsverhältnisses; „optische" Gründe; Interesse des Arbeitgebers an der Arbeitsleistung des Arbeitnehmers bis zum Ablauf der Kündigungsfrist oder zumindest für eine Übergangszeit; steuerliche und sozialversicherungsrechtliche Auswirkungen.

Für das „Wie" der einvernehmlichen Beendigung kommen in erster Linie folgende Möglichkeiten in Betracht: Die Parteien können im Prozeßvergleich regeln, daß das Arbeitsverhältnis im *gegenseitigen Einvernehmen* oder aber *wegen Kündigung* enden wird bzw. geendet hat. Entschließen sie sich zur „Kündigungsvariante", sollten der Tag und die Art der Kündigung mit angegeben werden. Wird die häufig verwendete Klausel

„die Parteien sind sich einig, daß das Arbeitsverhältnis aufgrund ordentlicher betriebsbedingter Kündigung vom ... mit Ablauf des ... geendet hat/enden wird"

gewählt, so ist folgendes zu beachten: Nach vereinzelter falscher Praxis der Arbeitsämter soll es sich auch bei Vorliegen dringender betriebsbedingter Gründe um eine einvernehmliche Beendigung handeln, die für den Arbeitnehmer grundsätzlich eine Sperrfrist nach §§ 119, 119a AFG (vgl. 10.3) beim Bezug von Arbeitslosengeld auslöst. Dies wird durch die Formulierung

„Es wird festgestellt, daß das Arbeitsverhältnis ... (ansonsten Wortlaut wie oben)"

vermieden. Bei einvernehmlicher betriebsbedingter Beendigung oder aufgrund betriebsbedingter Kündigung können auch finanzielle Nachteile für den Arbeitgeber auftreten. Nach Ansicht des BAG (vom 13. 9. 1974, 26. 6. 1975, AP 84, 86 zu § 611 BGB Gratifikation = BB 1974, 1639, BB 1975, 1531) sind nämlich *Rückzahlungsvorbehalte bei Gratifikationen* unzulässig, soweit sie betriebsbedingte Kündigungen erfassen. Der Arbeitgeber kann sich damit auf den Vorbehalt nur berufen, wenn beim Arbeitnehmer Gründe für eine personen- und/oder verhaltensbedingte Kündigung vorliegen. Wird im Prozeßvergleich nicht die Hinnahme der Kündigung, sondern eine einvernehmliche Beendigung geregelt, zieht der Rückforderungsanspruch bei Gratifikationen nur, wenn sich die entsprechende Klausel auch ausdrücklich auf den Fall der einvernehmlichen Beendigung erstreckt (LAG Berlin, AP 65 zu § 611 BGB Gratifikationen; *Schaub*, § 78 V 1). Wird die einvernehmliche Beendigung von der Klausel erfaßt, kommt es weiter auf den Anlaß für die Beendigung an. War eine unwirksame Kündigung des Arbeitgebers vorausgegangen, scheidet eine Rückzahlungsverpflichtung aus (LAG Düsseldorf, BB 1975, 562). Ähnliche

Probleme können z. B. auch hinsichtlich des Arbeitgeberanspruchs auf vorzeitige Rückzahlung eines Darlehens, auf Erstattung von Umzugs-, Ausbildungs- und Fortbildungskosten entstehen.

Problematisch sind die sog. Heimkehrklauseln mit Ausländern. Eine Vereinbarung mit einem ausländischen Arbeitnehmer, daß dieser für den Fall einer endgültigen Rückkehr in seine Heimat nach Beendigung des Arbeitsverhältnisses eine Abfindung erhalten solle, stellt keine Umgehung der §§ 9, 10 KSchG (vgl. dazu 7.6j) dar (BAG vom 7. 5. 1987, BB 1988, 564 = DB 1988, 450). Eine solche Heimkehrklausel kann jedoch wegen funktionswidriger Umgehung der §§ 111, 112 BetrVG unwirksam werden, wenn der Aufhebungsvertrag in Ausführung einer Betriebsvereinbarung geschlossen wird, die Personalabbau durch Abschluß von Aufhebungsverträgen zum Ziel hat.

9.3 Verzicht auf Rechte und Ansprüche

Gerade bei einvernehmlicher Beendigung von Arbeitsverhältnissen besteht vielfach ein praktisches Bedürfnis, die Rechtsbeziehungen der Parteien möglichst abschließend zu regeln. Diesem Zweck dienen *allgemeine Erledigungsklauseln* (Ausgleichsklauseln). Die Erfahrung zeigt, daß solche Klauseln oft vorschnell und unüberlegt akzeptiert werden.

Vor Abschluß des Prozeßvergleichs oder außergerichtlichen Aufhebungsvertrags ist sorgfältig zu prüfen, ob eine Erledigungsklausel überhaupt in Betracht kommt. Die Erledigungsklausel kann sich auf alle gegenseitigen Ansprüche, gleich aus welchem Rechtsgrund, erstrecken. Unter Umständen ist sie auf finanzielle Ansprüche und/oder auf Ansprüche „aus" dem Arbeitsverhältnis zu beschränken. Dabei ist z. B. fraglich, ob es sich beim Rückzahlungsanspruch des Arbeitgebers aufgrund eines Darlehensvertrages um einen Anspruch „aus" dem Arbeitsverhältnis handelt. Besondere Vorsicht ist weiter bei *unverzichtbaren Rechten* und Ansprüchen geboten, also z. B. bei tariflichen Rechten (§ 4 Abs. 4 Satz 1 TVG) und Rechten aus Betriebsvereinbarungen (§ 77 Abs. 4 Satz 2 BetrVG) sowie Urlaubs- und Urlaubsabgeltungsansprüchen (BAG vom 31. 7. 1967, AP 2 zu § 7 BUrlG Abgeltung und vom 21. 7. 1978, AP 5 zu § 13 BUrlG Unabdingbarkeit = BB 1979, 327). Nicht geklärt ist, ob ein Arbeitnehmer bei oder nach der Beendigung des Arbeitsverhältnisses wirksam auf ein Zeugnis verzichten kann (ausdrücklich offengelassen von BAG vom 16. 9. 1974, AP 9 zu § 630 BGB = BB 1975, 136).

Handelt es sich um *verzichtbare Rechte und Ansprüche*, stellt sich schließlich die Frage, ob sie von allgemeinen Erledigungsklauseln überhaupt erfaßt werden. Dies wird verneint für schon entstandene Fortzahlungsansprüche (BAG vom 20. 8. 1980, BB 1982, 1302 und vom 20. 8. 1980, BB 1981, 119), bei Ansprüchen auf betriebliche Altersversorgung (LAG Hamm, DB 1980, 113 und DB 1980, 643; vgl. auch BAG, BB 1974, 280 zur Ausgleichsquittung), für den Anspruch auf Erteilung eines Zeugnisses (sofern darauf überhaupt verzichtet werden kann; vgl. BAG vom 16. 9. 1974, AP 9 zu § 630 BGB = BB 1975, 136) und für den Urlaubsanspruch (vgl. BAG vom 31. 5. 1990, EzA § 13 BUrlG Nr. 49). Eine allgemeine Erledigungsklausel wird im Zweifel bei einer unklaren Regelung auch Ansprüche aus einem nachvertraglichen Wettbewerbsverbot (vgl. BAG vom 20. 10. 1981, BB 1982, 861 zur Nichterledigung einer Wettbewerbsabrede durch eine Ausgleichsquittung) oder einer Arbeitnehmererfindung nicht erfassen. Kein unzulässiger Verzicht nach § 4 Abs. 1 Satz 1 TVG liegt allerdings vor, wenn sich bei subjektiver und/oder objektiver Ungewißheit die Parteien im Wege des gegenseitigen Nachgebens über die tatsächlichen Voraussetzungen eines tariflichen Anspruchs vergleichsweise einigen (*Becker-Schaffner*, S. 102).

9.4 Fälligkeit und Vererbbarkeit von Abfindungen

Wird die *Fälligkeit* einer vereinbarten Abfindung in einem Aufhebungsvertrag nicht geregelt, tritt Fälligkeit mit dem rechtlichen Ende des Arbeitsverhältnisses ein (zutreffend LAG Köln, DB 1984, 568; vgl. auch BAG, NJW 1984, 1650 zur Abfindung nach § 113 Abs. 3 BetrVG). Der Fälligkeitszeitpunkt sollte dennoch aus Gründen der Rechtssicherheit im Aufhebungsvertrag ausdrücklich klargestellt werden. Zur Berechnung der *Höhe* von Abfindungen vgl. 7.6j; zu *weiteren* Fragen betr. Abfindung vgl. 10.4 bis 10.6

Eine Abfindung ist im Regelfalle *vererblich*, auch wenn der Arbeitnehmer vor dem vereinbarten Auflösungszeitpunkt verstirbt (BAG vom 27. 6. 1987, BB 1988, 1392). Bei erheblicher Diskrepanz zwischen dem Zeitpunkt des Abschlusses des Aufhebungsvertrages und dem rechtlichen Ende des Arbeitsverhältnisses ist zu empfehlen, die Vererblichkeit der Abfindung vorsorglich ausdrücklich zu regeln.

9.5 Zeugnis

Unangenehme nachträgliche Streitigkeiten über ein Zeugnis können vermieden werden, wenn schon bei der einvernehmlichen Beendigung des Arbeitsverhältnisses die Art (einfaches, qualifiziertes Zeugnis) und der (wesentliche) Inhalt geregelt werden. Dazu kann es sich für den Arbeitnehmer empfehlen, einen eigenen Zeugnisvorschlag in die Verhandlung mitzubringen. Die Erfahrung zeigt, daß die Bereitschaft der Arbeitgeber, ein wohlwollendes Zeugnis zu erteilen, nachläßt, sobald hinsichtlich der Beendigung des Arbeitsverhältnisses Einigkeit erzielt ist. Während der Aufhebungsverhandlungen, also auch im Rahmen eines Prozeßvergleichs, läßt sich dagegen ein positives Zeugnis häufig durchsetzen.

Bei den Beurteilungen in Zeugnissen haben sich in der Praxis insbesondere folgende Formulierungen durchgesetzt: „zu unserer Zufriedenheit" (= mäßig),

„vollen Zufriedenheit", „vollsten Zufriedenheit", „stets zu unserer vollsten Zufriedenheit".

Dem Arbeitgeber steht dabei ein weiter Beurteilungsspielraum zu (LAG Düsseldorf, DB 1985, 2692). Eine Arbeitsleistung, die vom Arbeitgeber nicht beanstandet worden ist, muß deshalb in einem qualifizierten Zeugnis nicht als „sehr gute" Leistung beurteilt werden.

Hat der Arbeitnehmer über eine längere Zeit kein Zeugnis oder keine Berichtigung eines erteilten Zeugnisses verlangt, kann der Anspruch hierauf verwirkt sein (BAG vom 17. 2. 1988, BB 1988, 978 = NZA 1988, 427).

9.6 Belehrungspflichten

Der Arbeitgeber ist nicht verpflichtet, einen Arbeitnehmer vor Abschluß eines Aufhebungsvertrages über den Verlust des besonderen Kündigungsschutzes aufzuklären (zur Anfechtung vgl. noch 9.7). Nicht eindeutig entschieden hat die Rechtsprechung, wann der Arbeitgeber den Arbeitnehmer vor Abschluß eines Aufhebungsvertrages ungefragt auf entstehende Versorgungsnachteile hinweisen muß (vgl. BAG vom 18. 9. 1984 und vom 13. 11. 1984, BB 1985, 1605 = NZA 1985, 712; BAG vom 10. 3. 1988, BB 1988, 1962; BAG vom 23. 5. 1989, BB 1990, 211). Der Arbeitnehmer muß sich grundsätzlich vor Abschluß eines Vertrags, durch den das Arbeitsverhältnis aufgelöst werden soll, über die rechtlichen Folgen dieses Schrittes Klarheit verschaffen, wenn er von diesem die Beendigung abhängig machen will. Der Arbeitgeber muß den Arbeitnehmer allerdings aufklären, wenn die Abwägung der beiderseitigen Interessen unter Billigkeitsgesichtspunkten und unter Berücksichtigung aller Umstände des Einzelfalls ergibt, daß der Arbeitnehmer durch eine sachgerechte und vom Arbeitgeber redlicherweise zu erwartende Aufklärung vor der Auflösung des Arbeitsverhältnisses bewahrt werden muß, weil er sich durch sie in bezug auf die Altersversorgung aus Unkenntnis selbst schädigen würde. Bei Abwägung der beiderseitigen Interessen ist normalerweise davon auszugehen, daß ein Arbeitnehmer, der von sich aus um die Auflösung des Arbeitsverhältnisses bittet oder ein Auflösungsangebot des Arbeitgebers nach Bedenkzeit annimmt, die Folgen dieses schwerwiegenden Entschlusses bedacht und sich notfalls erkundigt hat. Dementsprechend braucht ein Arbeitgeber des öffentlichen Dienstes bei Abschluß eines Aufhebungsvertrages die Versorgungsansprüche des Arbeitnehmers gegen die gesetzliche Rentenversicherung oder die Versorgungsanstalt des Bundes und der Länder (VBL) nicht von sich aus zu überprüfen und den Arbeitnehmer hierüber zu belehren, wenn er davon ausgehen kann, daß der Arbeitnehmer nicht informationsbedürftig ist und wenn er selbst die Versicherungsabläufe nicht kennen kann.

Erkundigt der Arbeitnehmer sich aber vor Auflösung des Arbeitsverhältnisses beim Arbeitgeber nach dem rechtlichen Schicksal seiner Versorgungsansprüche, muß der Arbeitgeber entscheiden, ob er die Frage beantworten oder an den Träger der Versorgung zur Beantwortung weiterleiten will. Entschließt sich der Arbeitgeber, die Frage selbst zu beantworten, müssen diese Auskünfte eindeutig, vollständig und richtig sein (BAG vom 13. 11. 1984, BB 1985, 1605 = NZA 1985, 712; BAG vom 13. 12. 1988, BB 1989, 988; vom 23. 5. 1989, BB 1990, 211). Allerdings braucht der Arbeitgeber den Arbeitnehmer nur auf die ihm bekannten Versicherungsmöglichkeiten hinzuweisen (BAG vom 13. 12. 1988, BB 1989, 1274).

Beruht das Zustandekommen eines Aufhebungsvertrages jedoch auf einer falschen Auskunft des Arbeitgebers, so schuldet dieser dem Arbeitnehmer Ersatz für den infolge der vorzeitigen Beendigung des Arbeitsverhältnisses entstandenen Versorgungsschaden (BAG vom 18. 9. 1984 und 13. 11. 1984, BB 1985, 1605 = NZA 1985, 712). Dieser Schadensersatz besteht allerdings nicht, wenn der Arbeitgeber das Arbeitsverhältnis ansonsten ebenfalls mit denselben Versorgungsnachteilen hätte beenden können und beendet hätte.

Diese Grundsätze gelten in entsprechender Weise hinsichtlich der Belehrung über die *sozialrechtlichen* (§§ 117, 119 AFG, dazu ausführlich unter 10.4; vgl. BAG vom 18. 9. 1984, BB 1985, 1605 = NZA 1985, 712; BAG vom 10. 3. 1988, BB 1988, 1962) und *steuerrechtliche Folgen* (§§ 3 Ziff. 9, 24 EStG) des Abschlusses eines Aufhebungsvertrages.

9.7 Anfechtung

Aufhebungsverträge kommen häufig dadurch zustande, daß der Arbeitgeber dem Arbeitnehmer für den Fall der Ablehnung eines Aufhebungsangebotes eine sofortige fristlose Kündigung in Aussicht stellt. Bei Androhung einer fristlosen Kündigung kann der Aufhebungsvertrag wegen einer widerrechtlichen Drohung (§ 123 BGB) angefochten werden, wenn ein verständiger Arbeitgeber eine außerordentliche Kündigung ernsthaft nicht in Erwägung gezogen hätte (BAG vom 30. 1. 1986, NZA 1987, 91 m.w.N.). Dieselben Grundsätze gelten bei Androhung einer *Strafanzeige* (BAG, a.a.O.), sofern die Strafanzeige mit dem Arbeitsverhältnis in einem inneren Zusammenhang steht. Eine Anfechtung kann nicht *allein* darauf gestützt werden, daß der Arbeitgeber den Arbeitnehmer vor Abschluß eines Aufhebungsvertrages unter Zeitdruck gesetzt hat, also nicht eine angemessene Überlegungsfrist eingeräumt hat (BAG, a.a.O.). Nach Auffassung des BAG (vom 16. 2. 1983, AP 22 zu § 123 BGB = BB 1983, 1921; vgl. auch BAG vom 30. 1. 1986, NZA 1987, 91) soll dies selbst dann gelten, wenn der Arbeitgeber eine vom Arbeitnehmer erbetene angemessene Bedenkfrist ablehnt (a.A. zu Recht vgl. Münch-Komm.-*Kramer*, § 123 Rz. 24; *Popp*, BlStSozArbR 1971, 24). Im Anfechtungsprozeß sind nicht nur die dem Arbeitgeber zum Zeitpunkt der Drohung bekannten, sondern z. B. auch die erst im Prozeß gewonnenen Ergebnisse weiterer Ermittlungen, die ein verständiger Arbeitgeber zur Aufklärung des Sachverhalts angestellt hätte, zu berücksichtigen. Hat der Arbeitgeber dem Arbeitnehmer vor Unterzeichnung des Aufhebungsvertrages eine angemessene Überlegungsfrist eingeräumt, während der er auch Rechtsrat einholen konnte, so ist u.E. eine Anfechtung des Aufhebungsvertrages nach § 123 BGB im Regelfalle ausgeschlossen. In diesem Falle muß die Vertragsfreiheit im Regelfalle vorgehen. (*Achtung:* Dies ist sicher nicht unstreitig). Ob auch die Androhung einer *ordentlichen Kündigung* zu einer Anfechtung wegen Drohung nach § 123 BGB berechtigen kann, ist nicht geklärt (die Entscheidung des BAG, AP 22 zu § 123 BGB spricht dagegen). Eine Anfechtung ist jedenfalls dann ausgeschlossen, wenn dem Arbeitnehmer vor Abschluß des Aufhebungsvertrages eine angemessene Überlegungsfrist eingeräumt worden war.

Ein Irrtum über den Verlust des besonderen Kündigungsschutzes (vgl. 6.) durch den Abschluß eines Aufhebungsvertrages, berechtigt regelmäßig alleine nicht zur Anfechtung. Ein *Irrtum* einer Schwangeren über die Folgen eines Verzichts auf *mutterschutzrechtliche* Ansprüche berechtigt daher weder zur Anfechtung des Aufhebungsvertrages wegen Inhaltsirrtums noch handelt es sich um einen Irrtum über verkehrswesentliche Eigenschaften i.S. des § 119 Abs. 2 BGB (BAG vom 16. 2. 1983, AP 22 zu § 123 BGB = BB 1983, 1921; a.A. *Herschel* mit Anm. hierzu). Etwas anderes gilt, wenn der Verzicht auf diese mutterschutzrechtlichen Ansprüche ausdrücklich oder stillschweigend Inhalt des Abschlusses des Aufhebungsvertrages der Schwangeren war. Diese Grundsätze gelten entsprechend für Aufhebungsverträge mit Arbeitnehmern, die einen *besonderen Kündigungsschutz* genießen (vgl. 6.).

Achtung: Wird ein Aufhebungsvertrag vom Arbeitnehmer angefochten, sollte der Arbeitgeber vorsorglich *unbedingt* hilfsweise noch eine ordentliche oder, falls (noch) möglich (Zweiwochenfrist!), außerordentliche Kündigung aussprechen (*Achtung:* Anhörung des Betriebsrats beachten).

10. Sonderprobleme bei der Beendigung von Arbeitsverhältnissen

10.1 Nachvertragliches Wettbewerbsverbot

a) Allgemeines

Haben die Parteien ein nachvertragliches Wettbewerbsverbot vereinbart, liegt es nahe, sich im Rahmen eines das Arbeitsverhältnis beendenden Aufhebungsvertrages auch Gedanken über das Schicksal der Wettbewerbsabrede zu machen. Dazu gehört natürlich zunächst die Prüfung, ob das geregelte Verbot überhaupt rechtlich wirksam vereinbart worden ist. Dabei darf man aber nicht stehenbleiben; das Gesetz bietet nämlich auch Möglichkeiten, die Bindung aus Wettbewerbsverboten unter bestimmten Umständen zu beseitigen oder einzuschränken (vgl. dazu *Bauer*, DB 1979, 500). Diese Wege werden häufig übersehen, was vor allem dann für den Arbeitgeber ärgerlich ist, wenn der Arbeitnehmer ihm kaum bei einem Konkurrenten „gefährlich" werden kann. Karenzentschädigungen werden deshalb oft nutzlos gezahlt. Der Arbeitnehmer muß sich dagegen Gedanken über sein Interesse an der Aufrechterhaltung des Wettbewerbsverbotes machen; eine wesentliche Rolle werden dabei die Chancen auf dem Arbeitsmarkt spielen, wobei oft die besten Angebote von Konkurrenzunternehmen des alten Arbeitgebers kommen.

b) Sofortige Beendigung des Wettbewerbsverbotes

Kündigt der Arbeitnehmer zu Recht das Arbeitsverhältnis wegen vertragswidrigen Verhaltens des Arbeitgebers *aus wichtigem Grund* (§ 626 BGB), so wird das Wettbewerbsverbot unwirksam, wenn der Arbeitnehmer vor Ablauf eines Monats nach der Kündigung *schriftlich erklärt*, daß er sich nicht mehr an die Vereinbarungen gebunden erachtet (§ 75 Abs. 1 HGB).

Kündigt der Arbeitgeber das Arbeitsverhältnis zu Recht wegen vertragswidrigen Verhaltens des Arbeitnehmers *außerordentlich*, so bestimmt § 75 Abs. 3 HGB, daß das Wettbewerbsverbot wirksam bleibt, und zwar ohne Karenzentschädigung. Das BAG (vom 23. 2. 1977, AP 6 zu § 75 HGB = BB 1977, 847) hält diese Vorschrift mit guten Gründen für *verfassungswidrig*, weil nicht einzusehen ist, warum die Folgen je nach außerordentlicher Kündigung durch den Arbeitgeber oder Arbeitnehmer verschieden sein sollen. Die durch die Verfassungswidrigkeit entstandene Lücke ist durch analoge Anwendung des § 75 Abs. 1 HGB zu schließen mit der Folge, daß sich der Arbeitgeber binnen eines Monats nach Ausspruch der Kündigung vom Wettbewerbsverbot lossagen oder aber den Arbeitnehmer unter Bezahlung der Karenzentschädigung am Wettbewerbsverbot festhalten kann.

Schließlich ist zu beachten, daß das Wettbewerbsverbot nach § 75 Abs. 2 HGB „in gleicher Weise" unwirksam wird, wenn der *Arbeitgeber ordentlich kün-*

digt, es sei denn, daß dafür ein „erheblicher Anlaß in der Person" des Arbeitnehmers vorliegt oder daß sich der Arbeitgeber bei der Kündigung bereit erklärt, während der Dauer der Beschränkung dem Arbeitnehmer „die vollen zuletzt von ihm bezogenen vertragsmäßigen Leistungen" (erhöhte Karenzentschädigung) zu gewähren. „In gleicher Weise" bedeutet, daß der Arbeitnehmer die nach § 75 Abs. 1 HGB erforderliche schriftliche Erklärung binnen eines Monats nach Zugang der Kündigung abgeben muß, wenn er sich vom Wettbewerbsverbot lösen will. Schon diese Verweisung von Abs. 2 auf Abs. 1 wird immer wieder übersehen, weshalb dann irrtümlich allein deshalb von der Unwirksamkeit des Wettbewerbsverbotes ausgegangen wird, weil das Angebot erhöhter Karenzentschädigung fehlt. Bis der Irrtum aufgedeckt wird, ist es dann oft zu spät, weil inzwischen die Monatsfrist abgelaufen ist. Der Arbeitgeber darf dagegen nicht übersehen, daß die Lossagung des Arbeitnehmers vom vertraglichen Wettbewerbsverbot definitiv nur dadurch verhindert werden kann, daß die *erhöhte Entschädigung* spätestens bei der Kündigung angeboten wird.

Verhängnisvoll ist es, wenn nicht beachtet wird, daß die Monatsfrist des § 75 HGB ausschließlich ab Zugang der Kündigung zu laufen beginnt. Dies gilt auch dann, wenn später ein gerichtlicher oder außergerichtlicher Aufhebungsvertrag geschlossen wird (BAG vom 26. 1. 1973, AP 4 zu § 75 HGB = BB 1973, 659, 801). Dabei spielt es keine Rolle, ob die Kündigung letztlich durch die Formulierung „einvernehmliche Beendigung" beseitigt wird oder ob die Parteien sich darauf einigen, daß das Arbeitsverhältnis durch die Kündigung zu dem durch diese bestimmten Zeitpunkt aufgelöst wird bzw. worden ist. Für dieses Ergebnis sprechen praktische Bedürfnisse, denn die Formulierung des Aufhebungsvertrages, auch in Form des Prozeßvergleichs, hängt oft von Zufällen ab. Darüber hinaus wären die Ergebnisse unerträglich, wenn es auf den Zeitpunkt des Vergleiches ankäme. Die Fragen, ob ein Wettbewerbsverbot Konkurrenztätigkeit verbietet und ob der Arbeitnehmer Ansprüche auf Karenzentschädigung hat, würden andernfalls auf ungewisse Zeit vertagt; sie würden vom Ablauf eines Kündigungsschutzstreites abhängen, zudem noch davon, in welcher Form ein Vergleich zustande kommt. Selbstverständlich ist die „Lösungserklärung" hinfällig, wenn im Kündigungsschutzprozeß durch Vergleich oder Urteil die Unwirksamkeit der Kündigung festgestellt und das Arbeitsverhältnis fortgesetzt wird.

c) Verzicht des Arbeitgebers

Der Arbeitgeber kann vor der rechtlichen Beendigung des Arbeitsverhältnisses durch *schriftliche Erklärung* einseitig auf das Wettbewerbsverbot verzichten, allerdings nur mit der Wirkung, daß er erst mit Ablauf eines Jahres von der Verpflichtung zur Zahlung der Entschädigung frei wird (§ 75a HGB). Wird ordentlich gekündigt, kann der Verzicht auch noch nach Ausspruch der Kündigung, aber vor Beendigung des Arbeitsverhältnisses erklärt werden. Der einseitige Verzicht soll es dem Arbeitgeber ermöglichen, sich von der Verpflichtung aus dem Wettbewerbsverbot zu befreien, wenn das nach § 74a Abs. 1 Satz 2 HGB nötige Interesse entfallen ist. Sein Sinn ist es dagegen nicht, dem Arbeitgeber einen Weg zu bieten, sich von der Klausel zu lösen, wenn er erfahren hat, daß der ausscheidende Arbeitnehmer eine konkurrenzfreie Tätigkeit übernehmen wird (BAG vom 2. 12. 1968, AP 3 zu § 74a HGB = BB 1969, 273). Der Arbeitnehmer ist deshalb nicht verpflichtet, seinen möglichen zukünftigen Arbeitgeber bekanntzugeben. Hat der „alte" Arbeitgeber dennoch Auskunft verlangt und erhalten und hat er aufgrund entsprechender Angaben des Arbeitnehmers erklärt, bei welchen Arbeitgebern der Arbeitnehmer nicht tätig werden dürfe, so ist ein danach ausgesprochener Verzicht unwirksam nach § 242 BGB (BAG vom 26. 10. 1978, BB 1979, 1557). Wie teuer es werden kann, § 75a HGB und seine Folgen zu übersehen, zeigt folgendes *Beispiel*:

Der Arbeitgeber (AG) hat einem Arbeitnehmer (AN) am 15. 2. 1990 unter Einhaltung der längsten Frist des § 2 AngKSchG ordentlich zum 30. 9. 1990 gekündigt. Mit der Kündigung hat der AG zugleich den Verzicht nach § 75a HGB erklärt. Am 16. 3. 1990 kommt es zur Güteverhandlung und zu folgendem Prozeßvergleich:

(1) Die Parteien sind sich einig, daß das Arbeitsverhältnis auf Veranlassung der Beklagten mit Ablauf des 31. 3. 1990 enden wird.

(2) Wegen der Beendigung des Arbeitsverhältnisses verpflichtet sich die Beklagte, dem Kläger eine am 31. 3. 1990 fällige Abfindung von DM 60000,– gem. §§ 9, 10 KSchG, 3 Nr. 9 EStG zu bezahlen.

(3) Damit ist der vorliegende Rechtsstreit erledigt.

Die Abfindung ist so ermittelt worden: monatliches Bruttogehalt des AN = DM 5000,–; „echte" Abfindung = sechs Monatsgehälter = DM 30000,–; Umwandlung der Bruttovergütung für die Zeit vom 1. 4. 1990 bis 30. 9. 1991 in eine Abfindung = zusätzliche DM 30000,–.

Der so formulierte Prozeßvergleich hat zur Folge, daß der AG für die Zeit vom 1. 4. 1990 bis 14. 2. 1986 Karenzentschädigung zu bezahlen hat. Hinsichtlich des Zeitraums vom 1. 4. 1990 bis 30. 9. 1990 ist diese Verpflichtung völlig überflüssig; der AG hat unter Umständen sechsmal DM 2500,– = DM 15000,– verschenkt. Hätte man es nämlich beim 30. 9. 1990 und einer Abfindung von DM 30000,– belassen, wäre eine Karenzentschädigung nur für die Zeit vom 1. 10. 1990 bis 15. 2. 1991 in Betracht gekommen. Erklärt sich der AG also in einem solchen Fall zur vorzeitigen Beendigung des Arbeitsverhältnisses bereit, muß die Reduzierung der Karenzentschädigung mitgeregelt werden.

d) Aufhebung und Änderung des Wettbewerbsverbotes

Nachvertragliche Wettbewerbsverbote können jederzeit einvernehmlich aufgehoben werden, also auch im Rahmen von Prozeßvergleichen. Wird das Arbeitsverhältnis einvernehmlich beendet, wird davon in der Regel das Wettbewerbsverbot aber nicht berührt, d. h., daß die Abrede wirksam bleibt, und zwar auch dann, wenn die Wettbewerbsklausel Bestandteil des Arbeitsvertrages war. Die *Aufhebung der Wettbewerbsabrede* muß vielmehr ausdrücklich erfolgen; auch allgemeine Erledigungsklauseln dürften nicht genügen (vgl. BAG vom 20. 10. 1981, BB 1982, 861). *Nach Beendigung* eines Arbeitsverhältnisses können die Parteien in einem Prozeßvergleich von den zwingenden gesetzlichen Vorschriften der §§ 74ff. HGB abweichen. Möglich ist es also, eine Karenzentschädigung in geringerer als der gesetzlichen Mindesthöhe zu vereinbaren (BAG vom 5. 8. 1968, AP 24 zu § 74 HGB = BB 1968, 1288); denkbar ist sogar eine Wettbewerbsklausel ohne Karenzentschädigung (BAG vom 11. 3. 1968, AP 23 zu § 74 HGB = BB 1968, 1120). War während des Arbeitsverhältnisses kein oder nur ein unverbindliches oder nichtiges nachvertragliches Wettbewerbsverbot vereinbart worden, so können die Parteien ebenfalls nach Beendigung des Arbeitsverhältnisses im Prozeßvergleich die Gestaltung einer Wettbewerbsvereinbarung frei vereinbaren, ohne auf die zwingenden Vorschriften der §§ 74ff. HGB Rücksicht nehmen zu müssen. In den genannten Entscheidungen hat sich das *BAG nur mit Prozeßvergleichen beschäftigt*; die Rechtslage kann aber nicht anders sein, wenn die Abweichungen in *außergerichtlichen Verträgen* nach Beendigung des Arbeitsverhältnisses vorgenommen werden. Zweifelhaft ist, ob §§ 74ff. HGB auch für Vereinbarungen gelten, die *zugleich* mit der einvernehmlichen Beendigung des Arbeitsverhältnisses geschlossen werden (ja: *Baumbach/Duden/Hopt*, § 74 Anm. 1B; *Buchner*, S. 46; zweifelnd: *Müller/ Bauer*, B II 3d).

10.2 Betriebliche Altersversorgung

Um sämtliche Rechtsbeziehungen abschließend zu regeln, wünschen oft Arbeitnehmer, gelegentlich aber auch Arbeitgeber, Anwartschaften auf betriebliche Altersversorgung im Rahmen von Kündigungsrechtsstreitigkeiten mit zu erledigen, also vor allem Abfindungen in Prozeßvergleichen festzusetzen. Hier ist *besondere Vorsicht* geboten:

a) Abfindungsverbot

Soweit es sich um gesetzlich verfallbare Anwartschaften handelt, unter die auch arbeitsvertraglich „unverfallbare" Anwartschaften fallen können, sind Abfindungsvereinbarungen jederzeit rechtlich zulässig (ein Anspruch des Arbeitnehmers auf Abfindung besteht allerdings nicht, und zwar auch nicht aus ungerechtfertigter Bereicherung, LAG Düsseldorf, DB 1977, 683). Für gesetzlich unverfallbare Anwartschaften enthält § 3 BetrAVG eine einschränkende Regelung (vgl. auch § 8 Abs. 2 BetrAVG). Danach kann dem Arbeitnehmer mit seiner Zustimmung für eine Anwartschaft, die er nach § 1 Abs. 1–3 BetrAVG bei Beendigung des Arbeitsverhältnisses behält, eine einmalige Abfindung gewährt werden, wenn die Anwartschaft auf einer Versorgungszusage beruht, die weniger als zehn Jahre vor dem Ausscheiden aus dem Unternehmen erteilt wurde (§ 3 Abs. 1 Satz 1 BetrAVG). Gleiches gilt für Versorgungsleistungen, die von einer Unterstützungskasse zu erbringen sind (§ 3 Abs. 1 Satz 2 BetrAVG).

§ 3 BetrAVG enthält damit ein *Abfindungsverbot für zehnjährige und ältere Versorgungsanwartschaften* (LAG Düsseldorf, DB 1977, 2054). Das ergibt sich aus einem Umkehrschluß aus § 3 BetrAVG, der die Abfindungsvoraussetzungen nur positiv regelt. Zweck der Bestimmung ist es, die Parteien nicht zu zwingen, geringfügige Versorgungsanwartschaften aufrechtzuerhalten. Dagegen soll ihnen die Disposition über ältere Anwartschaften entzogen werden. Das Abfindungsverbot gilt nur für Anwartschaften, die der Arbeitnehmer nach § 1 Abs. 1–3 BetrAVG *bei Beendigung* des Arbeitsverhältnisses behält. Aus der Formulierung ist wohl zu entnehmen, daß die Geltung des Verbotes erst mit der Beendigung des Arbeitsverhältnisses beginnt (offengelassen vom BAG vom 22. 9. 1987, BB 1988, 832) und, da von einer Anwartschaft die Rede ist, mit dem Eintritt des Versorgungsfalles endet, in dem die Anwartschaft zum Anspruch erstarkt (*Höfer/Abt*, § 3 Anm. 11; *Heubeck/Höhne/Paulsdorff*, § 3 Anm. 9; *Glatzel/Meyer/Wein*, § 3 Anm. 6; *Blomeyer/Otto*, § 3 Anm. 23; *Braun*, NJW 1983, 1590; vgl. auch BAG vom 22. 3. 1983, BB 1984, 1168). Das Abfindungsverbot erstreckt sich deshalb auch auf *aufrechterhaltene Anwartschaften* ausgeschiedener Arbeitnehmer.

Dagegen ist *nach Eintritt des Versorgungsfalls* eine Kapitalisierung laufender Versorgungsleistungen ohne weiteres möglich (*Blomeyer/Otto*, § 3 Anm. 23). § 3 BetrAVG verbietet Abfindungen und Erlaßverträge nur, wenn sie im Zusammenhang mit der Beendigung des Arbeitsverhältnisses stehen (BAGE 56, 148; BAG vom 14. 8. 1990, 3 AZR 301/89; offengelassen vom BAG vom 22. 9. 1987, a. a. O.; verneinend LAG Düsseldorf, DB 1976, 2067; *Höfer/Abt*, § 3 Anm. 12; *Glatzel/Meyer/Wein*, § 3 Anm. 6; *Bauer*, Arbeitsrechtliche Aufhebungsverträge; a.A. *Heubeck/Höhne/Paulsdorf*, § 3 Anm. 11; unklar *Hanau/Zimmermann*, ZfA 1982, 639/648). Stehen Abfindungsvereinbarungen somit in erkennbarem Zusammenhang mit dem Ausscheiden des Arbeitnehmers, so dürfte der Normzweck des § 3 BetrAVG auch solche Regelungen erfassen, auch wenn es sich um einen Aufhebungsvertrag mit einer Auslauffrist handelt.

Achtung: Es kann insgesamt nur davor gewarnt werden, ältere Anwartschaften anläßlich eines Kündigungsrechtsstreits in einem Prozeßvergleich nach Beendigung des Arbeitsverhältnisses oder in der Zeit zwischen der Kündigung und der Beendigung des Arbeitsverhältnisses abzufinden (*Bauer*, a. a. O.; *Blomeyer/Otto*, § 3 Anm. 25).

Vereinbarungen, die über den Rahmen des § 3 BetrAVG hinausgehen, verstoßen gegen § 17 Abs. 3 Satz 1 BetrAVG, wonach unter anderem auch von dem Abfindungsverbot nur aufgrund Tarifvertrags abgewichen werden kann. Durch Individualvereinbarung der Parteien kann zugunsten des Arbeitnehmers etwas anderes geregelt werden als § 3 BetrAVG vorschreibt. „Zugunsten" heißt aber, daß eine unwiderrufliche Altersversorgung garantiert wird, wovon nicht mehr die Rede sein kann, wenn bei Beendigung des Arbeitsverhältnisses eine *Barabfindung* gewährt wird und der Arbeitnehmer damit die Möglichkeit hat, das Geld zweckentfremdend zu verwenden, so daß die Alterssicherung nicht mehr besteht (*Bauer*, a. a. O.). Der Arbeitgeber läuft hier Gefahr, bei Eintritt des Versorgungsfalles betriebliche Altersversorgung leisten zu müssen, ohne im Gegenzug die früher gezahlte Abfindung verrechnen zu können (§ 817 Satz 2 BGB).

Das Abfindungsverbot gilt im übrigen dann nicht, wenn einem Arbeitnehmer die Beiträge zur gesetzlichen Rentenversicherung erstattet worden sind (§§ 3 Abs. 1 Satz 3, 8 Abs. 2 Satz 2 BetrAVG). Mit dieser Regelung ist dem Interesse der rückkehrbereiten ausländischen Arbeitnehmer an einer vorzeitigen Kapitalabfindung und dem des Arbeitgebers an einer vorzeitigen Beendigung des Versorgungsverhältnisses im öffentlichen Interesse der Vorrang eingeräumt vor dem durch das Abfindungsverbot an sich geschützten Versorgungsinteresse der Arbeitnehmer (vgl. Gesetz zur Förderung der Rückkehrbereitschaft von Ausländern vom 28. 11. 1983, BGBl. I S. 1377; *Blomeyer/Otto*, Anh. 4 Anm. 3).

b) Vertragliche Änderung oder Aufhebung von Anwartschaften

Es war lange Zeit umstritten, ob § 3 Abs. 1 Satz 1 BetrAVG entsprechend seinem Wortlaut nur die Abfindung oder auch den *entschädigungslosen Verzicht* (Erlaß) einer Versorgungsanwartschaft nach zehnjähriger Vertragsdauer verbietet. Solche vertraglichen Erlasse finden sich in der Praxis vor allem im Zusammenhang mit *Betriebsveräußerungen* i. S. des § 613a BGB. Nach Auffassung des BAG (vom 22. 9. 1987, BB 1988, 832) würde es einen Wertungswiderspruch darstellen, wenn eine Abfindung einer Versorgungsanwartschaft als unwirksam, ein entschädigungsloser Erlaß dagegen als wirksam angesehen würde, nur weil er im Gesetz nicht ausdrücklich genannt ist. Daraus folgt, daß eine Versorgungsanwartschaft, die nicht einmal gegen Zahlung eines Abfindungsbetrages aufgehoben werden kann, auch nicht entschädigungslos aufgehoben werden kann (BAG, a. a. O.; *Blomeyer/Otto*, § 17 Rz. 202, Einl. Rz. 374; *Ahrend/Förster/Rößler*, Steuerrecht der betrieblichen Altersversorgung, 1. Teil Rz. 202; a. A. *Höhne* in Heubeck/Höhne/Paulsdorff/Rau/Weinert § 3 Rz. 34a). Offen ist, ob ein entschädigungsloser Verzicht bei Fortbestand des Arbeitsverhältnisses vereinbart werden kann (vgl. *BAG* a. a. O.; kritisch *Höhne*, a. a. O. § 3 Rz. 11; zustimmend wohl *Höfer/Abt*, § 3 Rz. 2).

10.3 Betriebsveräußerung

Vor der Veräußerung eines Betriebs werden häufig Aufhebungsverträge zwischen dem bisherigen Arbeitgeber und Arbeitnehmern geschlossen oder fristlose Eigenkündigungen ausgesprochen, um dann anschließend mit dem Betriebserwerber neue Arbeitsverträge abschließen zu können. Hierdurch soll der ununterbrochene Übergang eines Arbeitsverhältnisses mit allen Rechten und Pflichten gemäß § 613a BGB verhindert und dadurch eine Betriebsveräußerung notleidender Betriebe häufig erst ermöglicht werden. Die Rechtsprechung (BAG vom 28. 4. 1987, BB 1988, 831 = DB 1988, 400 und vom 29. 11. 1988, BB 1989, 558 = DB 1989, 1140) hält diese Aufhebungsverträge und fristlosen Kündigungen wegen Verstoßes gegen das gesetzliche Kündigungsverbot des § 613a Abs. 4 BGB für unwirksam (vgl. hierzu *Hillebrecht*, NZA 1989, Beil. 4; differenzierend *Willemsen*, Anm. in EzA § 613a BGB Nr. 67).

Unwirksam sind damit nach Meinung des BAG auch Aufhebungsverträge aus Anlaß des Betriebsübergangs, wenn sie vom Betriebsveräußerer oder Erwerber allein deshalb veranlaßt werden, um dem Kündigungsverbot des § 613a Abs. 4 BGB auszuweichen. Soweit hierdurch unverfallbare Versorgungsanwartschaften betroffen sind, wird auch § 4 Abs. 1 Satz 2 BetrAVG in unzulässiger Weise umgangen (vgl. BAG vom 28. 4. 1987, BB 1988, 831 = DB 1988, 400; oben 6.8). Wird ein Arbeitnehmer über das Vorliegen eines Betriebsüberganges getäuscht, ist ein Aufhebungsvertrag ohnehin anfechtbar (§ 123 BGB). Auch Vereinbarungen zwischen Arbeitnehmer und Betriebserwerber anläßlich einer Betriebsveräußerung, durch die einzelne Rechte zum Nachteil des Arbeitnehmers neu geregelt werden, sollen nur zulässig sein, soweit hierfür ein *sachlicher* Grund besteht (BAG, a.a.O.; vgl. hierzu *Hillebrecht*, a.a.O.).

10.4 Sozialrechtliche Folgen

Bei der Beendigung von Arbeitsverhältnissen sind stets (mögliche) sozialrechtliche Konsequenzen zu beachten. Während der Arbeitgeber vor allem prüfen sollte, ob Erstattungspflichten gegenüber dem Arbeitsamt und/oder den Sozialversicherungsträgern ausgelöst werden (können), muß der Arbeitnehmer an eine mögliche Sperrzeit und/oder eine Anrechnung der Abfindung auf Arbeitslosengeld denken. Folgendes soll hervorgehoben werden:

a) Anrechnung von Abfindungen auf das Arbeitslosengeld

Der Anspruch auf Arbeitslosengeld ruht in der Zeit, für die der Arbeitslose Arbeitsentgelt erhält oder zu beanspruchen hat (§ 117 Abs. 1 AFG). Rückständige Vergütungsansprüche tangieren den Anspruch auf Arbeitslosengeld nicht. Nach § 117 Abs. 2 Satz 1 AFG wird der Anspruch auf Arbeitslosengeld berührt, wenn der Arbeitslose „wegen der Beendigung des Arbeitsverhältnisses eine Abfindung, Entschädigung oder ähnliche Leistungen" erhält oder beanspruchen kann und „das Arbeitsverhältnis ohne Einhaltung einer der ordentlichen Kündigungsfrist des Arbeitgebers entsprechenden Frist beendet worden ist". Damit muß eine kausale Verknüpfung zwischen der Beendigung und der Abfindung bestehen. Ist dies der Fall, schließt das Gesetz die *unwiderlegbare Vermutung* an, daß zumindest eine anteilige Abgeltung entgangener Vergütungsansprüche immer dann gewollt ist, wenn das Arbeitsverhältnis vor Ablauf der ordentlichen Kündigungsfrist gegen Zahlung einer Abfindung beendet wird (vgl. insgesamt *Gagel*, BB 1983, 453; *ders.*, BB 1989, 430; *ders.*, Sozialrechtliche Konsequenzen von Vergleichen in Kündigungsschutzprozessen; *Albrecht*, BB 1984, 919).

Die Zeit, in der der Anspruch auf Arbeitslosengeld ruht, beginnt am Tage nach der rechtlichen Beendigung des Arbeitsverhältnisses. § 117 Abs. 2 und Abs. 3 AFG enthalten *fünf Kriterien*, die das Ende des Ruhenszeitraumes bestimmen. Diese Begrenzungen sind:

(1) Die *ordentliche (oder fingierte) Kündigungsfrist* (§ 117 Abs. 2 AFG);

(2) die *Befristung* des Arbeitverhältnisses (§ 117 Abs. 3 Satz 2 Nr. 2 AFG);

(3) das Recht zur *außerordentlichen Kündigung* (§ 117 Abs. 3 Satz 2 Nr. 3 AFG);

(4) der Zeitraum, der sich aus § 117 Abs. 3 Satz 2 Nr. 1 und Satz 3 AFG errechnet (*regelmäßiger Ruhenszeitraum*);

(5) *maximal ein Jahr* (§ 117 Abs. 3 Satz 1 AFG).

Die äußerste Grenze des Ruhenszeitraums bestimmt sich jeweils nach der für den Arbeitslosen *günstigsten Alternative*. Wird das Arbeitsverhältnis unter Einhaltung der geltenden ordentlichen Kündigungsfrist beendet, so ist § 117 AFG nicht einschlägig. Ein Betrug zu Lasten der Arbeitsverwaltung liegt deshalb vor, wenn Kündigungen rückdatiert werden, um so die ordentliche Kündigungsfrist einzuhalten. Wohl kein Betrug, aber möglicherweise eine unzulässige Umgehung liegt vor, wenn die Parteien zur Vermeidung der nach § 117 AFG vorgesehenen Anrechnung eine lange vertragliche Kündigungsfrist unmittelbar vor Abschluß eines Prozeßvergleichs auf das *gesetzliche Mindestmaß zurückführen*.

Wird ein *Aufhebungsvertrag* geschlossen, ist grundsätzlich der Tag des Vertragsabschlusses maßgebend. Ist dem Aufhebungsvertrag allerdings eine Kündigung des Arbeitgebers vorausgegangen, was regelmäßig bei Prozeßvergleichen der Fall ist, so ist der Tag der Kündigung maßgebend.

Beispiel: Der Arbeitgeber kündigt einem Arbeitnehmer am 15. 11. 1990 fristlos. Die ordentliche Kündigungsfrist beträgt sechs Wochen zum Quartal. Am 15. 1. 1991 wird vor dem Arbeitsgericht ein Vergleich geschlossen, nach dem das Arbeitsverhältnis gegen Zahlung einer Abfindung mit Ablauf des 31. 12. 1990 geendet hat.

Ergebnis: Ein Ruhen des Arbeitslosengeldes ab 1. 1. 1991 kommt nicht in Betracht, da die Kündigungsfrist zum 31. 12. 1990 eingehalten worden ist.

Die Rechtslage kompliziert sich dadurch, daß der Anspruch auf Arbeitslosengeld längstens bis zu dem Tage ruht, an dem der Arbeitgeber das Arbeitsverhältnis aus *wichtigem Grund* ohne Einhaltung einer Kündigungsfrist hätte kündigen können (§ 117 Abs. 3 Nr. 3 AFG). Diese Regelung wurzelt in dem richtigen Grundgedanken, daß eine Abfindung, die trotz Vorliegens eines Grundes zur fristlosen Kündigung gewährt wird, keine Abfindung von Arbeitsentgeltansprüchen für die Zeit nach der möglichen fristlosen Kündigung enthält (BSG vom 17. 2. 1981, 7 RAr 94/79, SozR 4100, § 117 Nr. 5; BSG vom 23. 6. 1982, 7 RAr 80/81). Es kommen nur solche Gründe für eine fristlose Kündigung in Betracht, die vor dem Abschluß des Vergleichs vorlagen.

Beispiel (1): Das Arbeitsverhältnis wird durch Prozeßvergleich unter Zahlung einer Abfindung mit dem Datum der mündlichen Verhandlung beendet. Wenn dieser Zeitpunkt vor Ablauf der ordentlichen Kündigungsfrist liegt und der Arbeitnehmer nach dem Prozeßvergleich bei *bestehendem* Arbeitsverhältnis (etwa durch schwere Beleidigung) einen Grund zur fristlosen Kündigung liefert, ist ein solcher Vorfall für § 117 AFG unbeachtlich.

Beispiel (2): Der Arbeitgeber kündigt fristgerecht. Während des Laufs der Kündigungsfrist kündigt er außerdem berechtigt fristlos. Im anschließenden Prozeßvergleich wird das Arbeitsverhältnis mit dem Zeitpunkt der fristlosen Kündigung beendet; der Arbeitgeber verpflichtet sich, aus sozialen Erwägungen eine Abfindung zu zahlen. In einem solchen Fall kommt kein Ruhen des Arbeitslosengeldes zum Zuge.

Diese Gesetzeslage führt zu der unerfreulichen Konsequenz, daß der arbeitsrechtliche Prozeß um die Wirksamkeit der fristlosen Kündigung vor den Sozialgerichten neu aufgerollt werden kann. Das BSG (a. a. O.) geht nämlich davon aus, daß die Anwendung des § 117 Abs. 3 Satz 2 Nr. 3 AFG nicht dadurch entfällt, daß sich die Parteien des Arbeitsvertrages nach erfolgter außerordentlicher Kündigung über die Beendigung des Arbeitsverhältnisses durch Vergleich verständigt haben. Ein Vergleich ist in solchen Fällen allenfalls ein *Indiz* dafür, daß ein (eindeutiger) Grund zur fristlosen Beendigung des Arbeitsverhältnisses zu diesem Zeitpunkt nicht vorlag; er begründet jedoch keine unwiderlegbare Vermutung dafür, daß ein außerordentliches Kündigungsrecht nicht vorgelegen habe. Deshalb ist es denkbar, daß ein Arbeitnehmer im Verfahren vor den Arbeitsgerichten das Vorliegen eines wichtigen Kündigungsgrundes bestreitet, im Verfahren vor den Sozialgerichten dagegen die gegenteilige Position bezieht (BSG, a. a. O.).

In Fällen vertraglicher *Befristung des Arbeitsverhältnisses* ist ein Ruhen allenfalls bis zum Ende dieser Frist vorgesehen (§ 117 Abs. 3 Satz 2 Nr. 2 AFG). Voraussetzung ist aber, daß die Befristung nicht erst im Laufe des Verfahrens oder kurz zuvor mit dem Ziel einer Begrenzung der Abfindung erfolgt, sondern schon aus anderen Gründen vertraglich vorgesehen war (*Gagel*, Rz. 189 ff.). Zweifelhaft ist, ob es sich um eine arbeitsrechtlich wirksame Befristung handeln muß (*Gagel*, a. a. O.).

Die Begrenzung des Ruhens auf maximal ein Jahr (§ 117 Abs. 3 Satz 1 AFG) hat vor allem in den Fällen Bedeutung, in denen die *fingierte Kündigungsfrist* 18 Monate beträgt. Die fingierte Kündigungsfrist knüpft nämlich an den Zeitpunkt der Kündigung oder des Aufhebungsvertrags (also auch des Prozeßvergleichs) an, die Jahresfrist jedoch an den Zeitpunkt der rechtlichen Beendigung des Arbeitsverhältnisses.

Beispiel: Der Arbeitgeber spricht gegenüber einem altersgesicherten Arbeitnehmer am 15. 1. 1990 eine unwirksame fristlose Kündigung aus. Am 20. 2. 1990 kommt es zu einem Prozeßvergleich, wonach das Arbeitsverhältnis mit Ablauf des 31. 3. 1990 gegen Zahlung einer erheblichen Abfindung beendet werden soll.

Ergebnis: Die fiktive Kündigungsfrist von 18 Monaten knüpft an den 15. 1. 1990 an und läuft deshalb bis zum 15. 6. 1991. Aufgrund der maximalen Jahresfrist, die an den 31. 3. 1990 anschließt, kommt ein Ruhen nur bis zum 31. 3. 1991 in Betracht.

Im übrigen wird der *Ruhenszeitraum* durch § 117 Abs. 3 Satz 2 Nr. 1 und Satz 3 AFG *begrenzt.* Das Gesetz vermutet unwiderlegbar, daß bei vorzeitiger Beendigung des Arbeitsverhältnisses (es sei denn, der Arbeitgeber hätte das Recht zur außerordentlichen Kündigung, § 117 Abs. 3 Satz 2 Nr. 3 AFG) eine Abfindung in jedem Falle einen Anteil enthält, der zur Entschädigung für den Verlust des sozialen Besitzstandes bestimmt ist und insoweit nicht der Abgeltung entgangener Ansprüche auf Arbeitsentgelt dient. Dieser soziale Anteil wird pauschal auf 30% der Abfindung festgesetzt. Er erhöht sich bei Arbeitnehmern mit einer Betriebszugehörigkeit von mehr als fünf Jahren und bei Arbeitnehmern, die das 40. Lebensjahr vollendet haben, um je 5% und für jeden Zeitraum von fünf Jahren um weitere 5% bis auf insgesamt 70% der Abfindung. Der aufgrund dieser Regelung im Einzelfall verbleibende Anteil der Abfindung, dem der Gesetzgeber die Funktion der Abgeltung von Ansprüchen auf Arbeitsentgelt beimißt, kann der folgenden *Tabelle* entnommen werden:

Betriebs- oder Unternehmenszugehörigkeit	Lebensalter am Ende des Arbeitsverhältnisses					
	unter 40 Jahre	ab 40 Jahre	ab 45 Jahre	ab 50 Jahre	ab 55 Jahre	ab 60 Jahre
	%	%	%	%	%	%
weniger als 5 Jahre	70	65	60	55	50	45
5 und mehr Jahre	65	60	55	50	45	40
10 und mehr Jahre	60	55	50	45	40	35
15 und mehr Jahre	55	50	45	40	35	30
20 und mehr Jahre	50	45	40	35	30	30
25 und mehr Jahre	45	40	35	30	30	30
30 und mehr Jahre		35	30	30	30	30
35 und mehr Jahre			30	30	30	30

Bei der Feststellung des Lebensalters werden nur die vollen Lebensjahre am Tag der vorzeitigen Beendigung des Arbeitsverhältnisses zugrunde gelegt (§ 187 Abs. 2 BGB). Der letzte *kalendertägliche Verdienst* wird nach dem Verdienst in der letzten Lohnabrechnung über mindestens 20 Tage mit Anspruch auf Arbeitsentgelt errechnet. Bei Gehaltsempfängern beträgt der kalendertägliche Verdienst nach Auffassung der Bundesanstalt für Arbeit 1/30 des Monatsgehalts (differenzierter *Gagel*, Rz. 206). Arbeitsentgeltkürzungen infolge von Krankheit, Kurzarbeit, Arbeitsausfall oder Arbeitsversäumnis sowie einmalige Zuwendungen und rückwirkende Tariferhöhungen bleiben außer Betracht. Der Art nach regelmäßige Sonderzuwendungen (z. B. Gewinnbeteiligungen) sind dagegen auf den Zeitraum umzurechnen, für den sie gewährt worden sind.

Beispiel: Das Arbeitsverhältnis eines 57 Jahre alten Angestellten wird am 1. 3. 1990 nach 25-jähriger Betriebszugehörigkeit *zu Unrecht* fristlos gekündigt. Die ordentliche Kündigungsfrist hätte sechs Monate zum Quartal betragen. Das letzte Bruttomonatsgehalt betrug DM 3000,–. Die Parteien schließen in der Güteverhandlung am 10. 4. 1990 folgenden Prozeßvergleich:

(1) Die Parteien sind sich einig, daß das Arbeitsverhältnis auf Veranlassung der Beklagten (= Arbeitgeber) mit Ablauf des 30. 6. 1990 enden wird.

(2) Der Kläger bleibt bis zum 30. 6. 1990 unter Fortzahlung der bisherigen Bezüge freigestellt.

(3) Wegen der Beendigung des Arbeitsverhältnisses verpflichtet sich die Beklagte, dem Kläger eine am 30. 6. 1990 fällige Abfindung von DM 40000,– gem. §§ 9, 10 KSchG, 3 Nr. 9 EStG zu bezahlen.

Ergebnis: Zur Berechnung des Ruhenszeitraumes ist unter Zugrundelegung des aus der Tabelle ablesbaren Prozentsatzes von 30% der absolute Betrag der anrechenbaren Abfindung zu errechnen, nämlich DM 12000,– (30% von DM 40000,–). Das kalendertägliche Arbeitsentgelt beträgt nach Auffassung der Bundesanstalt für Arbeit DM 100,– (1/30 von DM 3000,–). Das ergibt folgende Rechnung: DM 12000,– : 100 = 120 Ruhenstage. Der so errechnete Zeitraum läuft kalendermäßig ab, beginnend mit dem Tag, der dem Ende des Arbeitsverhältnisses folgt, also dem 1. 7. 1990. Der Ruhenszeitraum würde demnach am 8. 10. 1990 enden. Hier greift aber korrigierend § 117 Abs. 2 AFG ein: Der Ruhenszeitraum endet also schon mit Ablauf des 30. 9. 1990.

b) Anspruchsübergang auf die Bundesanstalt für Arbeit

Wenn der Arbeitslose die ihm zustehenden Leistungen vom Arbeitgeber während der Ruhenszeit des Arbeitslosengeldes nicht erhält, hat er trotzdem einen Anspruch auf Arbeitslosengeld gegenüber dem Arbeitsamt. In Höhe der gezahlten Unterstützungsleistungen geht der Anspruch des Arbeitnehmers gegen seinen Arbeitgeber dann auf die Bundesanstalt für Arbeit über (§ 117 Abs. 4 AFG). Dabei handelt es sich um einen *gesetzlichen Forderungsübergang nach § 412 BGB*. Dieser tritt auch ein, wenn die Ansprüche des Arbeitslosen nicht übertragen, ver- oder gepfändet werden können. War dem Arbeitgeber der Forderungsübergang nicht bekannt und leistet er an den Arbeitnehmer, wird er von seiner Verpflichtung frei. Die Bundesanstalt für Arbeit muß dann den Betrag vom Arbeitnehmer zurückfordern. Leistet der Arbeitgeber trotz Kenntnis an den Arbeitnehmer, so behält die Bundesanstalt ihren Anspruch aus dem Forderungsübergang. Zwar ist ein gekündigter Arbeitnehmer aufgrund des Grundsatzes der Vertragsfreiheit grundsätzlich nicht gehindert, im Rahmen eines laufenden Kündigungsschutzverfahrens einen Abfindungsvergleich nach den §§ 9, 10 KSchG abzuschließen. Der Grundsatz der Vertragsfreiheit ist aber eingeschränkt, wenn das Kündigungsschutzverfahren rechtskräftig abgeschlossen ist, das Arbeitsverhältnis unangefochten fortbesteht und Ansprüche des Arbeitnehmers aus Annahmeverzug gem. § 615 BGB entstanden sind (§ 115 SGB X, § 117 AFG). In diesem Fall können die Arbeitsvertragsparteien bei Kenntnis des Anspruchsüberganges auf das Arbeitsamt nicht mehr einen Abfindungsvergleich über rückwirkende Beendigung des Arbeitsverhältnisses abschließen, weil von Anfang an gesicherte Arbeitsentgeltansprüche bestanden haben, die auf die Bundesanstalt für Arbeit übergegangen sind und nicht mehr auf dem Weg über die Rückdatierung des Endes des Arbeitsverhältnisses zu Lasten der Bundesanstalt vernichtet werden können (LAG Hamm vom 19. 2. 1988, NZA 1988, 773).

Wird in einem Aufhebungsvertrag das Ende des Arbeitsverhältnisses vor den durch die ordentliche Kündigung bestimmten Zeitpunkt gelegt, so ist eine vereinbarte Abfindung nach § 117 Abs. 2 AFG auf das Arbeitslosengeld anzurechnen. Die Vergütung, die für die Zeit zwischen dem vereinbarten Ende und dem Ende der ordentlichen Kündigungsfrist hätte gezahlt werden müssen, wird nicht mehr geschuldet. § 117 Abs. 1 AFG ist deshalb für diesen Zeitraum nicht einschlägig; ein Anspruchsübergang kann deshalb insoweit nicht erfolgen. Die Parteien können also durch *Vorverlegung des Endes des Arbeitsverhältnisses* legal den Übergang von Vergütungsansprüchen auf die Bundesanstalt für Arbeit verhindern (BAG vom 29. 8. 1968, BB 1968, 1330 = BAGE 21, 154; BSG vom 14. 2. 1978, BSGE 46, 20; vgl. auch BFH vom 13. 10. 1978, BB 1979, 304).

Kontrovers wird dagegen zwischen BAG (vom 10. 5. 1978, AP 25 zu § 794 ZPO = BB 1979, 109) und BSG (vom 23. 6. 1981, SozR 4100, § 117 Nr. 7 und vom 10. 12. 1981, 7 RAr 55/80) folgender Fall behandelt:

(1) Das Ende des Arbeitsverhältnisses wird auf einen Zeitpunkt festgesetzt, der später liegt als das tatsächliche Ende der Beschäftigung.

(2) Es wird eine Abfindung vereinbart.

(3) Vergütungsansprüche für die Zeit zwischen tatsächlichem Ende der Beschäftigung und dem vereinbarten Ende des Arbeitsverhältnisses werden entweder nicht besonders ausgewiesen oder sogar ausdrücklich ausgeschlossen.

(4) Der Vergleich enthält eine allgemeine Erledigungsklausel.

Das BSG (a. a. O.) meint, in solchen Fällen sei die Vergütung für die Zeit zwischen dem tatsächlichen Ende der Vergütungszahlung und dem vereinbarten Ende des Arbeitsverhältnisses in der Abfindung enthalten. Demgegenüber weist das BAG (a. a. O.) zu Recht darauf hin, daß es den Parteien freistehe, das Ende des Arbeitsverhältnisses hinauszuschieben, ohne gleichzeitig volle Vergütungszahlung vorzusehen, also gewissermaßen für die letzte Zeit des Arbeitsverhältnisses unbezahlten Urlaub zu vereinbaren (vgl. *Gagel*, BB 1983, 453; *ders.*, Sozialrechtliche Konsequenzen, Rz. 74 ff.). Im Endeffekt stehen sich damit zwei „Im-Zweifel-Theorien" gegenüber (*Gagel*, a. a. O.): Für das BSG ist bis zum Beweis des Gegenteils der Restvergütungsanspruch in der Abfindung enthalten, für das BAG dagegen die Abfindung im Zweifel eine echte Abfindung, jedenfalls so lange, wie die Arbeitsvertragsparteien nicht nachweisbar einen Restvergütungsanspruch abgelten wollten.

c) Verhängung von Sperrzeiten

Ungeschickt formulierte Prozeßvergleiche in Kündigungsschutzverfahren oder außergerichtliche Aufhebungsverträge kollidieren auch immer wieder mit § 119 AFG (vgl. dazu *Gagel*, Rz. 430 ff.). § 119 a AFG wurde bis zum 31. 12. 1995 verlängert. Zum sozialrechtlichen Grundwissen sollte insoweit folgendes gehören:

Hat der Arbeitslose das Arbeitsverhältnis gelöst oder durch ein vertragswidriges Verhalten Anlaß für die Kündigung des Arbeitgebers gegeben und hat er dadurch vorsätzlich oder grob fahrlässig die Arbeitslosigkeit herbeigeführt, ohne für sein Verhalten einen wichtigen Grund zu haben, tritt eine *Sperrzeit von zwölf Wochen* ein (§§ 119 Abs. 1 Nr. 1, 119a Nr. 1 AFG). Würde diese Sperrzeit für den Arbeitslosen eine besondere Härte bedeuten, wird sie auf sechs Wochen reduziert (§§ 119 Abs. 2, 119a Nr. 1 AFG). Die Sperrzeit tritt kraft Gesetzes ein, wenn ihre Voraussetzungen erfüllt sind und läuft ohne Rücksicht auf das Bestehen eines Arbeitslosengeldanspruchs kalendermäßig ab, beginnend mit dem Tage nach dem Ereignis, das den Eintritt der Sperrzeit herbeiführt (§ 119 Abs. 1 Satz 2 AFG).

Für die Praxis sind folgende Tatbestände, die Sperrzeiten auslösen könnten, von Bedeutung:

(1) Der Arbeitnehmer gibt durch vertragswidriges Verhalten Anlaß für eine Kündigung (dabei werden nur verhaltensbedingte Gründe in Betracht kommen);

(2) der Arbeitnehmer kündigt selbst das Arbeitsverhältnis;

(3) der Arbeitnehmer löst einvernehmlich mit dem Arbeitgeber das Arbeitsverhältnis.

Nimmt der Arbeitnehmer eine sozial nicht gerechtfertigte betriebsbedingte oder personenbedingte Kündigung nur hin, indem er absichtlich *keine Kündigungsschutzklage* erhebt oder die Dreiwochenfrist des § 4 KSchG versäumt, liegt keine Auflösung des Arbeitsverhältnisses durch den Arbeitnehmer vor, und zwar auch nicht in Form eines stillschweigenden Aufhebungsvertrages. Es bleibt in solchen Fällen dabei, daß das Arbeitsverhältnis durch Kündigung des Arbeitgebers beendet wird (BSG vom 20. 4. 1977, 7 RAr 81/75). Kann aber die bloße Nichterhebung der Klage grundsätzlich nicht in einen Aufhebungsvertrag umgedeutet werden, so kann bei betriebsbedingter oder personenbedingter Kündigung auch die *Rücknahme der Kündigungsschutzklage* keine Sperrzeit auslösen. Gleiches gilt, wenn die Hinnahme der Kündigung im Rahmen eines Vergleiches erfolgt (*Bauer*, Arbeitsrechtliche Aufhebungsverträge). Unschädlich ist deshalb regelmäßig folgende Vergleichsgestaltung, wobei natürlich der betriebs- oder personenbedingte Grund nicht „manipuliert" sein darf:

„Das Arbeitsverhältnis zwischen den Parteien endet aufgrund ordentlicher betriebsbedingter/personenbedingter Kündigung der Beklagten vom ... mit Ablauf des ..."

Sperrzeitauslösend kann dagegen folgende ungeschickte oder auf Rechthaberei beruhende Formulierung sein:

„Die Parteien sind sich einig, daß die ordentliche Kündigung der Beklagten vom ... völlig unwirksam ist. Sie heben das Arbeitsverhältnis mit sofortiger Wirkung im gegenseitigen Einvernehmen auf."

Die *verhaltensbedingte Kündigung* durch den Arbeitgeber bewirkt eine Sperrzeit nur, wenn es sich entweder um eine wirksame außerordentliche Kündigung nach § 626 BGB oder um eine sozial gerechtfertigte Kündigung nach § 1 KSchG handelt. Das von § 119 AFG verlangte vertragswidrige Verhalten setzt Verschulden voraus (§ 276 BGB). Ob vertragswidriges schuldhaftes Verhalten vorlag, ist gegebenenfalls von der Sozialgerichtsbarkeit zu klären. An Formulierungen in Vergleichen ist sie nicht gebunden. Ebenso wie bei § 117 AFG kommt es deshalb nicht selten dazu, daß im sozialgerichtlichen Verfahren Kündigungsschutzprozesse nachgeholt werden müssen, die vor den Arbeitsgerichten durch Vergleich beendet worden sind. Mißtrauisch kann die Arbeitsverwaltung auch dann werden, wenn in der Arbeitsbescheinigung verhaltensbedingte Gründe für die Kündigung angegeben worden sind und/oder in den Schriftsätzen des Kündigungsschutzprozesses nur von solchen die Rede ist, während später im Prozeßvergleich plötzlich eine betriebsbedingte Kündigung des Arbeitgebers als Beendigungstatbestand angeführt wird. Es kann deshalb nützlich sein, im Vergleich oder jedenfalls im Protokoll Klarstellungen vorzunehmen, insbesondere wenn es sich um die Bewertung eines Verhaltens handelt (vgl. *Gagel*, Rz. 430ff.).

Wird in einem Prozeßvergleich das Arbeitsverhältnis nicht durch Hinnahme der Kündigung beendet, sondern einvernehmlich durch „echten" Aufhebungsvertrag, ist weiter zu beachten, daß eine Sperrzeit nur eintritt, wenn der Arbeitnehmer für sein Verhalten *keinen wichtigen Grund* hat. Ein solcher wichtiger Grund i.S. von § 119 AFG liegt zunächst immer dann vor, wenn es dem Arbeitnehmer arbeitsrechtlich unzumutbar ist, das Arbeitsverhältnis auf

Dauer fortzusetzen (BSG vom 17. 7. 1964, BSGE 21, 205; *Hennig/Kühl/ Heuer*, § 119 Anm. 13). Hinzu kommen Gründe im persönlichen Bereich (gesundheitliche Gründe, Heirat, Wohl der Kinder, Angebot einer anderen Stelle, religiöse und weltanschauliche Gründe; vgl. BSG vom 20. 4. 1977, 30. 6. 1977 und 10. 12. 1980, SozR 4100, § 119 Nrn. 2, 6 und 13). Ein wichtiger Grund soll schließlich auch dann vorliegen, wenn ein älterer Arbeitnehmer anläßlich des drastischen Personalabbaus gegen Abfindung sein Arbeitsverhältnis löst und dadurch einen jüngeren Arbeitnehmer vor Entlassung bewahrt (BSG vom 17. 2. 1981, DB 1981, 1523). Zweifelhaft ist, ob eine einvernehmliche Beendigung des Arbeitsverhältnisses durch Prozeßvergleich für sich genommen schon einen wichtigen Grund i.s. von § 119 AFG darstellt (so SG Kiel vom 7. 6. 1982, S 3 Ar 188/81).

d) Erstattung von Arbeitslosengeld und Rentenversicherungsleistungen durch den Arbeitgeber (§§ 128 AFG, 1395 b RVO, 117 b AVG, 140 b RKnG)

§ 128 AFG hat die Erstattungspflicht des Arbeitgebers bei der Beendigung von Arbeitsverhältnissen mit älteren Arbeitnehmern erheblich *verschärft*. Dies gilt für Kündigungen und für Aufhebungsverträge. Der Arbeitgeber muß für einen vorzeitig ausgeschiedenen und dann arbeitslos gewordenen älteren Arbeitnehmer *für vier Jahre* den zuständigen Sozialversicherungsträgern die von diesen für die Zeit nach Vollendung des 59. Lebensjahres des Arbeitslosen erbrachten Leistungen erstatten (unter Umständen bis zu DM 120000,–). Dabei bestimmt das Gesetz (i.d.F. vom 1. 1. 1986; BGBl. 1985 S. 2484) zunächst eine *48 Monate umfassende Erstattungspflicht* gegenüber dem *Rentenversicherungsträger* (§ 1395 b Abs. 1 RVO = § 117 b Abs. 1 AVG = § 140 b Abs. 1 RKnG), auf die dann die Monate, für die der Arbeitgeber der Bundesanstalt für Arbeit Erstattungsleistungen (Arbeitslosengeld/-hilfe) erbracht hat, angerechnet werden. Diese Ausdehnung der Erstattungspflicht auch auf Rentenversicherungsleistungen gilt allerdings nur dann, wenn der ältere Arbeitnehmer nach § 1248 Abs. 2 RVO (= § 25 Abs. 2 AVG = § 48 Abs. 2 RKnG) Zugang zum Rentenbezug über eine mindestens einjährige Arbeitslosigkeit erlangt (vgl. *Krebs*, § 128 Anm. 1; *Faude/Schüren*, S. 330ff. Die Erstattungspflicht tritt auf keinen Fall ein, wenn das Arbeitsverhältnis vor Vollendung des 56. Lebensjahres des Arbeitslosen beendet worden ist (§ 128 Abs. 1 Satz 2 1. Halbsatz).

Beispiel: A vollendet am 1. 1. 1990 das 56. Lebensjahr. Mit der Firma B vereinbart er, daß sein Arbeitsverhältnis mit Ablauf des 31. 12. 1989 endet. In diesem Fall kommt eine Erstattungspflicht nicht in Betracht. Anders als bei § 117 AFG kommt es auch nicht darauf an, ob die Zeit zwischen Abschluß des Aufhebungsvertrages und Ende des Arbeitsverhältnisses die ordentliche Kündigungsfrist enthält.

Nach § 128 Abs. 1 Satz 2 Nrn. 1–9 AFG tritt die Erstattungspflicht unter bestimmten Voraussetzungen nicht ein. Weist der Arbeitgeber nach, daß der Arbeitslose innerhalb der letzten 12 bzw. 18 Jahre vor dem Tag der Arbeitslosigkeit, durch den nach § 104 Abs. 2 AFG die Rahmenfrist bestimmt wird, insgesamt *weniger als 10 bzw. 15 Jahre* in einem Arbeitsverhältnis zu ihm gestanden hat (Nr. 1 a und b) oder daß er in der Regel *nicht mehr als fünf Arbeitnehmer* ausschließlich der Auszubildenden und der Schwerbehinderten beschäftigt (Nr. 2, sog. Kleinbetriebsklausel), so hält es der Gesetzgeber nicht für angemessen, den Arbeitgeber mit Erstattungspflichten zu belasten. Nrn. 2–6 sehen wirtschaftliche Ausnahmetatbestände vor (vgl. dazu die einschlägige Kommentarliteratur). Für die *tägliche Kündigungspraxis* sind vor allem die Nrn. 7, 8 und 9 von Bedeutung. Danach entfällt die Erstattungspflicht, wenn der Arbeitgeber nachweist, daß

(7) der Arbeitslose das Arbeitsverhältnis durch Kündigung beendet und weder eine Abfindung noch eine Entschädigung oder ähnliche Leistung wegen der Beendigung des Arbeitsverhältnisses erhalten oder zu beanspruchen hat,

(8) er das Arbeitsverhältnis durch Kündigung wegen vertragswidrigen Verhaltens des Arbeitslosen beendet hat, oder

(9) er bei Beendigung des Arbeitsverhältnisses berechtigt war, das Arbeitsverhältnis aus wichtigem Grund ohne Einhaltung einer Kündigungsfrist zu kündigen.

„Positiv" ausgedrückt entsteht nach dieser gesetzlichen Regelung und der sich an den Wortlaut des § 128 AFG klammernden Auslegung der Bundesanstalt für Arbeit (vgl. 4.7–4.9 der Durchführungsanweisung der BA zu § 128 AFG vom 13. 7. 1984, RdErl.) die Erstattungspflicht des Arbeitgebers auch dann, wenn das Arbeitsverhältnis

(1) ohne oder mit Abfindung außergerichtlich einvernehmlich oder

(2) durch personenbedingte Kündigung des Arbeitgebers oder

(3) durch betriebsbedingte Kündigung oder einvernehmlich aufgrund arbeitnehmerseitiger Kündigung gegen Abfindung im Rahmen eines Sozialplanes (es sei denn § 128 Abs. 1 Satz 2 Nr. 4 AFG greift ein) oder

(4) durch gerichtlichen Vergleich einvernehmlich

beendet wurde. Wirft man einen Blick auf das gesetzgeberische Motiv für die Erstattungsregelung, nämlich die mißbräuchliche Ausnutzung der 59er-Regelung, so schießt die jetzige Regelung des § 128 AFG erheblich übers Ziel hinaus (vgl. *Faude/Schüren*, S. 331). Das BSG hat mit Beschluß vom 21. 5. 1986 (BB 1986, 1510 = NZA 1986, 579) ein Erstattungsverfahren wegen erachteter Unvereinbarkeit von § 128 AFG a. F. mit der Verfassung nach Art. 100 GG ausgesetzt und dem BVerfG zur Entscheidung vorgelegt. Die Entscheidung erstreckt sich auf § 128 AFG in der bis zum 30. 4. 1984 geltenden Fassung. Das BVerfG hat die Regelung des § 128 AFG für verfassungsgemäß erachtet. Es machte allerdings folgende Einschränkungen: Erstattungspflichtig ist der Arbeitgeber nur, wenn ihn eine *besondere Verantwortung für den Eintritt der Arbeitslosigkeit trifft*. Eine solche Verantwortung ist nicht gegeben, wenn der Arbeitnehmer eine *andere Sozialleistung*, etwa Krankengeld, Berufs- oder

Erwerbsunfähigkeitsrente, in Anspruch nehmen kann und der Anspruch auf Arbeitslosengeld damit ruhen oder ganz entfallen würde. Entsprechendes gilt, wenn der Arbeitnehmer über das 60. Lebensjahr hinaus berechtigterweise Arbeitslosengeld in Anspruch nimmt. Der Anspruch entfällt dann für *diese Zeit*. Im Hinblick auf die zu fordernde besondere Verantwortung des Arbeitgebers seien die Ausnahmeregelungen des § 128 AFG verfassungskonform auszulegen (BVerfG vom 23. 1. 1990, BB 1990 Beil. 5 zu Heft 5 = DB 1990, 325; vgl. hierzu den RdErl. 35/90 der BA vom 12. 3. 1990). Eine besondere Verantwortung des Arbeitgebers kann u. E. aber auch in anderen Fällen fehlen. Zu denken ist dabei etwa daran, daß der Arbeitnehmer anläßlich einer zwingend (Bsp.: Änderung gesetzlicher Bestimmungen) erforderlichen Änderungskündigung ein zumutbares Änderungsangebot nicht annimmt oder eine Kündigung aus krankheitsbedingten Gründen erfolgen muß, weil der Arbeitnehmer seine vertragsmäßigen Leistungen nicht mehr erbringen kann (z. B. Arbeitnehmer kann wegen einer Erkrankung an seinem Arbeitsplatz nicht weiterarbeiten und es besteht kein anderer freier Arbeitsplatz). Hier liegen die Gründe für die Beendigung des Arbeitsverhältnisses in der Person des Arbeitnehmers selbst. Nach § 128 Abs. 1 Satz 2 Nr. 9 AFG entfällt die Erstattungspflicht des Arbeitgebers, wenn er bei Beendigung des Arbeitsverhältnisses berechtigt war, das Arbeitsverhältnis aus wichtigem Grund ohne Einhaltung einer Kündigungsfrist zu kündigen. Ein solcher wichtiger Grund ist u. E. auch dann anzunehmen, wenn der Arbeitnehmer wegen gesundheitlicher Einschränkungen die von ihm vertraglich übernommene *Arbeit auf Dauer* nicht mehr verrichten kann. Ob das Arbeitsverhältnis dann durch außerordentliche oder fristgemäße Kündigung des Arbeitgebers oder aber durch einen Aufhebungsvertrag endete, ist insoweit nicht erheblich (vgl. kritisch *Gitter*, JZ 1990, 543). Erstattungsbescheide der BA können in solchen Fällen also u. E. mit guter Aussicht auf Erfolg angefochten werden.

Eine verfassungskonforme Auslegung des § 128 AFG muß dazu führen, die Vorschrift dann nicht anzuwenden, wenn kein bewußtes oder gewolltes zweck- und zielgerichtetes Ausnutzen der Möglichkeit des vorgezogenen Altersruhegeldes für ältere Arbeitnehmer vorliegt (SG Aachen, NZA 1985, 199; *Bauer*, NZA 1985, 275). Das ist u. E. auch der Fall, wenn ein Betrieb oder Betriebsteil stillgelegt wird. Auf eine solche Auslegung des Gesetzes durch die Gerichte darf man sich aber nach der Entscheidung des BVerfG nicht verlassen. Zur Auslegung des § 128 Abs. 1 Satz 2 Nr. 4 AFG vgl. SG Reutlingen vom 18. 1. 1990, DB 1990, 1039.

Soweit die Erstattungspflicht durch § 128 Abs. 1 Satz 2 Nr. 8 AFG ausgeschlossen wird, erscheint noch folgendes problematisch:

Die Vorschrift schließt die Erstattungspflicht bei Kündigung wegen vertragswidrigen Verhaltens des Arbeitnehmers aus. Im Gegensatz zu Nr. 9 reicht es nach dem Wortlaut nicht aus, daß der Arbeitgeber nur berechtigt war, das Arbeitsverhältnis zu beenden; es muß tatsächlich und ursächlich aus diesem Grunde beendet worden sein (*Knigge/Ketelsen/Marschall/Wittrock*, § 128 Anm. 23). Nach dem Gesetzeswortlaut fällt der Aufhebungsvertrag, dem vertragswidriges Verhalten des Arbeitslosen zugrunde lag, nicht unter Nr. 8 (*Hennig/Kühl/Heuer*, § 128 Anm. 3, bezeichnen dies als „unverständlich"). Unter einem solchen Aufhebungsvertrag ist aber nicht die *bloße Hinnahme einer Kündigung* zu verstehen:

Beispiel: Der Arbeitgeber kündigt dem Arbeitnehmer aus verhaltensbedingten Gründen. Kurze Zeit danach wird nach Erhebung der Kündigungsschutzklage in der Güteverhandlung u. a. folgender Vergleich protokolliert:

(1) Die Parteien sind sich einig, daß das Arbeitsverhältnis aufgrund ordentlicher Kündigung mit Ablauf des ... beendet worden ist/enden wird.

(2) Wegen der Beendigung des Arbeitsverhältnisses erhält der Kläger eine Abfindung von DM ...

Ob es allerdings zu einer solchen Formulierung im Vergleich kommt oder ob von „einvernehmlicher Beendigung" die Rede ist, kann keinen Unterschied machen. Entscheidend kann nur sein, daß eine verhaltensbedingte Kündigung vorausgegangen ist. Im übrigen scheitert die Anwendung der Nr. 8 nicht daran, daß eine Abfindung gezahlt wird. Allerdings wird die Auffassung vertreten, daß die Bundesanstalt für Arbeit den Sachverhalt dann besonders sorgfältig prüfen müsse, wenn eine Abfindung vereinbart worden sei, weil die eigenständige Beurteilungszuständigkeit der Bundesanstalt und der Sozialgerichtsbarkeit von den Festlegungen in einem arbeitsgerichtlichen Vergleich unberührt blieben. Dies mag grundsätzlich richtig sein; bei § 128 Abs. 1 Satz 2 Nr. 8 AFG muß aber zunächst geklärt werden, worauf sich die Beurteilungszuständigkeit bezieht. Der Wortlaut der Vorschrift verlangt nicht, daß es sich um eine sozial gerechtfertigte Kündigung (§ 1 KSchG) handeln muß (*Bauer*, a. a. O.).

Beispiel: Dem 59jährigen A wird wegen – unstreitiger – Beleidigung von Kollegen gekündigt. Das Arbeitsgericht meint in der Güteverhandlung, mit Rücksicht auf das Alter und die Betriebszugehörigkeit von A könne es durchaus fraglich sein, ob der „Vorfall" für eine Kündigung nach § 1 KSchG reiche. Daraufhin schließen die Parteien einen Abfindungsvergleich in der Form der „Hinnahme" der Kündigung (vgl. das vorangegangene Beispiel). Da das Verhalten von A vertragswidrig (Verletzung der arbeitsvertraglichen Nebenpflichten) war, scheidet eine Anwendung von § 128 AFG nach unserer Auffassung aus.

Bei strenger wörtlicher Anwendung des § 128 AFG kommt eine Erstattungspflicht auch dann zum Zuge, wenn der Arbeitgeber gegenüber einem älteren Arbeitnehmer eine *betriebsbedingte Änderungskündigung* ausspricht, der Arbeitnehmer die Änderung der Arbeitsbedingungen nicht nach § 2 KSchG unter Vorbehalt annimmt und keine Änderungsschutzklage erhebt oder der Arbeitgeber das Verfahren vor dem Arbeitsgericht „gewinnt". Dieser vermeintliche Sieg kann den Arbeitgeber teuer zu stehen kommen, wenn sich die Bundesanstalt für Arbeit auf den Wortlaut des § 128 AFG beruft. Das Ergebnis ist vor allem dann völlig unbefriedigend, wenn die angebotenen neuen Arbeitsbedingungen materiell kaum von den bisherigen abweichen. Eine Verfassungskonforme Auslegung des § 128 AFG schließt u. E. daher in diesem

Fall auch eine Erstattungspflicht aus. Den Arbeitgeber trifft auch hier keine *besondere* Verantwortung an der Beendigung des Arbeitsverhältnisses i. S. der Entscheidung des BVerfG (vom 23. 1. 1990, BB 1990 Beil. 5 zu Heft 5).

Die Erstattungspflicht *entfällt* in jedem Fall, wenn der Arbeitgeber in der Regel nicht mehr als fünf Arbeitnehmer ausschließlich der zu ihrer Berufsausbildung Beschäftigten und der anerkannten Schwerbehinderten i.s. des § 1 SchwbG beschäftigt hat (§ 128 Abs. 1 Satz 2 Nr. 2 AFG). Sie *mindert* sich um 3/4, 1/2 oder 1/4, wenn der Arbeitgeber nicht mehr als 20, 40 bzw. 60 Arbeitnehmer beschäftigt hat (§ 128 Abs. 3 AFG).

Achtung: Konzernunternehmen i.s. des § 18 AktG (auch Gleichordnungskonzerne!) gelten nach § 128 Abs. 4 AFG als *ein Arbeitgeber*. Nach Auffassung der Bundesanstalt für Arbeit wirkt sich das auch bei der Ermittlung der Zahlenverhältnisse nach § 128 Abs. 3 aus.

e) Erstattungspflicht bei nachvertraglichen Wettbewerbsverboten (§ 128a AFG)

Bei *nachvertraglichen Wettbewerbsverboten*, die nach dem 31. 12. 1981 vereinbart worden sind (vgl. Art. 1 § 2 Nr. 16 AFKG), hat der bisherige Arbeitgeber der Bundesanstalt für Arbeit vierteljährlich das Arbeitslosengeld zu erstatten, wenn der Arbeitslose durch eine Vereinbarung mit dem bisherigen Arbeitgeber in seiner beruflichen Tätigkeit als Arbeitnehmer beschränkt ist. Die Erstattung erfolgt für die Zeit, in der die berufliche Beschränkung durch das Wettbewerbsverbot besteht. Der Anspruch umfaßt neben den Aufwendungen an Arbeitslosengeld bzw. -hilfe auch die auf diese Leistung entfallenden Beiträge zur gesetzlichen Kranken- und Rentenversicherung.

Fraglich ist, ob es für die Erstattungspflicht des § 128a AFG nur darauf ankommt, daß sich die Wettbewerbsbeschränkung während der Arbeitslosigkeit noch auswirkt (*Hennig/Kühl/Heuer*, § 128a Anm. 2). U.E. muß die Wettbewerbsbeschränkung *ursächlich* für die Arbeitslosigkeit sein (vgl. auch LAG Schleswig-Holstein vom 28. 11. 1986, NZA 1987, 212). Die Erstattungspflicht besteht unabhängig von der Vereinbarung über eine vom Arbeitgeber zu zahlende Karenzentschädigung. Sie entfällt aber in dem Umfang, in dem ein anderweitiger Erstattungsanspruch (z. B. nach § 128 AFG) begründet ist.

10.5 Steuerliche Behandlung von Abfindungen

a) Steuerfreie Abfindungen

Abfindungen wegen einer vom Arbeitgeber veranlaßten oder gerichtlich ausgesprochenen Auflösung des Dienstverhältnisses (§§ 9, 10 KSchG) sind nach § 3 Nr. 9 EStG bis zu einem Höchstbetrag von DM 24000,– *steuerfrei*. Hat der Arbeitnehmer das 50. Lebensjahr vollendet und hat das Dienstverhältnis mindestens 15 Jahre bestanden, beträgt der Höchstbetrag DM 30000,–; hat der Arbeitnehmer das 55. Lebensjahr vollendet und hat das Dienstverhältnis mindestens 20 Jahre bestanden, beträgt der Höchstbetrag DM 36000,–.

Die Auflösung ist durch den Arbeitgeber veranlaßt, wenn dieser die entscheidenden Ursachen für die Auflösung gesetzt hat und dem Arbeitnehmer im Hinblick auf dieses Verhalten eine weitere Zusammenarbeit nicht mehr zugemutet werden kann (BFH vom 17. 5. 1977, BB 1977, 1288 und vom 13. 10. 1978, BB 1979, 304). Für die Steuerfreiheit ist allein der von den Parteien *gewählte Beendigungszeitpunkt* des Arbeitsverhältnisses maßgeblich (BFH, a. a. O.; BdF-Schreiben vom 28. 2. 1979, BStBl. I 144; vgl. weiter *Offerhaus*, DB-Beil. 10/1982; *Giloy*, BB 1983, 957). Hieran fehlt es, wenn ein *befristetes Arbeitsverhältnis* vertragsgemäß ausläuft und der Arbeitgeber – aus welchen Gründen auch immer – eine Abfindung zahlt (vgl. auch *Müller/Bauer*, B II 6b aa).

Damit greift die Steuerfreiheit auch bei einer vorzeitigen Auflösung des Arbeitsverhältnisses ein. Dies gibt den Parteien erheblich mehr Spielraum. Steuerunschädlich i.S. des § 3 Nr. 9 EStG ist es auch, wenn laufende (wiederkehrende) Beträge bezahlt werden (BFH vom 11. 1. 1980 – BStBl. II S. 205). Insofern besteht – anders als im Falle der §§ 24 Nr. 1, 34 EStG (siehe unten, 10.5b) – keine zeitliche Begrenzung. Steuerlich bedenklich können dagegen Abfindungen in Aufhebungsverträgen sein, wenn die Parteien ein wirksam vereinbartes nachvertragliches Wettbewerbsverbot in ein „entschädigungsloses" umwandeln und gleichzeitig die Abfindung für den Verlust des Arbeitsplatzes erhöhen.

Bei einer Änderungskündigung, die nicht zur Auflösung des Arbeitsvertrages geführt hat, kommt eine Steuerbefreiung nach § 3 Ziff. 9 EStG nicht in Betracht (BFH vom 10. 10. 1986, BB 1987, 457). Die Steuerfreiheit einer Abfindung wird dagegen nicht berührt, wenn der Arbeitnehmer aufgrund eines nach Beendigung eines Arbeitsverhältnisses abgeschlossenen Arbeits- oder Dienstverhältnisses bei demselben Arbeitgeber zu anderen Bedingungen weiterbeschäftigt wird (BFH vom 10. 10. 1986, a.a.O.). Dies gilt jedenfalls dann, wenn das neue Vertragsverhältnis *nach Ablauf* der Kündigungsfrist des früheren Arbeitsverhältnisses vereinbart wurde. U.E. müßte dies selbst bei einer Vereinbarung der Neubegründung eines Arbeitsverhältnisses vor Ablauf der Kündigung gelten (ebenso *Offerhaus*, Die steuerliche Betriebsprüfung, 1987, 71), selbst wenn sich dieses unmittelbar anschließt. Allerdings muß nachgewiesen werden können, daß nicht von vorneherein eine Änderungskündigung beabsichtigt ist und kein Umgehungstatbestand vorliegt. Es empfiehlt sich eine Lohnsteueranrufungsauskunft einzuholen (vgl. 10.5d).

Aufgrund des Gesetzes zur Anpassung des Rechts der Arbeitsförderung und der gesetzlichen Rentenversicherung an die Einführung von *Vorruhestandsleistungen* von 13. 4. 1984 (BGBl. I S. 601) war zunächst auch das Einkommensteuerrecht geändert worden. § 3 Nr. 9 Satz 3 EStG a.F. beließ die „Abfindungen, die als laufende Bezüge aus einem früheren Dienstverhältnis gewährt werden", unter der Voraussetzung in der Steuerpflicht, daß „der monatliche Bezug mindestens 65% des in den letzten 6 Monaten vor Beendigung des Dienstverhältnisses durchschnittlich erzielten Arbeitslohns beträgt". Das hat zu Ungereimtheiten geführt. Der Gesetzgeber hat deshalb Satz 3 in § 3 Nr. 9 EStG gestrichen. Die durch die Streichung in den einschlägigen Fällen bewirkte Steuerfreiheit gilt rückwirkend für alle Bezüge nach dem 31. 12. 1984 (vgl. BMF-Schreiben vom 20. 12. 1985, BB 1986, 115 = DB 1986, 149). Ab dem Veranlagungszeitraum 1985 sind somit alle Vorruhestandsbezüge unabhängig von ihrer individuellen Höhe nach Maßgabe des im Einzelfall anzuwendenden Höchstbetrags von DM 24000,–/30000,–/36000,– steuerfrei.

b) Steuerbegünstigte Entschädigungen

Zahlt der Arbeitgeber wegen einer von ihm veranlaßten Auflösung des Arbeitsverhältnisses eine Abfindung, so handelt es sich grundsätzlich um eine Entschädigung „als Ersatz für entgangene oder entgehende Einnahmen" (§ 24 Nr. 1a EStG). Nach § 34 Abs. 1 EStG werden *außergerichtliche Einkünfte* auf Antrag nach einem ermäßigten Steuersatz bemessen, der die *Hälfte des durchschnittlichen Steuersatzes* beträgt, der sich ergeben würde, wenn die tarifliche Einkommensteuer nach dem gesamten zu versteuernden Einkommen des ausscheidenden Arbeitnehmers zu bemessen wäre. Damit sind auch Entschädigungen, die den in *§ 3 Abs. 1 Ziff. 9 EStG genannten Umfang überschreiten, regelmäßig erheblich steuerbegünstigt.* Voraussetzung für diese Steuerbegünstigung i. S. des § 34 EStG ist, daß die Entschädigung „zusammengeballt zufließt". Bei einem Zufluß von laufenden Bezügen als Abfindung nach Vertragsbeendigung in *drei* Veranlagungszeiträumen, ist dies nicht mehr der Fall (BFH, BStBl. II 1981, 214). Bei Zufluß in *zwei* Veranlagungszeiträumen wird dies teilweise von den Finanzbehörden anerkannt, nämlich dann, wenn sie als einmaliger Zahlungsvorgang gedacht waren. Diese Frage sollte tunlichst durch eine Lohnsteueranrufungsauskunft (vgl. d) geklärt werden. In diesen Fällen kommt es auch nicht darauf an, daß laufende Bezüge, die in eine Abfindung „umgewandelt" wurden, zu einem höheren Jahreseinkommen führen, als das, welches der Arbeitnehmer bezogen hätte, wenn das Dienstverhältnis fortgesetzt worden wäre. Offengelassen hat der BFH, ob die Tarifbegünstigung nach §§ 24 Nr. 1, 34 EStG gegeben ist, wenn die als Entschädigung geleisteten *laufenden Bezüge* nur in einem Veranlagungszeitraum anfallen. (Auch dies kann daher nur durch eine Lohnsteueranrufungsauskunft (d) vorab geklärt werden).

Das Steuerbereinigungsgesetz 1985 ermöglicht es nun, daß der Arbeitgeber die Hälfte des Lohnsteuerbetrages des Arbeitnehmers aus dem steuerbegünstigten Abfindungsbetrag einbehält und den Restbetrag gleich an den Arbeitnehmer ausbezahlt (§ 39b Abs. 3 Satz 11 EStG).

Achtung: In diesem Fall trägt der Arbeitgeber ein Risiko: Wenn die Finanzbehörden die Voraussetzungen der §§ 24, 34 Abs. 1 EStG nicht anerkennen und der Arbeitnehmer die steuerliche Nachforderung nicht erfüllt, lebt die gesamtschuldnerische Haftung des Arbeitgebers wieder auf. In Zweifelsfällen sollte deshalb vorher eine Lohnsteueranrufungsauskunft eingeholt werden (vgl. dazu unten 10.5 d).

c) „Brutto = netto"-Klausel

Vereinbarte Abfindungen sind regelmäßig als Bruttobeträge zu verstehen; etwa anfallende Steuern hat grundsätzlich der Arbeitnehmer zu tragen. Bei einer sog. „Netto-Abfindung" ist der volle Abfindungsbetrag ungeschmälert an den Arbeitnehmer auszukehren. Hierauf entfallende Lohn- oder Einkommensteuer muß dem Nettobetrag zugeschlagen und sodann vom Arbeitgeber getragen werden. Anders ist dies bei der „Brutto-Abfindung": Hier ist der Abfindungsbetrag bis zur Höhe des steuerlichen Freibetrages nach § 3 Nr. 9 EStG ungekürzt an den Arbeitnehmer auszuzahlen; im übrigen ist der Abfindungsbetrag dem Lohnsteuerabzugsverfahren zu unterwerfen mit der Folge, daß die hierauf entfallende Lohn- bzw. – nach Veranlagung – Einkommensteuer vom Arbeitnehmer zu tragen ist. Die in Aufhebungsverträgen oft verwendete Brutto = Netto-Klausel enthält eine *Vermutung* dafür, daß es sich um eine Netto-Vereinbarung handelt; d. h., daß ein an sich geschuldeter Bruttobetrag zum Nominalwert netto auszuzahlen ist.

Eine „Brutto = netto"-Klausel ist aber *auslegungsfähig:* Bei Auseinanderfallen des objektiven Erklärungswertes und übereinstimmendem Parteiwillen ist letzterer maßgebend; durch diese „Korrektur" kann eine Bruttovereinbarung erreicht werden (LAG Hamm, DB 1980, 2396, vgl. auch LAG Niedersachsen vom 10. 12. 1984, BB 1985, 272; LAG Bremen vom 22. 1. 1988, BB 1988, 408). Um Auslegungsprobleme zu vermeiden, ist den Parteien dringend zu raten, die Frage der Steuerpflichtigkeit klar zu regeln (vgl. auch *Müller/Bauer*, B II 6 b dd).

d) Lohnsteueranrufungsauskunft

Um steuerliche Nachteile zu vermeiden, kann es im Einzelfall sinnvoll sein, vor oder nach Abschluß eines Aufhebungsvertrages eine Lohnsteueranrufungsauskunft beim zuständigen *Betriebsstättenfinanzamt* gem. § 42e EStG einzuholen. Die Steuerbehörden sind zur verbindlichen Auskunft verpflichtet.

10.6 Sozialversicherungspflicht von Abfindungen

Nach der Rechtsprechung der BAG, der sich nunmehr auch das BSG (vom 21. 2. 1990, BB 1990, 1350) angeschlossen hat, sind Abfindungen kein für die Dauer des Arbeitsverhältnisses gezahltes Arbeitsentgelt (i. S. des § 14 SGB IV). Abfindungen nach den §§ 9, 10 KSchG, die für den Verlust des Arbeitsplatzes gezahlt werden, unterliegen nach dieser Rechtsprechung nicht der Beitragspflicht zur Sozialversicherung und zwar auch dann nicht, wenn für sie Einkommmens- oder Lohnsteuer abzuführen ist (BAG vom 9. 11. 1989, BB 1989, 360 = DB 1989, 327). Dies gelte auch dann, wenn Abfindungen im Hinblick darauf bezahlt werden, daß das Arbeitsverhältnis vorzeitig – ohne Einhaltung der maßgebenden Kündigungsfrist – beendet wird.

Beitragspflichtig ist eine Abfindung nur, soweit in ihr Beiträge enthalten sind, die für die Dauer des Arbeitsverhältnisses gezahlt werden. Dies kann z. B. der Fall sein, wenn in der Abfindung eine Urlaubsabgeltung oder die Vergütung für die letzte Zeit des fortbestehenden Arbeitsverhältnisses bei vereinbartem Fortfall der Vergütungspflicht enthalten ist (**Hinweis:** Das Bundessozialgericht hat diese Frage noch nicht entschieden).

Solche Abfindungen sind nicht beitragspflichtig. Sofern hierfür Beiträge entrichtet wurden, geschah dies zu Unrecht. Die Beiträge sind deshalb nach Maßgabe des § 26 SGB IV und § 185a AVG zu erstatten. Dies gilt auch bei einer vorzeitigen Beendigung des Arbeitsverhältnisses, d. h. ohne Einhaltung der ordentlichen Kündigungsfrist. Geht es jedoch um eine freiwillige Krankenversicherung nach Beendigung der Beschäftigung, ist die Abfindung bei der Beitragsermessung zu berücksichtigen (vgl. BSG vom 28. 4. 1987, 12 RK 50/88 EzS 55–99; zum ganzen auch *Müller/Bauer* B II c).

10.7 Jahressonderzuwendung und gekündigtes Arbeitsverhältnis

Setzt ein Tarifvertrag für den Anspruch auf Jahressonderzahlung ein ungekündigtes Arbeitsverhältnis am Auszahlungstag voraus, so entfällt der Anspruch grundsätzlich nur dann, wenn die ausgesprochene Kündigung (unmittelbar) zur Beendigung des Arbeitsverhältnisses führt (BAG vom 7. 12. 1989, BB 1990, 711).

Die bloße Annahme des Arbeitgebers, seine Kündigung sei wirksam, berechtigt ihn nicht zur Verweigerung der Jahressonderzahlung. Steht vielmehr rechtskräftig nach Abschluß des Kündigungsschutzprozesses die Fortsetzung des Arbeitsverhältnisses fest, so befindet sich der Arbeitgeber mit der Leistung der Jahressonderzahlung im Schuldnerverzug. Auch ein *Aufhebungsvertrag* hat keine Auswirkungen auf den Anspruch auf eine Jahressonderzahlung (BAG, a. a. O.).

11. Vertretung der Parteien

Wenn sich die Beendigung eines Dienst- oder Arbeitsverhältnisses abzeichnet, müssen sich beide Parteien – meist sehr schnell – entscheiden, ob und falls ja, in welchem Stadium sie sich von sachkundigen Personen unterstützen und vertreten lassen sollen. Wegen der Kompliziertheit der zu beachtenden Rechtsregeln kommen vor allem Arbeitnehmer kaum ohne fremde Hilfe aus. Aber auch kleinere und mittlere Unternehmen verfügen oft nicht über Mitarbeiter, die in Personalangelegenheiten die Interessen ihres Unternehmens optimal wahrnehmen können. Für eine Vertretung kommen im wesentlichen „Vertreter" von Arbeitgeberverbänden und Gewerkschaften, aber auch Anwälte, in Betracht. Auf folgende Einzelheiten soll an dieser Stelle hingewiesen werden:

11.1 „Vertreter" von Arbeitgeberverbänden und Gewerkschaften

Bei *außergerichtlichen Verhandlungen* gibt es keine Beschränkungen. Selbstverständlich können beide Seiten die Verhandlungen von Mitarbeitern der Koalition führen lassen oder solche Personen hinzuziehen.

Nach § 11 Abs.1 Satz 2 und Abs. 2 Satz 2 ArbGG können sich die Parteien vor den *Arbeitsgerichten* und den *Landesarbeitsgerichten*, nicht aber vor dem BAG, durch Vertreter von Gewerkschaften oder von Vereinigungen von Arbeitgebern oder von Zusammenschlüssen solcher Verbände vertreten lassen. Das Gesetz stellt damit klar, daß nicht die Vereinigung selbst, sondern nur ein „Vertreter" der Vereinigung zur Vertretung der Parteien berechtigt ist (*Dersch/Volkmar*, § 11 Anm. 5). Der „Vertreter" in diesem Sinne ist kein Stellvertreter, da er nicht für seinen Verband, sondern allein für die Partei rechtsgeschäftliche Erklärungen abzugeben hat (*Grunsky*, § 11 Anm. 10). Dazu muß er aber kraft Satzung des Verbandes oder einer von diesem erteilten Vollmacht berechtigt sein. Auch hier ist der Begriff „Vollmacht" nicht im Sinne des Stellvertretungsrechts gemeint, da das Gesetz nur ausdrücken will, daß der Vertreter dem Verband gegenüber zur Vertretung von Prozeßparteien berechtigt ist. Im übrigen ist nicht nötig, daß der Vertreter i.S. des § 11 ArbGG Mitglied des Verbandes oder auch nur dessen Arbeitnehmer ist. Eine nicht im Verband organisierte Prozeßpartei kann durch den Verbandsvertreter nicht vertreten werden (BAG vom 16. 5. 1975, AP 35 zu § 11 ArbGG = BB 1975, 1209; BAG vom 16. 11. 1989, BB 1990, 564 = NZA 1990, 666). Ein „Außenseiter", d.h. ein keiner Gewerkschaft angehörender Arbeitnehmer, kann sich damit von keinem Vertreter einer Gewerkschaft vor dem Arbeitsgericht vertreten lassen. Die Befugnis oder gar der Wille einer Arbeitgebervereinigung, für sich oder für ihre Mitglieder Tarifverträge abzuschließen, ist keine Zulassungsvoraussetzung für ihre Vertreter vor den Gerichten für Arbeitssachen (BAG, NZA 1990, 666).

11.2 Rechtsanwälte

Beide Parteien können sich schon bei den ersten *außergerichtlichen Gesprächen* über eine Beendigung des Arbeitsverhältnisses der Hilfe von Anwälten bedienen. Manche Arbeitnehmer scheuen sich aber, im vorprozessualen Stadium Anwälte hinzuziehen, weil sie befürchten, das „Klima" für eine günstige Regelung zu verderben. Dies kann grundlos und unangebracht sein, wenn auf der Gegenseite sachkundige Mitarbeiter von Rechts- und/oder Personalabteilungen stehen; der Arbeitnehmer darf auch nicht vergessen, daß er für den Verlauf und die Ergebnisse der Verhandlungen nicht als Zeuge in Betracht kommt. Für ihn ist es deshalb nicht ganz ungefährlich, solche Verhandlungen alleine zu führen. Nehmen auf seiten des Arbeitgebers bei den Gesprächen allerdings ausschließlich gesetzliche Vertreter (GmbH-Geschäftsführer, AG-Vorstandsmitglieder), persönlich haftende Gesellschafter oder Firmeninhaber teil, bestehen diese Bedenken nicht, da dann beide Seiten keinen Zeugen zur Verfügung haben. Auch der Arbeitgeber kann natürlich in eine ungünstige Beweissituation geraten, wenn er ohne Zeugen Gespräche führt, zu denen der Dienstnehmer dritte Personen mitbringt. Beide Parteien sollten deshalb regelmäßig die Teilnahme dritter Personen an den Verhandlungen erkunden und gegebenenfalls abstimmen.

Kommt es zu *gerichtlichen Auseinandersetzungen*, zu denen auch die Güteverhandlungen zählen, ist § 11 ArbGG zu beachten. Danach können die Parteien den Rechtsstreit vor dem Arbeitsgericht selbst führen oder sich vertreten lassen, z. B. auch durch Anwälte. Vor den Landesarbeitsgerichten müssen sich die Parteien dagegen von Anwälten oder Gewerkschaftsvertretern bzw. Vertretern von Arbeitgeberverbänden vertreten lassen; vor dem BAG können nur Anwälte auftreten (§ 11 Abs. 2 ArbGG). Entschließt sich eine Partei, einem Anwalt in einer arbeitsgerichtlichen Auseinandersetzung Mandat zu erteilen, kann auf *jeden Anwalt* West- oder Ostdeutschlands zurückgegriffen werden; anders als im ordentlichen Rechtsweg gibt es keine besondere örtliche Zulassung der Anwälte für die einzelnen Arbeits- und Landesarbeitsgerichte und für das Bundesarbeitsgericht. Eine Partei ist nach § 11 ArbGG vor dem Arbeitsgericht auch durch einen Rechtsreferendar ordnungsgemäß vertreten, wenn dieser bei einem von der Partei bevollmächtigten Rechtsanwalt beschäftigt ist, und ihm von dem Rechtsanwalt Untervollmacht zum Auftreten vor dem Arbeitsgericht erteilt ist (BAG vom 22. 2. 1990, BB 1990, 1208 = NZA 1990, 665).

Ein weiterer Unterschied zur ordentlichen Gerichtsbarkeit besteht darin, daß im *erstinstanzlichen Arbeitsgerichtsverfahren* die obsiegende Partei *keinen Anspruch auf Erstattung von Anwaltskosten* gegenüber der unterlegenen Partei hat (§ 12a Abs. 1 ArbGG). Nach der Rechtsprechung des BAG (vom 14. 12. 1977, AP 14 zu § 61 ArbGG Kosten = BB 1978, 915) sind aber auch vorprozessuale Anwaltskosten nicht erstattungspflichtig, und zwar auch dann nicht, wenn es überhaupt nicht zu einem Prozeß kommt oder wenn das Gerichtsverfahren ohne Urteil (z. B. durch Prozeßvergleich) abgeschlossen wird. Auf diesen Ausschluß der Kostenerstattung muß der Anwalt seinen Mandanten hinweisen (§ 12a Abs. 1 Satz 2 ArbGG). Der gesetzlich geregelte Erstattungsausschluß hindert aber nicht, daß im Einzelfall eine Partei dennoch die der Gegenseite entstandenen Anwaltskosten freiwillig übernimmt. In Aufhebungsverträgen finden sich deshalb ab und zu entsprechende Verpflichtungen; wird die Kostenerstattung im Rahmen eines Prozeßvergleichs vereinbart, findet jedoch kein Kostenfestsetzungverfahren statt.

Die *Höhe der Anwaltskosten* richtet sich nach dem sog. Streitwert des Verfahrens bzw. der Beratung. Kommt es zu keinem gerichtlichen oder außergerichtlichen Vergleich, sondern endet das Kündigungsschutzverfahren durch Urteil, hat das Arbeitsgericht den Wert des Streitgegenstandes im Urteil festzusetzen. Endet das Verfahren dagegen durch Vergleich, erfolgt die Streitwertfestsetzung in der Regel nur auf Antrag einer oder beider Parteien. Nach der Streitwertfestsetzung bemessen sich nicht nur die Gerichtsgebühren, sondern auch die Anwaltsgebühren (§ 9 BRAGO). Für die Wertberechnung bei Rechtsstreitigkeiten über das Bestehen, das Nichtbestehen oder die Kündigung eines Arbeitsverhältnisses ist höchstens der Betrag des für die Dauer eines Vierteljahres bestehenden Arbeitsentgelts maßgebend (§ 12 Abs. 7 Satz 1 ArbGG). Dieser *Vierteljahresbetrag* ist kein Regelwert, sondern ein Höchstbetrag, der nach richtiger Auffassung allerdings nur die Funktion hat, den erheblichen Spielraum aus § 3 ZPO einzuschränken. Im übrigen richtet sich der Streitwert auch im Rahmen des § 12 Abs. 7 Satz 1 ArbGG maßgeblich nach dem Klageantrag. Ein geringerer Wert als der Vierteljahresbetrag sollte deshalb nur eingesetzt werden, wenn das Arbeitsverhältnis auch ohne Kündigung weniger als drei Monate andauern würde.

Beispiel: Ist z. B. zum 30. 6. gekündigt worden und hätte das Arbeitsverhältnis auf jeden Fall aus anderem Grund am 31. 8. geendet, so sind nur 2/12 des Jahreseinkommens als Streitwert festzusetzen (LAG Bremen, BB 1979, 683). Manche Gerichte schöpfen den Rahmen des § 12 Abs. 7 Satz 1 ArbGG aber auch dann nicht aus, wenn das Arbeitsverhältnis noch keine drei Jahre gedauert hat.

Wenn zusammen mit der kündigungsschutzrechtlichen Feststellungsklage weitere Ansprüche (z. B. Erteilung eines Zeugnisses, fällige Bezüge, Weiterbeschäftigung) geltend gemacht werden, erhöht sich der Streitwert entsprechend; nach Ansicht des BAG (vom 16. 1. 1968, AP 17 zu § 12 ArbGG = BB 1968, 252) soll aber wegen des sozialen Schutzzwecks des § 12 Abs. 7 Satz 1 ArbGG bei Klagen auf Zahlung von Arbeitsentgelt die Streitwertbegrenzung auf drei Monatsgehälter dann eingreifen, wenn sich die Leistungsklage nur auf drei Monate nach dem Zeitpunkt bezieht, in dem das Arbeitsverhältnis durch die Kündigung beendet werden sollte.

Beispiel: Ein anwaltlich vertretener Arbeitnehmer erhebt gegen seinen Arbeitgeber Kündigungsschutzklage. Daneben klagt er auf Zahlung von vier Monatsgehältern für die Zeit nach der Entlassung. Wenn der Arbeitnehmer zuletzt monatlich DM 4000,- brutto verdient hat, errechnet sich der Streitwert so:

Kündigungsschutzklage	DM 12 000,–
Bezüge für vier Monate begrenzt auf ein Monatsgehalt	DM 4 000,–
Streitwert	DM 16 000,–

Eine festgesetzte oder vereinbarte *Abfindung* hat grundsätzlich keinen Einfluß auf die Höhe des Streitwertes.

Beispiel: Ein 50-jähriger Arbeitnehmer, dessen Arbeitsverhältnis 20 Jahre bestanden und der zuletzt jährlich DM 48 000,– brutto verdient hat, erhält aufgrund eines in der Güteverhandlung abgeschlossenen Prozeßvergleichs eine Abfindung von DM 40 000,–. Die Anwaltsgebühren errechnen sich dennoch nur aus einem Streitwert von DM 12 000,–, wenn es sich nur um ein kündigungsschutzrechtliches Feststellungsverfahren gehandelt hat.

§ 12 Abs. 7 ArbGG gilt nach Kapitel VIII, Sachgebiet A, Abschnitt III, Nr. 15 der Anlagen zum Einigungsvertrag vom 31. 8. 1990 auch für Streitigkeiten auf dem Gebiet der ehemaligen DDR.

Steht der Streitwert fest, ergeben sich die Gebühren des Anwalts aus der BRAGO. Bei einer Auseinandersetzung vor dem Arbeitsgericht muß die Partei, die sich der Hilfe eines Anwalts bedient, damit rechnen, daß zwischen zwei und vier volle Gebühren gem. §§ 31, 23 BRAGO anfallen, je nachdem, ob eine Beweisaufnahme stattfindet oder ob es zu einem Vergleich kommt. Schließen die Parteien in der Güteverhandlung einen Abfindungsvergleich, so fallen *regelmäßig drei Gebühren* an. Der folgenden *Tabelle* für Streitwerte zwischen DM 6 500,– und DM 50 000,– (was jährlichen Bruttobezügen von DM 26 000,– bis DM 200 000,– entspricht) kann entnommen werden, welches Prozeßkostenrisiko die Parteien für die erste Instanz einkalkulieren müssen:

Streitwert	1 volle Gebühr	Urteil ohne Beweisaufnahme = 2 Gebühren	Urteil nach Beweisaufnahme = 3 Gebühren	Vergleich ohne Beweisaufnahme = 3 Gebühren	Vergleich nach Beweisaufnahme = 4 Gebühren
6 500,–	357,–	714,–	1071,–	1071,–	1428,–
7 000,–	383,–	766,–	1149,–	1149,–	1532,–
8 000,–	435,–	870,–	1305,–	1305,–	1740,–
9 000,–	487,–	974,–	1461,–	1461,–	1948,–
10 000,–	539,–	1078,–	1617,–	1617,–	2156,–
12 000,–	601,–	1202,–	1803,–	1803,–	2404,–
14 000,–	663,–	1326,–	1989,–	1989,–	2652,–
16 000,–	725,–	1450,–	2175,–	2175,–	2900,–
18 000,–	787,–	1574,–	2361,–	2361,–	3148,–
20 000,–	849,–	1698,–	2547,–	2547,–	3396,–
25 000,–	914,–	1828,–	2742,–	2742,–	3656,–
30 000,–	979,–	1958,–	2937,–	2937,–	3916,–
35 000,–	1044,–	2088,–	3132,–	3132,–	4176,–
40 000,–	1109,–	2218,–	3327,–	3327,–	4436,–
45 000,–	1174,–	2348,–	3522,–	3522,–	4696,–
50 000,–	1239,–	2478,–	3717,–	3717,–	4956,–

Achtung: Nach Kapitel III, Sachgebiet A, Abschnitt III, Nr. 26 ermäßigen sich die Anwaltsgebühren bei der Tätigkeit von Rechtsanwälten, die ihre Kanzlei auf dem Gebiet der ehemaligen DDR eingerichtet haben, um 20 Prozent. Dasselbe gilt, wenn ein Rechtsanwalt vor einem Gericht, das seinen Sitz auf dem Gebiet der ehemaligen DDR hat, im Auftrag eines Beteiligten handelt, der seinen Sitz oder Wohnsitz auf den Gebiet der ehemaligen DDR hat.

Achtung: Zu den ausgewiesenen Beträgen kommen noch Auslagen und Mehrwertsteuer. Außerdem hat die *unterlegene Partei die Gerichtskosten* zu tragen, die sich allerdings bei einer Prozeßbeendigung durch Vergleich im wesentlichen auf angefallene Entschädigungen für Zeugen, Sachverständige und Dolmetscher beschränken. In erster Instanz wird eine einmalige Gerichtsgebühr zwischen DM 3,- und DM 500,- erhoben, wenn das Verfahren durch Urteil endet. In der Berufungs- und Revisionsinstanz können dagegen zwei Gerichtsgebühren (Verfahrens- und Urteilsgebühr) anfallen (zu den Einzelheiten ist auf § 12 Abs. 2 ArbGG und Anlage 2 zum GKG zu verweisen).

Auch wenn der Anwalt nur außergerichtlich tätig wird, hat er § 12 Abs. 7 Satz 1 ArbGG zu berücksichtigen. Wird unter seiner Mitwirkung ein außergerichtlicher Vergleich vor Einleitung eines Kündigungsschutzverfahrens abgeschlossen, kann er 5/10 bis 10/10 der vollen Gebühr für das „Betreiben des Geschäfts" (§ 118 Abs. 1 Nr. 1 BRAGO) und eine volle Gebühr für den Abschluß des Vergleichs (§ 23 BRAGO) berechnen. Die Kosten betragen damit z. B. bei einem Streitwert von DM 9000,- zwischen DM 730,50 und DM 974,-, jeweils zuzüglich Auslagen und Mehrwertsteuer. Kommt der Vergleich aufgrund einer Besprechung mit der Gegenseite (Telefonat genügt!) zustande, fallen weitere 5/10 bis 10/10 einer vollen Gebühr an (§ 118 Abs. 1 Nr. 2 BRAGO).

Achtung: Durch die Begrenzung nach § 12 Abs. 7 Satz 1 ArbGG sind die Streitwerte in vielen arbeitsrechtlichen Auseinandersetzungen nur verhältnismäßig gering; deshalb werden öfters *Honorarvereinbarungen* bzw. höhere Streitwertvereinbarungen getroffen (auch für gerichtliche Verfahren); unzulässig sind allerdings *Erfolgshonorare*, z. B. ein bestimmter Prozentsatz einer erreichten Abfindung. Zu beachten ist, daß die *Rechtsschutzversicherungen* grundsätzlich nur die gesetzlichen Gebühren erstatten (vgl. im übrigen *Behrens*, Beil. Nr. 3 S. 18 zu NZA Heft 21/1985 zur Rechtsschutzversicherung im Arbeitsrecht).

Rechtsgrundlage für die Bemessung des Gebührenstreitwerts bei einer Änderungsschutzklage sind die §§ 12ff. GKG, insbesondere § 17 Abs. 3 GKG i. V. m. § 3 ZPO. Danach ist grundsätzlich vom dreifachen Jahresbetrag des Wertes der Änderung auszugehen. Als Höchstgrenze sind die Regelungen in § 12 Abs. 7 Satz 1 und 2 ArbGG in der Weise entsprechend heranzuziehen, daß der Gebührenstreitwert keine der beiden dort genannten Grenzen überschreiten darf, sondern der niedrigere von beiden maßgeblich ist (BAG vom 23. 3. 1989, BB 1989, 1348 = DB 1989, 1880). Besteht Streit darüber, ob eine Abmahnung zu Recht erklärt worden ist und/oder begehrt der Arbeitnehmer die Entfernung einer Abmahnung aus der Personalakte, so ist diese vermögensrechtliche Streitigkeit in der Regel mit einem Monatsverdienst zu bewerten

(LAG Hamm vom 16. 8. 1989, NZA 1990, 328). Unentschieden blieb, ob sich dieser Streitwert erhöht, wenn mit derselben Klage mehrere Abmahnungen angegriffen werden.

Ist eine Partei außerstande, ohne Beeinträchtigung des für sie und ihre Familie notwendigen Unterhalts die Kosten eines Arbeitsgerichtsprozesses zu bestreiten und kann sie nicht durch ein Mitglied oder einen Angestellten einer Gewerkschaft oder einer Vereinigung von Arbeitgebern vertreten werden, so hat der Vorsitzende des Arbeitsgerichts auf ihren Antrag einen Anwalt beizuordnen, wenn die Gegenpartei durch einen Anwalt vertreten ist (§ 11a ArbGG). Diese Regelung kommt überwiegend nur Arbeitnehmern zugute. Im übrigen ist außer der Beiordnung nach § 11a ArbGG auch die Beiordnung eines Anwalts nach §§ 114ff. ZPO (Prozeßkostenhilfe) möglich (vgl. zu den Einzelheiten *Müller/Bauer*, A III; *Koch*, AuR 1981, 43; *Leser*, NJW 1981, 791; *Lepke*, DB 1981, 1927).

11.3 Vertretung durch Betriebsrat bzw. Betriebsratsmitglieder

Wird ein Arbeitnehmer von seinem Arbeitgeber zu einem Gespräch über die Auflösung des Arbeitsverhältnisses gebeten, so haben weder Arbeitnehmer noch Betriebsrat Anspruch darauf, daß der Betriebsrat bzw. eines seiner Mitglieder hinzugezogen wird. Etwas anderes ergibt sich auch nicht aus §§ 82 Abs. 1, 87 Abs. 1 BetrVG. Es gibt allerdings vereinzelt *freiwillige Betriebsvereinbarungen*, die den Arbeitgeber verpflichten, den Betriebsrat bei „Kritikgesprächen", Abmahnungen und auch Verhandlungen über die einvernehmliche Beendigung von Arbeitsverhältnissen hinzuzuziehen. Wegen der ungünstigen Beweissituation kann der Arbeitnehmer sich aber weigern, solche Gespräche mit dem Arbeitgeber zu führen, wenn dieser dem Arbeitnehmer nicht das Recht einräumt, dritte Personen (auch Betriebsratsmitglieder) hinzuzuziehen.

Ist eine *Kündigung ausgesprochen* worden, die der Arbeitnehmer für sozial ungerechtfertigt hält, kann er binnen einer Woche nach der Kündigung Einspruch beim Betriebsrat einlegen. Hält der Betriebsrat diesen Einspruch für begründet, hat er zu versuchen, eine Verständigung mit dem Arbeitgeber herbeizuführen (§ 3 KSchG). Wegen der nötigen Anhörung des Betriebsrates nach § 102 BetrVG spielt dieser Weg nur eine untergeordnete Rolle. Stimmt der Betriebsrat nämlich im Rahmen des § 102 BetrVG der beabsichtigten Kündigung zu, wird er kaum nach Ausspruch der Kündigung den Einspruch des Arbeitnehmers für begründet erachten. Äußert der Betriebsrat dagegen im Rahmen der Anhörung Bedenken oder widerspricht er der beabsichtigten Kündigung, wird er den Einspruch für begründet halten oder doch erhebliche Zweifel an der Berechtigung der Kündigung haben. Gerade in diesen Fällen soll der Betriebsrat mit dem Arbeitgeber über eine Verständigung verhandeln, wenn es der Arbeitnehmer will. Ziel der Bemühungen muß nicht unbedingt die Rücknahme der Kündigung sein; auch Verhandlungen über eine einvernehmliche Beendigung gegen Zahlung einer Abfindung oder eine Verlängerung der

Kündigungsfrist kommen in Betracht. § 13 Abs. 1 KSchG sieht keinen Einspruch des Arbeitnehmers beim Betriebsrat im Falle der unbegründeten außerordentlichen Kündigung vor. Die fehlende Verweisung auf §§ 3, 4 Satz 3 KSchG bedeutet aber nur, daß den Betriebsrat keine Rechtspflicht trifft, in einem solchen Fall auf Einspruch des Arbeitnehmers hin tätig zu werden (*Hueck*, § 13 Anm. 10).

Achtung: Im Rahmen des § 3 SchG nimmt der Betriebsrat nur eine *Vermittlerrolle* ein; er kann nicht wirksam für und gegen den betroffenen Arbeitnehmer Vereinbarungen mit dem Arbeitgeber treffen. Möglich ist aber, daß der Arbeitnehmer dem Betriebsrat Vollmacht erteilt. Ein Anspruch des Arbeitnehmers an den nach § 3 KSchG zwischen Arbeitgeber und Betriebsrat stattfindenden Verhandlungen teilzunehmen, besteht nicht. Ob und wann der Arbeitnehmer hinzugezogen werden soll, muß von Arbeitgeber und Betriebsrat gemeinsam entschieden werden.

Ein Arbeitnehmer kann sich im *arbeitsgerichtlichen Urteilsverfahren* durch ein Betriebsratsmitglied des gleichen Betriebs nicht vertreten lassen. Es gehört nämlich nicht zu den Aufgaben des Betriebsrats kraft Amtes, einen Arbeitnehmer im Urteilsverfahren zu vertreten, weil dies im BetrVG nicht vorgesehen ist (BAG vom 9. 10. 1970, AP 4 zu § 63 BetrVG = BB 1971, 129; BAG vom 19. 5. 1983, BB 1984, 532). Eine solche Prozeßvertretung läßt sich mit dem Postulat der vertrauensvollen Zusammenarbeit zwischen Arbeitgeber und Betriebsrat nicht vereinbaren. Etwas anderes ergibt sich auch nicht aus §§ 84, 85 BetrVG, die sich nur auf die *innerbetriebliche Tätigkeit* des Betriebsrats oder einzelner Betriebsratsmitglieder beziehen (*Müller/Bauer*, A II 1 d).

12. Sonderprobleme durch den Beitritt der DDR

Am 31. 8. 1990 wurde der Vertrag zwischen der Bundesrepublik Deutschland und der Deutschen Demokratischen Republik über die Herstellung der Einheit Deutschlands (Einigungsvertrag) unterzeichnet (BT-Drucks 11/7760). Im Zusammenhang mit Kündigungen bzw. Beendigungen von Arbeitsverhältnissen sind folgende Regelungen zu beachten:

1. Mit dem Wirksamwerden des Beitritts am 3. 10. 1990 ist das *Grundgesetz* der Bundesrepublik Deutschland in den Ländern Brandenburg, Mecklenburg-Vorpommern, Sachsen, Sachsen-Anhalt und Thüringen sowie in Ost-Berlin in Kraft getreten. Desweiteren findet seit dem Wirksamwerden des Beitritts *das gesamte bundesdeutsche Recht auch für das Gebiet der früheren DDR Anwendung*, soweit durch den Einigungsvertrag, insbesondere dessen Anlage I, nichts anderes bestimmt wird (Art. 8 des Einigungsvertrages). Sofern also der Einigungsvertrag oder dessen Anlage I nichts Gegenteiliges aussagt, gilt seit dem 3. 10. 1990 bundesdeutsches Arbeitsrecht auch im Gebiet der früheren DDR. Das Arbeitsgesetzbuch (AGB) und die anderen arbeitsrechtlichen Vorschriften der DDR treten außer Kraft, falls nicht die vorübergehende Weitergeltung einzelner Bestimmungen ausdrücklich angeordnet ist. Diese Bestimmungen sind in der Anlage II enthalten. In den meisten Fällen sind die Übergangsregelungen zeitlich befristet. Der Einigungsvertrag enthält aber auch unbefristete Übergangsregelungen. Die Vertragsparteien haben den gesamtdeutschen Gesetzgeber beauftragt, das Arbeitsvertragsrecht sowie das öffentlich-rechtliche Arbeitszeitgesetz möglichst bald neu zu kodifizieren.

2. Seit dem 3. 10. 1990 gelten für alle neuen, aber auch die bereits bestehenden Arbeitsverhältnisse die Vorschriften des *Bürgerlichen Gesetzbuches*, insbesondere die §§ 611–630 BGB (vgl. Anlage I, Kapitel VIII, Sachgebiet A, Abschnitt III zum Einigungsvertrag). Bestehende Arbeitsverträge behalten ihre Gültigkeit.

Damit findet ab dem 3. 10. 1990 *§ 613a BGB* Anwendung und löst den seit dem 1. 7. 1990 geltenden inhaltsgleichen § 59a AGB ab. § 613a BGB ordnet bei einem Betriebs- oder Betriebsteilübergang die Überleitung der bestehenden Arbeitsverhältnisse auf den neuen Betriebsinhaber an (vgl. oben 6.8). Da die Einführung von Kurzarbeit, selbst bei einer sog. 100%-igen Kurzarbeit, nicht zur Auflösung der Arbeitsverhältnisse führt, gehen auch die Arbeitsverhältnisse der von Kurzarbeit betroffenen Arbeitnehmer auf den neuen Betriebsinhaber über.

Die sofortige Einführung des § 613a BGB im Gebiet der früheren DDR war in den letzten Monaten Gegenstand kontroverser Diskussionen. Die zwingende Überleitung aller Arbeitsverhältnisse hat bereits in der Bundesrepublik Deutschland viele Interessenten von der Übernahme sanierungsbedürftiger Betriebe abgehalten. In Anbetracht des erheblichen Personalüberhangs in den

DDR-Betrieben ist der zügige Personalabbau eine zwingende und notwendige Voraussetzung für eine erfolgversprechende Sanierung. Diese wird durch die Anwendung des § 613a BGB und des damit verbundenen Kündigungsverbotes nach Abs. 4 erheblich erschwert.

3. Seit dem 3. 10. 1990 findet das *Beschäftigungsförderungsgesetz* auch für das Gebiet der früheren DDR Anwendung (vgl. Art. 8 des Einigungsvertrages und oben 3.1a). Nach dem Beschäftigungsförderungsgesetz können Arbeitsverträge einmalig bis zur Dauer von 18 Monaten befristet abgeschlossen werden, wenn entweder der Arbeitnehmer neu eingestellt wird oder er in unmittelbarem Anschluß an die Berufsausbildung nur vorübergehend weiterbeschäftigt werden kann, weil kein Arbeitsplatz für einen unbefristet einzustellenden Arbeitnehmer zur Verfügung steht.

4. Die *einheitlichen Kündigungsfristen* für alle Arbeitnehmer nach § 55 des Arbeitsgesetzbuches sind auch nach dem 3. 10. 1990 in Kraft geblieben (Anlage II, Kapitel VIII, Sachgebiet A, Abschnitt III, Nr. 1a) zum Einigungsvertrag). Danach beträgt die gesetzliche Mindestkündigungsfrist sowohl für Arbeiter als auch für Angestellte lediglich zwei Wochen. Sie erhöht sich in Abhängigkeit von der Beschäftigungsdauer im Betrieb oder Unternehmen bis auf drei Monate zum Ende eines Kalendervierteljahres.

5. Für den *allgemeinen Kündigungsschutz* gilt weiterhin das bereits am 1. 7. 1990 in Kraft getretene KSchG der Bundesrepublik (vgl. Anlage I, Kapitel VIII, Sachgebiet A, Abschnitt III, Nr. 6 zum Einigungsvertrag). Die Zuständigkeit des Landesarbeitsamtes gemäß §§ 18–20 KSchG wird bis zur Bildung der Landesarbeitsämter durch die zentrale Arbeitsverwaltung wahrgenommen (Anlage I, Kapitel VIII, Sachgebiet A, Abschnitt III, Nr. 6b zum Einigungsvertrag). Abweichend von § 63 Abs. 1 AFG kann Kurzarbeit auch dann eingeführt werden, wenn der Arbeitsmangel nicht nur vorübergehend ist. Auch diese Möglichkeit der Einführung von Kurzarbeit schließt u.E. notwendige betriebsbedingte Kündigungen zur Anpassung des Personalbestandes an den Personalbedarf nicht aus (vgl. 3.4b, c).

6. Das *BetrVG* gilt nun auch für das Gebiet der früheren DDR. Bei Massenentlassungen sind daher insbesondere auch die Vorschriften der §§ 111–113 BetrVG zu beachten und Sozialpläne aufzustellen. Sofern allerdings Betriebe bzw. Betriebsteile im Zusammenhang mit einem Unternehmenskauf durch ein *neugegründetes* Unternehmen (z.B. GmbH) erworben werden (§ 613a BGB) und dieses die Entlassungen ausspricht, greift u.E. jedoch das Sozialplanprivileg des § 112a BetrVG ein. Ein Sozialplan ist daher nicht aufzustellen. Hierbei findet nämlich die zutreffende Entscheidung des BAG vom 13. 6. 1989 (DB 1989, 2335) Anwendung. Danach ist ein neugegründetes Unternehmen in den ersten vier Jahren nach seiner Gründung auch dann von der Sozialplanpflicht von einer Betriebsänderung befreit, wenn diese Betriebsänderung in einem Betrieb erfolgt, den das Unternehmen übernommen hat und der schon länger als vier Jahre besteht. Eine Konzernumstrukturierung i.S. des § 112a Abs. 4 BetrVG liegt hierbei im Regelfall nicht vor. Die *Übergangsregelung zum*

BetrVG, wonach die ersten Betriebsratswahlen bis zum 30. 6. 1991 stattfinden müssen und Betriebsräte oder Arbeitnehmervertretungen, die nach demokratischen Grundsätzen von der Belegschaft in geheimer Abstimmung gebildet wurden, bis zur Wahl eines neues Betriebsrates, längstens aber bis zum 30. 6. 1991, im Amt bleiben, bleibt weiterhin in Kraft (vgl. Anlage I, Kapitel VIII, Sachgebiet A, Abschnitt III, Nr. 12 zum Einigungsvertrag). Auch die vor dem 1. 7. 1990 gewählten betrieblichen gewerkschaftlichen Interessenvertretungen können unter diese Übergangsregelung fallen, soweit sie nach demokratischen Grundsätzen gebildet wurden. Hat ein Arbeitgeber Zweifel, ob die in seinem Betrieb bestehende Arbeitnehmervertretung nach dieser Übergangsregelung als Betriebsrat i. S. d. BetrVG anzusehen ist, sollte er sicherheitshalber die Vorschriften der BetrVG anwenden und z. B. bei einer Kündigung die Arbeitnehmervertretung anhören. Verzichtet er hierauf und kommt später das angerufene Gericht zu dem Ergebnis, daß die Voraussetzungen der Übergangsregelung vorlagen, ist die Kündigung bereits nach § 102 BetrVG unwirksam. Um diese Rechtsfolgen zu vermeiden, sollte der Arbeitgeber auch in der Übergangszeit vorsorglich die Beteiligungsrechte der Arbeitnehmervertretung beachten.

7. *§ 128 AFG* findet keine Anwendung bei Arbeitnehmern, die bis zum 31. 12. 1992 aus einem Betrieb, der in dem Gebiet der ehemaligen DDR liegt, entlassen worden sind (vgl. Anlage I, Kapitel VIII, Sachgebiet E, Abschnitt II, Nr. 10 zum Einigungsvertrag und oben 10.4d).

8. Die *Verordnung über die Gewährung von Vorruhestand* vom 8. 2. 1990 gilt seit dem 3. 10. 1990 nur für die Arbeitnehmer weiter, die bis dahin die Voraussetzungen dieser Verordnung erfüllt haben. Im übrigen wird die Vorruhestandsregelung durch folgende Regelung für ein Altersübergangsgeld ersetzt. Entsprechend Art. 30 Abs. 2 des Einigungsvertrages ist in das AFG der Bundesrepublik Deutschland die Gewährung eines *Altersübergangsgeldes* an Arbeitnehmer im Gebiet der ehemaligen DDR aufgenommen worden (Anlage I, Kapitel VIII, Sachgebiet E, Abschnitt II, Nr. 19 zum Einigungsvertrag). 1990 können Männer, die das 57. Lebensjahr und Frauen, die das 55. Lebensjahr vollendet haben, bei Arbeitslosigkeit ein Altersübergangsgeld für die Dauer von drei Jahren (Frauen: fünf Jahren), längstens bis zum frühestmöglichen Bezug einer Rente, erhalten. Ab 1991 gilt eine einheitliche Altersgrenze von 57 Jahren. Die Höhe des Altersübergangsgeldes beträgt 65% des pauschalierten Netto-Arbeitsentgeltes. Das Altersübergangsgeld wird längstens für zwei Jahre und acht Monate aus Mitteln der Bundesanstalt für Arbeit, für weitere vier Monate aus dem Bundeshaushalt finanziert. Die Regelung ist auf Zugänge im Jahr 1991 begrenzt, kann aber durch den Bundesarbeitsminister auf Zugänge im Jahr 1992 erweitert werden.

9. Seit dem 3. 10. 1990 gilt auch aus das *Altersteilzeitgesetz*, das den gleitenden Übergang älterer Arbeitnehmer vom Erwerbsleben in den Ruhestand fördert (Art. 8. des Einigungsvertrages).

10. Das *Schwerbehindertengesetz* in der Fassung der Bekanntmachung vom 26. 8. 1986 gilt ebenfalls seit dem 3. 10. 1990 (Anlage I, Kapitel VIII, Sachge-

biet E, Abschnitt II, Nr. 6 und Abschnitt III, Nr. 1 zum Einigungsvertrag und oben, 6.3). Das *Mutterschutzgesetz* gilt ab dem 1. 1. 1991 im Gebiet der früheren DDR; bis dahin bleiben insoweit die Regelungen des AGB in Kraft (Anlage I, Kapitel X, Sachgebiet A, Abschnitt III, Nr. 1 und Anlage II, Kapitel V, Sachgebiet A, Abschnitt III, Nr. 1 – 12 und Kapitel VIII, Abschnitt III, Nr. 1 b zum Einigungsvertrag; vgl. oben, 6.1).

11. Verfahrensrecht

a) Das DDR-Gesetz vom 29. 6. 1990 über *die Errichtung und das Verfahren der Schiedsstellen* für Arbeitsrecht (GBl. I Nr. 38 S. 505) bleibt in Kraft (Anlage II, Kapitel VIII, Abschnitt III, Nr. 3 zum Einigungsvertrag). Danach muß, mit Ausnahme von Ostberlin, in Betrieben mit mehr als 50 Arbeitnehmern eine Schiedsstelle eingerichtet werden. Sofern eine Schiedsstelle besteht, ist diese bei Streitfällen zwischen Arbeitnehmern und Arbeitgebern aus dem Arbeitsverhältnis anzurufen, bevor die Klage beim zuständigen Kreisgericht erhoben werden kann. Besteht in einem Betrieb keine Schiedsstelle oder muß eine solche nicht errichtet werden, kann das zuständige Gericht unmittelbar angerufen werden.

b) Eine eigene Arbeitsgerichtsbarkeit gibt es derzeit in der DDR noch nicht. Für Arbeitsrechtsstreitigkeiten ist in erster Instanz das *Kreisgericht* zuständig in dessen Bereich sich der Sitz der Schiedsstelle für Arbeitsrecht befindet, die in der Sache entschieden hat. Ansonsten ist das Kreisgericht zuständig, in dessen Bereich der Arbeitsort liegt, wenn dieser nicht mit dem Sitz des Betriebes zusammenfällt oder in dessen Bereich der Arbeitnehmer seinen Wohnsitz hat und er zur Zeit der Einleitung des Verfahrens bereits aus dem Betrieb ausgeschieden ist. Bei den Kreisgerichten sollen *Kammern für Arbeitsrecht* eingerichtet werden. In zweiter Instanz sind die sog. *Bezirksgerichte* zuständig. Für Sachen, für die nach dem Recht der Bundesrepublik Deutschland die Landesarbeitsgerichte zuständig sind, werden bei den Bezirksgerichten *Senate für Arbeitsrecht* eingerichtet. Die Kammern und Senate für Arbeitsrecht entscheiden in den im Arbeitsgerichtsgesetz festgelegten Besetzungen (vgl. Anlage I, Kapitel III, Sachgebiet A, Abschnitt III, Nr. 1 w und Kapitel III, Sachgebiet A, Abschnitt III, Nr. 15 zum Einigungsvertrag). Es finden grundsätzlich das Arbeitsgerichtsgesetz und die ZPO der Bundesrepublik Deutschland Anwendung (vgl. Art. 8 des Einigungsvertrages und Anlage I, Kapitel VIII, Sachgebiet A, Abschnitt III, Nr. 15).

Gegen die Entscheidungen der Bezirksgerichte können Rechtsmittel (Revision bzw. Nichtzulassungsbeschwerden) gem. §§ 72 ff. ArbGG beim BAG eingelegt werden. Um die erwartete Mehrarbeit beim Bundesarbeitsgericht bewältigen zu können, ist die Bildung zweier neuer Senate geplant. Nach unseren Informationen soll das Bundesarbeitsgericht und eventuell auch das Bundessozialgericht von Kassel nach Leipzig verlegt werden.

13. Checklisten für Kündigungs(schutz)sachen

13.1 Checkliste für die Prüfung von Kündigungsschutzsachen

Betroffenen Arbeitnehmern und Arbeitgebern, aber auch Beratern und/oder Prozeßbevollmächtigten, ist dringend zu empfehlen, schon frühzeitig und gründlich die Sach- und Rechtslage aufzuklären, um die Weichen richtig stellen zu können. Dabei soll die folgende Checkliste, die selbstverständlich keinen Anspruch auf Vollständigkeit erhebt, behilflich sein (vgl. auch *Müller/Bauer*, Anhang A I und *Bauer*, NZA 1985, 20):

1. *Feststellung der Parteienverhältnisse*
   a) Arbeitnehmer: Name, Anschrift, Familienstand, Berufstätigkeit des Ehepartners, Unterhaltspflichten, Alter, Eintritt in die Firma (Betriebszugehörigkeit), Tätigkeit, Status (leitender Angestellter nach § 5 Abs. 3 BetrVG und/oder § 14 Abs. 2 KSchG, Vollmachten), Gewerkschaftsmitglied?
   b) Arbeitgeber: Name/Firmierung, Anschrift/Sitz, Vertretungsberechtigung (notfalls Handelsregisterauszug!), Organisation (Konzern, mehrere Betriebe), Belegschaftsstärke des Betriebes (§ 23 KSchG), Verbandszugehörigkeit?

2. *Zugang der Kündigung und Klagefrist*
   a) Exaktes Datum des Kündigungszugangs ermitteln. Liegen weitere Kündigungen vor? (Punktuelle Streitgegenstandstheorie!).
   b) Ablauf der dreiwöchigen Klagefrist nach § 4 KSchG festhalten.
   c) Ist Antrag auf nachträgliche Zulassung nach § 5 KSchG möglich oder nötig?

3. *Ist die Kündigung formell in Ordnung?*
   a) Verstoß gegen Schriftformerfordernis (z. B. § 15 Abs. 3 BBiG)? Tarif- und Individualvertrag prüfen!
   b) Verstoß gegen vorgeschriebene schriftliche Begründung (z. B. § 15 Abs. 3 BBiG)? Tarif- und Individualvertrag prüfen!
   c) Kann die Kündigung nach § 174 BGB zurückgewiesen werden? *Achtung:* nur unverzüglich möglich; Originalvollmacht des Mandanten bei der Zurückweisung beifügen.

4. *Greift der Kündigungsschutz nach dem KSchG ein?*
   a) Betriebsgröße (§ 23 KSchG) feststellen.
   b) Handelt es sich um ein vertretungsberechtigtes Organmitglied (§ 14 Abs. 1 KSchG)? *Sonderproblem:* GmbH & Co.KG-Geschäftsführer (vgl. BAG, DB 1981, 276; NJW 1983, 2405).
   c) Ist die Wartezeit nach § 1 KSchG abgelaufen?

5. *Kündigungsart und Gründe prüfen;* dabei vor allem
   a) Außerordentliche Kündigung: Einhaltung der Zweiwochenfrist des § 626 Abs. 2 BGB!
   b) Änderungskündigung: Annahme unter Vorbehalt nach § 2 KSchG (Fristproblem!)

c) Krankheitsbedingte Kündigung: Fehlzeiten, Zukunftsprognose, negative betriebliche Auswirkungen (auch Belastung durch Lohnfortzahlungskosten) prüfen! Häufig Fehler im Anhörungsverfahren nach § 102 BetrVG!

d) Verhaltensbedingte Kündigung: Liegen Abmahnungen vor (wann, weshalb, wo, durch wen)?

6. Ist der *Betriebsrat* ordnungsgemäß *angehört* worden?
   a) Sind die Gründe konkret mitgeteilt worden? Bei schriftlicher Anhörung, wenn möglich, Schriftstück prüfen.
   b) Sind die Fristen des § 102 BetrVG eingehalten worden?
   c) Wie hat der Betriebsrat reagiert?
   d) Arbeitgeber sollte notfalls Anhörungsverfahren (hilfsweise und formgerecht) wiederholen sowie anschließend neue (hilfsweise) Kündigung aussprechen.
   e) Der Arbeitnehmer kann evtl. unmittelbar beim Betriebsrat zu den Punkten a) bis c) nachfragen.

7. Kann sich der Arbeitnehmer auf *besonderen Kündigungsschutz* berufen, z. B. Mutterschutzgesetz, Schwerbehindertengesetz, Arbeitsplatzschutzgesetz, § 15 KSchG, aufgrund tariflicher Alterssicherung, Rationalisierungsschutz oder Betriebsvereinbarung?

8. Ist die *richtige Kündigungsfrist* eingehalten worden?
   Individualvertrag, Tarifvertrag, Gesetz (§ 622 BGB, AngKschG); bei Arbeitern: Korrektur des § 622 Abs. 2 Satz 1 BGB durch BVerfG nicht vergessen!

9. Ist ein *nachvertragliches Wettbewerbsverbot* vereinbart? Falls ja, folgendes beachten:
   a) Wirksamkeit (Schriftform, Karenzentschädigung, Dauer, berechtigtes Interesse) prüfen!
   b) Arbeitgeber sollte Verzichtsmöglichkeit nach § 75a HGB beachten!
   c) Bei außerordentlicher Kündigung Lösungsmöglichkeiten nach § 75 HGB beachten!
   d) Bei ordentlicher Arbeitgeberkündigung Problem des § 75 Abs. 2 HGB (erhöhte Karenzentschädigung) prüfen!

10. Besteht Anspruch auf *betriebliche Altersversorgung*?
    a) Wann wurde Zusage erteilt?
    b) Ist die Zusage schon unverfallbar?
    c) Wenn der Arbeitnehmer Kapitalisierung wünscht, Abfindungsverbot des § 3 BetrAVG beachten!

11. Auflistung aller *sonstigen offenen gegenseitigen Ansprüche* der Parteien vornehmen, z. B.
    (rückständige) Vergütung (Gratifikation, 13. oder 14. Monatsgehalt, Urlaub und Urlaubsgeld, Provision, Tantieme), Spesenvorschuß, Darlehen, Firmen-Pkw, Umzugs-, Ausbildungskosten, Werkwohnung, (Zwischen-)Zeugnis, Schadensersatz, Arbeitnehmererfinderansprüche, Herausgabe von Arbeitsmitteln (Preis- und Kundenlisten, Muster, Werkzeuge, Angebotsunterlagen, Literatur usw.), Arbeitspapiere (Lohnsteuerkarte, Versicherungsunterlagen, Urlaubsbescheinigung, Bescheinigung nach § 133 AFG).

12. Prüfung, ob Ansprüche i.S. von Nr. 11 tangiert werden durch
    a) tarifliche oder individualvertragliche Ausschlußfristen; gegebenenfalls Tarifregisterauskunft einholen und/oder Ansprüche mit Kündigungsschutzklage verbinden;
    b) Bindungsklauseln und Rückzahlungsvorbehalte.

13. Muß die *Arbeit angeboten* werden?
    §§ 615 BGB, 11 KSchG beachten.

14. Klarheit über *(Prozeß-)Ziel* gewinnen:
    a) Arbeitnehmer: Will er sich den Arbeitsplatz erhalten oder strebt er eine Abfindung (wichtig für Auflösungsantrag!) an? Sollen oder müssen weitere Ansprüche mit geltend gemacht werden? Weiterbeschäftigungsanspruch nicht vergessen!
    b) Arbeitgeber: Ist er bereit, notfalls eine Abfindung (in welcher Höhe?) zu bezahlen? Kommt eine Widerklage (z. B. wegen Schadensersatz) in Betracht?

15. Welches *Gericht* ist sachlich und örtlich *zuständig*?
    Sonderproblem: GmbH & Co.KG-Geschäftsführer!

16. *Rechtsschutzversicherung* unverzüglich einschalten!

Zusätzlich für Anwälte:

17. *Gegenstandswert* der anwaltlichen Tätigkeit ermitteln.
    Achtung: Bei Kündigungsschutzstreitigkeiten im Rahmen des § 12 Abs. 7 Satz 1 ArbGG (Vierteljahresbezug, nicht drei Monatseinkommen) auch anteilige Leistungen (z. B. 13. Monatsgehalt, private Nutzung des Firmen-Pkw, Deputate usw.) berücksichtigen!

18. Prüfen, ob eine *Rechtsschutzversicherung* besteht.
    Deckungszusage besorgen.

19. Kommt *PKH-Antrag* oder *Antrag nach § 11a ArbGG* in Betracht?

20. Kommt eine *Honorarvereinbarung* (schriftlich, § 3 BRAO) in Betracht? Soll ein *Vorschuß* verlangt werden?

21. *Belehrung* des Mandanten gem. § 12a ArbGG über den *Ausschluß der Kostenerstattung*!

22. *Vollmacht* unterschreiben lassen!

13.2 Checkliste für außergerichtliche Aufhebungsverträge und Prozeßvergleiche in Kündigungs(schutz)sachen

Fehler werden von den Parteien nicht nur bei der Annahme von Mandaten in Kündigungs(schutz)sachen begangen (vgl. dazu die Checkliste 13.1), sondern auch beim Abschluß außergerichtlicher Aufhebungsverträge oder von Prozeßvergleichen. Soweit nur von „Aufhebungsverträgen" die Rede ist, sind damit sowohl außergerichtliche (i. f.: ag) Aufhebungsverträge als auch Prozeßvergleiche gemeint. Auch diese Checkliste erhebt natürlich keinen Anspruch auf Vollständigkeit (vgl. auch *Müller/Bauer*, Anhang A VI).

1. *Form*
   a) Der ag Aufhebungsvertrag kann grds. formlos abgeschlossen werden. Aus Beweisgründen empfiehlt sich jedoch i. d. R. *Schriftform*.
   b) Soweit ausnahmsweise in einem Kollektiv- oder Individualvertrag Schriftform für ag Aufhebungsvertrag (!) vorgesehen ist, handelt es sich um eine *konstitutive Bedingung*.
   c) Der Prozeßvergleich muß vom Gericht *protokolliert* werden. Er endet mit der Formel „v. u. g." (vorgelesen und genehmigt).

2. *„Art" der Beendigung*
   a) Vor allem folgende Möglichkeiten kommen in Betracht:
   aa) „Die Parteien sind sich einig, daß das Arbeitsverhältnis einvernehmlich mit Ablauf des ... beendet worden ist/enden wird".
   bb) „Die Parteien sind sich einig, daß das Arbeitsverhältnis wegen dringender betrieblicher Gründe/personenbedingter Gründe (ggfs.: nähere Beschreibung der Gründe) mit Ablauf des ... beendet worden ist/enden wird".
   cc) „Die Parteien sind sich einig, daß das Arbeitsverhältnis aufgrund ordentlicher personen(krankheits-)bedingter/verhaltensbedingter Kündigung vom ... mit Ablauf des ... beendet worden ist/enden wird".
   dd) „Es wird festgestellt, ... (im übrigen Wortlaut wie bei cc) ...".
   b) Je nachdem, welche der unter a) genannten Variante gewählt wird, kann dies z. B. folgende Auswirkungen haben:
   aa) Im Fall von a) aa): Sperrfrist nach §§ 119, 119a AFG. **Achtung:** Nach BAG vom 10. 3. 1988 (BB 1988, 1962) muß der Arbeitgeber u. U. beim ag Aufhebungsvertrag den Arbeitnehmer auf die möglichen nachteiligen sozialversicherungsrechtlichen Folgen hinweisen (vgl. insgesamt zu §§ 117, 119 AFG: *Gagel*, Sozialrechtliche Konsequenzen von Vergleichen in Kündigungsschutzsachen, 2. Aufl. 1987; *Albrecht*, BB 1984, 919; *Bauer*, NZA 1985, 275).
   bb) Im Falle von a) bb) und cc): Nach vereinzelter falscher Praxis der Arbeitsämter soll es sich auch bei Vorliegen dringender betriebsbedingter Gründe um eine einvernehmliche Beendigung handeln, die grundsätzlich eine Sperrfrist nach §§ 119, 119a AFG auslöst.
   cc) Erstattung von Arbeitslosengeld und Rentenversicherungsleistungen durch den Arbeitgeber nach §§ 128 AFG, 1395b RVO, 117b AVG 140b RKnG (vgl. dazu 10.4 d).
   dd) Bei einvernehmlicher betriebsbedingter Beendigung oder Beendigung aufgrund betriebsbedingter Kündigung muß der Arbeitgeber beachten,

daß er möglicherweise Ansprüche aufgrund von Rückzahlungsvorbehalten (Gratifikationen, Darlehen, Umzugs-/Ausbildungskosten) verliert.

3. *Zeitpunkt des rechtlichen Endes des Arbeitsverhältnisses*
   Dieser Zeitpunkt kann, muß aber nicht, von folgenden Kriterien bestimmt werden:
   a) Welche kollektiv-individualvertragliche/gesetzliche Kündigungsfrist gilt?
   b) Bei Beendigung vor Ablauf der ordentlichen Kündigungsfrist *und* Vereinbarung einer Abfindung müssen beide Parteien § 117 AFG (vgl. oben 2. b) aa)) beachten.
   c) Die vorzeitige Beendigung des Arbeitsverhältnisses kann zu Nachteilen bei der betrieblichen Altersversorgung führen (vgl. unten 7.).

4. *Freistellung*
   Bei der Frage, ob der Arbeitnehmer bis zum rechtlichen Ende des Arbeitsverhältnisses arbeiten oder freigestellt werden soll, ist zu bedenken (vgl. *Bauer/Baeck*, NZA 1989, S. 784):
   a) Für die Zeit des unstreitigen Arbeitsverhältnisses steht dem Arbeitnehmer der *allgemeine Beschäftigungsanspruch* zu (BAG vom 19. 8. 1976, 26. 5. 1977, AP 4, 5 zu § 611 BGB Beschäftigungspflicht = BB 1976, 1561, BB 1977, 1504).
   b) Der Beschäftigungsanspruch nach a) ist grundsätzlich *abdingbar* (vgl. *Leßmann*, RdA 1988, 149). Der Arbeitnehmer kann deshalb im Rahmen des Aufhebungsvertrags widerruflich oder unwiderruflich bis zum rechtlichen Ende des Arbeitsverhältnisses freigestellt werden.
   c) Bei unwiderruflicher Freistellung sollte der Arbeitgeber darauf achten, daß restliche *Urlaubsansprüche* des Arbeitnehmers mit erledigt werden.
   d) Häufig empfiehlt es sich, die bis zum rechtlichen Ende des Arbeitsverhältnisses fortzuzahlenden *Bezüge* exakt festzulegen.
   e) **Achtung:** Nach der Rechtsprechung des BAG ist bisher nicht geklärt, ob bei vertraglich vereinbarter Freistellung § 615 Satz 2 BGB (Anrechnung anderweitigen Erwerbs) – unmittelbar oder analog – eingreift. Eine unmittelbare Anwendung dieser Vorschrift scheint ausgeschlossen, da § 615 Satz 2 BGB *Annahmeverzug* des Arbeitgebers voraussetzt.
   f) Wegen der Unsicherheit nach e) kann es sich empfehlen, die Geltung des § 615 Satz 2 BGB entweder ausdrücklich festzulegen oder ausdrücklich auszuschließen.
   g) Der Arbeitnehmer muß beachten, daß das gesetzliche Wettbewerbsverbot nach § 60 HGB grundsätzlich trotz Freistellung bis zum rechtlichen Ende des Arbeitsverhältnisses gilt (BAG vom 30. 5. 1978, BB 1979, 325). Da § 60 HGB dispositiv ist, können die Parteien selbstverständlich vertraglich auf die Einhaltung des Verbotes verzichten.

5. *Abfindung*
   a) *Höhe* (vgl. 7.6j)
      Bei der Höhe von Abfindungen orientieren sich die Parteien und/oder Gerichte häufig an den *Maßstäben der §§ 9, 10 KSchG*. Diese Bestimmungen gelten aber zwingend nur bei der gerichtlichen Auflösung von Arbeitsverhältnissen durch Urteil. Vereinbarte Abfindungen können deshalb die Höchstgrenzen der §§ 9, 10 KSchG ohne weiteres überschreiten oder auch deutlich unter dem liegen, was nach „üblichen Formeln" (1/2 bis ein Monatsgehalt pro Jahr Betriebszugehörigkeit) ermittelt wird.

b) *Steuer*
aa) Die Beendigung des Arbeitsverhältnisses muß auf Veranlassung des Arbeitgebers erfolgen, damit der *steuerfreie Betrag* nach § 3 Nr. 9 EStG zum Zuge kommt. Läuft ein wirksam befristetes Arbeitsverhältnis aus, und zahlt der Arbeitgeber eine „Abfindung", ist diese nicht steuerfrei, weil es an einer vom Arbeitgeber veranlaßten Auflösung fehlt (BFH, BStBl. II 1980, 393; *Offerhaus*, StBp 1987, 71).
bb) Der steuerfreie Betrag nach § 3 Nr. 9 EStG beträgt DM 24 000,-. Hat der Arbeitnehmer das 50. Lebensjahr vollendet und hat das Arbeitsverhältnis mindestens 15 Jahre bestanden (**Achtung:** Für das Vorliegen dieser Kriterien ist der Zeitpunkt des rechtlichen Endes des Arbeitsverhältnisses maßgebend), beträgt der steuerfreie Höchstbetrag DM 30 000,-; hat der Arbeitnehmer das 55. Lebensjahr vollendet und hat das Arbeitsverhältnis mindestens 20 Jahre bestanden, beträgt der steuerfreie Höchstbetrag DM 36 000,-.
cc) Abfindungen, die die maßgebliche Höchstgrenze des § 3 Nr. 9 EStG übersteigen, sind nach §§ 24, 34 EStG *steuerbegünstigt* (halber Steuersatz). Der Arbeitgeber kann die Hälfte des Lohnsteuerbetrages des Arbeitnehmers aus dem steuerbegünstigten Abfindungsbetrag einbehalten und den Restbetrag gleich an den Arbeitnehmer ausbezahlen (§ 39b Abs. 3 Satz 11 EStG).
dd) Für die Steuerfreiheit nach § 3 Nr. 9 EStG und die Steuerbegünstigung nach §§ 24, 34 EStG ist allein der von den *Parteien gewählte Beendigungszeitpunkt des Arbeitsverhältnisses maßgeblich* (BFH, BB 1979, 304 und BFH, StBp 1987, 71). Damit greift die Steuerfreiheit auch bei einer vorzeitigen Auflösung des Arbeitsverhältnisses ein, soweit sie vom Arbeitgeber veranlaßt ist (also z. B. auch bei der vorzeitigen Beendigung befristeter Dienstverhältnisse von Vorstandsmitgliedern und Geschäftsführern!). Die Höhe der steuerfreien Abfindung kann durchaus nach der Vergütung bemessen werden, die der Arbeitnehmer erhalten hätte, wenn das Arbeitsverhältnis nicht vorzeitig beendet worden wäre.
ee) § 3 Nr. 9 und §§ 24, 34 EStG finden auch Anwendung, wenn der Arbeitnehmer aufgrund eines *nach* Beendigung des Arbeitsverhältnisses abgeschlossenen neuen Arbeitsverhältnisses bei demselben Arbeitgeber zu anderen Bedingungen weiterbeschäftigt wird (BFH, StBp 1987, 71). Anders ist die Rechtslage, wenn das Arbeitsverhältnis aufgrund einer Änderungskündigung zu geänderten Bedingungen fortgesetzt, also nicht aufgelöst wird (BFH, a. a. O.).
ff) Vereinbarte Abfindungen sind regelmäßig als *Bruttobeträge* zu verstehen. Möglich ist aber auch eine „Netto-Abfindung", bei der der volle Abfindungsbetrag ungeschmälert an den Arbeitnehmer auszuzahlen ist. Widersprüchlich sind deshalb „Brutto = Netto"–Klauseln (vgl. LAG Hamm, DB 1980, 2396; LAG Niedersachsen, BB 1985, 272; LAG Bremen, NZA 1988, 433).
gg) Um steuerliche Nachteile zu vermeiden, kann es für eine oder beide Parteien im Einzelfall sinnvoll sein, vor oder nach Abschluß eines Aufhebungsvertrages eine *Lohnsteueranrufungsauskunft* beim zuständigen Betriebsstättenfinanzamt nach § 42e EStG einzuholen.

c) *Fälligkeit*
Nach richtiger Auffassung (LAG Köln, DB 1984, 568; vgl. auch BAG vom 29. 11. 1983, NJW 1984, 1650, zur Abfindung nach § 113 Abs. 3 BetrVG) wird

der Abfindungsanspruch des Arbeitnehmers erst mit dem rechtlichen Ende des Arbeitsverhältnisses fällig. Der Fälligkeitszeitpunkt sollte dennoch klargestellt werden.

d) *Vererbbarkeit*
Nach BAG vom 25. 6. 1987 (BB 1988, 1392) ist das Erleben des vereinbarten Auflösungszeitpunkts für den Arbeitnehmer nicht ohne weiteres Voraussetzung für den Anspruch der Erben. Bei erheblicher Diskrepanz zwischen dem Zeitpunkt des Abschlusses des Aufhebungsvertrages und dem rechtlichen Ende des Arbeitsverhältnisses kann sich deshalb eine entsprechende Regelung im Aufhebungsvertrag empfehlen.

e) *Ruhen des Arbeitslosengeldanspruchs*
Eine Abfindung kann vor allem ein Ruhen des Arbeitslosengeldanspruchs nach § 117 AFG bewirken (vgl. unten 2. b) aa) zur Hinweispflicht des Arbeitgebers; vgl. unten 13. a), b), c), g) bei besonders geschützten Arbeitnehmern).

f) *Familienrechtliche Konseqüenzen*
Kann der Arbeitnehmer aufgrund einer arbeitsrechtlichen Auseinandersetzung mit einer (größeren) Abfindung rechnen, kann dies Überlegungen hinsichtlich des günstigsten Zeitpunkts zur Einreichung des Scheidungsantrags beim Familiengericht führen.

g) *Sozialversicherung*
Nach Auffassung des BAG (vom 9. 11. 1988, BB 1989, 360 = DB 1989, 327) und jetzt auch des BSG (vom 21. 2. 1990, BB 1990, 1350) unterliegen Abfindungen, die für den Verlust des Arbeitsplatzes bezahlt werden, auch dann nicht der Beitragspflicht zur Sozialversicherung, wenn für sie Einkommen- oder Lohnsteuer abzuführen ist. Dies gilt auch bei einer vorzeitigen Beendigung des Arbeitsverhältnisses, d. h. ohne Einhaltung der ordentlichen Kündigungsfrist. Geht es jedoch um eine freiwillige Krankenversicherung nach Beendigung der Beschäftigung, ist die Abfindung bei der Beitragsbemessung zu berücksichtigen (vgl. BSG vom 28. 4. 1987, 12 RK 50/85, EzS 55/95).

6. *Zeugnis*
Unangenehme nachträgliche Streitigkeiten über Art und Inhalt eines Zeugnisses können vermieden werden, wenn schon im Aufhebungsvertrag eine Festlegung (konkretes Zeugnis oder aber konkrete Vorgaben für das Zeugnis) erfolgt.

7. *Betriebliche Altersversorgung*
  a) *Unverfallbare Anwartschaft?*
  Hat der Arbeitnehmer zum Zeitpunkt des rechtlichen Endes des Arbeitsverhältnisses noch keine unverfallbare Anwartschaft nach § 1 BetrAVG, geht er an und für sich „leer" aus. Abweichend von § 1 BetrAVG können die Parteien aber einen Anspruch auf betriebliche Altersversorgung vereinbaren.

  b) *„Pro rata temporis"-Regelung des § 2 BetrAVG*
  Hat der Arbeitnehmer zum Zeitpunkt des rechtlichen Endes des Arbeitsverhältnisses eine unverfallbare Anwartschaft erworben, muß er beachten, daß § 2 BetrAVG eine Kürzung der Rente für den Fall vorsieht, daß das Arbeitsverhältnis vor dem eigentlichen Pensionierungszeitpunkt endet. Auch insoweit ist eine abweichende vertragliche Regelung zugunsten des Arbeitnehmers möglich.

  c) *Abfindungsverbot*
  §§ 3, 17, Abs. 3 BetrAVG enthalten ein Abfindungsverbot für zehnjährige und ältere unverfallbare Versorgungsanwartschaften. Bei Verstoß (auch auf Veran-

lassung des Arbeitnehmers!) gegen diese Vorschriften läuft der Arbeitgeber Gefahr, bei Eintritt des Versorgungsfalles betriebliche Altersversorgung leisten zu müssen.

Achtung: Da es sich um einen Verstoß gegen ein gesetzliches Verbot handelt, kann der Arbeitgeber nicht mit einem Anspruch auf Rückzahlung der früher geleisteten Abfindung aufrechnen (§ 817 BGB).

d) *Vorstandsmitglieder/Geschäftsführer*
Das Abfindungsverbot der §§ 3, 17 Abs. 3 BetrAVG gilt grundsätzlich auch für vertretungsberechtigte Organmitglieder, es sei denn sie seien gleichzeitig beherrschende Gesellschafter.

e) *Sittenwidriger Abfindungsvergleich*
Nach Ansicht des BAG (vom 30. 7. 1985, BB 1986, 531 = DB 1986, 548) kann ein Vergleich, der die Abfindung einer Versorgungsanwartschaft durch einen Kapitalbetrag vorsieht, gegen die guten Sitten verstoßen und deshalb nichtig sein (§ 138 BGB), wenn ein grobes Mißverhältnis des beiderseitigen Nachgebens besteht (vgl. dazu *Blomeyer*, RdA 1988, 88).

f) *Tatsachenvergleich*
Eine Vereinbarung im Rahmen eines Aufhebungsvertrags über tatsächliche Voraussetzungen eines Versorgungsanspruchs verstößt nicht gegen zwingende Grundsätze des BetrAVG. Auch eine Einigung, wonach keine Versorgungsrechte bestehen, wird durch die §§ 3, 17 Abs. 3 BetrAVG nicht verboten (BAG vom 18. 12. 1984, BB 1985, 1603 = DB 1985, 1949).

g) *Zustimmung des Betriebsrats*
Beruht der Anspruch auf betriebliche Altersversorgung auf einer Betriebsvereinbarung, so ist ein Verzicht des Arbeitnehmers nur mit Zustimmung des Betriebsrats zulässig (§ 77 Abs. 4 Satz 1 BetrVG). Dies gilt auch für den Verzicht im Rahmen eines Aufhebungsvertrags.

h) *Unverfallbarkeitsbescheinigung*
Liegen die Voraussetzungen einer unverfallbaren Anwartschaft nach § 1 BetrAVG vor, hat der Arbeitnehmer Anspruch auf Aushändigung einer Unverfallbarkeitsbescheinigung nach § 2 Abs. 6 BetrAVG.

8. *Nachvertragliches Wettbewerbsverbot (n. v. W.)*

Haben die Parteien ein n. v. W. vereinbart, liegt es nahe, sich im Rahmen eines Aufhebungsvertrages Gedanken über das Schicksal der Wettbewerbsabrede zu machen:

a) *Wirksamkeit*
Beide Parteien sollten zunächst prüfen, ob das n. v. W. wirksam oder unverbindlich nach §§ 74 ff. HGB vereinbart worden ist (vgl. insgesamt *Bauer*, DB 1979, 500).

b) *Verzicht des Arbeitgebers*
Vor, beim oder nach Abschluß des Aufhebungsvertrags kann es sich für den Arbeitgeber empfehlen, nach § 75a HGB schriftlich auf das n. v. W. zu verzichten. Diese Erklärung hat zur Folge, daß der Arbeitgeber mit Ablauf eines Jahres von der Verpflichtung zur Zahlung der Entschädigung frei wird. Die Erklärung muß dem Arbeitnehmer *vor* dem rechtlichen Ende des Arbeitsverhältnisses zugehen.

Achtung: Sinn und Zweck des § 75a HGB ist es nicht, dem Arbeitgeber einen Weg zu bieten, sich von der Klausel zu lösen, wenn er erfahren hat, daß der ausscheidende Arbeitnehmer eine konkurrenzfreie Tätigkeit übernehmen wird. In

diesem Fall kann der Verzicht unwirksam nach § 242 BGB sein (BAG vom 26. 10. 1979, BB 1979, 1557).
c) *Lösungserklärung nach § 75 Abs. 1 HGB*
Ist vor Abschluß des Aufhebungsvertrags eine auberordentliche Kündigung nach § 626 BGB vom Arbeitnehmer oder Arbeitgeber ausgesprochen worden, ist zu prüfen, ob außerdem eine Lösungserklärung vom n. v. W. nach § 75 Abs. 1 HGB vorliegt (§ 75 Abs. 1 HGB ist nach BAG vom 23. 2. 1977, AP 6 zu § 75 HGB = BB 1977, 847, für den Fall der außerordentlichen Kündigung durch den Arbeitgeber analog anzuwenden).
Achtung: Die Lösungserklärung nach § 75 Abs. 1 HGB wirkt nur, wenn wirksam außerordentlich gekündigt worden ist *und* die Erklärung vor Ablauf eines Monats nach Zugang der Kündigung erfolgt. Im Aufhebungsvertrag sollte deshalb klargestellt werden, ob das n. v. W. durch die Lösungserklärung erledigt ist oder nicht.
d) *Erhöhte Karenzentschädigung*
Vor allem bei ordentlicher betriebsbedingter Kündigung muß der Arbeitgeber beachten, daß er gezwungen ist, eine erhöhte Karenzentschädigung nach § 75 Abs. 2 HGB anzubieten, wenn er das n. v. W. aufrechterhalten will. Vergißt er dies, kann sich der Arbeitnehmer binnen Monatsfrist vom n. v. W. lossagen (vgl. 10.1).
Verhängnisvoll ist es, wenn nicht beachtet wird, daß die Monatsfrist des § 75 HGB ausschließlich ab Zugang der Kündigung zu laufen beginnt. Dies gilt auch dann, wenn später ein Aufhebungsvertrag geschlossen wird (BAG vom 26. 1. 1973, AP 4 zu § 75 HGB = BB 1973, 659, 801).
e) *Einvernehmliche Aufhebung oder Änderung*
aa) Ein n. v. W. kann jederzeit einvernehmlich aufgehoben werden, also auch im Rahmen eines Aufhebungsvertrags. Die Aufhebung muß allerdings ausdrücklich erfolgen (BAG vom 20. 10. 1981, BB 1982, 861).
bb) Nach dem rechtlichen Ende des Arbeitsverhältnisses können die Parteien in einem Aufhebungsvertrag von den zwingenden gesetzlichen Vorschriften der §§ 74 ff. HGB abweichen. Möglich ist es deshalb, eine Wettbewerbsklausel ohne Karenzentschädigung oder eine Karenzentschädigung in geringerer als der gesetzlichen Mindesthöhe zu vereinbaren (BAG vom 11. 3. 1968, 5. 8. 1968, AP 23, 24 zu § 74 HGB = BB 1968, 1120, 1288).
cc) Vorsicht ist bei von §§ 74 ff. HGB abweichenden Regelungen geboten, wenn sie im Rahmen eines Aufhebungsvertrages erfolgen, der vor dem rechtlichen Ende des Arbeitsverhältnisses abgeschlossen wird (LAG Düsseldorf, DB 1974, 1915).
f) *Erstattungspflicht nach § 128a AFG*
Bei der Frage, ob ein n. v. W. aufrechterhalten werden soll, muß der Arbeitgeber auch die zusätzlichen finanziellen Lasten nach § 128a AFG berücksichtigen.
g) *Geschäfts- und Betriebsgeheimnisse*
Unabhängig vom Vorliegen eines n. v .W. ist der Arbeitnehmer nach Beendigung des Arbeitsverhältnisses verpflichtet, *Verschwiegenheit* über Geschäfts- und Betriebsgeheimnisse seines Arbeitgebers zu bewahren (BAG vom 15. 12. 1987, BB 1988, 980 = NZA 1988, 502). Ggfs. kann dies auch im Aufhebungsvertrag ausdrücklich hervorgehoben werden.

9. Sonstige Ansprüche, bestimmte Erledigungsklauseln

Im Aufhebungsvertrag sollte grundsätzlich auch geregelt werden, was mit sonstigen Ansprüchen wird, und zwar vor allem hinsichtlich Darlehen, (rückständige) Vergütung (auch Tantieme, Provision, Gewinnbeteiligung usw.), Dienstwagen, Werkwohnung, Spesenvorschuß, Diensterfindung, Firmenunterlagen, Schadensersatz.

10. *Allgemeine Erledigungsklausel*

Solche Klauseln erfassen im Zweifel nicht Ansprüche auf/aus
a) schon entstandene Fortzahlungsansprüche (BAG vom 20. 8. 1980 – 5 AZR 218/78, BB 1982, 1302 und vom 20. 8. 1980 – 5 AZR 759/78, BB 1981, 119);
b) betriebliche Altersversorgung (LAG Hamm, DB 1980, 113 und DB 1980, 643; vgl. auch BAG, BB 1974, 280 zur Ausgleichsquittung);
c) nachvertragliches Wettbewerbsverbot (BAG vom 20. 10. 1981, BB 1982, 861);
d) Zeugnis, sofern darauf überhaupt verzichtet werden kann (BAG vom 16. 9. 1974, AP 9 zu § 630 BGB = BB 1975, 136);
e) Arbeitnehmererfindung;
f) Urlaub (BAG vom 31. 5. 1990, EzA § 13 BUrlG Nr. 49).

11. *Unverzichtbare Rechte und Ansprüche*

a) Dazu gehören
   aa) schon entstandene *tarifliche Rechte.* Ein Verzicht ist nur in einem von den Tarifvertragsparteien gebilligten Vergleich zulässig (§ 4 Abs. 4 Satz 1 TVG);
   bb) Rechte aus einer *Betriebsvereinbarung.* Ein Verzicht ist nur mit Zustimmung des Betriebsrats möglich (§ 77 Abs. 4 Satz 1 BetrVG);
   cc) gesetzliche Urlaubs- und Urlaubsabgeltungsansprüche (BAG vom 31. 7. 1967, AP 2 zu § 7 BUrlG Abgeltung und BAG vom 21. 7. 1978, AP 5 zu § 13 BUrlG Unabdingbarkeit = BB 1979, 327).
b) In den unter a) genannten Fällen ist jedoch ein *Tatsachenvergleich* möglich.

12. *Zurückbehaltungsrecht und Aufrechnungsverbot*

a) An *Arbeitspapieren* besteht grundsätzlich kein Zurückbehaltungsrecht nach § 273 BGB.
b) Im übrigen wird das Zurückbehaltungsrecht des Arbeitgebers durch eine *analoge Anwendung von § 394 BGB* eingeschränkt, wenn der Arbeitnehmer einen Lohnanspruch geltend macht.
c) Ein bestehendes *Zurückbehaltungsrecht* kann grundsätzlich im Aufhebungsvertrag *ausgeschlossen* werden.
d) Der Arbeitgeber kann auch gegenüber einer Gehaltsforderung oder einem Abfindungsanspruch des Arbeitnehmers *aufrechnen,* allerdings nicht, soweit es sich um eine unpfändbare Forderung handelt (§ 394 BGB). Ein Aufrechnungsverbot kann im *Aufhebungsvertrag* aber vereinbart werden.

13. *Aufhebungsverträge mit besonders geschützten Arbeitnehmern und sonstige Sonderfälle*

a) *Betriebsratsmitglieder*
Der Zustimmung des Betriebsrats bedarf es nicht. **Achtung:** Mit Rücksicht auf § 117 Abs. 2 AFG empfiehlt es sich, daß das Betriebsratsmitglied vor

Abschluß des Aufhebungsvertrages sein *Betriebsratsamt niederlegt.* Nach der Niederlegung des Amtes ist das Betriebsratsmitglied nach § 15 Abs. 1 KSchG für die Dauer eines Jahres (also nicht mehr zeitlich unbegrenzt) ordentlich nicht kündbar. Ein Ruhen des Arbeitslosengeldanspruchs kommt deshalb nach § 117 AFG dann nur noch in Betracht, wenn zwischen Abschluß des Aufhebungsvertrages und rechtlichem Ende des Arbeitsverhältnisses nicht die Frist eingehalten wird, die ohne § 15 Abs. 1 KSchG gelten würde.

Die Niederlegung des Betriebsratsamtes und der nachfolgende Abschluß des Aufhebungsvertrages können aber zu einer Sperrzeit nach §§ 119, 119a AFG führen.

b) *Schwerbehinderte*

Der Schwerbehinderte kann nach Ausspruch der Kündigung oder auch ohne vorangegangene Kündigung auf den besonderen Schutz nach §§ 15 ff. SchwbG *verzichten.* Im Aufhebungsvertrag liegt ein solcher Verzicht, der den *Kündigungsschutz* nimmt *(Wilrodt/Neumann,* SchwbG, 7. Aufl. 1988, § 1 Anm. 57).

Um Nachteile nach §§ 117, 119 AFG zu vermeiden, kann es zweckmäßig sein, die *Hauptfürsorgestelle* einzuschalten. Wird darauf verzichtet, kommt u. E. nicht die fiktive Kündigungsfrist von 18 Monaten nach § 117 Abs. 2 Satz 3 AFG zum Zuge, da die ordentliche Kündigung durch den Arbeitgeber nicht ausgeschlossen, sondern nur unter das Erfordernis der Zustimmung der Hauptfürsorgestelle gestellt ist.

c) *(Werdende) Mütter*

Hier gilt ein zeitlich befristeter Auschluß der Kündigung nach § 9 MuSchG. Im Rahmen des § 117 AFG ist deshalb auf die Kündigungsfrist zurückzugreifen, die ohne den Ausschluß der ordentlichen Kündigung maßgeblich wäre.

d) *Auszubildende*

Achtung: Bei minderjährigen *Auszubildenden* bedarf der Aufhebungsvertrag der Zustimmung des gesetzlichen Vertreters nach § 111 BGB.

e) *Ausländer*

Problematisch sind die sog. „Heimkehrklauseln". Nach BAG vom 7. 5. 1987 (BB 1988, 564 = NZA 1988, 15) kann eine solche Klausel wegen funktionswidriger Umgehung der §§ 111, 112 BetrVG unwirksam sein, wenn der Aufhebungsvertrag in Ausführung einer Betriebsvereinbarung geschlossen wird, die Personalabbau durch Abschluß von Aufhebungsverträgen zum Ziel hat und der deshalb eine Art Sozialplanersatzcharakter zukommt.

f) *Ältere Arbeitnehmer* (vgl. insgesamt *Bauer,* NZA Beil. 1/87 zu Heft 9/87)

    aa) Für den Arbeitgeber können die negativen Folgen der §§ 128 AFG, 1395b RVO, 117b AVG, 140b RKnG ausgelöst werden. Die Vorschriften sind verfassungskonform auszulegen (BVerfG vom 23. 1. 1990, BB 1990 Beil. 5 zu H. 5 = DB 1990, 325).

    bb) Soweit die unter aa) genannten Vorschriften aufgrund verfassungskonformer Auslegung Anwendung finden, muß in jedem Einzelfall vor Abschluß des Aufhebungsvertrages geprüft werden, ob eine Erstattung nicht deshalb entfällt, weil einer der *Ausnahmetatbestände* des § 128 Abs. 1 AFG zum Zuge kommt.

    cc) Nach Auffassung des BSG (vom 24. 3. 1988, BB 1988, 1964) ist eine sog. *„128er-Vereinbarung"* nichtig, wonach sich der Arbeitnehmer in einem Aufhebungsvertrag verpflichtet, das Arbeitslosengeld bzw. die Rente nicht zu beantragen (vgl. dazu Gagel, BB 1988, 1957).

Die Nichtigkeit eröffnet die Möglichkeit, rückwirkend Arbeitslosengeld zu beantragen, wenn der Arbeitslose bei der Arbeitslosenmeldung vom Arbeitsamt nicht ausreichend beraten wurde. Die Nichtigkeit des das Arbeitslosengeld betreffenden Teils der „128er-Vereinbarung" erfaßt jedoch nicht ohne weiteres den gesamten Aufhebungsvertrag.

dd) Seit 1. 1. 1989 gilt das Altersteilzeitgesetz (ATZG; BT-Drucks. 11/2990). Die Bundesanstalt für Arbeit fördert den gleitenden Übergang älterer Arbeitnehmer vom Erwerbsleben in den Ruhestand, die ihre Arbeitszeit verkürzen und damit die Einstellung eines Arbeitslosen ermöglichen, durch Leistungen gegenüber dem Arbeitgeber.

g) *Altersgesicherte Arbeitnehmer*
Bei tariflich (aber auch einzelvertraglich) altersgesicherten Arbeitnehmern, denen nicht mehr ordentlich gekündigt werden kann, ist die fiktive Kündigungsfrist des § 117 AFG von 18 Monaten zu beachten. Andernfalls kommt es zum Ruhen des Arbeitslosengeldes (vgl. dazu *Gagel*, Sozialrechtliche Konsequenzen arbeitsgerichtlicher Prozeßvergleiche, 2. Aufl. 1987).

h) *Bedingte Aufhebungsverträge*
Unwirksam sind Aufhebungsverträge, wenn durch ihre Ausgestaltung zwingende Bestimmungen des Kündigungsrechts umgangen werden. Dazu zählen auch Aufhebungsverträge mit *bedingten Wiedereinstellungszusagen* (BAG vom 25. 6. 1987, BB 1988, 1123 = NZA 1988, 391 und BAG vom 13. 12. 1984, BB 1985, 930 = NZA 1985, 324).

i) *Aufhebungsverträge im Rahmen von Betriebsveräußerungen nach § 613 a BGB*
Eine *Umgehung* des § 613a Abs. 4 Satz 1 BGB liegt vor, wenn ein Aufhebungsvertrag mit einem vom Betriebsübergang betroffenen Arbeitnehmer abgeschlossen wird, um dann mit dem Erwerber einen neuen (für den Erwerber günstigeren) Arbeitsvertrag abzuschließen (BAG vom 28. 4. 1987, BB 1988, 831 = NZA 1988, 198).
Keine Umgehung des § 613a Abs. 4 Satz 1 BGB liegt dagegen u. E. vor, wenn der Arbeitnehmer den Aufhebungsvertrag mit dem Veräußerer abschließt *und* er nicht vom Erwerber übernommen wird. **Achtung:** In einem solchen Fall kommt aber eine Anfechtung nach § 123 BGB in Betracht, wenn der Arbeitnehmer nicht hinsichtlich des Betriebsübergangs aufgeklärt wird.

j) *Massenentlassungen, Betriebsänderungen*
Betriebsbedingte Aufhebungsverträge zählen im Rahmen des § 17 KSchG und der §§ 111 ff. BetrVG mit (vgl. § 112a Abs. 1 BetrVG und *Bauer/Röder*, NZA 1985, 201).

k) *Vorruhestand*
Vgl. dazu *Söllner*, DB 1986, 2431, und BAG vom 8. 3. 1988, BB 1988, 1467 = NZA 1988, 587, zu den betrieblichen Weigerungsgründen des Arbeitgebers. Das Vorruhestandsgesetz ist zum 31. 12. 1988 ausgelaufen. Für die Zeit ab 1. 1. 1989 gilt es nur noch, wenn die Voraussetzungen für den Anspruch auf den Zuschuß durch die Bundesanstalt für Arbeit erstmals vor diesem Zeitpunkt vorgelegen haben (§ 14 VRG).

14. *Kostenregelung*

Im erstinstanzlichen Arbeitsgerichtsverfahren hat die obsiegende Partei *keinen Anspruch auf Erstattung von Anwaltskosten* gegenüber der unterlegenen Partei (§ 12a Abs. 1 ArbGG). Nach der Rechtsprechung des BAG (vom 14. 12. 1977, AP 14 zu § 61 ArbGG Kosten = BB 1978, 915) sind auch vorprozessuale Anwaltskosten nicht erstattungspflichtig. *Freiwillig* kann jedoch eine Partei jederzeit Kosten der anderen übernehmen. In ag Aufhebungsverträgen findet sich gelegentlich eine Klausel, wonach sich der Arbeitgeber verpflichtet, Out-placement-Beratungskosten zu übernehmen.

Achtung: Vorsicht ist vor allem bei einer Kostenregelung im Prozeßvergleich geboten, wenn der Arbeitnehmer erstattungsfähige Reisekosten (auch hypothetische) geltend machen kann.

15. *Prozeßvergleich und Streitwert*
   a) Ggfs. *Widerrufsvorbehalt* nicht vergessen. **Achtung:** Ein solcher Widerrufsvorbehalt eines Prozeßvergleichs unterliegt keiner gerichtlichen Verfügung, da es sich „nur" um eine vom Gericht protokollierte Parteivereinbarung handelt. Eine Verlängerung der Widerrufsfrist durch Gerichtsbeschluß ist daher nicht möglich. Die Parteien können aber einen neuen Vergleich gleichen Wortlauts mit längerem Widerrufsvorbehalt schließen. Die Protokollierung kann ggfs. durch Bedienstete des Gerichts in Untervollmacht erfolgen.
   b) Exakten Wortlaut des Vergleichs (inkl. etwaigen Widerrufsvorbehalt) notieren.
   c) *Für Anwälte:* Streitwertfestsetzung beantragen. **Achtung:** Bei Kündigungsschutzstreitigkeiten im Rahmen des § 12 Abs. 7 Satz 1 ArbGG liegt der Streitwert in der Regel bei 1/4 Jahresbezug (nicht bei drei Monatseinkommen!). Auch anteilige Leistungen (z. B. 13. Monatsgehalt, private Nutzung des Firmen-PKW, Deputate usw.) sind zu berücksichtigen.

14. Muster

14.1 Einfacher Aufhebungsvertrag

Herr ... und die Firma ... sind sich einig, daß das Arbeitsverhältnis mit Ablauf des ... im gegenseitigen Einvernehmen/aufgrund ordentlicher Kündigung vom ... mit Ablauf des ... sein Ende gefunden hat/finden wird.

Stuttgart, den ...

Firma ...   Herr ...

14.2 Aufhebungsvertrag mit Abfindungsregelung und Erledigungsklausel

(1) Die Parteien sind sich einig, daß das Arbeitsverhältnis mit Ablauf des ... aufgrund ordentlicher Kündigung der Firma vom ... geendet hat.
(2) Frau ... erhält aus Anlaß der Beendigung des Arbeitsverhältnisses eine Sozialabfindung im Sinne der §§ 9, 10 KSchG, 3 Nr. 9 EStG von DM ..., fällig am ...
(3) Die Parteien sind sich einig, daß mit Ausnahme der nach (2) zu zahlenden Abfindung damit sämtliche finanziellen Ansprüche aus und in Verbindung mit dem Arbeitsverhältnis, gleich aus welchem Rechtsgrund, erledigt sind.

Stuttgart, den ...

Firma ...   Frau ...

14.3 Klage

Arbeitsgericht Stuttgart   Anton Müller
Feuerseeplatz 14   Bebelstr. 250
7000 Stuttgart 1   7000 Stuttgart 1

Stuttgart, den ...

Ich erhebe

              Kündigungsschutzklage

gegen   Firma Gustav Müller GmbH, vertreten durch den Geschäftsführer Heinrich Müller, Zeppelinstr. 99, 7000 Stuttgart 1

und beantrage für Recht zu erkennen:

(1) Es wird festgestellt, daß das Arbeitsverhältnis zwischen den Parteien weder durch die mündliche Kündigung vom ... noch durch die schriftliche Kündigung vom ... mit Ablauf des ... beendet wird, sondern darüber hinaus ungekündigt fortbesteht.
(2) Die Beklagte wird verurteilt, mich über den ... (bestimmter Termin der Kündigung) ... hinaus zu unveränderten Arbeitsbedingungen weiterzubeschäftigen.

Begründung:
Ich bin von der Beklagten am ... als ... eingestellt worden.
Beweis: Kopie des Anstellungsvertrags, Anlage 1
Die Beklagte hat mir am ... mündlich und am ... schriftlich zum ... gekündigt.
Beweis: Kopie der schriftlichen Kündigung, Anlage 2
Die Kündigung ist nicht sozial gerechtfertigt gem. § 1 KSchG. Insbesondere sind mir die Kündigungsgründe nicht bekannt. Dazu werde ich Stellung nehmen, sobald diese von der Beklagten vorgetragen sind.

Anton Müller

14.4 Antrag auf Beiordnung eines Anwalts

Arbeitsgericht Stuttgart
Feuerseeplatz 14
7000 Stuttgart 1

.. Ca ../..　　　　　　　　　　Stutgart, den ...
In Sachen
Maier / Fa. ...
beantrage ich,
　　　mich dem Kläger als Anwalt beizuordnen.

Begründung:
Die Beklagte läßt sich durch einen Anwalt vertreten. Der Kläger ist nach seinen persönlichen und wirtschaftlichen Verhältnissen nicht in der Lage, die Kosten des Rechtsstreits auch nur zum Teil aufzubringen. Dazu überreiche ich als Anlage 1 die Erklärung des Klägers über seine persönlichen und wirtschaftlichen Verhältnisse. Der Kläger gehört keiner Gewerkschaft an; er kann sich deshalb nicht durch ein Mitglied oder durch einen Angestellten einer Gewerkschaft vertreten lassen.

Rechtsanwalt Klug

14.5 Antrag auf Bewilligung von Prozeßkostenhilfe

Arbeitsgericht Stuttgart
Feuerseeplatz 14
Stuttgart 1

.. Ca ../..　　　　　　　　　　Stutgart, den ...
In Sachen
Maier / Fa. ...
habe ich die Vertretung des Klägers übernommen. In dessen Auftrag und Namen beantrage ich,

Begründung:

dem Kläger für die erste Instanz Prozeßkostenhilfe zu bewilligen und mich dem Kläger zur vorläufigen unentgeltlichen Wahrnehmung beizuordnen.

Der Kläger/Antragsteller ist nach seinen persönlichen und wirtschaftlichen Verhältnissen nicht in der Lage, die Kosten des Rechtsstreits auch nur teilweise aufzubringen, dazu lege ich als Anlage 1 die Erklärung des Klägers über seine persönlichen und wirtschaftlichen Verhältnisse vor.

Die beabsichtigte Rechtsverfolgung hat hinreichende Aussicht auf Erfolg und ist auch nicht mutwillig, weil . . . .

Rechtsanwalt Klug

14.6 Antrag auf Zulassung der Kündigung nach dem MuSchG

Der Antrag auf Zustimmung kann mündlich (auch fernmündlich) bei der zuständigen Behörde gestellt werden. Zweckdienlich ist aber ein *schriftlicher Antrag* mit detaillierter Begründung. Zuständig sind in Baden-Württemberg, Bayern, Bremen, Niedersachsen, Nordrhein-Westfalen und Schleswig-Holstein die örtlichen Gewerbeaufsichtsämter, in Berlin das Landesamt für Arbeitsschutz und technische Sicherheit, in Hamburg die Arbeits- und Sozialbehörde, in Hessen der Regierungspräsident und in Rheinland-Pfalz die jeweilige Bezirksregierung.

An das
Gewerbeaufsichtsamt
7000 Stuttgart 1

Stuttgart, den . . .

Antrag auf Zulassung der Kündigung von Frau . . .

. . . (Name, Vorname, Geburtsdatum, Anschrift)

Sehr geehrte Damen und Herren,

Frau . . . ist seit . . . als . . . bei uns beschäftigt. Sie ist zur Zeit schwanger. Voraussichtlicher Termin der Entbindung ist am . . . .

Wir bitten Sie nach § 9 Abs. 3 Satz 1 MuSchG einer Kündigung aus wichtigem Grund (§ 626 BGB) zuzustimmen. Frau . . . hat am . . .

. . .

Eine Fortsetzung des Arbeitsverhältnisses mit Frau . . . kann uns deshalb nicht zugemutet werden. Die Stellungnahme des Betriebsrats fügen wir bei.

Mit freundlichen Grüßen

Firma X

14.7 Antrag auf Zustimmung zur Kündigung eines Schwerbehinderten

Hauptfürsorgestelle
7000 Stuttgart 1

Stuttgart, den ...

Antrag auf Zustimmung zur ordentlichen Kündigung/außerordentlichen Kündigung/ außerordentlichen, hilfsweise ordentlichen Kündigung/Änderungskündigung des ...
(Name, Vorname, Geburtsdatum, Familienstand, Anschrift)

Sehr geehrte Damen und Herren,

wir beabsichtigen, Herrn ... ordentlich/außerordentlich zu kündigen. Wir bitten Sie deshalb, zuvor der beabsichtigten Personalmaßnahme zuzustimmen. Dazu weisen wir auf folgendes hin:

1. Die Erwerbsminderung von Herrn ... beträgt ...%. Herr ... ist bei uns als ... seit ... beschäftigt. Er verdient zur Zeit ... DM ... brutto/monatlich. Die Kündigung ist vorgesehen zum .... Die gesetzliche/vertragliche/tarifvertragliche Kündigungsfrist beträgt ....
2. In unserem Betrieb werden zur Zeit ... Arbeitnehmer beschäftigt, davon ... Schwerbehinderte/Gleichgestellte. Der Pflichtsatz beträgt gem. § 5 SchwbG ... .
3. Die Kündigung ist nötig, weil ...
...
4. Stellungnahmen des Betriebsrats und des Vertrauensmanns der Schwerbehinderten fügen wir bei.

Mit freundlichen Grüßen

Firma X

14.8 Anhörung des Betriebsrats nach § 102 BetrVG

An den
Betriebsrat
z. H. des Betriebsratsvorsitzenden

Stuttgart, den ...

Frau ...

Sehr geehrte Frau .../Herr ...,

wir beabsichtigen, Frau ... ordentlich/außerordentlich/außerordentlich, hilfsweise ordentlich zu kündigen.
Frau ... ist seit ... bei uns als ... beschäftigt. Folgende Personaldaten sind uns bekannt ... (Alter, Familienstand, Anzahl der Kinder usw.).
Die gesetzliche/vertragliche/tarifvertragliche Kündigungsfrist beträgt .... Die Kündigung soll zum ... ausgesprochen werden.

Zu den Gründen für die Kündigung ist zu sagen: ...

...

Wir bitten Sie, der Kündigung zuzustimmen.

Firma X

Hiermit wird der Empfang der
Mitteilung nach § 102 BetrVG
bestätigt:

Stuttgart, den ...   Betriebsrat

14.9 Mitteilung an den Betriebsrat nach § 105 BetrVG mit hilfsweiser Anhörung nach § 102 BetrVG

An den
Betriebsrat
z. H. des Betriebsratsvorsitzenden

                              Stuttgart, den ...

Herrn ...

Sehr geehrte Frau .../Herr ...,

wir teilen Ihnen gem. § 105 BetrVG mit, daß wir beabsichtigen, Herrn ... zum ... ordentlich zu kündigen. Herr ... ist leitender Angestellter i. S. des § 5 Abs. 3 BetrVG.

Für den Fall, daß Herr ... wider Erwarten doch nicht leitender Angestellter nach § 5 Abs. 3 BetrVG sein sollte, unterrichten wir Sie gleichzeitig gem. § 102 BetrVG.

Die Kündigung ist nötig, weil ...

...

Wir bitten Sie, der beabsichtigten Kündigung zuzustimmen.

Firma X

Hiermit wird der Empfang der
Mitteilung nach §§ 105, 102 BetrVG
bestätigt:

Stuttgart, den ...   Betriebsrat

14.10 Kündigungsmuster

a) Ordentliche Kündigung

Sehr geehrte Frau ...,

hiermit kündigen wir das mit Ihnen seit ... bestehende Arbeitsverhältnis ordentlich zum ....

Die Kündigungsgründe sind Ihnen bekannt/die Kündigung erfolgt aus folgenden Gründen: ....

Der Betriebsrat hat der Kündigung zugestimmt/der Betriebsrat wurde vor der Kündigung gehört; seine Stellungnahme fügen wir bei.

Stuttgart, den ...   Firma X

b) Außerordentliche und hilfsweise ordentliche Kündigung

Sehr geehrter Herr ...,

hiermit kündigen wir das mit Ihnen bestehende Arbeitsverhältnis fristlos, hilfsweise ordentlich zum ....

Die Kündigung erfolgt aus folgenden Gründen: ... (die Kündigungsgründe müssen gem. § 626 BGB nur auf Verlangen des Arbeitnehmers mitgeteilt werden).

Der Betriebsrat hat sowohl der außerordentlichen als auch der hilfsweisen ordentlichen Kündigung zugestimmt/der Betriebsrat ist sowohl zur außerordentlichen als auch zur hilfsweisen ordentlichen Kündigung gehört; seine Stellungnahme fügen wir bei.

Stuttgart, den ...   Firma X

c) Änderungskündigung

Sehr geehrter Herr ...,

hiermit kündigen wir das mit Ihnen seit ... bestehende Arbeitsverhältnis ordentlich zum ....

Wir bieten Ihnen aber gleichzeitig an, das Arbeitsverhältnis ab ... zu den bisherigen Bedingungen fortzusetzen, mit folgenden Ausnahmen: ....

Die Änderungskündigung erfolgt aus folgenden Gründen: ....

Wir hoffen, daß Sie für diese Maßnahme Verständnis haben. Wir versichern Ihnen, daß wir auch in Zukunft an einer guten Zusammenarbeit mit Ihnen interessiert sind.

Der Betriebsrat hat der Änderungskündigung nach § 102 BetrVG zugestimmt. Da die Änderungskündigung gleichzeitig eine Versetzung beinhaltet, hat er auch nach § 99 BetrVG seine Zustimmung erklärt.

Stuttgart, den ...   Firma X

d) Ausübung des Direktionsrechts und vorsorgliche Änderungskündigung

Sehr geehrter Herr . . .,

wir bitten Sie, ab sofort folgende Aufgaben . . . in der Abteilung . . . zu übernehmen. Ihre Bezüge bleiben davon unberührt.

Zu dieser Änderung der Arbeitsbedingungen sind wir aufgrund von § . . . des Anstellungsvertrages vom . . . berechtigt. Darauf haben wie Sie schon mündlich hingewiesen. Die Maßnahme bewegt sich deshalb im Rahmen des uns zustehenden Direktionsrechtes.

Wir bitten Sie deshalb, Ihre bisher ablehnende Haltung aufzugeben. Sollten Sie sich weigern, die neue Position zu übernehmen, käme dies einer Arbeitsverweigerung gleich; wir müßten dann das Arbeitsverhältnis aus verhaltensbedingten Gründen kündigen.

Für den Fall, daß die Personalmaßnahme wider Erwarten nicht vom Direktionsrecht gedeckt wäre, sprechen wir vorsorglich folgende Änderungskündigung aus: Wir kündigen Ihnen ordentlich zum . . . . Gleichzeitig bieten wir Ihnen ab . . . eine Fortsetzung des Arbeitsverhältnisses als . . . in der Abteilung . . . an. Ihre finanziellen Bezüge bleiben unverändert.

Der Betriebsrat hat dieser Änderungskündigung nach § 102 BetrVG und der Versetzung nach § 99 BetrVG zugestimmt.

Stuttgart, den . . .   Firma X

Anhang: Auszüge aus Gesetzen

Damit die Fibel zum zuverlässigen Begleiter in Kündigungssachen wird, sind im folgenden die wichtigsten Vorschriften wiedergegeben, so wie sie im September 1990 gelten. Vereinzelt haben wir in den laufenden Text Anmerkungen eingefügt, nämlich so: (*Anm.*: ...).

1. §§ 622–626 BGB (vgl. aber § 55 Arbeitsgesetzbuch der ehemaligen DDR, oben 12.)

§ 622 (Kündigungsfrist bei Arbeitsverhältnissen). (1) Das Arbeitsverhältnis eines Angestellten kann unter Einhaltung einer Kündigungsfrist von sechs Wochen zum Schluß eines Kalendervierteljahres gekündigt werden. Eine kürzere Kündigungsfrist kann einzelvertraglich nur vereinbart werden, wenn sie einen Monat nicht unterschreitet und die Kündigung nur für den Schluß eines Kalendermonats zugelassen wird.

(2) Das Arbeitsverhältnis eines Arbeiters kann unter Einhaltung einer Kündigungsfrist von zwei Wochen gekündigt werden (**Anm.**: Beachte die Entscheidung des **BVerfG** vom 30. 5. 1990, wonach § 622 Abs. 2 BGB mit dem allgemeinen Gleichheitssatz unvereinbar ist, soweit die Kündigungsfristen für Arbeiter kürzer sind als für Angestellte, oben 1.2 c). Hat das Arbeitsverhältnis in demselben Betrieb oder Unternehmen fünf Jahre bestanden, erhöht sich die Kündigungsfrist auf einen Monat zum Monatsende, hat es zehn Jahre bestanden, so erhöht sich die Kündigungsfrist auf zwei Monate zum Monatsende, hat es zwanzig Jahre bestanden, so erhöht sich die Kündigungsfrist auf drei Monate zum Ende eines Kalendervierteljahres; bei der Berechnung der Beschäftigungsdauer werden Zeiten, die vor der Vollendung des *fünfundzwanzigsten* (*Anm.*: Arbeitsgerichts-Änderungsgesetz vom 26. 6. 1990 (BGBl. I S. 1206); vgl. oben 1.2 c) Lebensjahres liegen, nicht berücksichtigt.

(3) Kürzere als die in den Absätzen 1 und 2 genannten Kündigungsfristen können durch Tarifvertrag vereinbart werden. Im Geltungsbereich eines solchen Tarifvertrages gelten die abweichenden tarifvertraglichen Bestimmungen zwischen nicht tarifgebundenen Arbeitgebern und Arbeitnehmern, wenn ihre Anwendung zwischen ihnen vereinbart ist.

(4) Ist ein Arbeitnehmer zur vorübergehenden Aushilfe eingestellt, so können kürzere als die in Absatz 1 und Absatz 2 Satz 1 genannten Kündigungsfristen auch einzelvertraglich vereinbart werden; dies gilt nicht, wenn das Arbeitsverhältnis über die Zeit von drei Monaten hinaus fortgesetzt wird.

(5) Für die Kündigung des Arbeitsverhältnisses durch den Arbeitnehmer darf einzelvertraglich keine längere Frist vereinbart werden als für die Kündigung durch den Arbeitgeber.

§ 623 *(aufgehoben)*

§ 624 (Kündigungsfrist bei Verträgen über mehr als 5 Jahre). Ist das Dienstverhältnis für die Lebenszeit einer Person oder für längere Zeit als fünf Jahre eingegangen, so kann es von dem Verpflichteten nach dem Ablaufe von fünf Jahren gekündigt werden. Die Kündigungsfrist beträgt sechs Monate.

§ 625 (Stillschweigende Verlängerung). Wird das Dienstverhältnis nach dem Ablaufe der Dienstzeit von dem Verpflichteten mit Wissen des anderen Teiles fortgesetzt, so gilt es als auf unbestimmte Zeit verlängert, sofern nicht der andere Teil unverzüglich widerspricht.

§ 626 (Fristlose Kündigung aus wichtigem Grund). (1) Das Dienstverhältnis kann von jedem Vertragsteil aus wichtigem Grund ohne Einhaltung einer Kündigungsfrist gekündigt werden, wenn Tatsachen vorliegen, auf Grund derer dem Kündigenden unter Berücksichtigung aller Umstände des Einzelfalles und unter Abwägung der Interessen beider Vertragsteile die Fortsetzung des Dienstverhältnisses bis zum Ablauf der Kündigungsfrist oder bis zu der vereinbarten Beendigung des Dienstverhältnisses nicht zugemutet werden kann.

(2) Die Kündigung kann nur innerhalb von zwei Wochen erfolgen. Die Frist beginnt mit dem Zeitpunkt, in dem der Kündigungsberechtigte von den für die Kündigung maßgebenden Tatsachen Kenntnis erlangt. Der Kündigende muß dem anderen Teil auf Verlangen den Kündigungsgrund unverzüglich schriftlich mitteilen.

2. AngKSchG

§ 1 (Anwendungsbereich). Die Vorschriften dieses Gesetzes finden Anwendung auf Angestellte, die nach § 1 des Versicherungsgesetzes für Angestellte (*Anm.*: Jetzt §§ 2, 3) versicherungspflichtig sind *oder sein würden, wenn ihr Jahresarbeitsverdienst die Gehaltsgrenze nach § 3 des Versicherungsgesetzes für Angestellte nicht überstiege* (*Anm.*: Der 2. Halbs. ist heute bedeutungslos).

§ 2 (Kündigungsfristen für Angestellte). Ein Arbeitgeber, der in der Regel mehr als zwei Angestellte, ausschließlich der Lehrlinge, beschäftigt, darf einem Angestellten, den er oder, im Falle einer Rechtsnachfolge, er und seine Rechtsvorgänger *mindestens* fünf Jahre beschäftigt haben, nur mit mindestens drei Monaten Frist für den Schluß eines Kalendervierteljahrs kündigen. Die Kündigungsfrist erhöht sich nach einer Beschäftigungsdauer von acht Jahren auf vier Monate, nach einer Beschäftigungsdauer von zehn Jahren auf fünf Monate und nach einer Beschäftigungsdauer von zwölf Jahren auf sechs Monate. Bei der Berechnung der Beschäftigungsdauer werden Dienstjahre, die vor Vollendung des fünfundzwanzigsten Lebensjahres liegen, nicht berücksichtigt.

Die nach Abs. 1 eintretende Verlängerung der Kündigungsfrist des Arbeitgebers gegenüber dem Angestellten berührt eine vertraglich bedungene Kündigungsfrist des Angestellten gegenüber dem Arbeitgeber nicht.

Unberührt bleiben die Bestimmungen über fristlose Kündigung.

§ 3 *(gegenstandslos)*

3. KSchG

Erster Abschnitt. Allgemeiner Kündigungsschutz

§ 1 (Sozial ungerechtfertigte Kündigungen). (1) Die Kündigung des Arbeitsverhältnisses gegenüber einem Arbeitnehmer, dessen Arbeitsverhältnis in demselben Betrieb oder Unternehmen ohne Unterbrechung länger als sechs Monate bestanden hat, ist rechtsunwirksam, wenn sie sozial ungerechtfertigt ist.

(2) Sozial ungerechtfertigt ist die Kündigung, wenn sie nicht durch Gründe, die in der Person oder in dem Verhalten des Arbeitnehmers liegen, oder durch dringende betriebliche Erfordernisse, die einer Weiterbeschäftigung des Arbeitnehmers in diesem Betrieb entgegenstehen, bedingt ist. Die Kündigung ist auch sozial ungerechtfertigt, wenn

1. in Betrieben des privaten Rechts
   a) die Kündigung gegen eine Richtlinie nach § 95 des Betriebsverfassungsgesetzes verstößt,
   b) der Arbeitnehmer an einem anderen Arbeitsplatz in demselben Betrieb oder in einem anderen Betrieb des Unternehmens weiterbeschäftigt werden kann und der Betriebsrat oder eine andere nach dem Betriebsverfassungsgesetz insoweit zuständige Vertretung der Arbeitnehmer aus einem dieser Gründe der Kündigung innerhalb der Frist des § 102 Abs. 2 Satz 1 des Betriebsverfassungsgesetzes schriftlich widersprochen hat,
2. in Betrieben und Verwaltungen des öffentlichen Rechts
   a) die Kündigung gegen eine Richtlinie über die personelle Auswahl bei Kündigungen verstößt,
   b) der Arbeitnehmer an einem anderen Arbeitsplatz in derselben Dienststelle oder in einer anderen Dienststelle desselben Verwaltungszweiges an demselben Dienstort einschließlich seines Einzugsgebietes weiterbeschäftigt werden kann und die zuständige Personalverwaltung aus einem dieser Gründe fristgerecht gegen die Kündigung Einwendungen erhoben hat, es sei denn, daß die Stufenvertretung in der Verhandlung mit der übergeordneten Dienststelle die Einwendungen nicht aufrechterhalten hat.

Satz 2 gilt entsprechend, wenn die Weiterbeschäftigung des Arbeitnehmers nach zumutbaren Umschulungs- oder Fortbildungsmaßnahmen oder eine Weiterbeschäftigung des Arbeitnehmers unter geänderten Arbeitsbedingungen möglich ist und der Arbeitnehmer sein Einverständnis hiermit erklärt hat. Der Arbeitgeber hat die Tatsachen zu beweisen, die die Kündigung bedingen.

(3) Ist einem Arbeitnehmer aus dringenden betrieblichen Erfordernissen im Sinne des Absatzes 2 gekündigt worden, so ist die Kündigung trotzdem sozial ungerechtfertigt, wenn der Arbeitgeber bei der Auswahl des Arbeitnehmers soziale Gesichtspunkte nicht oder nicht ausreichend berücksichtigt hat; auf Verlangen des Arbeitnehmers hat der Arbeitgeber dem Arbeitnehmer die Gründe anzugeben, die zu der getroffenen sozialen Auswahl geführt haben. Satz 1 gilt nicht, wenn betriebstechnische, wirtschaftliche oder sonstige berechtigte betriebliche Bedürfnisse die Weiterbeschäftigung eines oder mehrerer bestimmter Arbeitnehmer bedingen und damit der Auswahl nach sozialen Gesichtspunkten entgegenstehen. Der Arbeitnehmer hat die Tatsache zu beweisen, die die Kündigung als sozial ungerechtfertigt im Sinne des Satzes 1 erscheinen lassen.

§ 2 (Änderungskündigung). Kündigt der Arbeitgeber das Arbeitsverhältnis und bietet er dem Arbeitnehmer im Zusammenhang mit der Kündigung die Fortsetzung des Arbeitsverhältnisses zu geänderten Arbeitsbedingungen an, so kann der Arbeitnehmer dieses Angebot unter dem Vorbehalt annehmen, daß die Änderung der Arbeitsbedingungen nicht sozial ungerechtfertigt ist (§ 1 Abs. 2 Satz 1 bis 3, Abs. 3 Satz 1 und 2). Diesen Vorbehalt muß der Arbeitnehmer dem Arbeitgeber innerhalb der Kündigungsfrist, spätestens jedoch innerhalb von drei Wochen nach Zugang der Kündigung erklären.

§ 3 (Kündigungseinspruch). Hält der Arbeitnehmer eine Kündigung für sozial ungerechtfertigt, so kann er binnen einer Woche nach der Kündigung Einspruch beim Betriebsrat einlegen. Erachtet der Betriebsrat den Einspruch für begründet, so hat er zu versuchen, eine Verständigung mit dem Arbeitgeber herbeizuführen. Er hat seine Stellungnahme zu dem Einspruch dem Arbeitnehmer und dem Arbeitgeber auf Verlangen schriftlich mitzuteilen.

§ 4 (Anrufung des Arbeitsgerichts). Will ein Arbeitnehmer geltend machen, daß eine Kündigung sozial ungerechtfertigt ist, so muß er innerhalb von drei Wochen nach Zugang der Kündigung Klage beim Arbeitsgericht auf Feststellung erheben, daß das Arbeitsverhältnis durch die Kündigung nicht aufgelöst ist. Im Falle des § 2 ist die Klage auf Feststellung zu erheben, daß die Änderung der Arbeitsbedingungen sozial ungerechtfertigt ist. Hat der Arbeitnehmer Einspruch beim Betriebsrat eingelegt (§ 3), so soll er der Klage die Stellungnahme des Betriebsrates beifügen. Soweit die Kündigung der Zustimmung einer Behörde bedarf, läuft die Frist zur Anrufung des Arbeitsgerichtes erst von der Bekanntgabe der Entscheidung der Behörde an den Arbeitnehmer ab.

§ 5 (Zulassung verspäteter Klagen). (1) War ein Arbeitnehmer nach erfolgter Kündigung trotz Anwendung aller ihm nach Lage der Umstände zuzumutenden Sorgfalt verhindert, die Klage innerhalb von drei Wochen nach Zugang der Kündigung zu erheben, so ist auf seinen Antrag die Klage nachträglich zuzulassen.

(2) Mit dem Antrag ist die Klageerhebung zu verbinden; ist die Klage bereits eingereicht, so ist auf sie im Antrag Bezug zu nehmen. Der Antrag muß ferner die Angabe der die nachträgliche Zulassung begründenden Tatsachen und der Mittel für deren Glaubhaftmachung enthalten.

(3) Der Antrag ist nur innerhalb von zwei Wochen nach Behebung des Hindernisses zulässig. Nach Ablauf von sechs Monaten, vom Ende der versäumten Frist an gerechnet, kann der Antrag nicht mehr gestellt werden.

(4) Über den Antrag entscheidet das Arbeitsgericht durch Beschluß. Gegen diesen ist die sofortige Beschwerde zulässig.

§ 6 (Verlängerte Anrufungsfrist). Hat ein Arbeitnehmer innerhalb von drei Wochen nach Zugang der Kündigung aus anderen als den in § 1 Abs. 2 und 3 bezeichneten Gründen im Klagewege geltend gemacht, daß eine rechtswirksame Kündigung nicht vorliege, so kann er in diesem Verfahren bis zum Schluß der mündlichen Verhandlung erster Instanz auch die Unwirksamkeit der Kündigung gemäß § 1 Abs. 2 und 3 geltend machen. Das Arbeitsgericht soll ihn hierauf hinweisen.

§ 7 (Wirksamwerden der Kündigung). Wird die Rechtsunwirksamkeit einer sozial ungerechtfertigten Kündigung nicht rechtzeitig geltend gemacht (§ 4 Satz 1, §§ 5 und 6), so gilt die Kündigung, wenn sie nicht aus anderem Grunde rechtsunwirksam ist, als von Anfang an rechtswirksam; ein vom Arbeitnehmer nach § 2 erklärter Vorbehalt erlischt.

§ 8 (Wiederherstellung der früheren Arbeitsbedingungen). Stellt das Gericht im Falle des § 2 fest, daß die Änderung der Arbeitsbedingungen sozial ungerechtfertigt ist, so gilt die Änderungskündigung als von Anfang an rechtsunwirksam.

§ 9 (Auflösung des Arbeitsverhältnisses durch Urteil des Gerichts; Abfindung des Arbeitnehmers). (1) Stellt das Gericht fest, daß das Arbeitsverhältnis durch die Kündigung nicht aufgelöst ist, ist jedoch dem Arbeitnehmer die Fortsetzung des Arbeitsverhältnisses nicht zuzumuten, so hat das Gericht auf Antrag des Arbeitnehmers das Arbeitsverhältnis aufzulösen und den Arbeitgeber zur Zahlung einer angemessenen Abfindung zu verurteilen. Die gleiche Entscheidung hat das Gericht auf Antrag des Arbeitgebers zu treffen, wenn Gründe vorliegen, die eine den Betriebszwecken dienliche weitere Zusammenarbeit zwischen Arbeitgeber und Arbeitnehmer nicht erwarten lassen. Arbeitnehmer und Arbeitgeber können den Antrag auf Auflösung des Arbeitsverhältnisses bis zum Schluß der letzten mündlichen Verhandlung in der Berufungsinstanz stellen.

(2) Das Gericht hat für die Auflösung des Arbeitsverhältnisses den Zeitpunkt festzusetzen, an dem es bei sozial gerechtfertigter Kündigung geendet hätte.

§ 10 (Höhe der Abfindung). (1) Als Abfindung ist ein Betrag bis zu zwölf Monatsverdiensten festzusetzen.

(2) Hat der Arbeitnehmer das fünfzigste Lebensjahr vollendet und hat das Arbeitsverhältnis mindestens fünfzehn Jahre bestanden, so ist ein Betrag bis zu fünfzehn Monatsverdiensten, hat der Arbeitnehmer das fünfundfünfzigste Lebensjahr vollendet und hat das Arbeitsverhältnis mindestens zwanzig Jahre bestanden, so ist ein Betrag bis zu achtzehn Monatsverdiensten festzusetzen. Dies gilt nicht, wenn der Arbeitnehmer in dem Zeitpunkt, den das Gericht nach § 9 Abs. 2 für die Auflösung des Arbeitsverhältnisses festsetzt, das in § 1248 Abs. 5 der Reichsversicherungsordnung, § 25 Abs. 5 des Angestelltenversicherungsgesetzes oder § 48 Abs. 5 des Reichsknappschaftsgesetzes bezeichnete Lebensalter erreicht hat.

(3) Als Monatsverdienst gilt, was dem Arbeitnehmer bei der für ihn maßgebenden regelmäßigen Arbeitszeit in dem Monat, in dem das Arbeitsverhältnis endet (§ 9 Abs. 2), an Geld und Sachbezügen zusteht.

§ 11 (Anrechnung auf entgangenen Zwischenverdienst). Besteht nach der Entscheidung des Gerichts das Arbeitsverhältnis fort, so muß sich der Arbeitnehmer auf das Arbeitsentgelt, das ihm der Arbeitgeber für die Zeit nach der Entlassung schuldet, anrechnen lassen,

1. was er durch anderweitige Arbeit verdient hat,
2. was er hätte verdienen können, wenn er es nicht böswillig unterlassen hätte, eine ihm zumutbare Arbeit anzunehmen,
3. was ihm an öffentlich-rechtlichen Leistungen infolge Arbeitslosigkeit aus der Sozialversicherung, der Arbeitslosenversicherung, der Arbeitslosenhilfe oder der Sozialhilfe für die Zwischenzeit gezahlt worden ist. Diese Beträge hat der Arbeitgeber der Stelle zu erstatten, die sie geleistet hat.

§ 12 (Neues Arbeitsverhältnis des Arbeitnehmers; Auflösung des alten Arbeitsverhältnisses). Besteht nach der Entscheidung des Gerichts das Arbeitsverhältnis fort, ist jedoch der Arbeitnehmer inzwischen ein neues Arbeitsverhältnis eingegangen, so kann er binnen einer Woche nach der Rechtskraft des Urteils durch Erklärung gegenüber dem alten Arbeitgeber die Fortsetzung des Arbeitsverhältnisses bei diesem verweigern. Die Frist wird auch durch eine vor ihrem Ablauf zur Post gegebene schriftliche Erklärung gewahrt. Mit dem Zugang der Erklärung erlischt das Arbeitsverhältnis. Macht der Arbeitnehmer von seinem Verweigerungsrecht Gebrauch, so ist ihm entgangener Verdienst nur für die Zeit zwischen der Entlassung und dem Tage des Eintritts in das neue Arbeitsverhältnis zu gewähren. § 11 findet entsprechende Anwendung.

§ 13 (Verhältnis zu sonstigen Kündigungen). (1) Die Vorschriften über das Recht zur außerordentlichen Kündigung eines Arbeitsverhältnisses werden durch das vorliegende Gesetz nicht berührt. Die Rechtsunwirksamkeit einer außerordentlichen Kündigung kann jedoch nur nach Maßgabe des § 4 Satz 1 und der §§ 5 bis 7 geltend gemacht werden. Stellt das Gericht fest, daß die außerordentliche Kündigung unbegründet ist, ist jedoch dem Arbeitnehmer die Fortsetzung des Arbeitsverhältnisses nicht zuzumuten, so hat auf seinen Antrag das Gericht das Arbeitsverhältnis aufzulösen und den Arbeitgeber zur Zahlung einer angemessenen Abfindung zu verurteilen; die Vorschriften des § 9 Abs. 2 und §§ 10 bis 12 gelten entsprechend.

(2) Verstößt eine Kündigung gegen die guten Sitten, so kann der Arbeitnehmer ihre Nichtigkeit unabhängig von den Vorschriften dieses Gesetzes geltend machen. Erhebt er innerhalb von drei Wochen nach Zugang der Kündigung Klage auf Feststellung, daß das Arbeitsverhältnis durch die Kündigung nicht aufgelöst ist, so finden die Vorschriften des § 9 Abs. 1 Satz 1 und Abs. 2 und der §§ 10 bis 12 entsprechende Anwendung; die Vorschriften des § 5 über Zulassung verspäteter Klagen und des § 6 über verlängerte Anrufungsfrist gelten gleichfalls entsprechend.

(3) Im übrigen finden die Vorschriften dieses Abschnitts auf eine Kündigung, die bereits aus anderen als den in § 1 Abs. 2 und 3 bezeichneten Gründen rechtsunwirksam ist, keine Anwendung.

§ 14 (Angestellte in leitender Stellung). (1) Die Vorschriften dieses Abschnitts gelten nicht

1. in Betrieben einer juristischen Person für die Mitglieder des Organs, das zur gesetzlichen Vertretung der juristischen Person berufen ist,
2. in Betrieben einer Personengesamtheit für die durch Gesetz, Satzung oder Gesellschaftsvertrag zur Vertretung der Personengesamtheit berufenen Personen.

(2) Auf Geschäftsführer, Betriebsleiter und ähnliche leitende Angestellte, soweit diese zur selbständigen Einstellung oder Entlassung von Arbeitnehmern berechtigt sind, finden die Vorschriften dieses Abschnitts mit Ausnahme des § 3 Anwendung. § 9 Abs. 1 Satz 2 findet mit der Maßgabe Anwendung, daß der Antrag des Arbeitgebers auf Auflösung des Arbeitsverhältnisses keiner Begründung bedarf.

Zweiter Abschnitt. Kündigungsschutz im Rahmen der Betriebsverfassung und Personalvertretung

§ 15 (Unzulässigkeit der Kündigung). (1) Die Kündigung eines Mitglieds eines Betriebsrats, einer Jugend- und Auszubildendenvertretung, einer Bordvertretung oder eines Seebetriebsrats ist unzulässig, es sei denn, daß Tatsachen vorliegen, die den Arbeitgeber zur Kündigung aus wichtigem Grund ohne Einhaltung einer Kündigungsfrist berechtigen, und daß die nach § 103 des Betriebsverfassungsgesetzes erforderliche Zustimmung vorliegt oder durch gerichtliche Entscheidung ersetzt ist. Nach Beendigung der Amtszeit ist die Kündigung eines Mitglieds eines Betriebsrats, einer Jugend- und Auszubildendenvertretung oder eines Seebetriebsrats innerhalb eines Jahres, die Kündigung eines Mitglieds einer Bordvertretung innerhalb von sechs Monaten, jeweils vom Zeitpunkt der Beendigung der Amtszeit an gerechnet, unzulässig, es sei denn, daß Tatsachen vorliegen, die den Arbeitgeber zur Kündigung aus wichtigem Grund ohne Einhaltung einer Kündigungsfrist berechtigen; dies gilt nicht, wenn die Beendigung der Mitgliedschaft auf einer gerichtlichen Entscheidung beruht.

(2) Die Kündigung eines Mitglieds einer Personalvertretung oder einer Jugend- und Auszubildendenvertretung oder einer Jugendvertretung ist unzulässig, es sei denn, daß Tatsachen vorliegen, die den Arbeitgeber zur Kündigung aus wichtigem Grund ohne Einhaltung einer Kündigungsfrist berechtigen, und daß die nach dem Personalvertretungsrecht erforderliche Zustimmung vorliegt oder durch gerichtliche Entscheidung ersetzt ist. Nach Beendigung der Amtszeit der in Satz 1 genannten Personen ist ihre Kündigung innerhalb eines Jahres, vom Zeitpunkt der Beendigung der Amtszeit an gerechnet,

unzulässig, es sei denn, daß Tatsachen vorliegen, die den Arbeitgeber zur Kündigung aus wichtigem Grund ohne Einhaltung einer Kündigungsfrist berechtigen; dies gilt nicht, wenn die Beendigung der Mitgliedschaft auf einer gerichtlichen Entscheidung beruht.

(3) Die Kündigung eines Mitglieds eines Wahlvorstands ist vom Zeitpunkt seiner Bestellung an, die Kündigung eines Wahlbewerbers vom Zeitpunkt der Aufstellung des Wahlvorschlags an, jeweils bis zur Bekanntgabe des Wahlergebnisses unzulässig, es sei denn, daß Tatsachen vorliegen, die den Arbeitgeber zur Kündigung aus wichtigem Grund ohne Einhaltung einer Kündigungsfrist berechtigen, und daß die nach § 103 des Betriebsverfassungsgesetzes oder nach dem Personalvertretungsrecht erforderliche Zustimmung vorliegt oder durch eine gerichtliche Entscheidung ersetzt ist. Innerhalb von sechs Monaten nach Bekanntgabe des Wahlergebnisses ist die Kündigung unzulässig, es sei denn, daß Tatsachen vorliegen, die den Arbeitgeber zur Kündigung aus wichtigem Grund ohne Einhaltung einer Kündigungsfrist berechtigen; dies gilt nicht für Mitglieder des Wahlvorstands, wenn dieser durch gerichtliche Entscheidung durch einen anderen Wahlvorstand ersetzt worden ist.

(4) Wird der Betrieb stillgelegt, so ist die Kündigung der in den Absätzen 1 bis 3 genannten Personen frühestens zum Zeitpunkt der Stillegung zulässig, es sei denn, daß ihre Kündigung zu einem früheren Zeitpunkt durch zwingende betriebliche Erfordernisse bedingt ist.

(5) Wird eine der in den Absätzen 1 bis 3 genannten Personen in einer Betriebsabteilung beschäftigt, die stillgelegt wird, so ist sie in eine andere Betriebsabteilung zu übernehmen. Ist dies aus betrieblichen Gründen nicht möglich, so findet auf ihre Kündigung die Vorschrift des Absatz 4 über die Kündigung bei Stillegung des Betriebs sinngemäß Anwendung.

§ 16 (Neues Arbeitsverhältnis; Auflösung des alten Arbeitsverhältnisses). Stellt das Gericht die Unwirksamkeit der Kündigung einer der in § 15 Abs. 1 bis 3 genannten Personen fest, so kann diese Person, falls sie inzwischen ein neues Arbeitsverhältnis eingegangen ist, binnen einer Woche nach Rechtskraft des Urteils durch Erklärung gegenüber dem alten Arbeitgeber die Weiterbeschäftigung bei diesem verweigern. Im übrigen finden die Vorschriften des § 11 und des § 12 Satz 2 bis 4 entsprechende Anwendung.

Dritter Abschnitt. Anzeigepflichtige Entlassungen

§ 17 (Anzeigepflicht). (1) Der Arbeitgeber ist verpflichtet, dem Arbeitsamt Anzeige zu erstatten, bevor er

1. in Betrieben mit in der Regel mehr als 20 und weniger als 60 Arbeitnehmern mehr als 5 Arbeitnehmer,
2. in Betrieben mit in der Regel mindestens 60 und weniger als 500 Arbeitnehmern 10 vom Hundert der im Betrieb regelmäßig beschäftigten Arbeitnehmer oder aber mehr als 25 Arbeitnehmer,
3. in Betrieben mit in der Regel mindestens 500 Arbeitnehmern mindestens 30 Arbeitnehmer

innerhalb von 30 Kalendertagen entläßt.

(2) Beabsichtigt der Arbeitgeber, nach Absatz 1 anzeigepflichtige Entlassungen vorzunehmen, hat er den Betriebsrat rechtzeitig über die Gründe für die Entlassungen, die Zahl der zu entlassenden Arbeitnehmer, die Zahl der in der Regel beschäftigten Arbeitnehmer und den Zeitraum, in dem die Entlassungen vorgenommen werden sollen,

schriftlich zu unterrichten sowie weitere zweckdienliche Auskünfte zu erteilen. Arbeitgeber und Betriebsrat haben insbesondere die Möglichkeit zu beraten, Entlassungen zu vermeiden oder einzuschränken und ihre Folgen zu mildern.

(3) Eine Abschrift der Mitteilung an den Betriebsrat hat der Arbeitgeber gleichzeitig dem Arbeitsamt zuzuleiten. Die Anzeige nach Absatz 1 ist schriftlich unter Beifügung der Stellungnahme des Betriebsrates zu den Entlassungen zu erstatten. Liegt eine Stellungnahme des Betriebsrates nicht vor, so ist die Anzeige wirksam, wenn der Arbeitgeber glaubhaft macht, daß er den Betriebsrat mindestens zwei Wochen vor Erstattung der Anzeige nach Absatz 2 Satz 1 unterrichtet hat, und er den Stand der Beratungen darlegt. Die Anzeige hat Angaben über den Namen des Arbeitgebers, den Sitz und die Art des Betriebes, die Zahl der in der Regel beschäftigten Arbeitnehmer, die Zahl der zu entlassenden Arbeitnehmer, die Gründe für die Entlassungen und den Zeitraum, in dem die Entlassungen vorgenommen werden sollen, zu enthalten. In der Anzeige sollten ferner im Einvernehmen mit dem Betriebsrat für die Arbeitsvermittlung Angaben über Geschlecht, Alter, Beruf und Staatsangehörigkeit der zu entlassenden Arbeitnehmer gemacht werden. Der Arbeitgeber hat dem Betriebsrat eine Abschrift der Anzeige zuzuleiten. Der Betriebsrat kann gegenüber dem Arbeitsamt weitere Stellungnahmen abgeben. Er hat dem Arbeitgeber eine Abschrift der Stellungnahme zuzuleiten.

(4) Das Recht zur fristlosen Entlassung bleibt unberührt. Fristlose Entlassungen werden bei Berechnung der Mindestzahl der Entlassungen nach Absatz 1 nicht mitgerechnet.

(5) Als Arbeitnehmer im Sinne dieser Vorschrift gelten nicht

1. in Betrieben einer juristischen Person die Mitglieder des Organs, das zur gesetzlichen Vertretung der juristischen Person berufen ist,
2. in Betrieben einer Personengesamtheit die durch Gesetz, Satzung oder Gesellschaftsvertrag zur Vertretung der Personengesamtheit berufenen Personen,
3. Geschäftsführer, Betriebsleiter und ähnliche leitende Personen, soweit diese zur selbständigen Einstellung oder Entlassung von Arbeitnehmern berechtigt sind.

§ 18 (Entlassungssperre). (1) Entlassungen, die nach § 17 anzuzeigen sind, werden vor Ablauf eines Monats nach Eingang der Anzeige beim Arbeitsamt nur mit Zustimmung des Landesarbeitsamtes wirksam; die Zustimmung kann auch rückwirkend bis zum Tage der Antragstellung erteilt werden.

(2) Das Landesarbeitsamt kann im Einzelfall bestimmen, daß die Entlassungen nicht vor Ablauf von längstens zwei Monaten nach Eingang der Anzeige beim Arbeitsamt wirksam werden.

(3) Das Landesarbeitsamt hat vor seinen Entscheidungen nach den Absätzen 1 und 2 zu prüfen, ob der Arbeitgeber die Entlassungen rechtzeitig nach § 8 des Arbeitsförderungsgesetzes angezeigt oder aus welchen Gründen er die Anzeige unterlassen hatte. Das Landesarbeitsamt soll das Ergebnis dieser Prüfung bei seinen Entscheidungen berücksichtigen.

(4) Soweit die Entlassungen nicht innerhalb eines Monats nach dem Zeitpunkt, zu dem sie nach den Absätzen 1 und 2 zulässig sind, durchgeführt werden, bedarf es unter den Voraussetzungen des § 17 Abs. 1 einer erneuten Anzeige.

§ 19 (Zulässigkeit von Kurzarbeit). (1) Ist der Arbeitgeber nicht in der Lage, die Arbeitnehmer bis zu dem in § 18 Abs. 1 und 2 bezeichneten Zeitpunkt voll zu beschäftigen, so kann das Landesarbeitsamt zulassen, daß der Arbeitgeber für die Zwischenzeit Kurzarbeit einführt.

(2) Der Arbeitgeber ist im Falle der Kurzarbeit berechtigt, Lohn oder Gehalt der mit verkürzter Arbeitszeit beschäftigten Arbeitnehmer entsprechend zu kürzen; die Kürzung des Arbeitsentgelts wird jedoch erst von dem Zeitpunkt an wirksam, an dem das Arbeitsverhältnis nach den allgemeinen gesetzlichen oder den vereinbarten Bestimmungen enden würde.

(3) Tarifvertragliche Bestimmungen über die Einführung, das Ausmaß und die Bezahlung von Kurzarbeit werden durch die Absätze 1 und 2 nicht berührt.

§ 20 (Entscheidungen des Landesarbeitsamtes). (1) Die Entscheidungen des Landesarbeitsamtes nach § 18 Abs. 1 und 2 trifft ein Ausschuß, der sich aus dem Präsidenten des Landesarbeitsamtes oder einem von ihm beauftragten Angehörigen des Landesarbeitsamtes als Vorsitzendem und je zwei Vertretern der Arbeitnehmer, der Arbeitgeber und der öffentlichen Körperschaften zusammensetzt, die von dem Verwaltungsausschuß des Landesarbeitsamtes benannt werden. Der Ausschuß hat vor seiner Entscheidung den Arbeitgeber und den Betriebsrat anzuhören; er trifft seine Entscheidungen mit Stimmenmehrheit.

(2) Dem Ausschuß sind, insbesondere vom Arbeitgeber und Betriebsrat, die von ihm für die Beurteilung des Falles erforderlich gehaltenen Auskünfte zu erteilen.

(3) Der Ausschuß hat sowohl das Interesse des Arbeitgebers als auch das der zu entlassenden Arbeitnehmer, das öffentliche Interesse und die Lage des gesamten Arbeitsmarktes unter besonderer Beachtung des Wirtschaftszweiges, dem der Betrieb angehört, zu berücksichtigen. Die oberste Landesbehörde ist berechtigt, zwei Vertreter in den Ausschuß nach Absatz 1 und mit beratender Stimme zu entsenden, wenn die Zahl der Entlassungen, für die nach § 17 Abs. 1 Anzeige erstattet ist, mindestens fünfzig beträgt.

(4) Der beim Landesarbeitsamt nach Absatz 1 gebildete Ausschuß kann seine Befugnisse nach Absatz 1 bei Betrieben mit in der Regel weniger als 500 Arbeitnehmern ganz oder teilweise auf das örtlich zuständige Arbeitsamt übertragen. In diesem Falle werden die Entscheidungen von einem beim Arbeitsamt entsprechend den Vorschriften des Absatzes 1 zu bildenden Ausschuß getroffen. Die Absätze 2 und 3 gelten entsprechend.

§ 21 (Entscheidungen der Hauptstelle der Bundesanstalt für Arbeit). Für Betriebe, die zum Geschäftsbereich des Bundesministers für Verkehr oder des Bundesministers für das Post- und Fernmeldewesen gehören, trifft, wenn mehr als 500 Arbeitnehmer entlassen werden sollen, ein gemäß § 20 Abs. 1 bei der Hauptstelle der Bundesanstalt für Arbeit zu bildender Ausschuß die Entscheidungen nach § 18 Abs. 1 und 2. Der zuständige Bundesminister kann zwei Vertreter mit beratender Stimme in den Ausschuß entsenden. Die Anzeigen nach § 17 sind in diesem Falle an die Hauptstelle der Bundesanstalt für Arbeit zu erstatten. Im übrigen gilt § 20 Abs. 1 bis 3 entsprechend.

§ 22 (Ausnahmebetriebe). (1) Auf Saisonbetriebe und Kampagne-Betriebe finden die Vorschriften dieses Abschnittes bei Entlassungen, die durch diese Eigenart der Betriebe bedingt sind, keine Anwendung.

(2) Keine Saisonbetriebe oder Kampagne-Betriebe sind Betriebe des Baugewerbes, in denen die ganzjährige Beschäftigung gemäß § 76 Abs. 2 des Arbeitsförderungsgesetzes gefördert wird. Der Bundesminister für Arbeit und Sozialordnung wird ermächtigt, durch Rechtsverordnung Vorschriften zu erlassen, welche Betriebe als Saisonbetriebe oder Kampagne-Betriebe im Sinne des Absatzes 1 gelten.

§ 22 a (Übergangsregelung). Für Entlassungen, deren Anzeige dem Arbeitsamt vor dem Inkrafttreten des Zweiten Gesetzes zur Änderung dieses Gesetzes vom 27. April 1978 (BGBl. I S. 550) zugegangen ist, bleibt die bis dahin gültige Fassung dieses Gesetzes maßgebend.

Vierter Abschnitt. Schlußbestimmungen

§ 23 (Geltungsbereich). (1) Die Vorschriften des Ersten und Zweiten Abschnitts gelten für Betriebe und Verwaltungen des privaten und des öffentlichen Rechts, vorbehaltlich der Vorschriften des § 24 für die Seeschiffahrts-, Binnenschiffahrts- und Luftverkehrsbetriebe. Die Vorschriften des ersten Abschnitts gelten nicht für Betriebe und Verwaltungen, in denen in der Regel fünf oder weniger Arbeitnehmer ausschließlich der zu ihrer Berufsausbildung Beschäftigten beschäftigt werden. Bei der Feststellung der Zahl der beschäftigten Arbeitnehmer nach Satz 2 sind nur Arbeitnehmer zu berücksichtigen, deren regelmäßige Arbeitszeit wöchentlich 10 Stunden oder monatlich 45 Stunden übersteigt. Satz 3 berührt nicht die Rechtsstellung der Arbeitnehmer, die am 1. Mai 1985 gegenüber ihrem Arbeitgeber Rechte aus Satz 2 in Verbindung mit dem Ersten Abschnitt dieses Gesetzes herleiten könnten.

(2) Die Vorschriften des Dritten Abschnitts gelten für Betriebe und Verwaltungen des privaten Rechts sowie für Betriebe, die von einer öffentlichen Verwaltung geführt werden, soweit sie wirtschaftliche Zwecke verfolgen. Sie gelten nicht für Seeschiffe und ihre Besatzung.

§ 24 (Anwendung des Gesetzes auf Betriebe der Schiffahrt und des Luftverkehrs). (1) Die Vorschriften des Ersten und Zweiten Abschnitts finden nach Maßgabe der Absätze 2 bis 5 auf Arbeitsverhältnisse der Besatzung von Seeschiffen, Binnenschiffen und Luftfahrzeugen Anwendung. Als Betrieb im Sinne dieses Gesetzes gilt jeweils die Gesamtheit der Seeschiffe oder der Binnenschiffe eines Schiffahrtsbetriebs oder der Luftfahrzeuge eines Luftverkehrsbetriebs.

(2) Dauert die erste Reise eines Besatzungsmitglieds im Dienste einer Reederei oder eines Luftverkehrsbetriebs länger als sechs Monate, so verlängert sich die Sechsmonatsfrist des § 1 Abs. 1 bis drei Tage nach Beendigung dieser Reise.

(3) Die Klage nach § 4 ist binnen drei Wochen, nachdem das Besatzungsmitglied zum Sitz des Betriebes zurückgekehrt ist, zu erheben, spätestens jedoch binnen sechs Wochen nach Zugang der Kündigung. Wird die Kündigung während der Fahrt des Schiffes oder des Luftfahrzeuges ausgesprochen, so beginnt die sechswöchige Frist nicht vor dem Tage, an dem das Schiff oder das Luftfahrzeug einen deutschen Hafen oder Liegeplatz erreicht. An die Stelle der Dreiwochenfrist in § 6 treten die hier in den Sätzen 1 und 2 bestimmten Fristen.

(4) Für Klagen der Kapitäne und der Besatzungsmitglieder im Sinne der §§ 2 und 3 des Seemannsgesetzes nach § 4 dieses Gesetzes tritt an die Stelle des Arbeitsgerichts das Gericht, das für Streitigkeiten aus dem Arbeitsverhältnis dieser Person zuständig ist. Soweit in Vorschriften des Seemannsgesetzes für die Streitigkeiten aus dem Arbeitsverhältnis Zuständigkeiten des Seemannsamtes begründet sind, finden die Vorschriften auf Streitigkeiten über Ansprüche aus diesem Gesetz keine Anwendung.

(5) Der Kündigungsschutz des Ersten Abschnitts gilt, abweichend von § 14, auch für den Kapitän und die übrigen als leitende Angestellte im Sinne des § 14 anzusehenden Angehörigen der Besatzung.

§ 25 (Kündigung in Arbeitskämpfen). Die Vorschriften dieses Gesetzes finden keine Anwendung auf Kündigungen und Entlassungen, die lediglich als Maßnahmen in wirtschaftlichen Kämpfen zwischen Arbeitgebern und Arbeitnehmern vorgenommen werden.

§ 25a (Berlin-Klausel). Dieses Gesetz gilt nach Maßgabe des § 13 Abs. 1 des Dritten Überleitungsgesetzes auch im Land Berlin. Rechtsverordnungen, die aufgrund dieses Gesetzes erlassen werden, gelten im Land Berlin nach § 14 des Dritten Überleitungsgesetzes.

§ 26 (Inkrafttreten). Dieses Gesetz tritt am Tage nach seiner Verkündigung in Kraft.

4. § 174 BGB

§ 174 (Einseitige Rechtsgeschäfte). Ein einseitiges Rechtsgeschäft, das ein Bevollmächtigter einem anderen gegenüber vornimmt, ist unwirksam, wenn der Bevollmächtigte eine Vollmachtsurkunde nicht vorlegt und der andere das Rechtsgeschäft aus diesem Grunde unverzüglich zurückweist. Die Zurückweisung ist ausgeschlossen, wenn der Vollmachtgeber den anderen von der Bevollmächtigung in Kenntnis gesetzt hatte.

5. § 613a BGB

§ 613a (Rechte und Pflichten bei Betriebsübergang). (1) Geht ein Betrieb oder Betriebsteil durch Rechtsgeschäft auf einen anderen Inhaber über, so tritt dieser in die Rechte und Pflichten aus den im Zeitpunkt des Übergangs bestehenden Arbeitsverhältnissen ein. Sind diese Rechte und Pflichten durch Rechtsnormen eines Tarifvertrags oder durch eine Betriebsvereinbarung geregelt, so werden sie Inhalt des Arbeitsverhältnisses zwischen dem neuen Inhaber und dem Arbeitnehmer und dürfen nicht vor Ablauf eines Jahres nach dem Zeitpunkt des Übergangs zum Nachteil des Arbeitnehmers geändert werden. Satz 2 gilt nicht, wenn die Rechte und Pflichten bei dem neuen Inhaber durch Rechtsnormen eines anderen Tarifvertrags oder durch eine andere Betriebsvereinbarung geregelt werden. Vor Ablauf der Frist nach Satz 2 können die Rechte und Pflichten geändert werden, wenn der Tarifvertrag oder die Betriebsvereinbarung nicht mehr gilt oder bei fehlender beiderseitiger Tarifgebundenheit im Geltungsbereich eines anderen Tarifvertrags dessen Anwendung zwischen dem neuen Inhaber und dem Arbeitnehmer vereinbart wird.

(2) Der bisherige Arbeitgeber haftet neben dem neuen Inhaber für Verpflichtungen nach Absatz 1, soweit sie vor dem Zeitpunkt des Übergangs entstanden sind und vor Ablauf von einem Jahr nach diesem Zeitpunkt fällig werden, als Gesamtschuldner. Werden solche Verpflichtungen nach dem Zeitpunkt des Übergangs fällig, so haftet der bisherige Arbeitgeber für sie jedoch nur in dem Umfang, der dem im Zeitpunkt des Übergangs abgelaufenen Teil ihres Bemessungszeitraums entspricht.

(3) Absatz 2 gilt nicht, wenn eine juristische Person durch Verschmelzung oder Umwandlung erlischt; § 8 des Umwandlungsgesetzes in der Fassung der Bekanntmachung vom 6. November 1969 (Bundesgesetzbl. I S. 2081) bleibt unberührt.

(4) Die Kündigung des Arbeitsverhältnisses eines Arbeitnehmers durch den bisherigen Arbeitgeber oder durch den neuen Inhaber wegen des Übergangs eines Betriebs oder eines Betriebsteils ist unwirksam. Das Recht zur Kündigung des Arbeitsverhältnisses aus anderen Gründen bleibt unberührt.

6. § 9 MuSchG (*Anm.* Das MuSchG gilt erst ab dem 1. 1. 1991 im Gebiet der ehemaligen DDR; oben 12)

§ 9 (Kündigungsverbot). (1) Die Kündigung gegenüber einer Frau während der Schwangerschaft und bis zum Ablauf von vier Monaten nach der Entbindung ist unzulässig, wenn dem Arbeitgeber zur Zeit der Kündigung die Schwangerschaft oder Entbindung bekannt war oder innerhalb zweier Wochen nach Zugang der Kündigung mitgeteilt wird (*Anm.*: Die Entscheidung des BVerfG vom 13. 11. 1979, BGBl. I 1980 S. 147 ist zu beachten; vgl. oben 6.1 a). Die Vorschrift des Satzes 1 gilt nicht für Frauen, die von demselben Arbeitgeber im Familienhaushalt mit hauswirtschaftlichen, erzieherischen oder pflegerischen Arbeiten in einer ihre Arbeitskraft voll in Anspruch nehmenden Weise beschäftigt werden, nach Ablauf des fünften Monats der Schwangerschaft; sie gilt für Frauen, die den in Heimarbeit Beschäftigten gleichgestellt sind, nur, wenn sich die Gleichstellung auch auf den Neunten Abschnitt − Kündigung − des Heimarbeitsgesetzes vom 14. März 1951 (Bundesgesetzbl. I S. 191) erstreckt.

(2) Kündigt eine schwangere Frau, gilt § 5 Abs. 1 Satz 3 entsprechend.

(3) Die für den Arbeitsschutz zuständige oberste Landesbehörde oder die von ihr bestimmte Stelle kann in besonderen Fällen ausnahmsweise die Kündigung für zulässig erklären. Der Bundesminister für Jugend, Familie, Frauen und Gesundheit wird ermächtigt, mit Zustimmung des Bundesrates allgemeine Verwaltungsvorschriften zur Durchführung des Satzes 1 zu erlassen.

(4) In Heimarbeit Beschäftigte und ihnen Gleichgestellte dürfen während der Schwangerschaft und bis zum Ablauf von vier Monaten nach der Entbindung nicht gegen ihren Willen bei der Ausgabe von Heimarbeit ausgeschlossen werden; die Vorschriften der §§ 3, 4, 6 und 8 Abs. 5 bleiben unberührt.

7. §§ 18, 21 BErzGG

§ 18 (Kündigungsschutz). (1) Der Arbeitgeber darf das Arbeitsverhältnis während des Erziehungsurlaubs nicht kündigen. Die für den Arbeitsschutz zuständige oberste Landesbehörde oder die von ihr bestimmte Stelle kann in besonderen Fällen ausnahmsweise die Kündigung für zulässig erklären. Der Bundesminister für Arbeit und Sozialordnung wird ermächtigt, mit Zustimmung des Bundesrates allgemeine Verwaltungsvorschriften zur Durchführung des Satzes 2 zu erlassen.

(2) Absatz 1 gilt entsprechend, wenn der Arbeitnehmer
1. während des Erziehungsurlaubs bei seinem Arbeitgeber Teilzeitarbeit leistet oder
2. ohne Erziehungsurlaub in Anspruch zu nehmen, bei seinem Arbeitgeber Teilzeitarbeit leistet und Anspruch auf Erziehungsgeld hat oder nur deshalb nicht hat, weil das Einkommen (§ 6) die Einkommensgrenze (§ 5 Abs. 2) übersteigt. Der Kündigungsschutz nach Nummer 2 besteht nicht, solange kein Anspruch auf Erziehungsurlaub nach § 15 besteht.

§ 21 (Befristete Arbeitsverträge). (1) Ein sachlicher Grund, der die Befristung eines Arbeitsvertrages rechtfertigt, liegt vor, wenn ein Arbeitgeber einen Arbeitnehmer zur Vertretung eines Arbeitnehmers für die Dauer der Beschäftigungsverbote nach dem Mutterschutzgesetz oder für die Dauer eines zu Recht verlangten Erziehungsurlaubs oder für beide Zeiten zusammen oder für Teile davon einstellt.

(2) Über die Dauer der Vertretung nach Absatz 1 hinaus ist die Befristung für notwendige Zeiten einer Einarbeitung zulässig.

(3) Die Dauer der Befristung des Arbeitsvertrages muß kalendermäßig bestimmt oder bestimmbar sein.

(4) Das befristete Arbeitsverhältnis kann unter Einhaltung einer Frist von drei Wochen gekündigt werden, wenn der Erziehungsurlaub ohne Zustimmung des Arbeitgebers nach § 16 Abs. 3 Satz 3 und 4 vorzeitig beendet werden kann und der Arbeitnehmer dem Arbeitgeber die vorzeitige Beendigung seines Erziehungsurlaubs mitgeteilt hat; die Kündigung ist frühestens zu dem Zeitpunkt zulässig, zu dem der Erziehungsurlaub endet.

(5) Das Kündigungsschutzgesetz ist im Falle des Absatzes 4 nicht anzuwenden.

(6) Absatz 4 gilt nicht, soweit seine Anwendung vertraglich ausgeschlossen ist.

(7) Hängt die Anwendung arbeitsrechtlicher Gesetze oder Verordnungen von der Zahl der beschäftigten Arbeitnehmer ab, ist bei der Ermittlung dieser Zahl der Arbeitnehmer, der Erziehungsurlaub zu Recht verlangt hat, für die Zeit bis zur Beendigung des Erziehungsurlaubs nicht mitzuzählen, solange für ihn aufgrund von Absatz 1 ein Vertreter eingestellt ist. Dies gilt nicht, wenn nach diesen Vorschriften der Vertreter nicht mitzuzählen ist. Die Sätze 1 und 2 gelten entsprechend, wenn die Anwendung arbeitsrechtlicher Gesetze oder Verordnungen von der Zahl der Arbeitsplätze abhängt.

8. §§ 15–22 SchwbG

§ 15 (Erfordernis der Zustimmung). Die Kündigung des Arbeitsverhältnisses eines Schwerbehinderten durch den Arbeitgeber bedarf der vorherigen Zustimmung der Hauptfürsorgestelle.

§ 16 (Kündigungsfrist). Die Kündigungsfrist beträgt mindestens 4 Wochen.

§ 17 (Antragsverfahren). (1) Die Zustimmung zur Kündigung hat der Arbeitgeber bei der für den Sitz des Betriebes oder der Dienststelle zuständigen Hauptfürsorgestelle schriftlich, und zwar in doppelter Ausfertigung, zu beantragen. Der Begriff des Betriebes und der Begriff der Dienststelle im Sinne dieses Gesetzes bestimmen sich nach dem Betriebsverfassungsgesetz und dem Personalvertretungsrecht.

(2) Die Hauptfürsorgestelle holt eine Stellungnahme des zuständigen Arbeitsamtes, des Betriebsrates oder Personalrates und der Schwerbehindertenvertretung ein. Sie hat ferner den Schwerbehinderten zu hören.

(3) Die Hauptfürsorgestelle hat in jeder Lage des Verfahrens auf eine gütliche Einigung hinzuwirken.

§ 18 (Entscheidung der Hauptfürsorgestelle). (1) Die Hauptfürsorgestelle soll die Entscheidung, falls erforderlich auf Grund mündlicher Verhandlung, innerhalb eines Monats vom Tage des Eingangs des Antrages an treffen.

(2) Die Entscheidung ist dem Arbeitgeber und dem Schwerbehinderten zuzustellen. Dem Arbeitsamt ist eine Abschrift der Entscheidung zu übersenden.

(3) Erteilt die Hauptfürsorgestelle die Zustimmung zur Kündigung, kann der Arbeitgeber die Kündigung nur innerhalb eines Monats nach Zustellung erklären.

(4) Widerspruch und Anfechtungsklage gegen die Zustimmung der Hauptfürsorgestelle zur Kündigung haben keine aufschiebende Wirkung.

§ 19 (Einschränkungen der Ermessensentscheidung). (1) Die Hauptfürsorgestelle hat die Zustimmung zu erteilen bei Kündigungen in Betrieben und Dienststellen, die nicht nur vorübergehend eingestellt oder aufgelöst werden, wenn zwischen dem Tage der Kündigung und dem Tage, bis zu dem Gehalt oder Lohn gezahlt wird, mindestens 3 Monate liegen. Unter der gleichen Voraussetzung soll sie die Zustimmung auch bei Kündigungen in Betrieben und Dienststellen erteilen, die nicht nur vorübergehend wesentlich eingeschränkt werden, wenn die Gesamtzahl der verbleibenden Schwerbehinderten zur Erfüllung der Verpflichtung nach § 5 ausreicht. Die Sätze 1 und 2 gelten nicht, wenn eine Weiterbeschäftigung auf einem anderen Arbeitsplatz desselben Betriebes oder derselben Dienststelle oder auf einem freien Arbeitsplatz in einem anderen Betrieb oder einer anderen Dienststelle desselben Arbeitgebers mit Einverständnis des Schwerbehinderten möglich und für den Arbeitgeber zumutbar ist.

(2) Die Hauptfürsorgestelle soll die Zustimmung erteilen, wenn dem Schwerbehinderten ein anderer angemessener und zumutbarer Arbeitsplatz gesichert ist.

§ 20 (Ausnahmen). (1) Die Vorschriften dieses Abschnittes gelten nicht für Schwerbehinderte,

1. deren Arbeitsverhältnis im Zeitpunkt des Zugangs der Kündigungserklärung ohne Unterbrechung noch nicht länger als 6 Monate besteht oder
2. die auf Stellen im Sinne des § 7 Abs. 2 Nr. 2 bis 5 beschäftigt werden oder
3. deren Arbeitsverhältnis durch Kündigung beendet wird, sofern sie
   a) das 58. Lebensjahr vollendet haben und Anspruch auf eine Abfindung, Entschädigung oder ähnliche Leistung auf Grund eines Sozialplanes haben oder
   b) Anspruch auf Knappschaftsausgleichsleistung nach § 98a des Reichsknappschaftsgesetzes oder auf Anpassungsgeld für entlassene Arbeitnehmer des Bergbaus haben,

wenn der Arbeitgeber ihnen die Kündigungsabsicht rechtzeitig mitgeteilt hat und sie der beabsichtigten Kündigung bis zu deren Ausspruch nicht widersprechen.

(2) Die Vorschriften dieses Abschnitts finden ferner bei Entlassungen, die aus Witterungsgründen vorgenommen werden, keine Anwendung, sofern die Wiedereinstellung der Schwerbehinderten bei Wiederaufnahme der Arbeit gewährleistet ist.

(3) Der Arbeitgeber hat Einstellungen auf Probe und die Beendigung von Arbeitsverhältnissen Schwerbehinderter in den Fällen des Absatzes 1 Nr. 1 unabhängig von der Anzeigepflicht nach anderen Gesetzen der Hauptfürsorgestelle innerhalb von 4 Tagen anzuzeigen.

§ 21 (Außerordentliche Kündigung). (1) Die Vorschriften dieses Abschnitts gelten mit Ausnahme von § 16 auch bei außerordentlicher Kündigung, soweit sich aus den folgenden Bestimmungen nichts Abweichendes ergibt.

(2) Die Zustimmung zur Kündigung kann nur innerhalb von 2 Wochen beantragt werden; maßgebend ist der Eingang des Antrages bei der Hauptfürsorgestelle. Die Frist beginnt mit dem Zeitpunkt, in dem der Arbeitgeber von den für die Kündigung maßgebenden Tatsachen Kenntnis erlangt.

(3) Die Hauptfürsorgestelle hat die Entscheidung innerhalb von 2 Wochen vom Tage des Eingangs des Antrages an zu treffen. Wird innerhalb dieser Frist eine Entscheidung nicht getroffen, gilt die Zustimmung als erteilt.

(4) Die Hauptfürsorgestelle soll die Zustimmung erteilen, wenn die Kündigung aus einem Grunde erfolgt, der nicht im Zusammenhang mit der Behinderung steht.

(5) Die Kündigung kann auch nach Ablauf der Frist des § 626 Abs. 2 Satz 1 des Bürgerlichen Gesetzbuchs erfolgen, wenn sie unverzüglich nach Erteilung der Zustimmung erklärt wird.

(6) Schwerbehinderte, denen lediglich aus Anlaß eines Streiks oder einer Aussperrung fristlos gekündigt worden ist, sind nach Beendigung des Streiks oder der Aussperrung wieder einzustellen.

§ 22 (Erweiterter Beendigungsschutz). Die Beendigung des Arbeitsverhältnisses eines Schwerbehinderten bedarf auch dann der vorherigen Zustimmung der Hauptfürsorgestelle, wenn sie im Falle des Eintritts der Berufsunfähigkeit oder der Erwerbsunfähigkeit auf Zeit ohne Kündigung erfolgt. Die Vorschriften dieses Abschnitts über die Zustimmung zur ordentlichen Kündigung gelten entsprechend.

9. §§ 13–16 BBiG

§ 13 (Probezeit). Das Berufsausbildungsverhältnis beginnt mit der Probezeit. Sie muß mindestens einen Monat und darf höchstens drei Monate betragen.

§ 14 (Beendigung). (1) Das Berufsausbildungsverhältnis endet mit dem Ablauf der Ausbildungszeit.

(2) Besteht der Auszubildende vor Ablauf der Ausbildungszeit die Abschlußprüfung, so endet das Berufsausbildungsverhältnis mit Bestehen der Abschlußprüfung.

(3) Besteht der Auszubildende die Abschlußprüfung nicht, so verlängert sich das Berufsausbildungsverhältnis auf sein Verlangen bis zur nächstmöglichen Wiederholungsprüfung, höchstens um ein Jahr.

§ 15 (Kündigung). (1) Während der Probezeit kann das Berufsausbildungsverhältnis jederzeit ohne Einhalten einer Kündigungsfrist gekündigt werden.

(2) Nach der Probezeit kann das Berufsausbildungsverhältnis nur gekündigt werden

1. aus einem wichtigen Grund ohne Einhalten einer Kündigungsfrist, vom Auszubildenden mit einer Kündigungsfrist von vier Wochen, wenn er die Berufsausbildung aufgeben oder sich für eine andere Berufstätigkeit ausbilden lassen will.

(3) Die Kündigung muß schriftlich und in den Fällen des Absatzes 2 unter Angabe der Kündigungsgründe erfolgen.

(4) Eine Kündigung aus einem wichtigen Grund ist unwirksam, wenn die ihr zugrunde liegenden Tatsachen dem zur Kündigung Berechtigten länger als zwei Wochen bekannt sind. Ist ein vorgesehenes Güteverfahren vor einer außergerichtlichen Stelle eingeleitet, so wird bis zu dessen Beendigung der Lauf dieser Frist gehemmt.

§ 16 (Schadensersatz bei vorzeitiger Beendigung). (1) Wird das Berufsausbildungsverhältnis nach der Probezeit vorzeitig gelöst, so kann der Ausbildende oder der Auszubildende Ersatz des Schadens verlangen, wenn der andere den Grund für die Auflösung zu vertreten hat. Dies gilt nicht im Falle des § 15 Abs. 2 Nr. 2.

(2) Der Anspruch erlischt, wenn er nicht innerhalb von drei Monaten nach Beendigung des Berufsausbildungsverhältnisses geltend gemacht wird.

10. § 2 ArbPlSchG

§ 2 (Kündigungsschutz für Arbeitnehmer, Weiterbeschäftigung nach der Berufsausbildung). (1) Von der Zustellung des Einberufungsbescheides bis zur Beendigung des Grundwehrdienstes sowie während einer Wehrübung darf der Arbeitgeber das Arbeitsverhältnis nicht kündigen.

(2) Im übrigen darf der Arbeitgeber das Arbeitsverhältnis nicht aus Anlaß des Wehrdienstes kündigen. Muß er aus dringenden betrieblichen Erfordernissen (§ 1 Abs. 2 des Kündigungsschutzgesetzes) Arbeitnehmer entlassen, so darf er bei der Auswahl der zu Entlassenden den Wehrdienst eines Arbeitnehmers nicht zu dessen Ungunsten berücksichtigen. Ist streitig, ob der Arbeitgeber aus Anlaß des Wehrdienstes gekündigt oder bei der Auswahl der zu Entlassenden den Wehrdienst zuungunsten des Arbeitnehmers berücksichtigt hat, so trifft die Beweislast den Arbeitgeber.

(3) Das Recht zur Kündigung aus wichtigem Grunde bleibt unberührt. Die Einberufung des Arbeitnehmers zum Wehrdienst ist kein wichtiger Grund zur Kündigung; dies gilt im Falle des Grundwehrdienstes von mehr als sechs Monaten nicht für unverheiratete Arbeitnehmer in Betrieben mit in der Regel fünf oder weniger Arbeitnehmern ausschließlich der zu ihrer Berufsbildung Beschäftigten, wenn dem Arbeitgeber infolge Einstellung einer Ersatzkraft die Weiterbeschäftigung des Arbeitnehmers nach Entlassung aus dem Wehrdienst nicht zugemutet werden kann. Bei der Feststellung der Zahl der beschäftigten Arbeitnehmer nach Satz 2 sind nur Arbeitnehmer zu berücksichtigen, deren regelmäßige Arbeitszeit wöchentlich 10 Stunden oder monatlich 45 Stunden übersteigt. Satz 3 berührt nicht die Rechtsstellung der Arbeitnehmer, die am 1. Mai 1985 gegenüber ihrem Arbeitgeber Rechte aus Satz 2 herleiten könnten. Eine nach Satz 2 zweiter Halbsatz zulässige Kündigung darf jedoch nur unter Einhaltung einer Frist von zwei Monaten für den Zeitpunkt der Entlassung aus dem Wehrdienst ausgesprochen werden.

(4) Geht dem Arbeitnehmer nach der Zustellung des Einberufungsbescheides oder während des Wehrdienstes eine Kündigung zu, so beginnt die Frist des § 4 Satz 1 des Kündigungsschutzgesetzes erst zwei Wochen nach Ende des Wehrdienstes.

(5) Der Ausbildende darf die Übernahme eines Auszubildenden in ein Arbeitsverhältnis auf unbestimmte Zeit nach Beendigung des Berufsausbildungsverhältnisses nicht aus Anlaß des Wehrdienstes ablehnen. Absatz 2 Satz 3 gilt entsprechend.

11. § 78 ZDG

§ 78 (Entsprechende Anwendung weitere Rechtsvorschriften). (1) Für anerkannte Kriegsdienstverweigerer gelten entsprechend

1. das Arbeitsplatzschutzgesetz mit der Maßgabe, daß in § 14a Abs. 2 an die Stelle des Bundesministers der Verteidigung und der von diesem bestimmten Stelle der Bundesminister für Jugend, Familie und Gesundheit und die von diesem bestimmte Stelle treten und in § 14a Abs. 6 an die Stelle des Bundesministers der Verteidigung der Bundesminister für Jugend, Familie und Gesundheit tritt,
2. das Unterhaltssicherungsgesetz mit der Maßgabe, daß in § 23 an die Stelle des Bundesministers der Verteidigung der Bundesminister für Jugend, Familie und Gesundheit tritt.

(2) Soweit in diesem Gesetz nichts anderes bestimmt ist, steht der Zivildienst bei Anwendung der Vorschriften des öffentlichen Dienstrechts dem Wehrdienst auf Grund der Wehrpflicht gleich.

12. §§ 102, 103, 105 BetrVG 1972, § 31 SprAuG

§ 102 (Mitbestimmung bei Kündigungen). (1) Der Betriebsrat ist vor jeder Kündigung zu hören. Der Arbeitgeber hat ihm die Gründe für die Kündigung mitzuteilen. Eine ohne Anhörung des Betriebsrats ausgesprochene Kündigung ist unwirksam.

(2) Hat der Betriebsrat gegen eine ordentliche Kündigung Bedenken, so hat er diese unter Angabe der Gründe dem Arbeitgeber spätestens innerhalb einer Woche schriftlich mitzuteilen. Äußert er sich innerhalb dieser Frist nicht, gilt seine Zustimmung zur Kündigung als erteilt. Hat der Betriebsrat gegen eine außerordentliche Kündigung Bedenken, so hat er diese unter Angabe der Gründe dem Arbeitgeber unverzüglich, spätestens jedoch innerhalb von drei Tagen, schriftlich mitzuteilen. Der Betriebsrat soll, soweit dies erforderlich erscheint, vor seiner Stellungnahme den betroffenen Arbeitnehmer hören. § 99 Abs. 1 Satz 3 gilt entsprechend.

(3) Der Betriebsrat kann innerhalb der Frist des Absatzes 2 Satz 1 der ordentlichen Kündigung widersprechen, wenn

1. der Arbeitgeber bei der Auswahl des zu kündigenden Arbeitnehmers soziale Gesichtspunkte nicht oder nicht ausreichend berücksichtigt hat.
2. die Kündigung gegen eine Richtlinie nach § 95 verstößt,
3. der zu kündigende Arbeitnehmer an einem anderen Arbeitsplatz im selben Betrieb oder in einem anderen Betrieb des Unternehmens weiterbeschäftigt werden kann,
4. die Weiterbeschäftigung des Arbeitnehmers nach zumutbaren Umschulungs- oder Fortbildungsmaßnahmen möglich ist oder
5. eine Weiterbeschäftigung des Arbeitnehmers unter geänderten Vertragsbedingungen möglich ist und der Arbeitnehmer sein Einverständnis hiermit erklärt hat.

(4) Kündigt der Arbeitgeber, obwohl der Betriebsrat nach Absatz 3 der Kündigung widersprochen hat, so hat er dem Arbeitnehmer mit der Kündigung eine Abschrift der Stellungnahme des Betriebsrats zuzuleiten.

(5) Hat der Betriebsrat einer ordentlichen Kündigung frist- und ordnungsgemäß widersprochen, und hat der Arbeitnehmer nach dem Kündigungsschutzgesetz Klage auf Feststellung erhoben, daß das Arbeitsverhältnis durch die Kündigung nicht aufgelöst ist, so muß der Arbeitgeber auf Verlangen des Arbeitnehmers diesen nach Ablauf der Kündigungsfrist bis zum rechtskräftigen Abschluß des Rechtsstreits bei unveränderten Arbeitsbedingungen weiterbeschäftigen. Auf Antrag des Arbeitgebers kann das Gericht ihn durch einstweilige Verfügung von der Verpflichtung zur Weiterbeschäftigung nach Satz 1 entbinden, wenn

1. die Klage des Arbeitnehmers keine hinreichende Aussicht auf Erfolg bietet oder mutwillig erscheint oder
2. die Weiterbeschäftigung des Arbeitnehmers zu einer unzumutbaren wirtschaftlichen Belastung des Arbeitgebers führen würde oder
3. der Widerspruch des Betriebsrats offensichtlich unbegründet war.

(6) Arbeitgeber und Betriebsrat können vereinbaren, daß Kündigungen der Zustimmung des Betriebsrats bedürfen und daß bei Meinungsverschiedenheiten über die Berechtigung der Nichterteilung der Zustimmung die Einigungsstelle entscheidet.

(7) Die Vorschriften über die Beteiligung des Betriebsrats nach dem Kündigungsschutzgesetz und nach § 8 Abs. 1 des Arbeitsförderungsgesetzes bleiben unberührt.

§ 103 (Außerordentliche Kündigung in besonderen Fällen). (1) Die außerordentliche Kündigung von Mitgliedern des Betriebsrats, der Jugend- und Auszubildendenvertretung, der Bordvertretung und des Seebetriebsrats, des Wahlvorstands sowie von Wahlbewerbern bedarf der Zustimmung des Betriebsrats.

(2) Verweigert der Betriebsrat seine Zustimmung, so kann das Arbeitsgericht sie auf Antrag des Arbeitgebers ersetzen, wenn die außerordentliche Kündigung unter Berücksichtigung aller Umstände gerechtfertigt ist. In dem Verfahren vor dem Arbeitsgericht ist der betroffene Arbeitnehmer Beteiligter.

§ 105 (Leitende Angestellte). Eine beabsichtigte Einstellung oder personelle Veränderung eines in § 5 Abs. 3 genannten leitenden Angestellten ist dem Betriebsrat rechtzeitig mitzuteilen.

§ 31 SprAuG (Personelle Maßnahmen). (1) Eine beabsichtigte Einstellung oder personelle Veränderung eines leitenden Angestellten ist dem Sprecherausschuß rechtzeitig mitzuteilen.

(2) Der Sprecherausschuß ist vor jeder Kündigung eines leitenden Angestellten zu hören. Der Arbeitgeber hat ihm die Gründe für die Kündigung mitzuteilen. Eine ohne Anhörung des Sprecherausschusses ausgesprochene Kündigung ist unwirksam. Bedenken gegen eine ordentliche Kündigung hat der Sprecherausschuß dem Arbeitgeber spätestens innerhalb einer Woche, Bedenken gegen eine außerordentliche Kündigung unverzüglich, spätestens jedoch innerhalb von drei Tagen, unter Angabe der Gründe schriftlich mitzuteilen. Äußert er sich innerhalb der nach Satz 4 maßgebenden Frist nicht, so gilt dies als Einverständnis des Sprecherausschusses mit der Kündigung.

(3) Die Mitglieder des Sprecherausschusses sind verpflichtet, über die ihnen im Rahmen personeller Maßnahmen nach den Absätzen 1 und 2 bekanntgewordenen persönlichen Verhältnisse und Angelegenheiten der leitenden Angestellten, die ihrer Bedeutung oder ihrem Inhalt nach einer vertraulichen Behandlung bedürfen, Stillschweigen zu bewahren; § 29 Abs. 1 Satz 2 und 3 gilt entsprechend.

13. § 22 KO

§ 22 (Dienstverhältnis). (1) Ein in dem Haushalte, Wirtschaftsbetriebe oder Erwerbsgeschäfte des Gemeinschuldners angetretenes Dienstverhältnis kann von jedem Teile gekündigt werden. Die Kündigungsfrist ist, falls nicht eine kürzere Frist bedungen war, die gesetzliche.

(2) Kündigt der Verwalter, so ist der andere Teil berechtigt, Ersatz des ihm durch die Aufhebung des Dienstverhältnisses entstehenden Schadens zu verlangen.

14. §§ 117, 119, 119a, 128, 128a AFG

§ 117 (Ruhen des Anspruchs auf Arbeitslosengeld). (1) Der Anspruch auf Arbeitslosengeld ruht in der Zeit, für die der Arbeitslose Arbeitsentgelt erhält oder zu beanspruchen hat.

(1a) Hat der Arbeitslose wegen Beendigung des Arbeitsverhältnisses eine Urlaubsabgeltung erhalten oder zu beanspruchen, so ruht der Anspruch auf Arbeitslosengeld für die Zeit des abgegoltenen Urlaubs. Der Ruhenszeitraum beginnt mit dem Ende des die Urlaubsabgeltung begründenden Arbeitsverhältnisses.

229

(2) Hat der Arbeitslose wegen der Beendigung des Arbeitsverhältnisses eine Abfindung, Entschädigung oder ähnliche Leistung erhalten oder zu beanspruchen und ist das Arbeitsverhältnis ohne Einhaltung einer der ordentlichen Kündigungsfrist des Arbeitgebers entsprechenden Frist beendet worden, so ruht der Anspruch auf Arbeitslosengeld von dem Ende des Arbeitsverhältnisses an bis zu dem Tage, an dem das Arbeitsverhältnis bei Einhaltung dieser Frist geendet hätte. Diese Frist beginnt mit der Kündigung, die der Beendigung des Arbeitsverhältnisses vorausgegangen ist, bei Fehlen einer solchen Kündigung mit dem Tage der Vereinbarung über die Beendigung des Arbeitsverhältnisses. Ist die ordentliche Kündigung des Arbeitsverhältnisses durch den Arbeitgeber ausgeschlossen, so gilt bei zeitlich unbegrenztem Ausschluß eine Kündigungsfrist von achtzehn Monaten, im übrigen die Kündigungsfrist, die ohne Ausschluß der ordentlichen Kündigung maßgebend gewesen wäre. Kann dem Arbeitnehmer nur bei Zahlung einer Abfindung, Entschädigung oder ähnlichen Leistung ordentlich gekündigt werden, gilt eine Kündigungsfrist von einem Jahr. Hat der Arbeitslose auch eine Urlaubsabgeltung erhalten oder zu beanspruchen, verlängert sich der Ruhenszeitraum nach Satz 1 um die Zeit des abgegoltenen Urlaubs.

(3) Der Anspruch auf Arbeitslosengeld ruht nach Absatz 2 längstens ein Jahr. Er ruht nicht über den Tag hinaus,

1. bis zu dem der Arbeitslose bei Weiterzahlung des während der letzten Beschäftigungszeit kalendertäglich verdienten Arbeitsentgelts einen Betrag in Höhe von siebzig vom Hundert der Abfindung, Entschädigung oder ähnlichen Leistung als Arbeitsentgelt verdient hätte,
2. an dem das Arbeitsverhältnis infolge einer Befristung, die unabhängig von der Vereinbarung über die Beendigung des Arbeitsverhältnisses bestanden hat, geendet hätte oder
3. an dem der Arbeitgeber das Arbeitsverhältnis aus wichtigem Grunde ohne Einhaltung einer Kündigungsfrist hätte kündigen können.

Der nach Satz 2 Nr. 1 zu berücksichtigende Anteil der Abfindung, Entschädigung oder ähnlichen Leistung vermindert sich sowohl für je fünf Jahre des Arbeitsverhältnisses in demselben Betrieb oder Unternehmen als auch für je fünf Lebensjahre nach Vollendung des fünfunddreißigsten Lebensjahres um fünf von Hundert; er beträgt nicht weniger als dreißig von Hundert der Leistung. Letzte Beschäftigungszeit sind die am Tage des Ausscheidens aus dem Beschäftigungsverhältnis abgerechneten Lohnabrechnungszeiträume der letzten drei Monate; § 112 Abs. 2 Satz 2 und 3 gilt entsprechend. Arbeitsentgeltkürzungen infolge von Krankheit, Kurzarbeit, Arbeitsausfall oder Arbeitsversäumnis sowie einmalige Zuwendungen bleiben außer Betracht.

(4) Soweit der Arbeitslose die in den Absätzen 1 bis 2 genannten Leistungen (Arbeitsentgelt im Sinne des § 115 des Zehnten Buches Sozialgesetzbuch) tatsächlich nicht erhält, wird das Arbeitslosengeld auch in der Zeit gewährt, in der der Anspruch auf Arbeitslosengeld ruht. Hat der Arbeitgeber die in den Absätzen 1 bis 2 genannten Leistungen trotz des Rechtsübergangs mit befreiender Wirkung an den Arbeitslosen oder an einen Dritten gezahlt, hat der Empfänger des Arbeitslosengeldes dieses insoweit zu erstatten.

§ 119 (Sperrzeit). (1) Hat der Arbeitslose

1. das Beschäftigungsverhältnis gelöst oder durch ein arbeitsvertragswidriges Verhalten Anlaß für die Lösung des Beschäftigungsverhältnisses gegeben und hat er dadurch vorsätzlich oder grob fahrlässig die Arbeitslosigkeit herbeigeführt oder

2. trotz Belehrung über die Rechtsfolgen eine vom Arbeitsamt unter Benennung des Arbeitgebers und der Art der Tätigkeit angebotene Arbeit nicht angenommen oder nicht angetreten oder
3. sich trotz Belehrung über die Rechtsfolgen geweigert, an einer Maßnahme im Sinne des § 103 Abs. 1 Satz 1 Nr. 2 Buchstabe b teilzunehmen,
4. die Teilnahme an einer der in Nummer 3 genannten Maßnahmen abgebrochen oder durch maßnahmewidriges Verhalten Anlaß für den Ausschluß aus einer dieser Maßnahmen gegeben,

ohne für sein Verhalten einen wichtigen Grund zu haben, so tritt eine Sperrzeit von acht Wochen ein. Die Sperrzeit beginnt mit dem Tage nach dem Ereignis, das die Sperrzeit begründet, oder, wenn dieser Tag in eine Sperrzeit fällt, mit dem Ende dieser Sperrzeit. Während der Sperrzeit ruht der Anspruch auf Arbeitslosengeld.

(2) Würde eine Sperrzeit von acht Wochen für den Arbeitslosen nach den für den Eintritt der Sperrzeit maßgebenden Tatsachen eine besondere Härte bedeuten, so umfaßt die Sperrzeit vier Wochen. Die Sperrzeit umfaßt zwei Wochen

1. in einem Falle des Absatzes 1 Satz 1 Nr. 1, wenn das Arbeitsverhältnis innerhalb von vier Wochen nach dem Ereignis, das die Sperrzeit begründet, ohne eine Sperrzeit geendet hätte,
2. in einem Falle des Absatzes 1 Satz 1 Nr. 2, wenn der Arbeitslose eine bis zu vier Wochen befristete Arbeit nicht angenommen oder nicht angetreten hat.

(3) Hat der Arbeitslose nach der Entstehung des Anspruchs bereits einmal Anlaß für den Eintritt einer Sperrzeit von acht Wochen gegeben und hat der Arbeitslose hierüber einen schriftlichen Bescheid erhalten, so erlischt, wenn der Arbeitslose erneut Anlaß für den Eintritt einer Sperrzeit von vier Wochen gibt, der ihm noch zustehende Anspruch auf Arbeitslosengeld.

§ 119a (Verlängerte Sperrzeiten bis 31. 12. 1995). Bei Sperrzeiten nach § 119 Abs. 1 Satz 1 Nr. 1, die in der Zeit vom 1. Januar 1985 bis zum 31. Dezember 1995 eintreten, gilt § 119 mit folgenden Maßgaben:

1. Die Dauer der Sperrzeit nach Absatz 1 Satz 1 beträgt zwölf Wochen, die Dauer nach Absatz 2 Satz 1 sechs Wochen.
2. In Absatz 3 treten an die Stelle der Sperrzeiten von acht Wochen Sperrzeiten von mindestens acht Wochen.

§ 128 (Erstattung des Arbeitslosengeldes durch Arbeitgeber). (1) Der Arbeitgeber, bei dem der Arbeitslose innerhalb der letzten vier Jahre vor dem Tag der Arbeitslosigkeit, durch den nach § 104 Abs. 2 die Rahmenfrist bestimmt wird, mindestens 720 Tage in einer die Beitragspflicht begründenden Beschäftigung gestanden hat, erstattet der Bundesanstalt vierteljährlich das Arbeitslosengeld für die Zeit nach Vollendung des 59. Lebensjahres des Arbeitslosen; § 104 Abs. 1 Satz 2 Nr. 1 und Satz 3 gilt entsprechend. Die Erstattungspflicht tritt nicht ein, wenn das Arbeitsverhältnis vor Vollendung des 56. Lebensjahres des Arbeitslosen beendet worden ist oder der Arbeitgeber nachweist, daß

1. a) bei Arbeitslosen, deren Arbeitsverhältnis vor Vollendung des 57. Lebensjahres beendet worden ist: der Arbeitslose innerhalb der letzten 18 Jahre vor dem Tag der Arbeitslosigkeit, durch den nach § 104 Abs. 2 die Rahmenfrist bestimmt wird, insgesamt weniger als 15 Jahre,
   b) bei den übrigen Arbeitslosen: der Arbeitslose innerhalb der letzten zwölf Jahre vor dem Tag der Arbeitslosigkeit, durch den nach § 104 Abs. 2 die Rahmenfrist bestimmt wird, insgesamt weniger als zehn Jahre
   zu ihm in einem Arbeitsverhältnis gestanden hat,

2. er in der Regel, ausschließlich der zu ihrer Berufsausbildung Beschäftigten, nicht mehr als fünf Arbeitnehmer beschäftigt; § 10 Abs. 2 Satz 2 bis 4 des Lohnfortzahlungsgesetzes gilt entsprechend mit der Maßgabe, daß das Kalenderjahr maßgebend ist, das dem Kalenderjahr vorausgeht, in dem die Voraussetzungen des Satzes 1 für die Erstattungspflicht erfüllt sind,
3. die Erstattung für ihn eine besondere Härte im Sinne des § 59 Abs. 1 Nr. 3 der Bundeshaushaltsordnung bedeuten würde,
4. er sich in nachhaltigen und erheblichen finanziellen Schwierigkeiten befindet und sich die Zahl der Arbeitnehmer in dem Betrieb, in dem der Arbeitslose zuletzt beschäftigt war, um mehr als 5 vom Hundert innerhalb von drei Jahren vermindert,
5. er zur Wiederherstellung der Ertragsfähigkeit des Betriebes, in dem der Arbeitslose zuletzt beschäftigt war, öffentliche Zuschüsse, Kredite oder Bürgschaften erhält,
6. wegen grundlegender Änderungen des Betriebes, in dem der Arbeitslose zuletzt beschäftigt war, dem Betrieb, dem Arbeitslosen oder einem anderen Arbeitnehmer des Betriebes öffentliche Anpassungshilfen gewährt werden,
7. der Arbeitslose das Arbeitsverhältnis durch Kündigung beendet und weder eine Abfindung noch eine Entschädigung oder ähnliche Leistung wegen der Beendigung des Arbeitsverhältnisses erhalten oder zu beanspruchen hat,
8. er das Arbeitsverhältnis durch Kündigung wegen vertragswidrigen Verhaltens des Arbeitslosen beendet hat oder
9. er bei Beendigung des Arbeitsverhältnisses berechtigt war, das Arbeitsverhältnis aus wichtigem Grunde ohne Einhaltung einer Kündigungsfrist zu kündigen.

Satz 2 Nr. 4 und 5 gilt nur, wenn der Arbeitslose mehr als zwei Jahre in dem Betrieb beschäftigt war. Die Erstattungspflicht entfällt für den Arbeitslosen, der seinen Arbeitsplatz für einen bei dem gleichen Arbeitgeber beschäftigten Arbeitnehmer freigemacht hat, für den im Falle seines Ausscheidens der Befreiungstatbestand des Satzes 2 Nr. 6 vorgelegen hätte.

(2) Soweit nach Absatz 1 Arbeitslosengeld zu erstatten ist, schließt dies die auf diese Leistung entfallenden Beiträge zur gesetzlichen Kranken- und Rentenversicherung ein.

(3) Weist der Arbeitgeber nach, daß er

1. nicht mehr als 20 Arbeitnehmer,
2. nicht mehr als 40 Arbeitnehmer oder
3. nicht mehr als 60 Arbeitnehmer

im Sinne des Absatzes 1 Satz 2 Nr. 2 beschäftigt hat, so mindert sich die Erstattungsforderung im Falle der Nummer 1 um drei Viertel, im Falle der Nummer 2 um die Hälfte und im Falle der Nummer 3 um ein Viertel.

(4) Konzernunternehmen im Sinne des § 18 des Aktiengesetzes gelten als ein Arbeitgeber. Der Erstattungsanspruch richtet sich gegen den Arbeitgeber, bei dem der Arbeitnehmer zuletzt in einem Arbeitsverhältnis gestanden hat.

(5) Auf Antrag des Arbeitgebers entscheidet das Arbeitsamt im voraus, daß die Erstattungspflicht für die Beendigung von Arbeitsverhältnissen nicht eintritt, die innerhalb von 24 Monaten nach der Antragstellung erfolgt, wenn der Arbeitgeber nachweist, daß die Voraussetzungen des Absatzes 1 Satz 2 Nr. 3, 4, 5 oder 6 im Zeitpunkt der Antragstellung vorliegen.

(6) Die Erstattungspflicht entfällt oder mindert sich, wenn der Arbeitgeber nachweist, daß er die Voraussetzungen für den Nichteintritt der Erstattungspflicht nach Absatz 1

Satz 2 Nr. 2 oder für die Minderung der Erstattungspflicht nach Absatz 3 in dem Kalenderjahr erfüllt hat, das dem Kalenderjahr vorausgeht, für das der Wegfall oder die Minderung geltend gemacht wird.

(7) §§ 146 und 152 Abs. 2 gelten entsprechend.

(8) Ist ein Verwaltungsakt, durch den ein Erstattungsanspruch geltend gemacht worden ist, nach § 44 des Zehnten Buches Sozialgesetzbuch zurückzunehmen, so hat dies mit Wirkung für die Vergangenheit zu geschehen.

§ 128a (Erstattungspflicht bei Konkurrenzklausel). Ist der Arbeitslose durch eine Vereinbarung mit dem bisherigen Arbeitgeber in seiner beruflichen Tätigkeit als Arbeitnehmer beschränkt, so erstattet der bisherige Arbeitgeber der Bundesanstalt vierteljährlich das Arbeitslosengeld, das dem Arbeitslosen für die Zeit gezahlt worden ist, in der diese Beschränkung besteht. § 128 Abs. 2 und 8, §§ 146 und 152 Abs. 2 gelten entsprechend. Das Arbeitslosengeld, das der Arbeitgeber erstattet, muß sich der Arbeitnehmer wie Arbeitsentgelt auf die Entschädigung für die Wettbewerbsbeschränkung anrechnen lassen.

15. §§ 3 Ziff. 9, 24, 34 EStG

§ 3 (Steuerfreie Einnahmen). Steuerfrei sind

...

9. Abfindungen wegen einer vom Arbeitgeber veranlaßten oder gerichtlich ausgesprochenen Auflösung des Dienstverhältnisses, höchstens jedoch 24 000 Deutsche Mark. Hat der Arbeitnehmer das 50. Lebensjahr vollendet und hat das Dienstverhältnis mindestens 15 Jahre bestanden, so beträgt der Höchstbetrag 30 000 Deutsche Mark, hat der Arbeitnehmer das 55. Lebensjahr vollendet und hat das Dienstverhältnis mindestens 20 Jahre bestanden, so beträgt der Höchstbetrag 36 000 Deutsche Mark.

§ 24 (Gemeinsame Vorschriften). Zu den Einkünften im Sinne des § 2 Abs. 1 gehören auch

1. Entschädigungen, die gewährt worden sind
   a) als Ersatz für entgangene oder entgehende Einnahmen oder
   b) für die Aufgabe oder Nichtausübung einer Tätigkeit für die Aufgabe einer Gewinnbeteiligung oder einer Anwartschaft auf eine solche;
   c) als Ausgleichszahlungen an Handelsvertreter nach § 89b des Handelsgesetzbuchs;
2. Einkünfte aus einer ehemaligen Tätigkeit im Sinne des § 2 Abs. 1 Nr. 1 bis 4 oder aus einem früheren Rechtsverhältnis im Sinne des § 2 Abs. 1 Nr. 5 bis 7, und zwar auch dann, wenn sie dem Steuerpflichtigen als Rechtsnachfolger zufließen;
3. Nutzungsvergütungen für die Inanspruchnahme von Grundstücken für öffentliche Zwecke sowie Zinsen auf solche Nutzungsvergütungen und auf Entschädigungen, die mit der Inanspruchnahme von Grundstücken für öffentliche Zwecke zusammenhängen.

§ 34 (Steuersätze bei außerordentlichen Einkünften). (1) [Fassung für vor dem 1. 1. 1990 erzielte Einkünfte:] Sind in dem Einkommen außerordentliche Einkünfte enthalten, so ist auf Antrag die darauf entfallende Einkommensteuer nach einem ermäßigten Steuersatz zu bemessen; der ermäßigte Steuersatz beträgt die Hälfte des durchschnittlichen Steuersatzes, der sich ergeben würde, wenn die tarifliche Einkommensteuer nach dem

233

gesamten zu versteuernden Einkommen zuzüglich der nach einem Abkommen zur Vermeidung der Doppelbesteuerung von der Einkommensteuer freigestellten ausländischen Einkünfte zu bemessen wäre. Auf das restliche zu versteuernde Einkommen ist vorbehaltlich des Absatzes 3 und des § 34b die Einkommensteuertabelle anzuwenden. Die Sätze 1 und 2 gelten nicht, wenn der Steuerpflichtige auf die außerordentlichen Einkünfte ganz oder teilweise § 6b oder § 6c anwendet.

[Fassung für nach dem 31. 12. 1989 erzielte Einkünfte:] Sind in dem Einkommen außerordentliche Einkünfte enthalten, so ist die darauf entfallende Einkommensteuer nach einem ermäßigten Steuersatz zu bemessen. Dieser beträgt für den Teil der außerordentlichen Einkünfte, der den Betrag von 30 Millionen Deutsche Mark nicht übersteigt, die Hälfte des durchschnittlichen Steuersatzes, der sich ergäbe, wenn die tarifliche Einkommensteuer nach dem gesamten zu versteuernden Einkommen zuzüglich der dem Progressionsvorbehalt unterliegenden Einkünften zu bemessen wäre. Auf das verbleibende zu versteuernde Einkommen ist vorhaltlich des Absatzes 3 die Einkommensteuertabelle anzuwenden. Die Sätze 1 bis 3 gelten nicht, wenn der Steuerpflichtige auf die außerordentlichen Einkünfte ganz oder teilweise § 6b oder § 6c anwendet.

(2) Als außerordentliche Einkünfte im Sinne des Absatzes 1 kommen nur in Betracht
1. Veräußerungsgewinne im Sinne der §§ 14, 14a Abs. 1, §§ 16, 17 und 18 Abs. 3;
2. Entschädigungen im Sinne des § 24 Nr. 1;
3. Nutzungsvergütungen und Zinsen im Sinne des § 24 Nr. 3, soweit sie für einen Zeitraum von mehr als drei Jahren nachgezahlt werden.

(3) [Fassung bis VZ 1989:] Einkünfte, die die Entlohnung für eine Tätigkeit darstellen, die sich über mehrere Jahre erstreckt, unterliegen der Einkommensteuer zu den gewöhnlichen Steuersätzen. Zum Zweck der Einkommensteuerveranlagung können diese Einkünfte auf die Jahre verteilt werden, in deren Verlauf sie erzielt wurden, und als Einkünfte eines jeden dieser Jahre angesehen werden, vorausgesetzt, daß die Gesamtverteilung drei Jahre nicht überschreitet.

[Fassung ab VZ 1990:] Die Einkommensteuer auf Einkünfte, die die Vergütung für eine mehrjährige Tätigkeit sind, beträgt das Dreifache des Unterschiedsbetrags zwischen der Einkommensteuer für das um diese Einkünfte verminderte zu versteuernde Einkommen (verbleibendes zu versteuerndes Einkommen) und der Einkommensteuer für das verbleibende zu versteuernde Einkommen zuzüglich eines Drittels dieser Einkünfte.

16. §§ 1, 5 BeschFG

§ 1 (Erleichterte Zulassung befristeter Arbeitsverträge). (1) Vom 1. Mai 1985 bis zum 1. Januar 1990 (verlängert bis zum 31. 12. 1995, Gesetz vom 22. 12. 1989 – BGBl. I/2406) ist es zulässig, die einmalige Befristung des Arbeitsvertrages bis zur Dauer von achtzehn Monaten zu vereinbaren, wenn

1. der Arbeitnehmer neu eingestellt wird oder
2. der Arbeitnehmer im unmittelbaren Anschluß an die Berufsausbildung nur vorübergehend weiterbeschäftigt werden kann, weil kein Arbeitsplatz für einen unbefristet einzustellenden Arbeitnehmer zur Verfügung steht.

Eine Neueinstellung nach Satz 1 Nr. 1 liegt nicht vor, wenn zu einem vorhergehenden befristeten oder unbefristeten Arbeitsvertrag mit demselben Arbeitgeber ein enger sachlicher Zusammenhang besteht. Ein solcher enger sachlicher Zusammenhang ist insbesondere anzunehmen, wenn zwischen den Arbeitsverträgen ein Zeitraum von weniger als vier Monaten liegt.

(2) Die Dauer, bis zu der unter den Voraussetzungen des Absatzes 1 ein befristeter Arbeitsvertrag abgeschlossen werden kann, verlängert sich auf zwei Jahre, wenn

1. der Arbeitgeber seit höchstens sechs Monaten eine Erwerbstätigkeit aufgenommen hat, die nach § 138 der Abgabenordnung dem Finanzamt mitzuteilen ist und
2. bei dem Arbeitgeber zwanzig oder weniger Arbeitnehmer ausschließlich der zu ihrer Berufsbildung Beschäftigten tätig sind.

§ 5 (Arbeitsplatzteilung). (1) Vereinbart der Arbeitgeber mit zwei oder mehr Arbeitnehmern, daß diese sich die Arbeitszeit an einem Arbeitsplatz teilen (Arbeitsplatzteilung), so sind bei Ausfall eines Arbeitnehmers die anderen in die Arbeitsplatzteilung einbezogenen Arbeitnehmer zu seiner Vertretung nur auf Grund einer für den einzelnen Vertretungsfall geschlossenen Vereinbarung verpflichtet. Abweichend von Satz 1 kann die Pflicht zur Vertretung auch vorab für den Fall eines dringenden betrieblichen Erfordernisses vereinbart werden; der Arbeitnehmer ist zur Vertretung nur verpflichtet, soweit sie ihm im Einzelfall zumutbar ist.

(2) Im Falle einer Arbeitsplatzteilung ist die Kündigung des Arbeitsverhältnisses eines Arbeitnehmers durch den Arbeitgeber wegen des Ausscheidens eines anderen Arbeitnehmers aus der Arbeitsplatzteilung unwirksam. Das Recht zur Änderungskündigung wegen des Ausscheidens eines anderen Arbeitnehmers aus der Arbeitsplatzteilung und zur Kündigung des Arbeitsverhältnisses aus anderen Gründen bleibt unberührt.

(3) Die Absätze 1 und 2 sind entsprechend anzuwenden, wenn sich Gruppen von Arbeitnehmern auf bestimmten Arbeitsplätzen in festgelegten Zeitabschnitten abwechseln, ohne daß eine Arbeitsplatzteilung im Sinne des Absatzes 1 vorliegt.

17. Art. 6 § 5 RRG 1972, § 41 Abs. 4 RRG 1992

Art. 6 § 5 RRG 1972. (1) Die Tatsache, daß ein Arbeitnehmer berechtigt ist, vor Vollendung des 65. Lebensjahres Altersruhegeld der gesetzlichen Rentenversicherung zu beantragen, ist nicht als ein die Kündigung des Arbeitsverhältnisses durch den Arbeitgeber bedingender Grund im Sinne des § 1 Abs. 2 Satz 1 des Kündigungsschutzgesetzes anzusehen; sie kann auch nicht bei der sozialen Auswahl nach § 1 Abs. 3 Satz 1 des Kündigungsschutzgesetzes zum Nachteil des Arbeitnehmers berücksichtigt werden.

(2) Eine Vereinbarung, die die Beendigung des Arbeitsverhältnisses eines Arbeitnehmers ohne Kündigung zu einem Zeitpunkt vorsieht, in dem der Arbeitnehmer vor Vollendung des 65. Lebensjahres Altersruhegeld der gesetzlichen Rentenversicherung beantragen kann, gilt dem Arbeitnehmer gegenüber als auf die Vollendung des 65. Lebensjahres abgeschlossen, es sei denn, daß dieser die Vereinbarung innerhalb der letzten drei Jahre vor dem Zeitpunkt, in dem er erstmals den Antrag stellen könnte, schriftlich bestätigt.

§ 41 RRG 1992. (4) Der Anspruch des Versicherten auf eine Rente wegen Alters ist nicht als ein Grund anzusehen, der die Kündigung eines Arbeitsverhältnisses durch den Arbeitgeber nach dem Kündigungsschutzgesetz bedingen kann. Bei einer Kündigung aus dringenden betrieblichen Erfordernissen darf bei der sozialen Auswahl der Anspruch eines Arbeitnehmers auf eine Rente wegen Alters vor Vollendung des 65. Lebensjahres nicht berücksichtigt wrden. Eine Vereinbarung, wonach ein Arbeitsverhältnis zu einem Zeitpunkt enden soll, in dem der Arbeitnehmer Anspruch auf eine Rente wegen Alters hat, ist nur wirksam, wenn die Vereinbarung innerhalb der letzten drei Jahre vor diesem Zeitpunkt geschlossen oder von dem Arbeitnehmer bestätigt worden ist.

Sachregister

Abfindung 121
- Abfindungshöhe 121, 130
- Arbeitslosengeld 164
- Fälligkeit und Vererbbarkeit 152
- Formel 121
- Sozialversicherungspflicht 179
- steuerliche Behandlung 176
- Verzinsung 135
- vorläufige Vollstreckbarkeit 135
Abfindungsverbot 161
Abkehrwille 50
Ablehnung von Überstunden 53
Abmahnung 47, 56, 92
- Abmahnungsberechtigung 47
- Personalakte 47
- Schriftform 48
Abwerbung 50
Alkohol 50, 56, 57
Alkoholverbot 50
Alter, fortgeschrittenes 56
Altersgrenze 56
Alterssicherung 68
Amtsträger 100 ff.
Änderungsangebot 46, 65, 76
Änderungskündigung 17, 76 ff.
- Änderung des Arbeitsortes 76
- außerordentliche 77 f.
- Betriebsveräußerung 107
- Muster 210
- Weiterbeschäftigung 144
Änderungsschutzklage 78
Anfechtung 54
Angebot der Arbeitsleistung 136
Angestellte, Kündigungsfristen 23
 s. a. leitende Angestellte
Anhörung des Betriebsrates 31 ff.
- Aufhebungsverträge 151
- bei leitenden Angestellten 39
- Beschlußfassung 36
- betriebsbedingte Kündigung 75
- Beweisprobleme 31
- Form 31

- Fristen 36
- Inhalt 31
- Muster 208
- Rechtsfolgen fehlerhafter Anhörung 34
- Tendenzbetriebe 90
- Umfang 33
Annahmeverzug 136
- Angebot der Arbeitsleistung 136
- Anrechnung von Zwischenverdienst 138
- Anrechnung von Abfindungen auf das Arbeitslosengeld 164
Anspruchsübergang 168
- Sperrzeiten 170
Anwaltskosten 182
- Erstattung 182
- Höhe 183
Anzeigen
- gegen den Arbeitgeber 51
- Kosten 23
Arbeiter, Kündigungsfristen 25
Arbeitgeberverband 181
Arbeitserlaubnis 56
Arbeitsgericht 115, 181
Arbeitslosengeld 164 ff.
- Ruhen 166
Arbeitsmangel 62
Arbeitspapiere 52
Arbeitsschutzverletzungen 51, 85
Arbeitsunfähigkeitsbescheinigung 52, 55
Arbeitsunfall 58
Arbeitsverweigerung 53
- aus Gewissensgründen 53
Aufhebungsvertrag 17, 103, 151 ff., 158 ff.
- Amtsträger 102
- Arten 152
- Muster 205
- Mutterschutz 95
- Rückzahlungsvorbehalte 151

237

−Schwerbehinderte 98
−Verzicht 153
−Zeitpunkt 152
Auflösungsantrag s. gerichtliche Auflösung des Arbeitsverhältnisses
Auftragsrückgang 63, 64
Ausbildungsverhältnisse 22, 41, 100
Ausgleichsquittung 151, 153
Aushilfsarbeitsverhältnis 29
−befristetes 43
Ausländer 20
Auslauffrist 17, 84
Außerbetriebliche Ursachen 62
Außerdienstliches Verhalten 51, 91
Außerordentliche Kündigung 84
−Abdingbarkeit 85
−Amtsträger 101
−anstatt ordentliche Kündigung 87
−Auflösungsantrag 127
−Auslauffrist 17, 84
−Ausschlußfrist 86
−Betriebsstillegung 86
−für Arbeitgeber 84
−für Arbeitnehmer 85
−Schadensersatz 88
−unkündbare Arbeitnehmer 86
−Verzicht 87
−wichtiger Grund 84; s. a. wichtiger Grund
−Zweiwochenfrist 86
Auswahlrichtlinien 69
Auszubildende s. Ausbildungsverhältnis

Bedingte Kündigung 17
Befristung 29, 41, 42, 137, 166
−Aushilfsbeschäftigung 42
−Beschäftigungsförderungsgesetz 42
−betriebliche Bedürfnisse 72
−Mitbestimmung des Betriebsrats 43
−Mutterschutz 95

−Probezeit 41
−Zweckbefristung 43
Beiordnung eines Anwalts 186
−Muster 206
−Beitritt DDR 184, 188 ff.
Beleidigungen 52, 85
−Berufsbildungsverhältnis siehe Ausbildungsverhältnis
Beschäftigungsanspruch 137; s. a. Weiterbeschäftigungsanspruch
−leitende Angestellte 139
−nach Ablauf der Kündigungsfrist 140
−während des Laufs der Kündigungsfrist 138
Beschäftigungsförderungsgesetz 42, 43
−Text 234
Beschäftigungspflichtverletzungen 85
Beschluß des Betriebsrats 36
−geschäftsordnungswidriger 37
−Schweigen 37
Besitzstandsklausel 42
Besuchsberichte, unrichtige 54
Betriebliche Altersversorgung 161
−Abfindungsverbot 161
−Änderungsvereinbarung 163
−Anwartschaften 162
Betriebsänderung 107, 189
Betriebsbedingte Kündigung 62 ff.
−Anhörung des Betriebsrats 75
−außerbetriebliche Ursachen 62
−Auswahlrichtlinien 69
−betriebliche Bedürfnisse 71
−Beweislast 74
−Darlegungslast 74
−Dringlichkeit 62
−Großbetriebe 72
−innerbetriebliche Ursachen 62
−krankheitsbedingte Fehlzeiten 72
−Kündigungsverbote 68
−Kurzarbeit 66
−Rechtsfolgen fehlerhafter Sozialauswahl 74

—Sozialauswahl 67;
s. a. Sozialauswahl
—Sozialdaten 69;
s. a. Sozialdaten
—Überprüfbarkeit 63
—Wegfall des Arbeitsplatzes 62
—Weiterbeschäftigungsmöglichkeiten 65
—Wiedereinstellungsanspruch 76
Betriebsgröße 41
Betriebsleiter 81
Betriebsratsmitglieder 93, 100 ff.;
s. a. Anhörung des Betriebsrats
—absolute Kündigungsverbote 100
—Anhörung des Betriebsrats bei ordentlicher Kündigung 104
—außerordentliche Kündigung 103
—Ausspruch der Kündigung 103
—Beiziehung zu Personalgesprächen 186
—Betriebsstillegungen 102
—Ersetzung 102
—nachwirkender Kündigungsschutz 100
—Stillegung von Betriebsabteilungen 102
—Verfahren 102
—Zustimmung des Betriebsrats 102 f.
—Zweiwochenfrist 103
Betriebsstättenfinanzamt 179
Betriebsstillegung 17, 86
—Kündigung von Amtsträgern 102
Betriebsveräußerung 63, 107 ff., 188 f.
—Behauptungslast 108
—betriebsbedingte Kündigung 110
—Betriebsteilübergang 110
—Beweislast 108
—Kleinbetrieb 109
—Konzern 111
—Kündigungsfristen 111
—Kündigungsverbot 108
—nicht erfüllte Wartezeit 109

—Sozialauswahl 110
—Widerspruch 110
Bevollmächtigte 20 f.
Beweisprobleme 23, 31, 48, 74, 108, 145
Bordvertretung 100
Böswilligkeit 138

Checklisten 192 ff.

Darlegungslast 23, 48, 74
Diebstahl 54
Direktionsrecht 48, 53, 76
DDR s. Beitritt
—Drogen 50, 56

Eheschließung 85
Eignung, körperliche, geistige 56
Einheitliches Arbeitsverhältnis 45
Einigungsvertrag 188 ff.
Einstellung der Zwangsvollstreckung 147
Einstweilige Verfügung 141, 149
Energiemangel 62
Entlassung s. Massenentlassung
Erfolgshonorar 185
Erledigungsklauseln 151, 153
—unverzichtbare Rechte 153
—Urlaubsabgeltung 139
—verzichtbare Rechte 153
Ersatzmitglieder 100
Erstattungspflicht 172, 176
Erziehungsurlaub 96

Fabrikationsmethoden 63
Falschbeantwortung 54
Fehlzeiten, häufige 58
Feststellungsklage 113
—Form 18
Fortbildungsmaßnahmen 65
Freiheitsstrafe 56
Freistellung 139
Freizeitausgleich, eigenmächtiger 53
Fristberechnung, Klagefrist 114

239

Fristlose Kündigung s. außerordentliche Kündigung
Führerscheinentzug 51

Gerichtliche Auflösung des Arbeitsverhältnisses 123 ff.
- Abfindungshöhe 130
- Änderungsschutzklage 124
- Antragsrücknahme 127
- Auflösungsantrag des Arbeitgebers 125
- Auflösungsantrag des Arbeitnehmers 123
- Auflösungszeitpunkt 130
- beiderseitiger Auflösungsantrag 126
- bei sittenwidriger und nichtiger Arbeitgeberkündigung 127
- bei unbegründeter außerordentlicher Arbeitgeberkündigung 127
- Kündigungsrücknahme 128
- Rücknahme des Auflösungsantrages 126
Geschäftsführer 44
s. a. GmbH-Geschäftsführer
Gesellschafter 44
- vertretungsberechtigte 82
Gesetzlicher Vertreter juristischer Personen s. Organmitglieder
Gewerkschaften 181
Gewinnverfall 79
Glaubhaftmachung 149
Gleichbehandlungsgrundsatz 26
GmbH & Co. KG 44, 83
GmbH-Geschäftsführer 81 ff.
- Kündigungsfristen 25
- Kündigungsschutz 82
- Weiterbeschäftigungsanspruch 83
Gratifikationen 152
Großbetriebe 74
Gruppenarbeitsverhältnis 44
Güteverhandlung 118 ff.
- Nichterscheinen einer Partei 119
- Prozeßvergleich 120

- Scheitern 122
- Verfahrensablauf 122
- Vorbereitung 118

Halbtagesarbeitsplatz, Umwandlung 65
Handelsvertreter 41
Hauptfürsorgestelle 97 ff.
- Heimkehrklausel 153

Innerbetriebliche Ursachen 62
Inseratskosten 23, 88
Interessenabwägung 45, 84
Intime Beziehungen 51

Jugendvertreter 100 ff.

Kartellverstöße 51
Klagefrist 114
- Kleinbetriebe 41, 114
- leitende Angestellte 114
Kirche 90
Kleinbetriebe 41, 114, 173
Konkurrenztätigkeiten 50
Konkurs 29
Konzern 41, 45, 111
Konzernversetzungsklausel 65
Krankheit 57 ff.
- Vortäuschen von Krankheiten 55
- Kurzerkrankungen 57
- langandauernde Erkrankung 60
Kündigungsausschluß 68, 86
Kündigungserklärung
- ausländische Arbeitnehmer 20
- Bestimmtheitsgrundsatz 17
- durch Bevollmächtigte 20
- Einschreibebrief 18
- Form 18
- hilfsweise 33
- im Urlaub 19
- Muster 210
- neue Kündigung 36
- Ort 22
- vor Dienstaufnahme 22
- vorsorgliche Kündigung bei Betriebsstillegung 17

- Zeit 22
- Zugang 19
- Zurückweisung 21
Kündigungsfreiheit 41
Kündigungsfristen 23 ff.
- Angestellte 23
- Arbeiter 25
- Aushilfsarbeitsverhältnis 29
- einzelvertragliche Verkürzung 28
- einzelvertragliche Verlängerung 27
- fingierte 166
- Konkurs 29
- Organmitglieder 25
- Probearbeitsverhältnis 29
- tarifliche 26, 27
- Vergleich 27
- vor Dienstantritt 22
Kündigungsgründe
- Angabe von 22
- betriebsbedingte;
  s. betriebsbedingte Kündigung
- Nachschieben von 35
- personenbedingte;
  s. personenbedingte Kündigung
- verhaltensbedingte;
  s. verhaltensbedingte Kündigung
Kündigungsschutz, allgemeiner 41 ff.
- Abfindung; s. Abfindung
- Anwendungsbereich 41
- befristetes Arbeitsverhältnis 42
- Betriebsgröße 42
- Betriebsratsanhörung 31 ff.
- Beweislast 48
- Darlegungslast 48
- einheitliches Arbeitsverhältnis 45
- Gruppenarbeitsverhältnis 44
- Interessenabwägung 45
- Konzern 41, 45, 111
- Teilzeitbeschäftigte 42
- ultima ratio-Prinzip 45
- Wartezeit 41
Kündigungsschutz, besonderer 94 ff.
Kündigungsschutzklage 113 ff.

- Fortsetzung des alten Arbeitsverhältnisses 133
- Klageantrag 113
- Klagefrist 114
- Mindestanforderung 114
- Muster 205
- Parteibezeichnung 114
- Streitgegenstand 113
- Versäumung der Klagefrist 117
- Wahlrecht nach gewonnenem Kündigungsschutzprozeß 132
- Zustellung 114
Kündigungsverbote
- absolute; s. besonderer Kündigungsschutz
- relative 63
- tarifliche 68, 86
- vertragliche 68, 86
Kur 58
Kurzarbeit 66

Landesarbeitsgericht 181
Lebensalter 26
Lebenswandel, unsittlicher 51
Leistungsbereich 47
Leistungsbestimmungsrecht 77
Leistungsmangel 56
Leitende Angestellte
- Abgrenzung 39
- Anhörung des Betriebsrats 39
- Auflösungsantrag 123 ff.
- Beschäftigungsanspruch 139, 144
- Betriebsratsanhörung 39
- Muster 205
- Klagefrist 115
- Kündigungsschutz 44, 81 f.
- Mutterschutz 94
- Schwerbehindertenschutz 98
- Sprecherausschuß 39
Lohnanspruch s. Annahmeverzug
Lohneinsparungen 62
Lohnpfändungen 51
Lohnsteueranrufungsauskunft 179
Loyalitätspflichtverletzung 54, 91

Massenentlassungsschutz 105 ff.
- Änderungskündigung 106
- Anhörung des Betriebsrats 106
- anzeigepflichtige Entlassungen 105
- Aufhebungsverträge 106
- Durchführung 106
- Freifrist 106
- Rechtsfolge unterlassener Massenentlassungsanzeige 107
- Sozialplanpflicht 107
- Sperrfrist 106
Mindestkündigungsfrist 28, 29
Monatsverdienst 131
Mutterschutz 94 ff.
- absolutes Kündigungsverbot 94
- Aufhebungsverträge 95
- Ausnahmen 95
- Auszubildende 94
- befristete Arbeitsverhältnisse 95
- Beweislast 94
- Eigenkündigung 95
- Ende 95
- Erlaubnisvorbehalt 95
- Kenntnis 94
- Kleinbetrieb 94
- Muster für
  - Kündigungsanträge 207
- Mutterschaftsurlaub 94
- Probearbeitsverhältnis 95
- Schutzfristen 94

Nachleistung 136
Nachschieben von Kündigungsgründen 35 f.
Nachträgliche Klagezulassung 117
Nebenpflichtverletzung 52
Nebentätigkeiten 52
Nettoklausel 179
Nichterfüllung der Arbeitspflicht 53
Nichterscheinen einer Partei 119
Nichtfortsetzungserklärung 134

Offenbarungspflicht 55
Ordentliche Kündigung; s. Kündigungsschutz
- Fristen 23 ff.
- soziale Rechtfertigung 41 ff.
Organisationsmethoden 63
Organmitglieder
- Kündigungsfristen 25
- Kündigungsschutz 82 ff.
- Wartezeit 41
- Ort und Zeit der Kündigung 22 f.

Personalabbau 105
Personalakte 47
Personalausschuß 32
Personalvertretung 100
Personenbedingte Kündigung 56 ff.
- Alter 56
- Arbeitserlaubnis 56
- Freiheitsstrafe 56
- krankheitsbedingte; s. Krankheit
Personengesamtheit 82
Probearbeitsverhältnis 29
- Mutterschutz 95
Produktionsmethoden 62
Prognose 58 ff.
Prozeßbevollmächtigte 181 ff.
- Verschulden 117
Prozeßkostenhilfe 186
- Muster 206
Prozeßrisiko 121
Prozeßvergleich 118 ff., 152
Punktetabelle 71

Rationalisierung 62
Rechtsanwälte 182
- Beiordnung 186
Rechtsschutzversicherung 185
Rentabilität 62
Rentenversicherungsleistungen 172
Restbetriebsrat 30
Rohstoffmangel 62
Rücknahme der Kündigung 129, 137

Rücknahme des Auflösungsantrages 126
Rückzahlungsvorbehalte 152; s. a. Erledigungsklauseln
Ruhenszeitraum 167

Schadensersatz 23, 88, 156
Schiedsstellen 190
Schikane 85
Schlechterfüllung 54
Schmiergelder 54
Schriftformklausel 18
Schwangerschaft 54
Schwangerschaftsunterbrechung 91
Schwarzfahrt 54
Schwerbehinderteneigenschaft 55
Schwerbehindertenschutz 97 ff.
– außerordentliche Kündigung 97
– Entscheidungsfindung 99
– Kenntnis 97
– Kündigungsverbot 97
– leitende Angestellte 98
– Muster 208
– Rechtsmittel 99
– Zustimmung der Hauptfürsorgestelle 97
Seebetriebsrat 100
Sicherheitsbedenken 56
Sozialauswahl 67 ff.
– Auswahlrichtlinien 69
– krankheitsbedingte Fehlzeiten 72
– Rechtsfolgen fehlerhafter Sozialauswahl 73
Sozialdaten 69
Sozialplan 107, 189
Sozialplanprivileg 189
Sozialversicherungspflicht von Abfindungen 179
Sperrfrist 106, 166 ff., 170
Sprecherausschuß 39, 81
Stellenangebot 85
Steuerbegünstigte Entschädigung 178
Steuerdelikte 51

Steuerfreiheit 176
Strafbare Handlung, Verdacht 55, 85
Streitgegenstand 113
Streitwert 183 ff.
Suspendierung 139

Täuschung bei Einstellung 54
Tarifbindung 27
Teilkündigung 76
Tendenzbetrieb 51, 90 ff.
– Anhörung des Betriebsrats 90
– Kündigung von Betriebsratsmitgliedern 93
– Kündigungsschutz 91 ff.
– tendenzbezogene Gründe 90
Tendenzträger 90
Trotzkündigung 116

Überbrückungsmaßnahmen 59
Ultima ratio-Prinzip 47, 65
Umdeutung 24, 33, 73
Umsatzrückgang 64, 75
Umschulungsmaßnahmen 65
Umsetzungsmöglichkeiten 46, 61, 65
Unkündbare Arbeitnehmer 86
– Unpünktlichkeit 53, 85
Unrentabilität 79
Unternehmenserwerb 188
Unternehmerfreiheit 63
Unternehmerische Maßnahmen 63
Unterrichtung 32
Unzumutbarkeit 84, 129
Urlaub 139
Urlaubsabgeltung 139
Urlaubsverlängerung, eigenmächtige 53

Verdächtigung 55, 86
Verdachtskündigung 55, 86
Vergleich, gerichtlicher 118 ff., 151
Vergleichbarkeit 67
Vergleichsverfahren, gerichtliches 30

Vergütungsrückstand 86
Verhaltensbedingte Kündigung
- Abkehrwille 50
- Alkohol 50
- Anzeigen 51
- Arbeitsverweigerung 53
- Aufwiegelung 54
- außerdienstliches Verhalten 51
- Beleidigungen 52
- Diebstahl 54
- Drogen 50
- Einzelfälle 49 ff.
- Gewissensgründe 53
- Nebenpflichtverletzungen 52
- Nebentätigkeiten 52
- Nichterfüllung der Arbeitspflicht 53
- Qualitätsmängel 54
- Quantitätsmängel 54
- Schlechtleistung 54
- Schwarzfahrt 54
- Täuschung 54
- Urlaubsverlängerung 53
- Verdachtskündigung 55
- Verletzung von Treuepflichten 54
- Vortäuschen von Krankheiten 53
Versäumung der Klagefrist 117
Verschwiegenheitspflichtverletzung 54
Versendungsart 19
Versetzung 65, 77 f.
Versorgungsanwartschaft 162
Verspätetes Vorbringen 122
Vertragsbruch 88;
s. a. Vertragsverletzungen
Vertragsstrafe 23
Vertragsverletzungen 47 ff., 85, 101
Verzicht 153
Verzinsung 135
Vierteljahresbezug 183
Vollmacht 20 f.
Vorbehalt 78
Vorläufige Vollstreckbarkeit 135, 145

Vorruhestandsleistungen 177
Vorsorgliche Kündigung 17
Vorstandsmitglieder 25, 82
s. a. Organmitglieder
Vortäuschen einer Krankheit 53

Wahlbewerber 100
Wahlrecht 132
Wahlvorstand 100
Wartezeit 41
- Organmitglieder 44
Wehrpflichtige 104
Weiterbeschäftigung 65
Weiterbeschäftigungsanspruch 83, 138 ff.
- Abwehr 145
- Änderungskündigung 144
- allgemeiner 141 ff.
- Auflösungsantrag 145
- befristete oder auflösend bedingte Arbeitsverhältnisse 143
- betriebsverfassungsrechtlicher 140
- einstweilige Verfügung 149
- leitende Angestellte 144
- offensichtlich unwirksame Kündigung 142
- Rechte und Pflichten während der Weiterbeschäftigung 147
- Schadensersatz 150
- sonstige Fälle 142
- weitere Kündigungen 143
Werkswohnung 85
Wettbewerbsverbot 154, 158
- Aufhebung 160
- Beendigung 158
- Erstattungspflicht 176
- Karenzentschädigung 159
- Prozeßvergleich 160
- Verzicht 159
Wichtiger Grund 84 ff.
Widerspruch des Betriebsrats 36, 37
- Form und Frist 36
- Gründe 37

Wiedereinsetzungsantrag siehe
nachträgliche Klagezulassung
Wiedereinstellungsanspruch 55, 76

Zeitverträge; s. Befristung
Zeugen 46
Zeugnis 154

Zivildienstleistende 104
Zugang 19
Zustellung durch Gerichtsvollzieher 20
Zwangsvollstreckung 135, 145
Zweiwochenfrist 86, 101
Zwischenverdienst 138